教育部人文社会科学基金项目：
预期、不确定性与最优货币政策研究（06JA790068）

陕西师范大学优秀学术著作出版基金资助

陕西师范大学一流学科建设基金资助

陕西师范大学西北历史环境与经济社会发展研究院学术文库

农产品价格波动、通胀预期与货币政策

Agricultural Product Price Fluctuation,
Inflation Expectation and Monetary Policy

刘 明 ◎ 著

人民出版社

前　言

　　20 世纪 80 年代经济学者关注中国经济问题的焦点是通货膨胀与经济周期，也经常讨论"货币超发行""紧缩银根""倒逼机制"一类问题，与之相关的概念有"短缺经济""父爱主义""财政透支"等，其时针对货币政策的系统研究尚不盛行。背景是中国人民银行尚未能从财政体制的束缚中独立出来。1986 年 1 月国务院颁布《中华人民共和国银行管理暂行条例》标志着中央银行开始相对独立地行使货币管理职能。1995 年 3 月全国人大通过《中华人民共和国中国人民银行法》，意味着中央银行体系渐趋成熟。随着经济结构变化和经济金融形势发展，货币政策日益成为重要研究课题。

　　健全的货币政策是国民经济稳定、较快和健康运行的重要机制之一。由此可以"反推"，自改革开放以来，中国的货币管理、货币政策大体上是成功的。经济增长率长期保持在平均 9% 以上，即使近期经济出现困难仍然保持 6% 以上的增长，在全球范围看已经是不错的成绩。1989 年前后经济出现大起大落，1992—1999 年经济增长率出现持续下滑，其后经济均恢复快速增长。1984—1988 年、1993—1996 年出现过较高通货膨胀，但从改革以来长时段观察，通货膨胀一直处于可控范围之内，没有出现恶性通货膨胀。尽管在 2003 年以后新一轮增长周期中新增就业机会与经济增长比较是相对下降的，但考虑到农村有大量劳动力向城市转移，因此对中国长期的就业状况也应予以肯定。

回溯 20 世纪八九十年代理论界对货币政策的各种质疑，80 年代有因为"货币超发行"而大声疾呼经济踩刹车者，90 年代有连篇累牍对中国高货币化的"溯因寻根"，最近则出现对 4 万亿元刺激计划以来货币存量陡增、货币化水平高企的无尽担忧。一些学者将目光盯在货币存量规模上，其忧国忧民之心可赞，但就其作为经济学者的使命看，就有可能讲外行话。甚至失之毫厘，谬之千里。应该问一下：货币之水弥漫，缘何物价之船没有高起来？房屋价格属于一个例外，但即使将房屋价格加权计入一般通货膨胀，通货膨胀率是否就到了难以容忍和不能接受的地步？并非如此。进而，美国1839—1939 年一百年间货币化水平每年上升 6.28%，中国 2003 年以前的 26年间货币化水平每年上升 6.53%，这种差异是否真的很重要，或者无法解释？①

很有可能，对不同经济发展阶段的货币化水平做简单比较会落入经济学思维的"货币化陷阱"，由之作为判断货币经济运行的"尺度"也难以成立。但有太多学者动辄将中国货币化水平与美日比较，用以分析中国货币运行与宏观经济问题。市场条件下货币量变化一定程度会超出央行控制范围，货币增长也不可能像弗里德曼设想的那样是按年、按季度的匀速增长。对某一特定时期货币的确多了一些应该密切关注，似也不必夸大可能引致的问

---

① 刘明：《转型期金融运行与经济发展研究》，中国社会科学出版社 2004 年版，第 153 页。对美国货币流通速度的历史分析见理查德·T. 塞尔登：《美国的货币流通速度》，载密尔顿·弗里德曼：《货币数量论研究》，中国社会科学出版社 2011 年版，第 196—202 页。麦金农提出所谓"中国之谜"，即中国货币存量增速加快引起货币化水平攀升，但物价水平没有对高货币化做出应有反应。国内学者研究货币化问题的目的主要在揭示其中"奥秘"；另一种声音是将高货币化作为货币政策失败的后果而予以批判。

题，更不应危言耸听，揣度中国经济似乎岌岌可危。

客观上应予承认，当下是改革开放以来国民经济遇到的最为困难和胶着的时期，不过远没有到山穷水尽境地，无论经济体制改革或对新的、更有力政策工具的探索，均有很大空间。也不排除货币政策制定实施在某些时期属于纠错性质的事后矫正；或者未能前瞻性地估计到新的市场变动、机构因素对货币政策的抵消，以至政策调控落后于经济形势，落后于经济矛盾的呈现和进一步加剧。① 对此可以总结。市场几乎每天都在发生变化，货币政策也没有停止探索的脚步。最新发生的货币故事是：央行决定从 2017 年 1 月始将商业银行理财产品纳入广义信贷管理，对之增加准备金要求。

货币政策面临的经济环境出现重大变化。其一，影子银行规模不容小觑，对其监管存在真空地带；其二，商业银行创新经营模式，传统存贷款业务比重下降，银行理财产品对货币信贷管理形成干扰；其三，通过贸易、投资、跨国消费等各种渠道的跨境资金流动对货币控制形成掣肘；其四，社会资金流向与结构变化具有不确定性，导致货币政策调控的传导指向偏离实体经济；其五，中国与全球经济联系愈益紧密，一方面使央行货币政策遭遇外部逆向对冲，另一方面，货币当局兼顾实现内部与外部目标变得愈加困难。各种因素交织使学界以及政策部门对经济形势走向的判断往往出现"分裂"，例如在同一时点预测通货膨胀者有之，预期通货紧缩者有之，模棱两可的观点亦有之。货币政策所遇到困难从根本上看是中国经济总体所面临的大问题，即经济增长动力转换的长周期和危机性衰退的短周期叠加，解决长周期需要进行大的结构调整，但短期的、全球经济危机带来的经济萧条对结构调整形成压力与威胁。货币政策对于解决目前困难非但不是唯一手段，抑

---

① 房地产市场是一个例子。

或不是最重要的手段。

本书对中国货币经济与国民经济运行的一些重要方面进行研究，旨在探索在市场化水平提升以及中国与全球经济联系日益紧密条件下货币政策体系设计和政策操作的内在规律。由于衡量通货膨胀主要指标为消费品价格指数，消费品价格指数又包含较大权重的农产品成分，相关研究以分析检验农产品价格波动为逻辑起点，继之考察农产品期货市场对通货膨胀的预期功能，以及通货膨胀长期均衡的动态特征。进一步分析期货市场、货币市场、国债收益率和多层次综合变量对通货膨胀的预期功能。引入长期利率期限结构概念，并依据货币流通速度的变化轨迹，分析通货紧缩期间的政策效果，以及货币均衡变动与经济增长、投资、通货膨胀等一系列变量之间的关系。黄金日益成为居民部门的贮藏手段和投资工具，促使黄金具备一定的货币功能，再加上黄金作为储备资产的稳定性，结合对黄金价格变动的计量验证对中央银行黄金储备予以分析。最后探讨 G20 国家货币政策传导和美联储在危机期间量化宽松货币政策的金融稳定效果。

伴随经济体系市场化、全球化水平提升与复杂化程度加深，货币政策视域中需要纳入的因素增加。本书探讨的中国货币问题仅是冰山一角，加之研究工作持续十余年，其中的方法、思路即使对思考货币经济问题与货币政策可以提供借鉴，相关结论也未必都适应迅速变化的环境。毋庸置疑，笔者的知识水平与视野亦存在局限。诚望读者批评！

刘　明

2016 年 12 月 20 日

于长安若虚斋

目　录

第一章　农产品价格波动与传导

　　农产品价格变动直接影响一般居民生活稳定，所以历来为政府宏观经济政策所重点关注。在特定时期，即使一般物价水平并未出现明显上涨趋势，由于农产品价格上涨和大幅波动，也会引起宏观经济不稳定以及社会公众心理动荡。2008 年以后全球经济金融危机期间国际市场大宗农产品价格上涨并波及中国农产品市场，再加中国农产品市场流通体制尚不成熟，政府相应的监管框架也不完善，国内农产品期货、现货市场均出现异常波动，2010 年中期以后一般物价水平（CPI）尽管上涨较快，与历史物价水平比较仍较温和，但是由于农产品价格以及食品价格上涨明显，引起社会心理恐慌，政府随即出台相关政策文件对农产品市场进行干预。从历次通货膨胀周期观察，农产品价格也往往成为高通货膨胀启动的先导因素，其影响路径是通过抬高生活成本诱使工资水平提高，进而转化为企业生产成本增加，最终形成价格水平的螺旋式上升。正由于这种机制的存在，使得农产品市场对于一般通货膨胀具有一定预期功能，农产品期货市场尤其如此。

第一节　文献述评

一、农产品价格变动趋势

众多学者从理论分析层面就我国农产品价格形成机制进行了定性分析。虢佳花等（2007）从新制度经济学、信息不对称角度出发，运用博弈论的方法分析农产品批发市场价格的形成机制及其交易效率，认为农产品批发价格的形成是交易双方博弈的均衡结果，实际成交价格是交易主体通过信息交流所达成的双方都能接受的价格。市场内交易效率与价格机制形成相辅相成，共同决定于买卖双方追求交易利益最大化目标的实现。此外，交易双方对市场信息了解越全面，交易效率与价格机制的有效形成就越容易实现。蔡荣（2008）分别对农产品零售市场和批发市场进行分析并指出：第一，农产品零售市场价格是最贴近众多生产者的价格。由于市场经营目标、消费者支付意愿、产品质量以及营销费用差异等因素，超市农产品价格整体要显著高于农贸市场价格，不同超市的同类农产品价格也有显著差异；第二，农产品批发市场可以大量吸引、汇集各地的农产品在较短时间内完成交易过程，迅速实现商品价值和使用价值的让渡。因此，农产品批发市场价格形成具有高效率特征，比较真实地反映农产品商品的价值和市场供求规律，是商品的价值规律和供求规律共同作用的结果，交易双方是既定价格的接受者。国内此类文献较多，如刘志雄（2004）、李忠旭（2005）等，但大多以理论分析和经验研究为主，此处不一一赘述。

徐雪高等（2008）运用滤波分析法将改革开放以来农产品价格波动

划分为五个周期，发现 1992 年以后中国农产品价格波动呈现出新的变化。① 陈灿煌（2011）通过时间序列分解模型将农产品价格指数分解出长期趋势要素、不规则要素和循环变动要素，并对 2011 年 6 月至 2011 年 12 月间农产品价格指数进行预测，对模型拟合效果和预测准确度进行了检验，效果均良好。② 庄岩（2012）关于大宗农产品价格波动特征分析表明，生猪、大豆和稻谷的价格波动具有显著"聚集性"；稻谷价格波动具有"非对称性"特征，较前期价格下跌而言，价格上涨信息对后续波动产生的冲击更为显著；大豆、生猪价格波动没有显著的非对称性。③

二、农产品价格形成的传导效应

国外从理论视角分析农产品价格沿产业链纵向价格传导问题最早始于 1975 年，涉及从收购至零售环节的顺向和逆向传导效应。④ Apergis 和 Rezitis（2003）对希腊农业产业链各环节间关系的研究发现，农产品上游价格对下游价格传导不完全。⑤ 总体而言，美国关于农产品价格沿产业链纵向传递效应的研究较为成熟，文献覆盖产业链种类较多。如肉制品、奶制品、食用油和水果产品等供应链（Hayenga et al., 2001; Frigon, R. Romain, 1999; Zhang et

---

① 徐雪高、勒兴初：《我国农产品价格波动的回归及启示》，《中国物价》2008 年第 5 期。

② 陈灿煌：《我国农产品价格指数短期预测——基于时间序列分解的分析》，《价格理论与实践》2011 年第 7 期。

③ 庄岩：《中国农产品价格波动特征的实证研究——基于广义误差分布的 ARCH 类模型》，《统计研究》2012 年第 6 期。

④ Gardner, B., "The Farm to Retail Price Spread in a Competitive Food Industry", *American Journal of Agricultural Economics*, 1975, 57(3), pp.399-409.

⑤ Nicholas, A., Anthony, R., "Mean Spillover Effects in Agricultural Prices: The Case of Greece", *Agribusiness*, 2003, 19(4), pp.425-437.

al., 1995; Willett et al., 1997)。①②③④

辛贤等（2000）以生猪产业链为例，对其从收购至零售环节的价格传导效应展开分析，较早得出关于中国农产品价格沿产业链纵向价格传导效应若干结论。认为农产品产业链终端的零售价格波动幅度远大于收购环节价格，零售价格大幅上涨难以惠及农民。⑤ 金雪军等（2005）基于供应链视角研究了区域特有小宗农产品价格波动机制。⑥ 郭丽华等（2006）就农产品产业链的利益分配机制展开分析并提出优化改进建议。⑦ 王秀清等（2007）认为，农产品产业链中，收购环节通常为买方寡占市场，而零售环节则属于卖方寡占市场。农民和消费者在产业链中话语权较弱。⑧

受农产品价格异常波动频现的影响，国内于 2007 年逐步兴起对农产品产业链的研究热潮。文献涉及肉鸡、小麦、生猪和大豆等产业链价格形成与纵向传导效应（翟雪玲等，2008；秦富等，2008；王芳等，2009；郑风田等，2009）。⑨ 国家发改委等相关部门于 2008 年展开联合调查。以北京、上

---

① Hayenga, Marvin, L.& Miller, D., "Price Cycles and Asymmetric Price Transmission in the U.S. Pork Market", *American Journal of Agricultural Economics*, 2001, 83(3), pp.551-562.

② Frigon, M., Doyon, M.& Romain, R., "Asymetry in Farm-Retail Price Transmission in the Northeastern Fluid Milk".Market Research Report, 1999, No.45, *Food Marketing Policy Center: Storrs*, Connecticut.

③ Zhang, D.P., S.M.Fletcher & D.H.Carley, "Peanut Price Transmission Asymmetry in Peanut Butter", *Agribusiness*.1995, 11(1), pp.13-20.

④ Willett, L.S., Hansmire, M.L. & Bernard, J.C., "Asymmetric Price Response Behaviour of Red Delicious Apples", *Agribusiness*, 1997, 13(6), pp.649-658.

⑤ 辛贤、谭向勇：《农产品价格的放大效应研究》，《中国农村观察》2000 年第 1 期。

⑥ 金雪军、王利刚：《准双边垄断下地区专产性小品种农产品价格波动研究》，《华南农业大学学报》2005 年第 4 期。

⑦ 郭丽华、张明玉：《基于利润分配机制的农产品供应链分析》，《物流技术》2006 年第 6 期。

⑧ 王秀清、H. T. Weldegebriel、A. J. Rayne：《纵向关联市场间的价格传递》，《经济学季刊》2007 年第 6 期。

⑨ 翟雪玲、韩一军：《肉鸡产品价格形成、产业链成本构成及利润分配调查研究》，《农业经济问题》2008 年第 11 期。

海、山东三地为试点，选择 9 种具有代表性农产品进行价格跟踪调查。研究认为，我国农产品市场利润主要集中于批发和零售环节，农民在产业链中获利相对偏少。赵晓飞等（2008）运用数学模型对农产品产业链利益分配及信息共享机制进行了分析。①

胡华平（2010）对农产品纵向市场联结紧密程度与价格纵向传递的非对称效应间的关系展开分析。研究发现二者呈正比例关系，即市场联结度越高，价格纵向传导的非对称效应越强，反之亦然。② 李圣军等（2010）指出，需求拉动是农产品价格沿产业链纵向传导的主要推手。此外，农产品加工企业在产业链中具有缓冲、稳定物价作用。③ 马桂兰（2011）利用博弈理论对农产品产业链各环节的传导效应进行分析。认为生产与流通成本较高、市场寡占力量和居民收入增长速度加快是价格上涨的主要推手。④

张利庠等（2011）指出外部冲击对农产品产业链冲击效应显著。其在短期内可使初级农产品价格波动幅度扩大 3—5 倍，但对产业链不同环节的影响存在差异。外部冲击因素中，大宗粮食（如小麦、水稻）产业链受自然灾害等气候因素所导致的产量冲影响最大，贡献度高达 95% 左右。而市场化程度较高的农产品（如大豆、生猪、肉鸡等）产业链除受生产影响外，对外贸易、汇率等国际因素对其冲击效应也较大，贡献度达 30% 左右。⑤ 李智等（2012）利用空间竞争模型和菜单成本理论，选取猪肉和花生油为代

---

① 赵晓飞、李崇光：《农产品供应链联盟的利益分配模型与策略研究》，《软科学》2008 年第 5 期。

② 胡华平、李崇光：《农产品垂直价格传递与纵向市场联结》，《农业经济问题》2010 年第 1 期。

③ 李圣军、孔祥智、李素芳：《农业产业链条价格传递机制的实证分析》，《技术经济》2010 年第 1 期。

④ 马桂兰：《交易链模型下农产品价格上涨原因与对策》，《财会月刊》2011 年第 27 期。

⑤ 张利庠、张喜才：《外部冲击对我国农产品价格波动的影响研究——基于农业产业链视角》，《管理世界》2011 年第 1 期。

表分析了我国农产品批发价格与零售价格之间的非对称传导效应以及零售价格刚性特征。认为该现象是由凹的空间需求曲线决定的，具有必然性。随着批发价格波动，零售价格上涨幅度会大于下降幅度。此外，竞争烈度降低会导致非对称性进一步加剧。①

农产品价格所受外部冲击是指除直接供求关系以外，具有随机性、突发性、难以预期和调控的因素。包括汇率变动、国际价格、生物能源、食品安全、动物疫病等。目前已有的研究主要是关于国际因素、货币因素、汇率因素、自然原因、生物能源等外部冲击对农产品价格波动的影响。其中针对货币、汇率等可以计量的外部因素对农产品的影响研究比较丰富，但对于自然灾害、疫病、食品安全等外部因素影响的研究则以定性分析为主。

外部冲击影响国内价格波动的传导途径分为成本推动、需求拉动和货币冲击三种。其中成本推动和需求拉动属于对实体经济层面的影响，分别通过国际大宗农产品价格变化和外需变化实现。货币冲击可分为数量和价格两种传导途径：数量传导效应通过境外流动性输入实现，而价格传导效应则主要依靠汇率传递和中外利差变化实现（纪敏，2009）。②

国外关于外部冲击对国内物价指数传递效应的研究在理论与实证方面都已经比较成熟，但主要研究对象是 CPI 和 PPI。尽管如此，此类文献也为研究外部冲击对中国农产品价格形成的影响提供了很好的借鉴意义。Juthathip Jongwanich 和 Donghyun Park（2009）利用包括中国在内的九个亚洲区域经济体为数据样本，对 2007—2008 年间亚洲通货膨胀成因进行分析。借助乔里斯基（Cholesky）正交递归 VAR 模型对主要冲击因素进行识别的结果表

① 李智、崔校宁：《解析中国农产品价格的非对称性与刚性——基于空间竞争模型和菜单成本理论的微观阐释》，《经济理论与经济管理》2012 年第 6 期。

② 纪敏：《本轮国内价格波动的外部冲击因素考察》，《金融研究》2009 年第 6 期。

明：造成 2007—2008 年亚洲通货膨胀的主要诱导因素存在于经济体内部，而并非外部价格冲击。主要推手为本土超额总需求和通货膨胀预期。[①]

国外学者侧重于生物质能源发展对农产品价格影响的研究，一致认为生物质能源发展将通过需求拉动效应助推农产品价格上涨。Coyle（2008）指出，虽然目前生物能源技术处于起步阶段，但化石能源价格居高不下所产生的替代效应势必将推动生物能源快速发展进而大幅增加对农产品的原料性需求，最终导致农产品价格上涨。[②] Tokgoz（2009）以欧洲为例指出，生物质能源的快速发展在影响粮食价格的同时会对畜牧业及养殖业发展造成冲击。[③]

国内关于外部冲击对农产品价格影响的研究主要以汇率、国际农产品价格以及国际石油价格为研究视角。姜楠（2006）通过建立一个涵盖农产品市场、非农产品市场、货币市场与外汇市场的开放经济模型，系统地研究了外汇市场对农产品价格动态走势的影响。发现在开放经济体系下，汇率对农产品价格的传导效应取决于价格效果与利率效果的相对大小。当价格效果大于利率效果时，汇率对农产品价格的传导效应为正向，二者呈同向变动；反之汇率传导效应为负向，二者呈逆向变动。[④] 刘艺卓等（2009）认为汇率变动对农产品价格具有显著正向冲击作用，其对农产品价格的传导效应在短期内具有趋向长期均衡的自我修复能力。[⑤] 与此相反，王阿娜（2012）的研究

---

① Juthathip, J. & Donghyun, P., "Inflation in Developing Asia", *Journal of Asian Economics*, 2009 (20).

② Coyle, W., "The Future of Bioenergys: A Global Perspective, Washington", DC. *USDA-ERS*, 2008.

③ Tokgoz, S., "The Impact of Energy Markets on the EU Agricultural Sector, Center for Agricultural and Rural Development", *Iowa State University*, 2009.

④ 姜楠、方天堃、聂凤英：《开放经济体系下汇率变动对农产品价格的影响》，《农业技术经济》2006 年第 5 期。

⑤ 刘艺卓、吕剑：《人民币汇率变动对我国农产品价格传递效应的实证分析》，《当代经济科学》2009 年第 3 期。

则表明人民币汇率对我国农产品价格存在长期负向传导效应。[①]

王孝松等（2012）证实，国际农产品价格波动对国内价格水平影响显著，但不同品种受相应国际价格水平变动的冲击程度存在明显差异，即国际价格弹性不同。大豆、大米和玉米价格的国际价格弹性为 0.36 左右，小麦仅为 0.05。[②] 也有研究认为国际农产品价格对国内价格水平影响并不显著。油价、国际流动性指数和人民币汇率对国内农产品价格具有明显冲击作用，其中只有汇率的冲击效应为负。国内农产品价格相对油价、国际流动性指数和人民币汇率的价格弹性分别为 0.43、0.25、-3.5（李显戈，2013）。[③]

国际石油价格对国内农产品价格冲击效应方面。陈宇峰等（2012）研究显示，国际石油价格与国内农产品价格波动之间的关系长期处于线性与非线性的转换过程之中。国际油价对国内农产品价格的直接影响并不显著，主要通过国内通货膨胀率、货币供应量和国际农产品价格等因素间接影响国内农产品价格。[④] 邬彩霞等（2012）则认为国际油价是国内小麦、玉米及大豆价格的格兰杰原因，冲击效应于半年后达到顶峰并呈下降趋势。[⑤]

从综合角度分析外部冲击对国内农产品价格波动影响方面。顾国达等（2010）分析了全球经济状况、全球农产品供需及库存情况、国家调控、国际农产品价格、能源价格、美元指数走势和投机因素对中国农产品价格波动

---

①　王阿娜：《浮动汇率制下农产品价格波动分析》，《农业经济问题》2012 年第 5 期。

②　王孝松、谢申祥：《国际农产品价格如何影响了中国农产品价格？》，《经济研究》2012 年第 3 期。

③　李显戈、周应恒：《外部冲击对国内农产品价格波动影响分析》，《技术经济与管理研究》2012 年第 4 期。

④　陈宇峰、薛萧繁、徐振宇：《国际油价波动对国内农产品价格的冲击传导机制：基于 LSTAR 模型》，《中国农村经济》2012 年第 9 期。

⑤　邬彩霞、夏颖、冯纪洲：《国际石油价格波动对中国农产品价格的影响分析》，《山东财政学院学报》2012 年第 3 期。

的传导效应。认为中国农产品价格受国际市场因素影响较大，两者局面转移呈现一致性①。受国际市场因素影响，中国农产品价格波动具有明显的局面转移特征，下跌阶段、平稳增长阶段和快速上涨阶段三种局面均具有较强的持续性。此外，中国农产品价格波动具有长期平稳性，高位运行为短期现象，同时中国农产品市场的局面转移概率存在非对称性，价格波动具有暴涨缓跌特征。② 张明等（2012）基于新凯恩斯混合菲利普斯曲线对农产品价格波动的主要驱动因素进行了实证检验。认为需求拉动并非我国农产品价格持续上涨的主要诱因。相比而言，生产资料价格上涨速度加快、农村劳动力转移所致农业劳动力成本上涨和国际农产品价格屡攀新高才是国内农产品价格持续上涨的主要诱导因素。同时指出生产资料成本上升对畜牧业农产品价格影响较大，而种植业农产品价格上涨很大程度是受国际农产品价格冲击所致。③

三、农产品期货市场价格预期功能

价格发现是期货市场重要的经济功能之一，对帮助农业摆脱"蛛网困境"以及政府进行前瞻性宏观意义重大。所谓"价格发现功能"是指市场通过公开、公正、高效、竞争的交易运行机制，形成具有真实性、预期性、连续性和权威性特点价格的过程。

国外关于期货市场预期功能研究起步较早。D. Bigman 于 1983 年最早将最小二乘法用于期货市场的有效性检验。其核心思想是将期货价格与对应

---

① 局面转移指时间序列波动趋势从一种较为持续态势向别种态势转换。
② 顾国达、方晨靓：《中国农产品价格波动特征分析——基于国际市场因素影响下的局面转移模型》，《中国农村经济》2010 年第 6 期。
③ 张明、谢家智：《成本驱动、外部输入与中国农产品价格上涨》，《农业技术经济》2012 年第 5 期。

交割日现货价格进行回归分析。但该方法因未考虑时间序列平稳性而颇受争议。[①] 为解决时间序列非平稳所引致的计量问题，恩格尔和格兰杰于 1987 年首次提出协整概念及其检验方法。[②] Johansen 在恩格尔和格兰杰的研究基础上于 1988 年和 1991 年分别提出依托向量自回归模型的协整检验方法和基于协整检验的向量误差修正模型。[③④] 误差修正模型用于衡量变量偏离长期均衡状态时趋向均衡的自我修复能力，与协整检验配合使用可以较好地检验期货市场效率和价格发现功能。

Paul Brockman（1995）利用协整与信息份额模型对加拿大温尼伯商品交易所四种农产品（蓖麻、小麦、大麦、燕麦）期货市场的价格发现功能进行实证检验。发现上述四种农产品期货对现货价格均具有价格发现功能，且占主导地位。[⑤] Min-Hsien Chiang（2003）利用协整检验对股指期货的价格发现功能进行抽样检验，发现股指期货与现货价格之间存在长期均衡关系，具有价格发现功能。[⑥]

中国农产品期货市场起步较晚，市场成熟度较低。经历 1995—2000 年间的规范整治阶段后才逐步迈入正轨。此外，我国农产品期货市场运行低

---

① Bigman, D., Goldfarb, D.& Schechtman, E., "Futures Markets Efficiency the Time Content of the Information Sets", *The Journal of Futures Markets*, 1983(3) , pp.321–334.

② Engle, R.F.& Granger, C.W.J., "Co-integration and Error Correction: Representation, Estimation and Testing", *Econometrica*, 1987(55) , pp.251–276.

③ Johansen, S., "Statistical Analysis of Co-integration Vectors", *Journal of Economic Dynamics and Control*, 1988, (12) , pp.231–254.

④ Johansen S., "Estimation and Hypothesis Testing of Co-integration Vectors in Gauss Vector Autoregressive Models", *Econometrica*, 1991(59) , pp.1511–1580.

⑤ Paul, B.& Yiuman, T., "Information Shares in Canadian Agricultural Cash Futures Markets", *Applied Economies Letters*, 1995(2) , pp.335–338.

⑥ Min-HSien Chiang, "Price Discovery and Changes in Regimes for Stock Futures", *Global Finance Journal*, 2003(14) , pp.287–301.

效，具有"超额风险溢价"和"系统性风险"[1]。国内货币市场与国际期货市场可同时影响国内农产品期货市场。利率水平涨幅及世界期货指数波动加剧可导致国内农产品期货市场效率下降。[2] 因此，研究我国农产品期货市场对现货价格波动的影响机制具有重要意义。

Wang and Ke（2002）对中国大豆与小麦期货市场效率进行协整，认为大豆期货市场对现货具有价格发现功能，而小麦期货市场价格发现功能不显著。[3] 与该观点类似，刘庆富等（2006）认为豆粕和大豆期货价格与对应交割日现货价格之间均存在协整关系，二者对现货均具有价格发现功能。而小麦期货市场价格发现功能不明显。[4] 陈力（2011）以小麦、玉米、大豆和棉花为例，利用协整检验、格兰杰因果分析和误差修正分别对其价格发现功能进行研究。指出除小麦品种以为，其他 3 种农产品期货市场对现货价格均都具有较好预期功能。[5]

与该结论相反，马正兵（2005）通过交叉谱分析认为，中国小麦期货市场在短期和中长期内对现货市场均具有较好价格发现功能。而大豆期货市场对现货价格的预期功能相对较弱，但仍能折射现货市场供需状况。[6] 蔡荣（2008）针对玉米期货市场的研究发现，与交割日相距 4 月以内的期货价

---

① 微观机构违规或巨额亏损事件诱致羊群效应对期货市场具有系统性影响。

② 刘明、黄政：《中国农产品期货风险溢价与市场波动性研究——基于 M—V 与 CAPM 对市场效率的动态检验》，《陕西师范大学学报》（哲学社会科学版）2010 年第 6 期。

③ Wang, H.H.& Bingfan, K., "Efficiency Tests of Agricultural Commodity Futures Markets in China", *Journal of Australian Agricultural and Resourse Economics*, 2005, 49(2), pp.125-141.

④ 刘庆富、张金清：《我国农产品期货市场的价格发现功能研究》，《产业经济研究》2006 年第 1 期。

⑤ 陈力：《基于协整模型的我国农产品期货市场价格发现功能研究》，南京航空航天大学，2011 年。

⑥ 马正兵：《我国粮食期货价格发现功能的交叉谱实证研究》，《统计与决策》2005 年第 1 期。

格对交割日现货价格具有较好价格发现功能，而超过 4 个月期货价格不具有价格发现功能。其中距交割日 3 月以内的期货价格对交割日现货价格的预期程度高达 80% 左右。[1] 王汝芳（2009）采用允许结构突变的 Johansen 协整检验方法，以大豆和玉米期货为例证实大连商品期货市场具备价格发现功能。[2]

华仁海等（2010）对我国股指期货与股指现货市场间的价格传导效应进行研究。发现股指期货价格和股指现货价格之间存在长期均衡关系，具有双向传导效应，但以股指期货对股指现货价格传导为主。即股指期货市场对股指现货具有较强价格发现能力。[3]

四、评述

通过对目前已有研究的梳理可知，农产品价格形成机制问题引起学术界的高度关注并取得了一些具有重要意义的结论，对未来研究方向有重要借鉴意义。通过文献分类发现，目前关于农产品形成机制主要以针对某一局部形成机制的分散研究为主，且大多以具体品种分析为切入点，尚缺少对农产品市场整体价格及各传导环节进行综合考虑的全面分析。就现有文献观察，首先，农产品价格自身波动规律方面的研究力度明显不够，且主要集中在波动的成因方面的定性分析，定量分析较少，利用农产品价格自身波动规律对其进行短期预测的研究更是鲜有涉及。其次，价格传导机制的研究更多地将关注点置于国际价格冲击和产业链纵向传导，忽视了国内市场间对农产品价格

---

① 蔡荣：《农产品市场价格形成机制理论与实证分析》，华中农业大学，2008 年。
② 王汝芳：《大连商品交易所期货价格发现功能的实证分析——以大豆和玉米期货为例》，《经济与管理研究》2009 年第 8 期。
③ 华仁海、刘庆富：《股指期货与股指现货市场间的价格发现能力探究》，《数量经济与技术经济研究》2010 年第 10 期。

的横向传导效应。与此同时，产业链价格纵向传导与国际价格冲击研究虽然相对较多，但文献数量整体较少且缺乏学术界公认的一致性结论，从价格整体水平着眼的研究更显薄弱。最后，国内关于农产品期货市场预期功能的研究处于起步阶段，着眼点均为对具体期货品种的预期功能检验，缺乏农产品期货市场综合价格对现货价格冲击效应及预期功能的研究。根据现阶段研究成果提出的思路并结合已有研究的欠缺之处，本章选择以市场整体价格水平为研究对象，纳入农产品价格形成中各有关环节，以期形成关于我国农产品价格形成机制综合全面的框架性结论。

第二节　农产品价格波动特征

随着全球经济一体化程度不断加深和我国社会主义市场经济制度日趋成熟，国内农产品价格正越来越多地受到来自国际与国内多方因素的综合冲击与影响，其价格形成内在机制也变得愈加错综复杂。彻底揭开农产品价格形成机制的神秘面纱必须遵循逐步深入、层层推进的研究思路。因此，在纳入其他影响因素之前，本章将首先对农产品价格自身的波动趋势与特征进行定性与定量分析，并试图利用其波动特征对未来价格水平做短期预测，为后续更趋复杂的相关因素传导机制分析提供前期准备。

一、农产品价格波动描述性分析

本章所使用农产品价格指数①为根据中国人民银行公布的月度同比数据

---

① 目前可公开获取的农产品价格指数有：农产品生产价格指数、农产品批发价格指数、农产品价格指数。由于农产品生产价格指数不能较好反映产业链终端价格，而批发价格指数的可得数据较少，不能满足研究所需，因此本章最终采用人民银行公布的农产品价格指数

进行定基转换所得指数①，时间窗口为 1999 年 1 月至 2012 年 12 月。如图 1-1 所示，样本区间内我国农产品价格整体呈波动上升态势，大致可分为四个阶段：第一阶段，1999 年 1 月至 2003 年 6 月；第二阶段，2003 年 7 月至 2005 年 12 月；第三阶段，2006 年 1 月至 2009 年 7 月；第四阶段，2009 年 8 月至 2012 年 12 月。

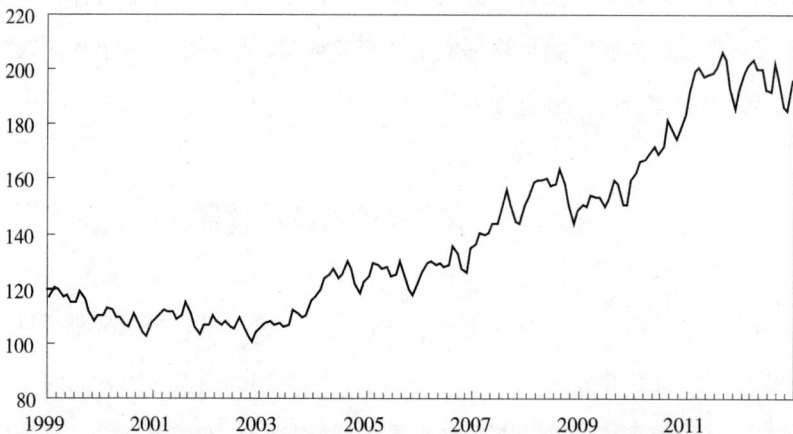

图 1-1　中国农产品价格走势（1999 年 1 月—2012 年 12 月）

第一阶段周期为 54 个月，覆盖了通货紧缩阶段，2002 年 11 月之前，农产品价格指数呈线性递减趋势，之后直至 2003 年 6 月出现波动性反弹。第二、三、四阶段周期分别为 30、43、41 个月，价格指数均为先增长后递减的倒 U 型波动趋势。但各阶段的峰值增长速度明显加快，波动性也显著增强。

---

① 在缺乏环比数据的情况下，目前较为通用的将月度同比数据转换为定基数据的方法为：令基准年内各月月指数为 100，再根据后续年份内各月的同比增长率计算得出定基数据。但该方法的缺陷为忽略了基准年的月度指数走势，在计量分析中可能导致重大错误。为弥补这一缺陷，本章的处理方法为：将 2012 年农产品批发价格定基数据作为农产品价格基准，再利用人民银行公布的农产品价格指数月度同比数据进行推算。

结合表 1-1，将 2002 年 11 月之前的通货紧缩阶段剔除后观察发现，我国农产品价格水平具有以下波动特征：第一，平均价格水平急剧上升，各阶段之间总体呈阶梯式上涨；第二，各阶段均呈现先增长后下降的波动特征，且增长幅度远大于下跌幅度，即农产品价格在各阶段内均呈现出"急涨缓跌"；第三，方差所反映的波动率显著上升，农产品价格波动不确定性显著增强；第四，考虑到第四阶段可能还未结束，判断我国农产品价格波动阶段性周期具有逐步延长趋势，波动频率在未来可能会逐步降低。

表 1-1　各阶段农产品价格统计特征（1999 年 1 月—2012 年 12 月）

价格指数	第一阶段	第二阶段	第三阶段	第四阶段
均值	109.676	121.716	144.986	184.780
最大值	120.300	130.350	163.860	206.110
最小值	100.470	106.910	126.060	150.850
标准差	4.539	6.579	11.440	16.331
最高值时点	1999 年 2 月	2004 年 8 月	2008 年 8 月	2011 年 8 月
最低值时点	2002 年 11 月	2003 年 7 月	2006 年 11 月	2009 年 10 月

二、农产品价格波动周期计量分析

农产品价格描述性分析可以较为直观地反映某些波动趋势与特征，但仍需运用计量经济学方法对其进行模拟分析，以便更加准确地掌握其内在特征。本节运用季节调整方法和滤波分析法对农产品价格指数进行趋势分解，首先对其波动周期进行解读。

1. 季节调整

传统的经济时间序列分析把序列看作四类要素的叠加：长期趋势变动

（T）、季节变动（S）、周期循环变动（C）和不规则变动（I）。其中季节要素和不规则要素变动往往会掩盖经济发展的客观规律。同样，农产品价格指数（APPI）也是由上述要素混合而成，如式（1.1）：

$$APPI_t = TC_t \cdot S_t \cdot I_t \qquad (1.1)$$

通过季节调整，可以将农产品价格指数序列中的的季节变动要素（S）和不规则要素（I）分离，保留长期趋势循环要素（TCt）。本章采用 Census X12 方法对农产品价格指数（APPI）进行季节调整，得到仅包含长期趋势和周期循环因素的农产品价格指数序列（APPI_ TC），结果如图 1-2 所示。观察发现，调整后的农产品价格指数（APPI_ TC）较原序列更能真实地反映农产品价格长期走势。

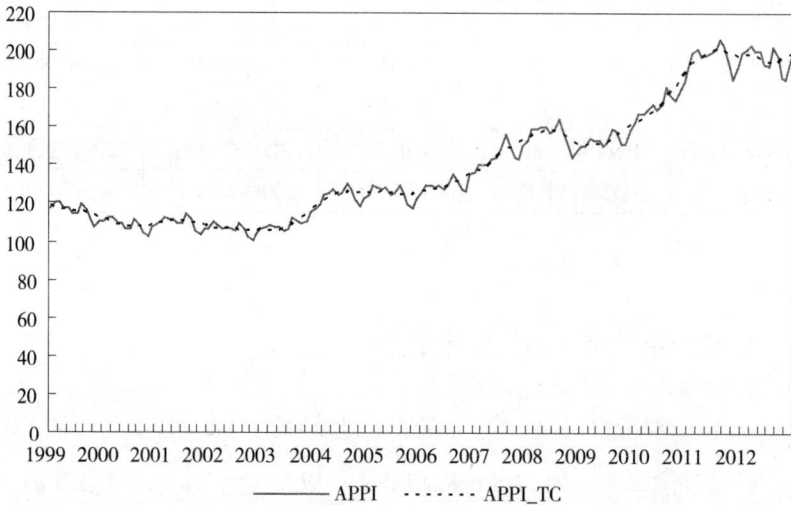

图1-2　农产品价格指数季节调整结果

2. 趋势分解

经过季节调整后的农产品价格指数虽然将季节因素和不规则变动因素剔

除，但仍为长期趋势与循环变动要素的混合序列，因此还需对 APPI_ TC 序列进行趋势分解，将二者分离。本章将分别采用 Hodrick-Prescott 和 Band Pass 滤波方法对 APPI_ TC 序列进行趋势分解，综合分析农产品价格波动周期。

Hodrick-Prescott（HP）滤波是长期趋势分析中的一种常用方法，可以较好地分解出时间序列的趋势要素，其原理如下：

设 $\{Y_t\}$ 是包含趋势成分和循环波动成分的经济时间序列，$\{Y_t^T\}$ 是其中包含的长期趋势成分，$\{Y_t^C\}$ 是循环波动成分，则

$$Y_t = Y_t^T + Y_t^C, \ t = 1, \ 2, \ \cdots, \ T \tag{1.2}$$

HP 滤波就是将 $\{Y_t^T\}$ 从 $\{Y_t\}$ 中分离出来，将时间序列 $\{Y_t\}$ 中的长期趋势项 $\{Y_t^T\}$ 定义为下面的最小化问题的解：

$$\min \sum_{t=1}^{T} \{(Y_t - Y_t^T)^2 + \lambda \ [c(L) \ Y_t^T]^2\} \tag{1.3}$$

$$c(L) = (L^{-1} - 1) - (1 - L) \tag{1.4}$$

其中，c（L）是滞后算子多项式。将式（1.4）带入式（1.3）中，则 HP 滤波问题就是最小化下的损失函数，即

$$\min \sum_{t=1}^{T} \left\{(Y_t - Y_t^T)^2 + \lambda \sum_{t=1}^{T} [(Y_{t+1}^T - Y_t^T) - (Y_t^T - Y_{t-1}^T)]^2\right\} \tag{1.5}$$

图 1-3 为 HP 滤波对经季节调整后的农产品价格指数（APPI_ TC）的趋势分解结果。如图所示，经分解后的长期趋势项（Trend）呈现单调递增态势，循环变动项（Cycle）从 2003 年 6 月起呈显著正弦波动，周期覆盖范围分别为 2003 年 6 月—2006 年 6 月、2006 年 7 月—2009 年 6 月、2009 年 7 月—2012 年 12 月，由此可以判断样本区间内农产品价格波动周期为三年。

Band Pass（BP）滤波是对时间序列进行长期趋势、循环变动趋势分解的另一重要方法。其核心思想是谱分析，即把时间序列看作由互不相关的频

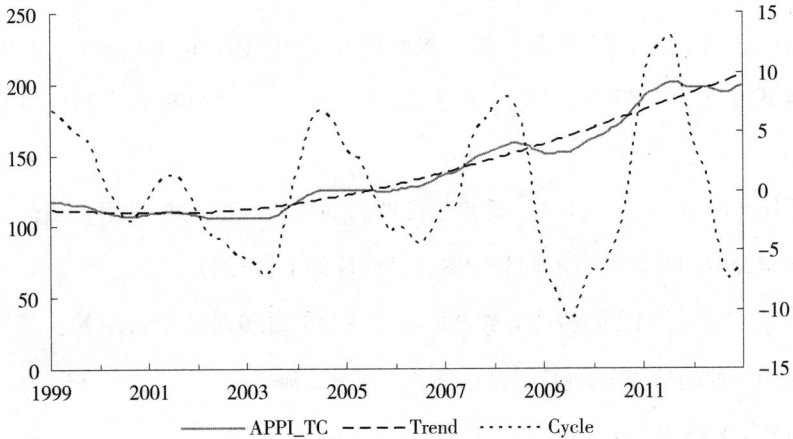

图 1-3　农产品价格指数 HP 滤波分解结果

率分量叠加而成，通过研究比较各分量的周期变化揭示时间序列的频率域结构，最终掌握序列的主要波动特征。为准确把握我国农产品价格波动周期，同时利用 BP 滤波对农产品价格进行趋势分解，结果见图 1-4。

图 1-4 为原序列（APPI_ TC）、非循环序列（Non-cyclical）和循环序列（Cycle）分解结果，从图中可以看出，利用 BP 滤波所筛选出的权重最大的循环波动周期仍为 3 年，长期趋势仍为单调递增。综合 HP 与 BP 滤波分析结果，说明样本区间内我国农产品价格的长期波动趋势为单调递增，但在短期波动中围绕该长期趋势会出现上下浮动，而这一浮动周期为 3 年。

三、农产品价格波动特征计量分析

已有研究表明，金融资产的收益率序列常常表现出"尖峰厚尾""波动聚集性"以及"杠杆效应"等特征。其中"波动聚集性"是指序列的波动（即方差）往往表现为大的波动后面跟随另一个大的波动，小的波动后面跟着另一个小的波动，从而表明收益率序列存在异方差性。"杠杆效应"是指

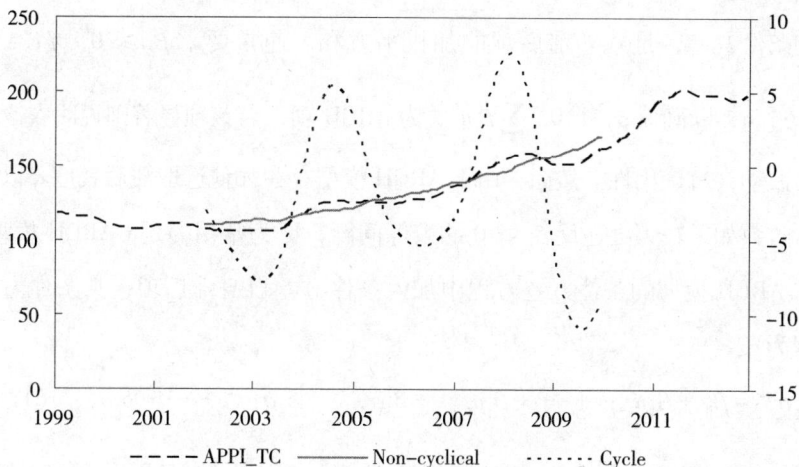

图1-4　农产品价格指数 BP 滤波分解结果

金融资产价格的下跌比相同幅度的价格上涨对资产价格后续波动的冲击影响更大，即波动具有非对称性。考虑到我国农产品价格可能也存在类似波动特征，本节运用 GARCH 模型、ARCH 模型分别对其波动聚集性和非对称性进行检验。

1. 波动聚集性检验

（1）模型介绍。自回归条件异方差（ARCH）模型最早由恩格尔（Engle，R.）于1982年提出，并由博勒斯莱文（Bollerslev，T.）于1986年发展成为 GARCH 模型（generalized ARCH model）——广义自回归条件异方差模型，该模型可以用来检测时间序列是否具有波动聚集性。

ARCH 模型由如下两方程构成：

$$Y_t = \alpha_0 + \alpha_1 X_{1t} + \alpha_2 X_{2t} + \cdots + \alpha_k X_{kt} + u_t \tag{1.6}$$

$$\sigma_t^2 = \beta_0 + \beta_1 u_{t-1}^2 + \beta_2 u_{t-2}^2 + \cdots + \beta_q u_{t-q}^2 \tag{1.7}$$

式（1.6）为均值方程，Y_t 为被解释变量，X_{kt} 代表解释变量，这里只包

含 Y_t 的滞后项。式（1.7）为条件方差方程，方差（σ_t^2）为残差 u_t 在 t 时刻的条件方差，是残差滞后项的加权平方和，通常要求 $\beta_i \geqslant 0$，$\forall i = 1$，2，$\cdots$，q，以确保 $\sigma_t^2 \geqslant 0$。$\sum_{i=1}^{q} \beta_i u_{t-i}^2$ 为 ARCH 项，若该项显著则说明农产品价格波动具有聚集性。然而，由于 ARCH 模型存在如何选取滞后长度 q 以及滞后阶数如果较大会违反 $\beta_i \geqslant 0$ 约束等问题，更为常用的是 GARCH 模型，即在 ARCH 模型的条件方差方程中加入条件方差自身滞后项，其条件方差方程为：

$$\sigma_t^2 = \beta_0 + \beta_1 u_{t-1}^2 + \cdots + \beta_q u_{t-q}^2 + \delta_1 \sigma_{t-1}^2 + \delta_2 \sigma_{t-2}^2 + \cdots + \delta_p \sigma_{t-p}^2 \quad (1.8)$$

式（1.8）中 $\sum_{i=1}^{q} \beta_i u_{t-i}^2$ 是 ARCHA 项，$\sum_{i=1}^{p} \delta_i \sigma_{t-i}^2$ 是 GARCH 项，q 和 p 分别是 GARCH（p，q）模型中的滞后阶数。如果二者显著则说明农产品价格波动具有明显聚集性。

（2）计量分析。根据模型要求，首先构造农产品价格指数（APPI）的均值方程，通过相关检验选择构造 ARIMA（12，2，1）模型，12 为自回归过程 AR 的阶数，2 表示对 APPI 指数进行两次一阶差分，1 为平均过程 MA 的阶数，模型回归结果如下[①]。

D（log（APPI），2）= 0.8047AR（12）−0.0825AR（2）−0.7717MA（1）+u

$$(1.9)$$

P 值 = （0.0000）　　（0.1172）　　（0.0000）

调整 $R^2 = 0.7816$　D.W = 1.9924　　AIC = −5.3947　　SC = −5.3340

该均值方程拟合程度较高，各统计指标也较为理想。但观察其残差图（图1-5）发现波动呈现明显"集群"现象，大的波动后面伴随较大波动，

---

① 由于此处旨在重点分析农产品价格波动的 ARCH 效应，因此均值方程模型具体原理将本节第 3 部分农产品价格短期预测部分予以具体说明。

小的波动后面波动也较小，其中2004年9月—2005年3月、2007年1月—9月、2009年1月—2012年12月期间内残差波动较大，其余时间波动相对较小。残差所具备的这种特征表明其很可能为条件异方差，即具有 ARCH 效应。因此，对方程（1.9）分别进行滞后1—12阶的 ARCH LM 检验以准确判断其是否具有 ARCH 效应，结果见表1-2。

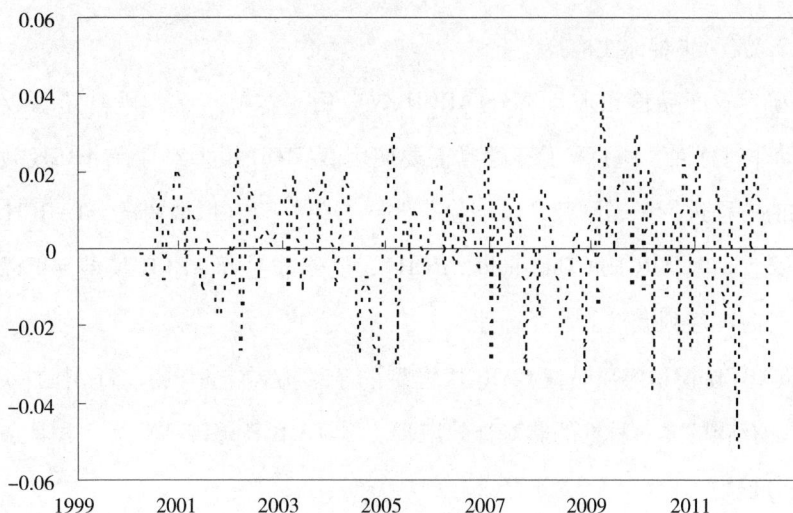

图 1-5 均值方程回归残差折线图

表 1-2 农产品价格指数 ARCH LM 检验结果

滞后阶数	1 阶	2 阶	3 阶	4 阶	…	11 阶	12 阶
F 统计量	0.0382	0.0147	0.0305	0.0136	…	0.0501	0.0618
T×R^{2}统计量	0.0379	0.0153	0.0314	0.0148	…	0.0556	0.0680

注：表中数字为各统计量的 P 值。

参照表1-2，均值方程（1.9）各滞后阶数 ARCH LM 检验的两个统计量均十分显著。其中 F 统计量显著表明检验辅助回归方程中的所有滞后残差平方项是联合显著的，$T×R^2$ 统计量显著说明可以拒绝"残差不存在 ARCH 效应"的原假设，即存在 ARCH 效应。上述计量检验结果表明我国农产品价格波动存在显著聚集性，一旦出现大幅波动将会引发后续一系列较大波动。

2. 波动非对称性检验

确定农产品价格波动存在 ARCH 效应后，本节将继续就其是否存在"波动非对称性"进行检验。通常需要使用 GARCH 模型对存在 ARCH 效应的均值方程进行重新回归，以消除条件异方差并改善拟合情况。TARCH 模型，又称门限 ARCH（Threshold ARCH），属于非对称 ARCH 模型，可以用来检验时间序列波动的非对称性。

TARCH 模型实质是在 GARCH 模型的条件方差方程（1.8）中加入解释可能存在的非对称性的非对称效应项，以 TARCH（1，1）为例，其条件方差方程为

$$\sigma_t^2 = \beta_0 + \beta_1 u_{t-1}^2 + \delta\sigma_{t-1}^2 + \varphi u_{t-1}^2 I_{t-1} \tag{1.10}$$

其中 $\beta_1 u_{t-1}^2$ 为 ARCH 项，$\delta\sigma_{t-1}^2$ 为 GARCH 项，$\varphi u_{t-1}^2 I_{t-1}$ 为非对称效应项。I_{t-1} 为虚拟变量，当 $u_{t-1} < 0$ 时，$I_{t-1} = 1$，否则 $I_{t-1} = 0$。从式（1.10）中可以看出，价格上升（$u_{t-1} > 0$）对条件方差的冲击效应为 $\beta_1 u_{t-1}^2$，而价格下降（$u_{t-1} < 0$）的冲击效应为 $(\beta_1 + \varphi) u_{t-1}^2$，二者的冲击效应明显不一样，因此只要系数 $\varphi \neq 0$，就说明序列波动存在非对称性。利用 TARCH（1，1）模型对均值方程（1.9）重新回归，得到其条件方差方程：

$$\sigma_t^2 = 6.66E{-}06 + 0.0492u_{t-1}^2 - 0.0023u_{t-1}^2 I_{t-1} + 1.0302\sigma_{t-1}^2 \tag{1.11}$$

P 值 = （0.0002）（0.0001）　　（0.0000）　　（0.0000）

调整 $R^2 = 0.7923$ D.W $= 2.0712$ AIC $= -5.4653$ SC $= -5.4434$

式（1.11）中各项系数均显著，统计指标也非常理想。其中非对称项的系数为 -0.0023，其他各项系数均为正，满足条件方差非负要求。由于非对称项系数为负，说明农产品价格上升引发的波动冲击大于价格下降所产生的波动冲击。当价格上升时，$u_{t-1} > 0$，$I_{t-1} = 0$，其对后续波动产生的冲击效应为 0.0492。而当价格下降时，$u_{t-1} < 0$，$I_{t-1} = 1$，其对后续波动产生的冲击效应为 0.0469（0.0492−0.0023）。此外，与式（1.9）相比，经 TARCH 模型重新回归后，拟合优度有所上升，AIC 与 SC 也明显减小，模型拟合程度整体得到提升。由于非对称项系数仅为 -0.0023，由此判读我国农产品价格波动存在微弱非对称性，农产品价格上涨信息对其自身后续波动的冲击效应略大于价格下跌引发的冲击效应。上述分析从统计学角度解释了描述性分析中农产品价格波动所表现出的"急涨缓跌"特征的内在机理。

从价格弹性理论视角出发，农产品属于生活必需品，价格弹性较小。价格上升并不能导致更大幅度的需求下降，价格下跌也不会引起需求的大幅上升，总体而言，价格上涨对供给方（批发商或零售商）必然有利可图。因此，当市场出现价格上涨信息时，供给方出于逐利目的会努力迎合市场预期，进一步抬高农产品销售价格。而当市场出现价格下降信息时，供给方则倾向于维持目前价格水平，尽量减缓下降速度。由此从经济理论上很好地解读了农产品价格波动具有非对称性即"急涨缓跌"特征的内在原因。

3. 农产品价格短期预测

本章旨在首先分析农产品价格（APPI）自身波动趋势与特征，不纳入其他相关因素。因此，在揭示农产品价格波动周期、"波动聚集性"与"波动非对称性"特征的基础上，应考虑综合利用其自身波动规律进行短期预测，以期为建立农产品价格预警机制提供技术支撑。本节选取 ARIMA 这一常用时间序列分析模型对农产品价格进行短期预测。

ARIMA 模型又称自回归移动平均模型，其不以经济理论为依据，只考虑单个变量自身历史走势规律，并运用该规律外推以实现预测，预测精度通常较高。其中 AR 代表自回归过程，即利用变量自身滞后项的加权和与一个随机扰动项对变量预测。MA 代表移动平均过程，即仅利用随机扰动项的滞后项加权和对变量进行外推预测。I 表示对非平稳序列进行差分处理过程。式（1.12）为所构建农产品价格指数 ARMA 模型，p 代表纳入模型的农产品价格滞后阶数，q 代表纳入分析的残差滞后阶数。

$$APPI_t = C + \alpha_1 APPI_{t-1} + \alpha_2 APPI_{t-2} + \cdots + \alpha_p APPI_{t-p} + \theta_1 \mu_{t-1} + \cdots + \theta_1 \mu_{t-q} \quad (1.12)$$

首先借助自相关函数 ACF 图和偏自相关函数 PACF 图对 p 和 q 进行初步选取，然后结合赤池信息准则（AIC）与施瓦茨信息准则（SC）对 p 和 q 的备选组合进行择优比较，最终确定建立 ARIMA（12，2，1）模型，即 p＝12，q＝1，对农产品价格指数（APPI）的对数序列进行两次一阶差分。

（1）6 个月外推预测分析。首先以 1999 年 1 月—2012 年 6 月为样本进行模型回归，并对 2012 年 7 月—12 月进行 6 个月样本外预测。回归结果（式 1.13）显示模型拟合优度较高，各项指标均良好，符合进行样本预测要求，预测结果见表 1-3。

D（log（APPI），2）＝0.8047AR（12）－0.0825AR（2）－0.7717MA（1）＋u

P 值＝（0.0000）（0.1172）（0.0000） （1.13）

调整 R^2＝0.7816　D.W＝1.9924　AIC＝－5.3947　SC＝－5.3340

表 1-3　农产品价格预测结果（2012.7—2012.12）

	7 月	8 月	9 月	10 月	11 月	12 月
实际值	191.80	202.40	196.90	186.60	185.00	196.20

续表

	7 月	8 月	9 月	10 月	11 月	12 月
预测值	191.60	193.54	188.83	178.96	170.96	174.49
预测误差（%）	-0.10	-4.38	-4.10	-4.09	-7.59	-11.07

表 1-3 表明，利用 ARIMA 模型对农产品价格进行样本外预测的精度会随着时间推移逐步降低，但整体预测精读仍然较高，除第 6 个月预测误差相对较大为-11.07%外，其他月份预测精度均达到 96%左右。然而，预测误差并不能作为衡量预测准确与否的唯一标准。实际生活当中人们通常更为关注未来价格走势，当对未来价格水平预测值的波动趋势与真实情况不符时，即便预测误差很小，该预测也是没有意义的。相反，如果对未来价格水平的预测值波动趋势同真实情况相似度较高，那么即便预测误差较大，那么该预测结果对于建立农产品价格波动预警机制也具有重要意义。因此，为检验 ARIMA 模型的预测准确性，有必要对预测值的波动趋势与实际波动情况进行拟合对比。图 1-6 为二者波动趋势拟合图，由于样本外预测的第一个月为 2012 年 7 月，因此需将 7 月之前的实际值一并纳入以准确判读二者波动的一致性，此处将 2012 年 4 月—6 月数据一并纳入。

观察图 1-6 发现，2012 年 7 月—12 月期间农产品价格预测值与实际值的波动趋势如出一辙，7 月价格水平相对 6 月上涨后便开始呈现持续下跌态势，11 月价格触底后于 12 月出现上浮反弹。由此可见，利用 ARIMA 模型对农产品价格进行为期 6 个月的外推预测可以很好地反映实际价格波动趋势，且预测精度较高。

（2）12 个月外推预测分析。毋庸置疑，政府或市场参与者越早掌握农产品未来价格波动趋势就越有利于提前采取应对措施，维护市场稳定运行。

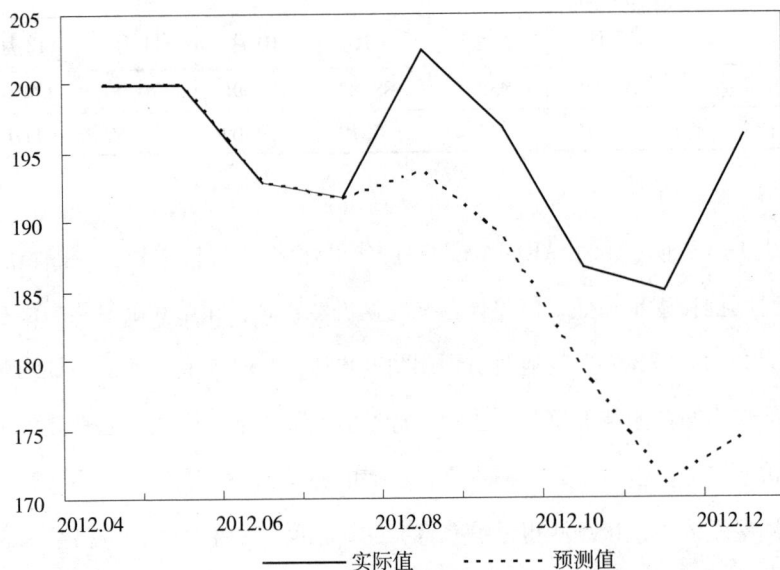

图 1-6　农产品价格指数实际值与预测值趋势

沿用 ARIMA（12，2，1）模型以 1999 年 1 月至 2011 年 12 月农产品价格指数为样本进行回归分析，然后利用回归结果对 2012 年 1 月—12 月进行样本外预测，结果见表 1-4。

表 1-4　农产品价格预测结果（2012. 1—2012. 12）

	1 月	2 月	3 月	4 月	5 月	6 月
实际值	198.70	201.30	203.30	199.90	199.90	192.80
预测值	197.27	199.68	197.48	191.83	190.07	188.40
预测误差（％）	-0.72	-0.80	-2.86	-4.04	-4.92	-2.28
	7 月	8 月	9 月	10 月	11 月	12 月
实际值	191.80	202.40	196.90	186.60	185.00	196.20
预测值	187.29	188.66	183.99	174.33	166.54	169.99
预测误差（％）	-2.35	-6.79	-6.56	-6.57	-9.98	-13.36

表 1-4 显示，利用 ARIMA 模型对农产品价格进行的 12 个月外推预测精确度在前 7 个月整体较高，处于 96%—99% 之间。下半年预测精确度有所下降，除 12 月预测误差较大外其余月份预测精确度维持在 93%—94% 之间。同样，仍需结合价格趋势图分析。图 1-7 表明，农产品价格预测精度虽然于 2012 年 8 月开始显著下降，但所预测的 2012 年全年价格波动趋势仍较好地拟合了实际波动情况，各转折点拟合情况基本一致。可以认为，ARIMA 模型基于农产品价格自身波动趋势所进行的价格预测可以提前一年较好地刻画未来农产品价格波动趋势，对政府提前制定农产品价格宏观调控措施并稳定农产品价格水平具有重要意义。

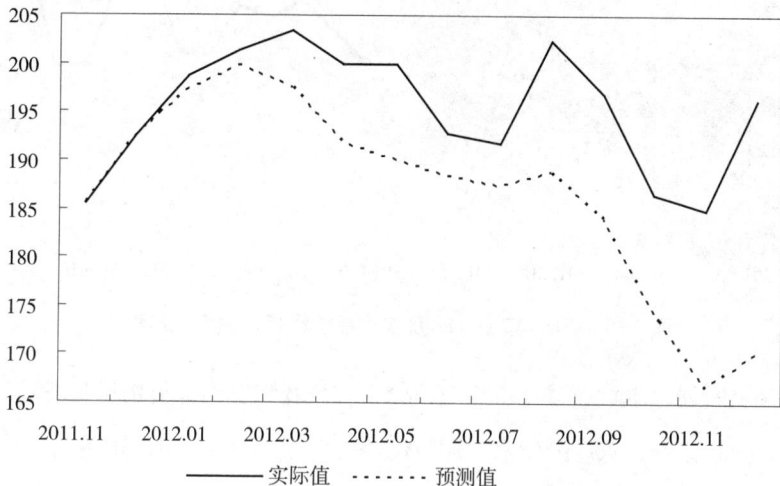

图 1-7　农产品价格指数实际值与预测值趋势

（3）2013 年 1 月—12 月农产品价格走势预测。基于 ARIMA 模型较好的预测性能，本章以 1999 年 1 月—2012 年 12 月为样本区间进行模型回归，利用回归结果对我国 2013 年 1 月—12 月的农产品价格进行预测。观察图 1-8

可以发现，2013 年农产品价格波动轨迹将与 2012 年实际情况整体相似，但价格水平会整体高于 2012 年。其中第一季度将延续 2012 年末的上升态势，第二季度价格呈小幅下降趋势，8 月农产品价格将出现大幅反弹，9—11 月再次下降至略低于 7 月水平，12 月价格又将骤然回升至与 8 月份相当的价格水平。根据预测结果，在经历 2012 年经济发展相对低迷阶段后，随着一系列经济刺激措施的出台，国民经济发展回暖会引致 2013 年农产品价格总体水平较 2012 年出现反弹，政府应继续保持高度警惕，避免农产品价格出现异常波动。

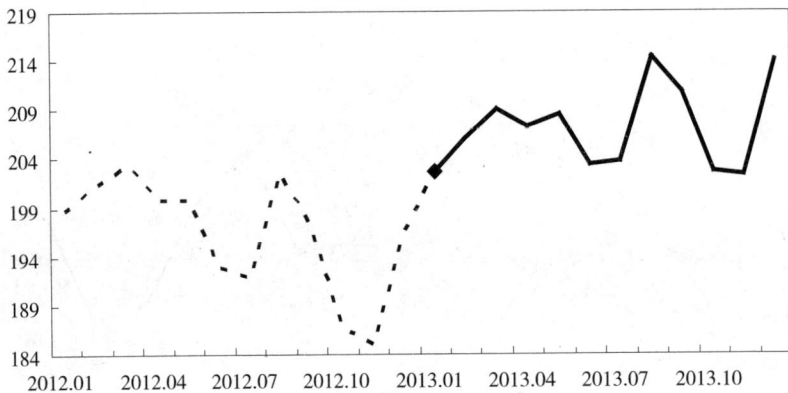

图 1-8　2013 年 1—12 月农产品价格指数预测值趋势

综上所述，本章通过计量与理论分析发现我国农产品价格自身波动呈现如下特点：第一，农产品价格长期波动趋势为单调递增，但局部波动特征为围绕长期趋势以 3 年为周期上下浮动；第二，我国农产品价格上涨速度不断加快，波动不确定性急剧增强，总体呈现"急涨缓跌"特征；第三，样本期间内我国农产品价格具有显著"波动聚集性"和微弱"波动非对称性"，波动幅度呈集群态势，大幅波动会连续引发较大波动，且前期价格上涨较下跌而言对后续波动的冲击效应更大。表明农产品价格自身具有先天的跟涨不跟跌特性，并且一旦出现价格大幅波动将会持续引发较大幅度波动，不稳定性较强，增加政府稳定物价难度；第四，利用农产品价格自身波动趋势特征可以较为准确地预判未来半年至一年价格走势，对构建农产品价格预警机制具有重要意义。

第三节　农产品价格传导机制

在掌握农产品价格自身波动趋势与特征的基础上进一步拓展研究范围，纳入国内外多种相关因素，分析其与我国农产品价格波动之间的传导机制，揭示农产品价格波动的传导源头。所谓农产品价格传导机制是指在市场经济条件下，农产品价格受多种因素共同作用发生波动，并通过一定传导路径、传导效率、传导强度与农产品价格体系中其他相关农产品或其他非农产品价格之间相互调整和相互作用的过程。深入剖析农产品价格传导机制可以揭示农产品价格体系各因素之间的本质联系，为理顺市场传导途径、调控农产品价格异常波动提供有力支持，是调整优化农产品价格体系的理论支撑，有利于维护农产品价格稳定运行，对保障国民经济健康持续发展意义重大。

价格传导类型通常分为两种，即纵向价格传导和横向价格传导。纵向价格传导是指沿产业链或产品链的传导机制，一般表现为上、中、下游之间的价格传导。横向价格传导是指以市场整合为基础，发生在不同国别、不同市场间和不同地区之间的价格冲击。我国自加入世贸组织以来，国民经济保持高速增长，社会主义市场经济体制改革不断深化完善，与世界经济发展联系的紧密程度更是前所未有。然而正是市场的快速发展与高度开放导致我国农产品价格波动的影响因素越发错综复杂，传导机制更为扑朔迷离，政府对有关宏观调控工具运用的机制化程度不高，通常带有试探性色彩。有鉴于此，考虑从农产品产业链纵向价格传导、国内市场间横向传导以及国际市场冲击三方面展开论证分析，全面深入地解读农产品价格波动影响因素及传导机制，为实现农产品价格宏观调控目标与工具的机制化进行有益探索。

一、沿产业链纵向价格传导

市场均衡理论强调供需结构对价格的影响，成本推动效应与需求拉动效应分别通过影响供给和需求水平对价格产生冲击。由于综合分析农产品价格传导机制仍需遵循逐层推进原则，我们从产业链角度出发首先分析由养殖种植成本→田间收购价格→市场零售价格构成的产业链条各环节对农产品终端价格的传导效应，检验我国农产品价格波动的成本推动效应。

1. 指标选取与数据处理

本节选取农业生产资料价格指数（AMPI）、农产品生产价格指数（AP-PPI）与农产品价格指数（APPI）三个指标分别代表产业链上、中、下游价格[①]。其中，农业生产资料价格指数反映一定时期农业生产资料（小农具、饲料、幼禽家畜、半机械化农具、化学肥料、农药及农药械、农用油等）价格变动总趋势和波动幅度。农产品生产价格指数是反映一定时期农产品生产者出售价格水平变动趋势及幅度的相对数，可以很好地代表农民将产品直接出售给收购商的价格水平。农产品价格指数由中国人民银行定期公布，是农产品市场零售价格的典型代表。由于农产品生产价格指数只有季度数据且可得区间为2002年第一季度至2012年第三季度，因此其他两个月度指标也相应转化为季度数据，并截取相同时间跨度。

---

① AMPI 指数来自 CCER 数据库，AP—PPI 指数来自国家统计局网站，APPI 来自中国人民银行网站。

数据处理方面，首先将农业生产资料价格指数（AMPI）、农产品生产价格指数（AP-PPI）季度同比数据转换为以 2002 年 = 100 的定基数据，农产品价格指数（APPI）仍沿用第三章中处理后的定基数据。对三变量进行对数化处理后分别观察其折线图发现均具有明显季节波动特征，采用 Census X12 方法对其进行季节调整，消除季节影响因素。

2. 模型回归与分析

链合模型（Market—chain Cooperated Model，MCM）是研究农产品价格传导机制的一套集成方法。其以向量自回归（VAR）模型为依托，从价格传导机制内涵出发，以揭示农产品价格间的长期均衡关系、自我平衡修复能力、传导路径与方向、冲击效应（包括冲击滞后效应与冲击强度）和冲击贡献度为目标，形成了集协整检验、误差修正、格兰杰因果关系检验、脉冲响应函数、方差分解等逐层递进的一系列模型组合①。

根据链合模型分析机理，首先对农业生产资料价格指数（AMPI）、农产品生产价格指数（AP-PPI）与农产品价格指数（APPI）进行协整关系检验，以确定各指数之间是否存在长期均衡关系，如果存在则需进一步建立误差修正模型（VEC）以分析变量自我平衡修复能力。

（1）协整检验。协整检验要求变量必须满足同阶单整，因此首先对变量进行稳定性检验，所用方法为 ADF 单位根检验，最佳滞后期根据 AIC（赤池信息准则）自动选取。结果（表 1-5）表明各指标原始序列均不稳定，一阶差分后为平稳序列即 I（1）过程，且显著性水平较高，符合协整检验前提。

---

① 许世卫等：《农产品价格传导机制研究的集成模型——链合模型》，《中国物价》2012 年第 1 期。

表 1-5　ADF 单位根检验结果

变量	检验类型	ADF统计量	1%显著水平	5%显著水平	10%显著水平	结论
LnAMPI	(C，T，7)	-1.4536	-4.2436	-3.5443	-3.2046	非平稳
DLnAMPI	(C，0，6)	-5.6683	-3.6329*	-2.9484	-2.6129	平稳
LnAPPI	(C，T，8)	-1.7808	-4.2528	-3.5484	-3.2070	非平稳
DLnAPPI	(C，0，7)	-5.3373	-3.6394*	-2.9511	-2.6143	平稳
Ln（AP-PPI）	(C，T，2)	-3.5948	-4.2050	-3.5266	-3.1946	非平稳
DLn（AP-PPI）	(C，0，9)	-3.9724	-3.6537*	-2.9571	-2.6174	平稳

注：（1）C、T、K 分别表示截距项、趋势项和滞后期。（2）* 表示在选定的显著性水平下拒绝数据存在单位根的原假设。（3）D 表示对指数进行一阶差分。

　　由于协整检验最优滞后阶数比 VAR 模型最优滞后阶数小 1，因此需首先建立三变量 VAR 模型。根据设定最大滞后期数为样本个数立方根原则，设定最大滞后阶数为 4。表 1-6 显示 VAR 模型最优滞后期评价结果为 3 阶，由此建立三变量 VAR（3）模型。单位圆检验表明模型特征多项式根的模的倒数均小于 1，位于单位圆内（如图 1-9 所示），因此模型通过稳定性检验。基于 VAR（3）模型对变量进行最优滞后期为 2 阶的协整检验。

表 1-6　VAR 最优滞后期阶数评价结果

滞后期	LR	FPE	AIC	SC	HQ
0	NA	4.11e-8	-8.4941	-8.3662	-8.4482
1	266.3857	3.23e-11	-15.6436	-15.1317	-15.4600
2	40.8167	1.45e-11	-16.4576	-15.5618	-16.1362
3	25.6852*	9.69e-12*	-16.8817	-15.6021*	-16.4226*
4	12.4329	9.96e-12	-16.8984*	-15.2348	-16.3015

注：* 号表示对应准则选取的最优滞后期阶数。

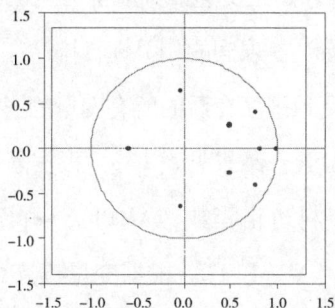

图1-9 VAR（3）模型平稳性检验

协整检验结果（表1-7）表明，农业生产资料价格指数（AMPI）、农产品生产价格指数（AP-PPI）与农产品价格指数（APPI）之间不存在协整关系，即三者之间不具有长期均衡关系，不符合有效市场理论预期。该结论初步表明我国农产品市场纵向传导机制尚不完善，价格沿产业链垂直传导的实际情况较为复杂，也印证了 2007 年以来农产品市场多次出现价格异常波动的混乱局面。由于变量间不存在协整关系，所以无须继续建立误差修正模型。为进一步分析农产品产业链各环节之间的冲击效应，借助已建立的 VAR（3）模型进行脉冲响应分析与方差分解。

表1-7 Johansen 迹统计量检验结果

协整关系个数原假设	特征根	迹统计量	5%临界值	P 值
0 个	0.1792	13.2218	29.7970	0.8812
最多 1 个	0.0960	5.3219	15.4947	0.7737
做多 2 个	0.0315	1.2831	3.8414	0.2573

（2）递归 VAR 模型分析。为保证脉冲响应函数和方差分解效果，首先要将 VAR 模型中各回归方程的误差项进行正交处理，消除之间的相关性。

目前对乔里斯基（Cholesky）正交递归分解法应用已比较广泛，通过将变量按以下准则排序即可消除误差项间的相关性：排序在前的变量将影响排序在后的变量，但不会同时受到排序在后的所有变量的影响。因此有必要对各变量之间的因果关系进行检验，结果见表1-8。根据因果关系检验结果确定变量顺序为①：农业生产资料价格指数（AMPI）→农产品价格指数（APPI）→农产品生产价格指数（AP-PPI）。根据变量排序结果建立如式（1.13）的乔里斯基（Cholesky）正交递归VAR模型。

表1-8 变量间两两格兰杰因果关系检验结果

变量	农业生产资料价格指数	农产品生产价格指数	农产品价格指数
农业生产资料价格指数	—	Y（0.0725）	Y（0.0013）
农产品生产价格指数	Y（0.0005）	—	N
农产品价格指数	Y（0.0259）	Y（0.0119）	—

注：（1）由于变量间不存在协整关系且非平稳，因此表中变量为经过对数取差分处理后变量。（2）若列变量为行变量的格兰杰原因，记为Y，否则记为N。（3）括号内为格兰杰因果关系成立的P值。

$$LnAMPI_t = E_{t-1}(LnAMPI_t) + \varepsilon_t^{LnAMPI}$$

$$LnAPPI_t = E_{t-1}(LnAPPI_t) + a_1\varepsilon_t^{LnAMPI} + \varepsilon_t^{LnAPPI} \qquad (1.13)$$

$$Ln(_{AP-PPI})_t = E_{t-1}(Ln(_{AP-PPI_t}) + b_1\varepsilon_t^{LnAMPI} + b_2\varepsilon_t^{LnAPPI} + \varepsilon_t^{Ln(AP-PPI)}$$

基于模型（1.14）的各变量间脉冲响应函数分析结果见图1-9。首先观察各价格指数受自身冲击效应发现：农产品生产价格指数（AP-PPI）受

———————

① 当变量间不存在单向因果关系时，在利用因果检验对变量排序时遵照如下原则：（1）显著性水平高的因果关系大于显著性低的因果关系。（2）变量受排序在后的其他变量影响尽可能小，受排序在前的变量影响尽可能大，同时对后序变量影响尽可能大。下文分析同样采用此原则。

自身的正向冲击效应在第 1 期即达到最大值（仅为 0.0165），此后呈单调递减态势并于第 7 期衰减为 0；代表零售价格水平的农产品价格指数（APPI）受自身一个正向冲击后会持续增长，于第 5 期达到最大值（0.028），其后正向冲击效应缓慢衰减。说明农产品价格指数价格黏性较大，进一步印证了第三节中所描述的"急涨缓跌"特征，同时也验证了学术界关于零售环节通常属于卖方市场的观点，销售商在出现价格上涨预期时具备主观维持较高价格水平的能力。农产品生产价格指数（代表农民田间直接出售农产品价格水平）之所以没有表现出黏性特征，可能因为我国农业生产目前主要以小规模分散经营为主，市场信息不对称性较强，农民在产品收购环节谈判能力较弱，属于典型买方市场，导致农民不具备按照意愿维持较高收购价格的能力。

其次观察变量间冲击效应。农产品生产价格指数（AP-PPI）对农产品价格指数（APPI）的冲击效应远小于其反向冲击效应。当在本期赋予农产品生产价格指数一个正向冲击时，其对农产品价格指数的冲击效应在第 3 期达到最大值（仅为 0.006），第 5 期时冲击效应即减小为 0。而当农产品价格指数发生一个正向冲击时，其对农产品生产价格指数的冲击效应在第 5 期达到最大（0.03），是反向冲击效应的 5 倍，且直至第 10 期都未衰减为 0。

此外，当农业生产资料价格指数（AMPI）发生一个正向冲击时，其对农产品生产价格指数（AP-PPI）和农产品价格指数（APPI）的冲击效应都会呈现小幅正负波动①，正向冲击时间短暂且最大效应分别仅为 0.011 和 0.004。相反，农业生产资料价格指数（AMPI）受来自农产品价格指数

---

① 出现这种现象的原因可能是：当农业生产资料出现大幅上升时，国家为了稳定农产品价格通常会进行农资补贴，降低农产品生产成本，所以受农资价格上涨导致的价格上升会在短期内再次恢复原有水平。

（APPI）的冲击效应持续时间较长且冲击力度较大（最高值为 0.023，为反向冲击的 5 倍），受农产品生产价格指数（AP-PPI）的正向冲击较小（最大仅为 0.007）且持续时间相对较短（第 7 期衰减为 0）。

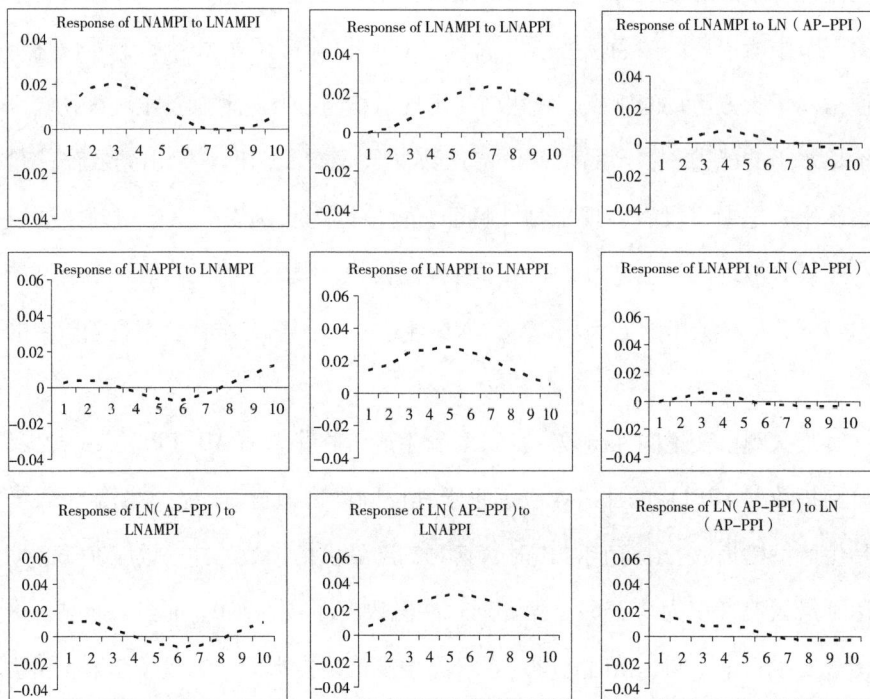

图 1-10 各价格指数间脉冲响应

注：图中各变量含义分别为 LNAMPI（农业生产资料价格指数），LNAPPI（农产品价格指数），LN（AP-PPI）农产品生产价格指数。

由此可见，在沿产业链纵向价格传导过程中，农产品价格指数（代表产业链终端零售价格水平）对农产品生产价格指数（代表农民田间直接出售价格水平）和农业生产资料价格指数的冲击效应远大于来自两个变量的反向冲击效应，约为其 5 倍。农业生产资料价格指数与农产品生产价格指数之间的相互冲击效应相当，但冲击效应水平较低。换言之，我国农产品零售价格对生产资料和农产品收购价格的传导效应更为显著。而农业生产成本上涨只能小幅反映在农产品收购环节，其对零售环节的传导效应甚微。因此判断我国农产品价格沿产业链传导过程中存在"产业链传导非对称性"效应，呈现"逆向传导"特征，无论是冲击持续时间还是冲击强度，下游对上游的价格传导效应都远大于上游对下游的传导效应。

最后结合方差分解进行分析，结果显示代表产业链上、中游价格的农业生产资料价格指数（AMPI）与农产品生产价格指数（AP-PPI）波动冲击对下游农产品价格指数（APPI）波动的贡献度最大分别仅为 5.04% 和 3.19%，而代表零售价格水平的农产品价格指数波动对上游生产价格、中游收购价格波动的贡献度最大分别高达 64.22% 与 80.33%。此外，农产品零售价格波动由其自身解释部分直至第 10 期仍高达 89.43%。方差分解从变量间冲击贡献度角度进一步验证了脉冲响应分析结果，证明农产品零售价格具有强大的价格黏性。

综上所述，我国农产品产业链中生产、收购与零售环节之间不存在长期均衡关系，上游价格波动对零售价格的纵向传导途径不畅，上游至下游的顺向价格传导效应远小于逆向传导，成本推动效应不显著。表明我国农产品零售价格波动的主要传导源并不在产业链内部，可能来自其他横向影响因素。后文将分别剖析国内与国外相关影响因素对我国农产品价格的横向传导机制。

二、国内市场间横向价格传导

1. 指标选取与模型设定

进一步选取国内与农产品价格波动相关的总需求、货币市场、股票市场、房地产市场进行横向传导机制研究。与产业链纵向价格传导研究所采用的季度数据不同，本节所选指标均为 1999 年 1 月—2012 年 12 月的月度数据。包括农产品价格指数（APPI）、广义货币供给量（M_2）、7 天银行间同业拆借利率（SHIBOR）、工业增加值增长速度（IAVGR）、上证综指（SCI）、商品房销售价格指数（HSP）[①]。广义货币与同业拆借利率代表货币市场对农产品价格波动的横向影响。由于国内生产总值（GDP）只有季度数据，因此选取工业增加值增长速度作为代理变量，反映国内总需求对农产品价格的影响。股票市场价格和房地产市场价格波动通常会对市场整体价格水平释放预期信号，是市场价格水平的风向标，同时考虑到近期有大量游资从资本市场转入农产品市场，对农产品价格波动带来极大不稳定因素，因此将上证综指和商品房销售价格指数一并纳入分析。上述指数均为定基指数，样本为 168 个月。

结合变量曲线图发现，除 M_2 以外的其他变量均呈现明显季节变动趋势，运用 CensusX12 季节调整方法对其进行调整。为增加数据的稳定性并消除异方差，对所有最终变量取自然对数。本节仍沿用链合模型指导思想进行分析，首先分析变量间长期均衡关系及自我平衡修复能力，然后利用脉冲响应函数和方差分解分析各变量与农产品价格之间的横向传导效应。

单位根检验结果显示上述变量均为一阶单整过程（不再列出具体检验结果）。首先建立 6 变量 VAR 模型以确定协整检验最优滞后期。表 1-9 显示 VAR 模型最优滞后期为 3，建立 6 变量 VAR（3）模型，稳定性检验结果表明模型的特征多项式的所有根的模的倒数均小于 1，通过稳定性检验。由此确定协整检验滞后期为 2。

---

① 数据来源：中国人民银行网站与 CCER 数据库。

表 1-9 VAR 最优滞后期阶数评价结果

滞后期	LR	FPE	AIC	SC	HQ
0	NA	8.77e-10	-3.8271	-3.7127	-3.7807
1	2700.9300	3.70-17	-20.8080	-20.0075*	-20.4830
2	116.1732	2.65e-17	-21.1432	-19.6566	-20.5396*
3	79.5614	2.38e-17*	-21.2552*	-19.0824	-20.3730
4	43.5036	2.73e-17	-21.1283	-18.2694	-19.9675
5	54.6457*	2.84e-17	-21.1010	-17.5555	-19.6616
6	21.5564	3.81e-17	-20.8290	-16.5978	-19.1111

注：* 号表示对应准则选取的最优滞后期阶数。

为保证后续脉冲响应函数与方差分解准确性，仍采用上文介绍的乔里斯基（Cholesky）正交递归分解消除 VAR 模型中各方程残之间的相关性。根据变量间格兰杰因果关系检验结果（表 1-10）确定 Cholesky 分解顺序为：上证综指（SCI）→工业增加值增长速度（IAVGR）→7 天银行间同业拆借利率（SHIBOR）→广义货币（M_2）→商品房销售价格指数（HSP）→农产品价格指数（APPI）。由此建立如式（1.14）所示的 6 变量正交递归 VAR（3）模型。

表 1-10 变量间两两格兰杰因果关系检验结果

变量	SCI	IAVGR	SHIBOR	M_2	HSP	APPI
SCI	—	Y（0.0753）	Y（0.0402）	N	Y（3.E-05）	N
IAVGR	N		Y（0.0266）	N	N	Y（7.E-07）
SHIBOR	N	N	—	Y（0.0352）	Y（0.0012）	Y（4.E-05）
M_2	N	N	N	—	N	Y（0.0008）
HSP	Y（0.06）	Y（0.0218）	N	N	—	Y（0.04）
APPI	N	N	Y（0.01）	N	N	—

注：（1）表中变量为经过对数处理后变量。（2）若列变量为行变量的格兰杰原因，记为 Y，否则记为 N，括号内为格兰杰因果关系成立的 P 值。

$$LnSCI_t = E_{t-1}(LnSCI_t) + \varepsilon_t^{LnSCI}$$

$$LnIAVGR_t = E_{t-1}(LnIAVGR_t) + a_1\varepsilon_t^{LnSCI} + \varepsilon_t^{LnIAVGR}$$

$$LnSHIBOR_t = E_{t-1}(LnSHIBOR_t) + b_1\varepsilon_t^{LnSCI} + b_2\varepsilon_t^{LnIAVGR} + \varepsilon_t^{LnSHIBOR}$$

$$LnM_{2t} = E_{t-1}(LnM_{2t}) + c_1\varepsilon_t^{LnSCI} + c_2\varepsilon_t^{LnIAVGR} + c_3\varepsilon_t^{LnSHIBOR} + \varepsilon_t^{LnM_2}$$

$$LnHSP_t = E_{t-1}(LnHSP_t) + d_1\varepsilon_t^{LnSCI} + d_2\varepsilon_t^{LnIAVGR} + d_3\varepsilon_t^{LnSHIBOR} + d_4\varepsilon_t^{LnM_2} +$$
$$\varepsilon_t^{LnHSP}$$

$$LnAPPI_t = E_{t-1}(LnAPPI_t) + e_1\varepsilon_t^{LnSCI} + e_2\varepsilon_t^{LnIAVGR} + e_3\varepsilon_t^{LnSHIBOR} + e_4\varepsilon_t^{LnM_2} +$$
$$e_5\varepsilon_t^{LnHSP} + \varepsilon_t^{LnAPPI} \tag{1.15}$$

2. 模型估计

（1）协整检验结果。Johansen 迹统计量检验结果表明各变量之间存在一个协整关系，即存在一个长期均衡关系，协整方程为式（1.16）。

$$LnAPPI = 0.9997LnHSP + 0.2288LnIAVGR + 1.6382LnM_2 + 0.1136LnSCI +$$

$$0.2147LnSHIBOR \tag{1.16}$$

$$(0.5415) \quad (0.0820) \quad (0.5176) \quad (0.0582) \quad (0.0672)$$

观察协整方程，各变量与农产品价格（APPI）之间均呈正向均衡关系。其中与农产品价格联动程度最高的为货币供给量（M_2）和商品房销售价格指数（HSP）。货币供给量与房价每上涨 1%，农产品价格就分别上浮 1.64% 与 0.99%。其他变量与农产品价格之间的联动程度相对较低，均衡系数最大仅为代表国内总需求的工业增加值增长速度（IAVGR）所呈现的 0.23。然而协整关系曲线（图 1-11）显示，农产品价格与其他市场间长期均衡关系稳定性较差，样本区间内变量间实际波动关系偏离均衡状态程度整体较高。1999—2001 年国内通货紧缩时期和 2007 年 7 月—2010 年 7 月全球金融危机期间变量间波动关系偏离均衡状态尤为严重，说明上述均衡关系容易受到经济异常冲击干扰。

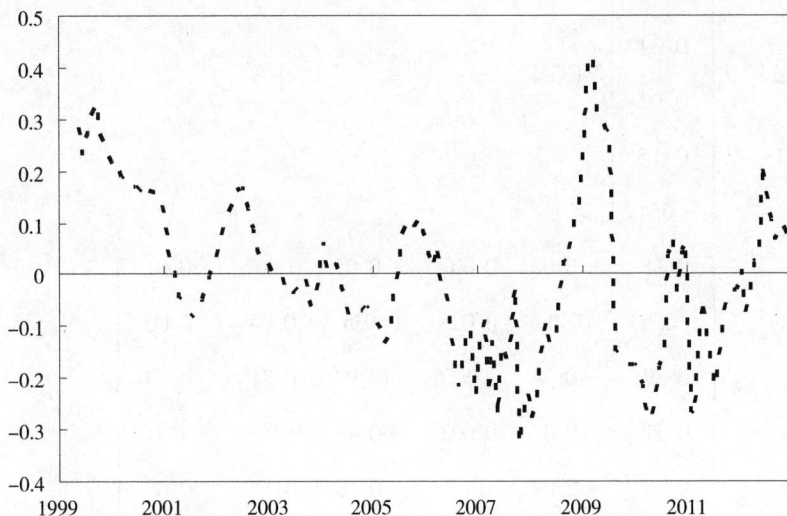

图 1-11　协整关系曲线

（2）误差修正（VEC）分析。误差修正模型旨在分析存在长期均衡关系的变量中当某一变量偏离协整关系后趋向均衡状态进行自我调整的能力。式（1.17）为针对协整方程（1.16）建立的误差修正模型结果。误差修正项 $VECM_{t-1}$ 的系数分别为 -0.03，0.03，0.31，…，-0.12。表明当其他变量不变时，农产品价格（APPI）在第 t 期的变化可以消除前一期 3% 的非均衡误差，同业拆借利率（SHIBOR）可以消除前一期 12% 的非均衡误差。其他变量系数为正，表示不仅不能自动向均衡状态调整，反而会加剧对均衡状态的偏离程度。其中代表国内总需求的工业增加值增长速度（IAVGR）和上证综指（SCI）尤为突出，其一旦偏离均衡状态后会分别以 31% 和 15% 的速度加剧偏离均衡状态，是协整关系中最不稳定的因素。

$$\Delta Y_t = \begin{bmatrix} -0.03 \\ 0.02 \\ 0.31 \\ 0.01 \\ 0.15 \\ -0.12 \end{bmatrix} \text{VECM}_{t-1} +$$

$$\begin{bmatrix} 0.11 & -0.02 & 0.007 & -0.05 & 0.007 & 0.01 \\ -0.03 & 0.21 & 0.005 & 0.035 & 0.04 & 0.00 \\ 0.89 & -0.74 & -0.66 & -0.09 & 0.71 & 0.13 \\ 0.31 & -0.07 & 0.002 & -0.49 & 0.008 & -0.003 \\ 0.93 & -2.09 & 0.05 & -0.18 & 0.17 & 0.08 \\ 0.87 & 0.02 & 0.04 & -0.35 & -0.06 & -0.23 \end{bmatrix} + \Delta Y_{t-1} + \varepsilon$$

$$Y_t = [Ln\text{APPI}_t, Ln\text{HSP}_t, Ln\text{IAVGR}_t, Ln\text{M}_{2t}, Ln\text{SCI}_t, Ln\text{SHIBOR}_t]'$$

(1.17)

协整检验与误差修正分析表明,农产品价格与货币供给、利率水平、国民经济发展水平(总需求)、股票市场价格和房地产市场价格之间存在长期正向均衡关系,均衡关系稳定性较差,且除农产品价格和利率在偏离均衡状态后会自动趋向均衡进行调节外,其他变量均不具有趋衡自我修复能力。据此可以判断农产品价格虽然与国内其他市场间存在长期均衡关系,但该均衡关系的自我维护与修复能力不强,极易受到突发因素的冲击与破坏。最后,协整检验与误差分析只是对变量间联动趋势的客观描述,并不能解释变量间的内在传导机制,还应借助脉冲响应与方差分解对冲击效应进行分析。

(3)脉冲响应分析。根据链合模型分析框架,本章将基于已经建立的6变量正交递归 VAR 模型(1.14)进一步深入分析国内其他市场对农产品价格的横向传导效应（脉冲响应结果见图 1-11）。

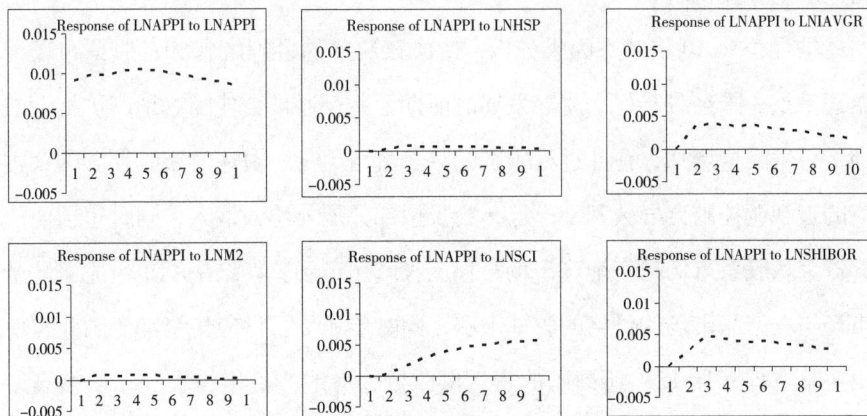

图 1-12　各变量对农产品价格的脉冲效应

注：图中各变量含义分别为 LNAPPI（农产品价格），LNHSP（商品房销售价格），LNIAVGR（工业增加值增速），LNM$_2$（货币供给），LNSCI（上证综指），LNSHIBOR（同业拆借利率）。

图 1-12 显示，除受自身冲击外，农产品价格主要受来自于工业增加值增长速度（IAVGR）、上证综指（SCI）和同业拆借利率（SHIBOR）变动的正向冲击，最大冲击效应分别为 0.004、0.007 和 0.005，其中股票市场对农产品价格的正向冲击最为持久且呈现不断增强趋势，工业增加值与利率的正向冲击效应分别于第 2、3 期开始衰减。相比而言，货币供应（M$_2$）与商品房销售价格指数（HSP）对农产品价格的冲击效应微乎其微。由此初步判断国内总需求、股票市场和利率变动是引发农产品价格波动的横向传导源头，传导效应为正向，传导时滞约为 3 个月。

值得关注的是，脉冲响应分析结果与协整方程所刻画的变量间联动效应相反，协整方程中与农产品价格联动系数最大的房地产价格和货币供应量不是农产品价格的主要冲击因素，联动系数较小的工业增加值、上证指数与利率是农产品价格波动的主要传导源头。但二者实质上并不矛盾，这是因为协整检验只是对变量间协同变动状态的客观描述，而脉冲响应才是对变量间冲击效应的真实揭示。

结合表1-10格兰杰因果分析，造成该现象的合理解释为：股票市场升温通常是一国经济趋好、趋热发展的前期征兆，通常会伴随房地产价格上涨与货币供应量增加，在此过程中国国民经济会经历一段快速发展时期。国家相应的宏观调控则会导致利率上浮，会吸引部分国外热钱涌入，同时也会使部分资金从股票市场与房地产市场转移至农产品市场。其结果就是造成房地产市场与农产品市场的价格的整体上涨，同时伴随货币供应量增加。因此表现出协整方程（1.15）所刻画的货币供应量、房地产价格与农产品价格高度协同变动的情况。但究其根本，除农产品价格自身冲击外，股票市场繁荣、国内总需求增加与利率上浮才是农产品价格波动的横向传导根源。

此外还可以从市场预期角度分析股票价格与利率对农产品价格的正向冲击效应。首先股票价格是国内整体价格水平变动的主要观测窗口，其价格上升意味着市场整体趋于过热，会提前释放出未来市场价格水平上涨的信号，进而引发农产品市场出现价格上涨预期。其次，利率上升通常意味着市场各部门生产成本上升，同样会产生价格上升预期。根据上文研究结果显示我国农产品价格对市场价格上涨信息更为敏感，具有"跟涨不跟跌"的特性。加之其价格需求弹性较小，批发商与经销商出于逐利目的必然会努力迎合市场价格上涨预期，抬升价格水平。进一步思考，结合本节脉冲响应分析结果与本章第一节指出农产品价格波动的成本推动效应不显著结论，我们有理由判断，引发农产品价格波动的国内因素主要是总需求与市场价格预期。

（4）方差分解。最后对农产品价格进行方差分解，分析各影响因素对农产品价格波动的贡献度，方差分解结果见表1-11。

农产品价格指数方差分解进一步验证了脉冲响应分析。首先，农产品价

格自身冲击是其波动的主要贡献因素，其贡献度直至第 10 期仍为 61%。其
次，上证综指（SCI）对农产品价格波动的贡献度逐步增大，并于第 10 期达
到最大值 21.6%。再次，同业拆借利率（SHIBOR）对农产品价格波动的贡
献度于第 4 期达到最大 10.5%。工业增加值增速（IAVGR）对农产品价格
波动的冲击贡献度于第 5 期达到最大 8.56%。最后，货币供应量（M_2）及
房地产价格（HSP）对农产品价格波动的贡献度最大仅为 1.05%。

表 1-11 农产品价格指数方差分解结果

时期	LnAPPI	LnHSP	LnIAVGR	LnM$_2$	LnSCI	LnSHIBOR
1	95.2047	0.8569	0.0047	1.0591	2.8564	0.0178
2	86.3269	0.5501	6.4495	0.4971	2.7667	3.4094
3	77.0327	0.3991	8.0724	0.5258	4.8405	9.1292
4	73.1130	0.2856	8.2238	0.4377	7.4808	10.458
5	70.2039	0.2183	8.5584	0.3618	10.310	10.347
6	67.7353	0.1779	8.3969	0.3636	12.976	10.349
7	65.7491	0.1559	8.0956	0.3783	15.429	10.191
8	64.1470	0.1468	7.7565	0.4035	17.689	9.8565
9	62.7691	0.1464	7.3718	0.4581	19.767	9.4867
10	61.5612	0.1537	6.9916	0.5335	21.652	9.1077

注：表中各变量涵义分别为 LnAPPI（农产品价格），LnHSP（商品房销售价格），LnIAVGR（工业增加值增速），LnM$_2$（货币供给），LnSCI（上证综指），LnSHIBOR（同业拆借利率）。

综上所述，我国农产品价格与货币供应量、房地产市场价格联动性较
高，但除自身冲击外，股票市场和利率水平所代表的市场价格预期和国民经
济发展水平所代表的市场总需求是影响农产品价格波动的国内横向传导重要
源头。

三、国际冲击价格传导机制

1. 指标选取与描述性分析

价格横向传导机制包括国内与国外两方面，在掌握国内不同市场对农产品价格的传导机制后，本节将视角转向国际，分析国际价格对国内农产品价格的横向传导机制。指标选取如下：国际原油现货价格指数（OIL）为迪拜、英国布伦特和美国西得州原油平均价格，可较好代表国际原油价格走势。国际食品价格指数（FOOD）由谷物、糖、食用油、肉类、奶制品等价格综合编制而成，是国际农产品价格的典型代表。国际农业原材料价格指数（PRAWM）可较好反映世界农业生产综合成本。农产品出口额（APE）可以反映国外对中国农产品的需求情况。人民币实际有效汇率（NEER）[1] 用于估计汇率对国内农产品价格的传导效应。中国农产品价格指数仍沿用央行公布数据（APPI）。上述各价格指标均为定基指数，时间跨度为2001年1月—2012年11月，样本数为143个月。为消除季节性因素影响并消除异方差，对各价格指标分别进行季节调整和对数化处理。

加入世贸组织以后，中国农产品价格与国际大宗商品价格关系越发密切，受国际价格冲击影响程度逐步加深。首先根据折线图对中国农产品价格与国际相关价格水平之间的联动趋势进行描述性分析。图1—13（a）显示我国农产品价格与国际食品价格的波动趋势拟合程度较高，上涨与下跌时点基本一致，但2008年全球金融危机期间，国内农产品价格波动幅度较世界水平更为剧烈。2011年初国内开始的新一轮价格下跌比国际食品价格出现下

---

[1] 国际原油价格与国际农业原材料价格数据来自 IMF 网站基础商品价格数据库；国际食品价格数据来自联合国粮农组织 FAO 网站统计数据库；人民币实际有效汇率数据来自国际清算银行数据库；农产品出口额数据来自商务部网站《农产品进出口月度统计报告》。

跌提前约 9 个月。图 1-13（b）显示我国农产品价格比国际原油价格波动程度更为剧烈，2004 年之前二者波动趋势呈负相关状态，长期波动趋势相似度较低。图 1-13（c）显示 2003 年 9 月之前、2010 年 3 月—2011 年 3 月期间中国农产品价格与国际农业原材料价格波动趋势呈显著负相关，其他时期二者关系尚不明朗。描述性分析初步表明我国农产品价格与国际大宗商品价格存在一定关联，具备进一步计量检验基础。

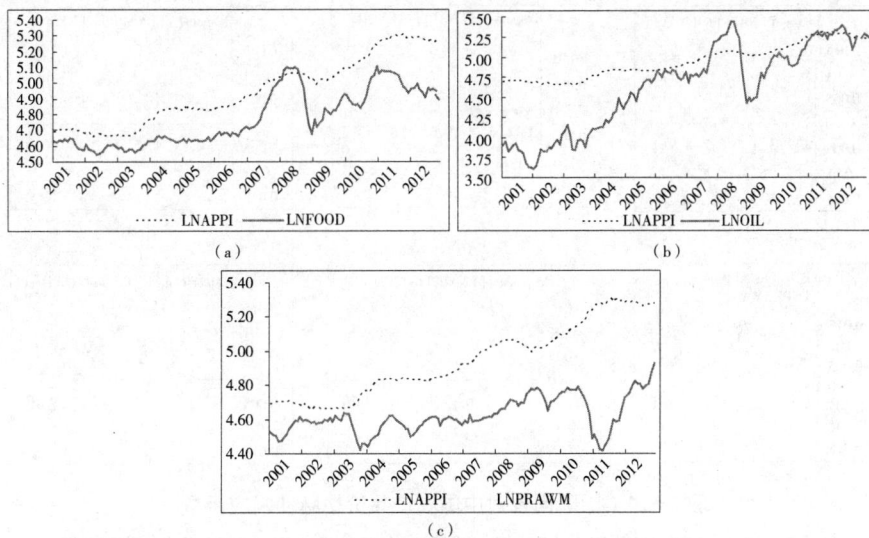

（a）　　　　　　　　　　　　　　（b）

（c）

图 1-13　中国农产品价格与国际食品价格（a）、国际原油价格（b）、
国际农业原材料价格（c）趋势图

2. 计量检验

根据链合模型分析思想，首先仍然对我国农产品价格与国际影响因素进行协整检验以判断是否存在长期均衡关系，若存在长期均衡关系则需进行误差修正分析进而确定变量在短期内趋向均衡的自修复能力①。

———————————

①　由于篇幅有限，不再给出具体建模过程，只对计量结果进行分析。

　　变量平稳性检验显示包括农产品价格在内的 6 个变量均为 1 阶单整，符合协整检验前提。但 Johansen 迹统计量检验结果表明变量间并不存在长期均衡关系。说明虽然国内农产品价格与国际大宗商品价格之间的联系程度日趋紧密，但变量间波动关系仍具有不确定性，整合程度较差。由此建立 6 变量正交递归 VAR 模型，首先利用脉冲响应函数分析变量间冲击效应，结果如图 1-14 所示。

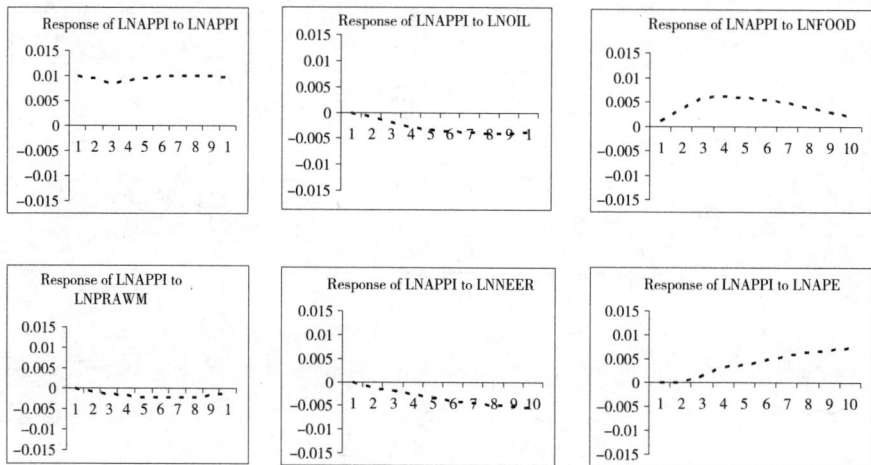

图 1-14　国际因素对中国农产品价格脉冲响应函数

注：图中各变量所代表涵义分别为 LNAPPI（农产品价格）；LNOIL（国际原油现货价格）；LN-FOOD（国际食品价格）；LNPRAWM（国际农业原材料价格）；LNNEER（人民币实际有效汇率）；LNAPE（农产品出额）。

　　脉冲响应函数结果显示：国际食品价格指数（FOOD）与农产品出口额（APE）对国内农产品价格具有显著正向冲击效应，符合理论预期。其中国际食品价格上涨对国内价格正向冲击效应于第 4 期达最大（0.006），农产品出口增加对国内价格则具有持续增长的正向冲击效应（检验期内最大为0.0075）。人民币实际有效汇率（NEER）上升与国际原油现货价格（OIL）

上涨对国内农产品价格呈现持续性显著负向冲击效应，最大值分别为 -0.0053 和 -0.004。国际农业原材料价格（PRAWM）上涨对国内农产品价格也具有负向冲击效应，但强度较弱，第 6 期最大值仅为（-0.0023）。对于各变量与我国农产品价格之间的传导机理做如下解释：

第一，国际食品价格上涨对我国农产品价格产生显著正向冲击效应一方面是通过影响我国农产品进口价格进而推动市场价格上升，另一方面是通过释放价格预期信息推动国内农产品价格上涨。第二，农产品出口增加代表国际社会对我国农产品需求增加，会改变国内市场供需结构进而导致价格上升。第三，人民币汇率上升（即升值）导致国内农产品价格出现持续下降是因为，一方面汇率上升会增强人民币国际购买力，导致我国农产品进口价格相对下降，降低国内农产品生产成本的同时也会降低市场价格。另一方面，汇率上升会导致我国农产品出口价格相对上涨，降低国际市场对中国农产品需求，引致出口相对减少与国内供给增加，最终引致国内农产品价格下跌。第四，国际农业原材料价格与国际石油价格上升对国内农产品价格具有负向冲击效应与预期假设不符。可做如下分析：通常情况下国际油价对国内农产品价格传导渠道分为直接和间接两种。直接传导主要是通过将对替代性生物质能源的需求转化为对农产品需求实现，2007—2008 年国际油价大幅上涨将对生物质能源的需求推至极点。间接传导是指以国际农产品价格、国内生产成本、通货膨胀和货币政策等为媒介间接实现。陈宇峰等（2012）研究指出，由于我国生物质能源产业起步较晚，国际原油价格对国内农产品价格的直接影响并不显著，主要是通过国内通货膨胀率、货币供给量和国际农产品价格等因素间接影响中国农产品价格。

政府对国内农产品价格的政策干预使得我国农产品价格并不能完全反映市场状况，反而更多受到国家宏观经济政策的影响。国际油价波动始终都是全球经济发展的风向标和晴雨表，国家宏观政策的制定对以能源价格为主的国际冲击的敏感性正在不断增强。当国际油价和原材料成本普遍上涨时，全球经济通常不是处于复苏阶段就是过热阶段。当经济处于复苏阶段时，由于国际油价反弹领先于国内经济整体复苏速度，就会出现国际油价上升与国内农产品价格下跌并行情况。而当经济处于过热时期，农产品价格往往会成为我国政府为保障民生进行的重点调控对象，通过政府补贴、增加市场供给、打击投机行为等手段降低农产品价格。由此判断，国际油价与国际农业原材料价格对国内农产品价格的间接传导效应微弱，远小于由其引发的国家宏观调控对农产品价格的下行压力。

此外，我国现行成品油定价机制改革滞后，调价随意性强。存在调价时间滞后不能及时反映市场变化；机械接轨扭曲市场正常需求；定价机制不透明，成本不公开等问题。因此，国内石油产品定价机制并不与国际油价直接、同步挂钩可能是形成国内农产品价格与国际油价逆向变化原因之一。

最后，在脉冲响应分析的基础上利用方差分解判断各国际冲击因素对国内农产品价格波动贡献度。方差分解结果（表1-12）显示国际冲击因素中国际食品价格冲击对国内农产品价格波动的贡献度最大，并于第5期达到最大值18.9%。其次为农产品出口额（最大14%）和人民币有效汇率（最大8.35%）。国际石油现货价格和国际农业原材料价格对我国农产品价格波动贡献度最小，最大值分别为5.91%和2.12%，验证了脉冲响应函数分析结果。

表1-12　农产品价格指数方差分解结果

时期	LNAPPI	LNOIL	LNFOOD	LNPRAWM	LNNEER	LNAPE
1	98.9071	0.0000	1.0928	0.0000	0.0000	0.0000

时期	LNAPPI	LNOIL	LNFOOD	LNPRAWM	LNNEER	LNAPE
2	92.1082	0.3044	6.4210	0.2355	0.9250	0.0047
3	80.7475	1.1962	15.0966	0.7986	1.4624	0.6984
4	72.9805	2.4071	18.2839	1.2142	2.3542	2.7597
5	68.1697	3.4698	18.9601	1.6933	3.3667	4.3402
6	65.0814	4.2177	18.1503	1.9613	4.5285	6.0604
7	62.4626	4.8338	16.9243	2.1066	5.6170	8.0554
8	60.4506	5.3381	15.4089	2.1209	6.6338	10.047
9	58.8744	5.6880	13.8061	2.0227	7.5531	12.055
10	57.5482	5.91574	12.3117	1.8644	8.3543	14.005

注：表中各变量所代表含义分别为 LNAPPI（农产品价格）；LNOIL（国际原油现货价格）；LN-FOOD（国际食品价格）；LNPRAWM（国际农业原材料价格）；LNNEER（人民币实际有效汇率）；LNAPE（农产品出额）。

综上所述，我国农产品价格与国际相关价格水平整合度较差，不具有长期均衡关系。国际食品价格、出口和人民币汇率是影响我国农产品价格波动的主要外部直接传导源。除国内农产品自身冲击外，国际冲击因素中国际食品价格对国内农产品价格的正向传导效应最为显著且贡献度最大，传导时滞约为4—5个月。出口/汇率对国内农产品价格的正向/负向传导效应具有持续增长态势，贡献度位居国际食品价格之后。国际油价和农业原材料价格对国内农产品价格的冲击以间接传导为主且效应微弱，小于由其引发的国内宏观调控效应。

第四节　结论与政策含义

本章以探索中国农产品价格形成机制为研究目的，综合理论演绎与实证分析，利用滤波分析、条件异方差（ARCH）及乔里斯基正交递归 VAR 模型等多种研究方法分别对农产品价格自身波动趋势及特征、农产品产业链纵向价格传导机制、国内与国外相关因素与农产品价格间的横向传导机制、农产品期货市场对现货市场的预期功能展开分析论证。经整理提炼后形成关于国内农产品价格形成机制的若干结论，结合农产品价格宏观调控及其他金融机制设计对相关研究工作的政策含义也予以讨论。

一、结论

结论 1：国内农产品价格自身的波动趋势与特征。波动趋势方面，1999年 1 月至 2012 年 12 月期间我国农产品价格水平总体呈阶梯式上升，局部波动呈现围绕长期单调递增态势进行周期为 3 年的正弦波动。波动特征方面，我国农产品价格波动具有"急涨缓跌"特征并呈现显著的"聚集性"和轻微的"波动非对称性"。即大幅价格波动后面往往跟随较大价格波动，小幅价格波动后面伴随的价格波动幅度通常也较小。前期价格上涨信息对后续价格波动引发的冲击效应略大于前期价格下跌对后续波动的冲击效应，具体表现为农产品价格具有"跟涨不跟跌"的刚性特征。此外，利用农产品价格自身波动趋势可以较为准确地判断其未来一年内价格走势。

结论 2：国内农产品价格纵向传导效应。首先，农产品上、中、下游价格不具有长期均衡关系，各环节价格波动整合度较差。其次，价格沿产业链纵向传导过程中具有"产业链传导非对称性"，呈现"逆向传导"特征。无论是冲击持续时间还是冲击强度，下游价格水平对上游价格的传导效应都远大于上游对下游的价格传导效应，约为其 5 倍。换言之，我国农产品价格波动的成本推动效应不显著。

结论 3：不同市场对国内农产品价格的横向传导效应。国内农产品价格与股票市场、货币市场、房地产市场和国民经济发展水平之间具有长期正向均衡关系。其中房价和货币供应量与农产品价格联动性较强，但除农产品价格自身波动冲击外，股票市场升温、国内生产总值增加与利率上浮才是引发农产品价格上涨的横向传导源头。简言之，国内农产品总需求上升（国内生产总值增加）和由股票价格、利率所代表的市场预期与投机因素是引起农产品价格上升的主要推手。

国内农产品价格与国际因素不具有长期均衡关系。但国际食品价格和农产品出口对国内农产品价格具有显著正向冲击效应，人民币汇率具有显著负向冲击效应，其中国际食品价格冲击效应传导至国内时滞为4—5个月。国际价格因素中，国际食品价格冲击对我国农产品价格波动的贡献度最大，其次为农产品出口和人民币有效汇率。国际石油现货价格和国际农业原材料价格对我国农产品价格主要以间接传导为主，冲击效应微弱，贡献度最小。相关部门及市场主体在跟踪国际价格传导时应以国际食品价格为主要监测对象，同时密切关注人民币汇率与出口形式变动。

二、政策含义

农产品价格关系到农民收益、居民生活水平和整个国民经济价格体系的稳定运行，农产品价格稳定、理性波动是保障国民经济持续健康发展的基本前提。因此，我国宏观调控部门对农产品价格波动尤为关注，尤其2009年出现新一轮农产品价格大幅上涨以来，相关调控政策出台及时性与针对性明显增强。然而，结合党的十八大所提出的"宏观调控目标、工具机制化"命题，经济理论工作者也理应思考：如何实现农产品价格调控目标与工具的机制化？彻底实现这一目标将有赖于对农产品价格形成机制做深入研究。根据前述研究结论对政府调控农产品价格提出以下设想：

第一，农产品价格宏观管理应以前瞻性调控为主。自 1999 年以来，我国农产品价格总体呈上升趋势，并具有明显"波动聚集性"和轻微"波动非对称性"。这意味着一旦农产品价格出现异常大幅上涨，上涨趋势将会持续较长时间并表现出一定价格刚性，加大政府调控与监管难度。这在最近一轮农产品价格上涨过程中已得到很好验证。因此，保障农产品价格稳定应以前瞻性调控为主。要利用农产品价格自身波动趋势及农产品期货市场预期功能对未来价格水平进行及时预判。同时应密切关注国际食品价格水平，利用其与国内农产品价格之间为期 4 个月的传导时滞提前制定应对调整政策。

第二，保持人民币汇率相对稳定，密切关注农产品出口形势。由于人民币升值和出口增加会导致国内农产品价格分别出现下跌与上涨，相关部门要建立对国际食品价格、出口及汇率波动的跟踪监测制度，根据数据变动趋势判读未来农产品价格可能出现的波动趋势，提前通过调整市场供给等手段熨平可能发生的价格异常波动。

第三，维持股票与利率市场波动处于合理范围，严防投机炒作行为。股票市场与利率市场出现剧烈波动在释放关于未来价格波动相关信号的同时会影响市场预期，影响大量社会闲散资金流向，甚至大范围出现投机炒作行为，最终将导致农产品市场供需情况发生急剧变化，价格出现异常波动。因此，从源头上要严厉打击股票市场价格操纵行为，避免释放错误信号，扰乱市场预期。把握好利率市场化改革步伐，避免由利率操纵行为引发农产品价格异常波动预期进而严重冲击实际价格水平。

第四，疏通精简农产品产业链，打击农产品供给渠道以及商品货源垄断行为。一是大力扶持新型农业生产合作组织发展，增强农产品生产集约化程度。持续推动"农超对接"工程，鼓励农业生产合作组织、生产基地和生产大户直接向零售市场输送农产品，减少流通环节和中间商加价环节。加强农产品收购市场信息对称性，破除寡头垄断型农产品收购市场结构，提升市场竞争程度以使农产品收购价格更为真实地反映零售市场价格水平，增强农民生产积极性。二是加强农产品市场监管，严厉打击商家及不法商贩在局部地区垄断供给渠道和货物源头，避免垄断寡头串通涨价扰乱市场正常价格水平，切断游资炒作农产品的渠道和链条。

第二章 农产品期货风险溢价与市场效率

　　农产品期货市场属于农村、农业金融市场的必要组成部分，对于政府宏观经济调控和农业生产风险管理均具有重要意义，可以通过发挥农产品期货市场的价格发现与套期保值功能稳定农业生产和保护农民利益。我国农产品期货市场已经走过 20 年历史，但是与美国芝加哥等西方发达国家期货市场比较尚属于新兴市场，无论市场发展战略、机制设计还是监管框架均存在改进的很大空间，反映到农产品期货市场交易效率、降低风险的效果上必然存在差距，对于实体经济的支持作用还待进一步加强。本章利用现代资产定价理论等数理与计量方法对我国农产品期货市场做较为深入分析，对期货市场与宏观变量的交互作用轨迹予以判明，以提供政府借助农产品期货市场实施宏观调控的实证依据。由于近期通货膨胀处于较快上升通道，CPI 上涨又相对集中于农产品一类攸关人们生存生活的消费领域，所以引起城乡居民心理波动和舆论媒体的担忧，政府在多策并举同时对农产品期货市场进行干预，本章最后一节对其中牵涉问题和引起的争论结合理论研究予以评判。

第一节 期货市场效率研究方法

法马（Fama，1965）提出有效市场假说（Efficient Market Hypothesis. EMH）奠定了市场效率研究的基础。法马假设投资者理性，市场有效的条件或者标志是投资者能够对新信息迅速做出反应，从而市场信息在资产价格中得到充分体现。保罗·库纳 1996 年在有效市场理论的基础上提出随机漫步理论（Random Walk Theory），从而使有效市场理论的应用在期货市场中得到进一步发展。随机漫步模型假设期货合约持有期内收益率服从正态分布，市场有效条件下价格运动是随机的。马科维茨（Markowitz）的 M—V（均值—方差）证券组合选择模型被称作现代金融学的第一项重大突破，所构造的有约束条件下的最优化模型对金融市场分析呈现了一种基于风险—收益的证券需求曲线，[1] 威廉·夏普的资本资产定价模型（CAPM）将证券组合研究引向市场均衡分析，此后的套利定价理论（APT）、期权定价理论（OPT）均与马科维茨开创的均值—方差方法以及 CAPM 多少发生联系。对以 CAPM 为代表的现代金融市场模型的检验充斥着大量文献，但是主要立足于检验实际市场数据或者实验仿真模拟数据是否支持理论模型成立，很少有学者将分析焦点转向用相关定价模型检验市场效率。

Bigman（1983）最早推出研究期货市场的效率模型，即：$S_t = a + bF_t(T) + \varepsilon_t$（$S_t$、$F_t$ 为现货价格和期货价格）。通过对芝加哥期货交易所大豆、小麦、玉米期货价格的实证检验发现 a>0 且 b<1，得出期货市场无定价

---

① 莫顿·米勒：《金融创新与市场波动性》，首都经济贸易大学出版社 2002 年版，第 281—283 页。

效率的结论。① Bigman 的研究忽略了期货价格具有非平稳时间序列的特点，使用模型也被广泛质疑。Elam 和 Dixon（1988）认为 Bigman 的检验由于模型设定偏误和对非平稳序列使用传统方法易造成伪回归。不过这次研究却为计量经济学中协整方法的出现提供了思路。② 由于期货价格的非平稳性，约翰森（1988）基于向量自回归模型提出协整检验方法，③ 时隔 6 年以后 Stacie Beck（1994）在允许风险溢价的条件下对美国牛、铜、玉米、橘汁、猪、可可和大豆期货市场价格有效性进行协整检验，结果表明上述 7 种期货商品市场长期有效，尽管存在短期失效的情况。④

　　Stacie Beck 之后国外文献仍主要使用协整方法研究期货市场的价格发现功能。Fatimah Mohdashad 用协整方法研究马来西亚棕榈油期货市场，通过分析交割月前各个时期的期货价格是否对现货价格有预测功能考察期货市场的价格发现效率。David Abessler（2001）通过研究期货价格对现货价格的预测效果发现，商品的可储存性并不影响期货价格作为现货价格的无偏估计以及它们之间的长期均衡关系。⑤

　　国外学者很少研究中国期货市场，尤其中国的农产品期货市场，相关结论也不足以解释中国期货市场效率变动。我国期货市场交易数据的积累使得对于期货市场做实证研究已经具备丰富的数据资源。在农产品期货市场方

　　① Bigman, D., Goldfarb, D.& Schechtman, E., "Futures Market Efficiency and the Time Content of the Information Sets", *The Journal of Futures Markets*, 1983, 3, pp.321-334.

　　② Elam, E.& Dixon, BL., "Examining the Validity of a Test of Futures Market Efficiency", *Journal of Futures Markets*, 1988, 8(3), pp.365-372.

　　③ Johansen, S., "Statistical Analysis of Cointegration Vectors", *Journal of Economic Dynamics and Control*, 1988, 12(3), pp.231-254.

　　④ Stacit, B., "Cointegration and Market Efficiency in Commodities Futures Markets", *Applied Economics*, 1994, 26(3), pp.249-257.

　　⑤ Jian, Y. & David, A.B., "Asset Storability and Price Discovery in Commodity Futures Markets: a New Look", *The Journal of Futures Markets*, 2001, 21(3), pp.279-300.

面，彭浩（2004）引入信息熵模型解释我国农产品期货市场与现货市场间的动态关系，以及在开放体系下（即期货市场的国际化取向）的制度效率机制。姚传江和王凤海利用金融时间序列分析方法揭示我国农产品期货市场价格波动的特征，依次研究了农产品期货价格与现货价格间的动态关系、期货市场价格发现效率、波动信息的跨市场传导与国际定价效率。[①]

　　研究期货市场效率可以沿着两种途径：第一，将期货市场作为"现货市场"的一个"映像"和衍生市场，探讨期货市场对现货市场价格动态的预期功能，以及期货市场的保值效率；第二，将期货市场作为一种相对独立的金融子市场，分析期货市场的运行效率。第二种方法不依赖于现货市场，可以直接使用金融理论模型而不仅是计量方法，这种研究路径的拓展对于使用其他方法的研究结论能够提供很好印证。由于期货市场交易大部分不发生实物交割（美国芝加哥期货交易所交割仅占期货成交量的2%），所以尽管与现货市场关联，其价格变动、运行机制特征或许更"偏向"是金融市场而非商品市场。根据马科维茨、夏普等人初期研究的设定，如能满足下述条件：期货市场价格具有随机变动特征；期货交易收益率服从正态分布。M—V模型与CAPM就可以用于分析期货市场。

　　金融市场文献主要通过历史交易数据或者设计仿真实验验证CAPM、单因素与多因素模型等，但是由于M—V以至CAPM作为一种金融模型依赖其假设是逻辑上严格自洽的，所谓对理论模型验证也实际是对市场主体素质、市场效率或者对其理论假设的验证。[②] 我们适当借鉴Kroll和Levy等人的方

---

　　① 姚传江、王凤海：《中国农产品期货市场效率实证分析：1998—2002》，《财经问题研究》2005年第1期。

　　② 刘明：《现代资产选择理论及相关检验评析》，《陕西师范大学学报》1997年第1期；《投资与证券》1997年第2—3期合刊；刘明：《现代资产选择理论若干问题研究》，《苏州大学学报》1997年第2期。

法，按照马科维茨投资组合理论与 CAPM 的思想理路，将整个资本市场看作一个整体，运用推导有效边缘、最优投资组合以及风险溢价缺口的方法，可以从宏观上刻画资本市场的运行状况。与 Kroll 和 Levy 等不同的是，本书将 CAPM 分析由股票市场转向研究期货市场效率，Kroll 和 Levy 则通过教学实验环节模拟不限制借入条件下（等同允许卖空无风险资产，但不允许卖空风险资产）的股票市场交易，观察实验数据是否支持 CAPM。[①] Kroll 也仅仅将模拟的投资者组合选择与最优投资组合作直观比对，本书则利用 CAPM 推导出的最优投资组合与市场实际位置的风险溢价缺口作定量分析。有效市场假说着眼于对市场效率做出某种静态的判定——这种判定也并不具有准确的定量意义，利用 M—V 和 CAPM 则综合地从定量与动态变化角度观察市场效率并寻求市场效率变化的动因。国内学者 20 世纪 90 年代即开始利用资本资产定价模型（CAPM）研究我国股票市场的过度反应，[②] 但迄今利用 CAPM 估算风险溢价缺口的方法分析金融市场效率的文献仍属空白，我们针对中国农产品期货市场做初步尝试，这对于 CAPM 的理论内涵无疑是一种拓展，对探讨我国资本市场研究方法也具有一般意义。

第二节　有效边沿与风险溢价缺口

一、期货市场 M—V 模型有效边缘推导

Markowitz 投资组合理论中资产（或投资组合）收益率均值被用作期望

---

① Yoram, K. & Haim L., "Further Test of the Separation Theorem and the Capital Asset Pricing Model", *The American Economic Review*, 1992, 82(3), pp.664-669.

② 张人骥、朱平方、王怀芳：《上海证券市场过度反应的实证检验》，《经济研究》1998 年第 5 期。

收益率，方差（标准差）则作为投资风险的度量。理性投资者希望在一定风险水平下使期望收益率最大，这一基本思想成为确定投资组合有效边缘（有效集）的依据。各种期货品种是农产品期货市场中投资组合的组成单元，且具备允许卖空、收益率服从联合正态分布的性质①，从而使 Markowitz 投资组合理论可以用于分析农产品期货市场。

根据 Markowitz M—V 模型：

$$\min \sigma_x^2 = x^T V x$$

$$\text{s. t. } R^T x = \mu$$

$$e^T = 1 \tag{2.1}$$

其中 μ 为投资者给定的期望收益率目标，$e = (1, 1, \cdots, 1)^T$ 为元素全是 1 的 n 维列向量，V 是由资产收益率得到的方差—协方差矩阵。上述线性规划的两个约束均为线性，所以（2.1）是一个凸二次规划问题。称满足约束 $e^T x = 1$ 的投资组合 x 是一个可行的投资组合，所有可行的投资组合构成可行集。

给定期望收益率 μ，求解模型（2.1）得到在期望收益率为 μ 时风险最小的投资组合 x，x 显然是一个可行的投资组合，且依赖于 μ。把所有 μ 对应的投资组合 x 所对应的期望收益率 $E(r_x)$ 和方差 σ_x^2 构成的集合又称作可行集的封套。把可行集封套中相同风险水平下使收益率最大的组合称作有效投资组合，所有有效投资组合构成的集合为有效集，也称投资的有效边缘。

M—V 模型假设：①所有 n 种资产均有风险；②允许卖空，即允许 $x_i < 0$；③n 种资产的收益率服从联合正态分布；④对单个资产的投资比例无限

① 见本节第三部分统计检验，中国期货市场短期（如一个月）的统计数据显示，期货价格近似服从正态分布，保证了协方差矩阵的正定性。

可分。假设③保证方差—协方差矩阵 V 的对称正定性，从而模型（2.1）是一个严格凸二次规划问题。对给定的预期收益率 μ 具有唯一最优解：

$$x_\mu^* = \lambda V^{-1}e + \gamma V^{-1}R \tag{2.2}$$

这里的 x_μ^* 就是相对给定 μ 值的投资组合，λ 和 γ 的解分别为：

$$\lambda = \frac{c - \mu b}{\Delta}, \ \gamma = \frac{\mu a - b}{\Delta}$$

其中：

$$a = e^T V^{-1}e, \ b = R^T V^{-1}e, \ c = R^T V^{-1}R, \ \Delta = ac - b^2$$

由于 $V = (\sigma_{ij})$ 正定，所以 V^{-1} 也正定，因此 a，$c > 0$。由柯西不等式有 $\Delta > 0$。

将 x_μ^* 代入模型（2.1）的目标函数可得到收益率为 μ 时的有效投资组合方差：

$$\sigma^2(\mu) = (a\mu^2 - 2b\mu + c)/\Delta \tag{2.3}$$

方程（2.3）在 $(\sigma^2 - \mu)$ 坐标平面内确定了一条抛物线，该抛物线的右上半支为投资组合的有效边缘（见图2-1）。

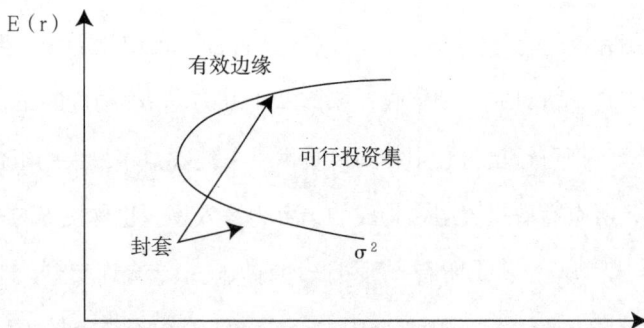

图2-1　M—V 模型的有效边缘与可行集

二、引入 CAPM 的最优投资组合与实际市场组合

进一步将 CAPM 引入期货市场分析，在方差—收益率坐标系中构造出存在 n 种期货产品的有效边缘，即由方程（2.3）所确定的抛物线的右上半支。当存在无风险资产 r_f 时，过（0，r_f）点可确定存在一种无风险资产和 n 种风险资产组成的投资组合的有效边缘（图 2-2）。存在无风险资产时投资组合的有效边缘（即资本市场线 CML，也是新的有效集）与不存在无风险资产时投资组合的有效边缘相切于 M，M 所代表的组合被称为市场最优投资组合。

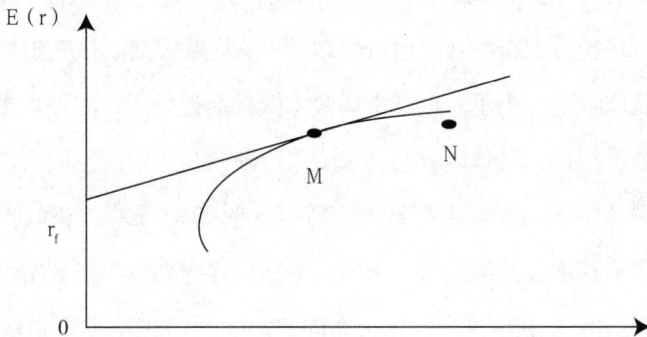

图 2-2　CAPM 模型中的最优投资组合（M）和实际市场组合（N）

存在无风险资产 r_f 时，市场最优投资组合 M 的收益率 E_{r_f} 和风险 $\sigma_{r_f}^2$ 可由联立 r_f 所在直线方程与（2.3）式得到：

$$E_{r_f} = \frac{\sqrt{2ar_f + 4a^2r_f^2 - 8abr_f + 4ac}}{2a}$$

$$\sigma_{\cdot}^2 = \frac{aE_{r_f}^2 - 2bE_{r_f} + c}{ac - b^2} \tag{2.4}$$

以期货收益率 R 和期货实际市场权重 x 计算出的实际市场组合 N（图

2-2）的收益率 μ_R 和风险 σ_R^2 分别为：

$$\mu_R = R^T x \qquad \sigma_R^2 = x^T V x \tag{2.5}$$

三、用风险溢价缺口作为期货市场效率度量指标

现有中国期货市场效率的文献主要因循了研究股票市场的方法，通过分析单个期货合约价格是否服从随机漫步检验期货市场效率（王志强，1998）。上述方法无法从整体上评价一定时期期货市场效率的动态变化特征。本章借鉴并改进 1988 年、1992 年 Kroll 等人在《美国经济评论》两次载文所使用方法，比较市场最优投资组合（最优市场位置）与市场参与主体的投资组合（实际市场位置），① 并增加计算一定时期内市场最优投资组合与实际市场投资组合的风险溢价缺口。② 风险溢价刻画投资组合每承受单位风险所获取收益。为了对期货市场效率做标准化处理，将期货市场效率定义为风险溢价缺口，具体内容为：风险溢价缺口是一定时期内全部期货品种在既定市场条件下的实际组合每单位风险（收益率方差）获取收益与最优组合单位风险获取收益的差额。风险溢价缺口作为期货市场效率度量指标体现期货市场实际运作与理论最优状态的差距。缺口越小期货市场运行效率越高。

据上定义风险溢价缺口（ P_f ）的算式：

---

① Kroll, L. & Rapoport, A., "Experimental Test of the Separation Theorem and the Capital Asset Pricing Model", *the American Economic Review*, 1988, 6, 78(3), pp.500-519.

② Kroll 等人 1988 年、1992 年先后两次在《美国经济评论》载文，介绍他们针对修读金融投资的学生做市场仿真实验的结果，比较参与者总体的投资组合与按照 CAPM 确定的最优市场组合，两次实验对象分别是修读证券投资的非经济专业本科生和 MBA，第一次实验对 CAPM 提供了弱支持，第二次实验则给出对 CAPM 的强支持（注意 CAPM 本身并未变化）。本章方法与之不同在于采取连续的时间序列动态分析，并提出新的范畴"风险溢价缺口"作为市场效率的数量观测指标；Kroll 目的在验证 CAPM，本章将 CAPM 预测的最优组合作为参照基准判定市场效率动态轨迹。

$$p_f = \frac{E_{r_t} - r_f}{\sigma_{r_t}^2} - \frac{\mu_R - r_f}{\sigma_R^2} ① \tag{2.6}$$

式（2.6）右边第一项为最优组合单位风险获取收益，第二项为市场实际组合单位风险获取收益。

第三节　对市场效率的实证检验

一、样本选取与数据测算

在求解基于 M—V 模型与 CAPM 的最优市场位置和实际市场位置前先做如下处理：定义期货的收益率为 $R_t = (F_t - F_{t-1})/F_{t-1}$，$F_t$ 为 t 期期货价格。一定时期内单一期货品种所占市场权重 x_i ＝单一期货品种交易额/总交易额。

期货市场效率是随着市场信息变动而变动的一种动态调整过程。由于新信息的出现存在一定时间间隔，因此通过对采样时间间隔的细分能够获取更多数据，这对研究期货效率是有帮助的（如日数据）。但为了保证数据具有统计意义，要求有足够大的时间间隔，且采样时间过短，新信息的出现可能还没有反映到价格中，因此计算结果会有偏差。据此，采用日收盘价计算收益率和方差—协方差矩阵，以每个自然月为一个时间间隔，把当月平均收益率作为预期收益率，并计算实际市场权重。我们以 2001 年 1 月为例计算农产品期货市场预期收益率、协方差矩阵以及市场权重（见表 2-1、表 2-2 和表 2-3）。② 样本数据的选择对于实证结果具有重要影响。我国期货市场大

---

① 这里计算风险溢价的公式与夏普指数相似，不过在夏普指数中使用的是标准差而不是方差。

② 中国农产品期货市场原始数据均来源于锐思金融数据库。下同。

体经历了 3 个阶段：初步形成阶段（1990—1994 年）、清理整顿阶段（1995—2000 年）和规范发展阶段（2001 年迄今）。前两个阶段期货市场秩序还不够规范，信息影响供求从而决定价格的机制尚未完全形成，所以用前两个阶段的数据做实证研究很难揭示带有一般规律性的市场内在趋势[1]。本节采用 2001 年 1 月到 2009 年 9 月的期货日交易数据，以每个自然月为一个时间段进行研究。考虑在此 8 年内有些期货品种退出市场，有些新期货合约入市，所以在进行数据处理时以每个自然月为时间段，将该月包含的所有期货品种纳入计算，以保证每个自然月期货市场的完整性，研究不同期间市场效率变动不受期货品种变化的影响。为了保证数据的连续性，消除单个期货合约不同到期日收盘价格的跳跃性，本章采用的期货日交易数据均来自于距交割月最近的期货合约日收盘价格。为了更好地说明期货市场的收益率特征，本节对次交割月和近交割月的价格数据进行对比，由于期货价格序列在相邻合约之间存在跳跃，所以对连接点数据做移动平滑处理。

表 2-1 中国农产品期货市场预期收益率（2001. 1）

日期	豆粕收益率	硬麦收益率	橡胶收益率	大豆收益率
2001-1-2	0.01628	0.011148	-0.0029	0.006342
2001-1-3	-0.032	-0.00259	-0.00791	-0.00594
……	……	……	……	……
2001-1-15	-0.0059	-0.0014	-0.00054	0.007406
2001-1-16	0.12367	-0.0014	-0.01351	-0.00713
2001-1-17	0.00053	0.011955	-0.00519	-0.00533
2001-1-18	0.01368	-0.01251	-0.00576	0.006253

---

[1] 华仁海、陈百助：《我国期货市场期货价格收益及波动方差的长记忆性研究》，《金融研究》2004 年第 2 期。

日期	豆粕收益率	硬麦收益率	橡胶收益率	大豆收益率
2001-1-19	-0.0197	0.00563	0.006029	0.002145

表 2-2　中国农产品期货市场协方差矩阵（2001.1）

协方差（方差）	豆粕	硬麦	橡胶	大豆
豆粕	0.001310425	9.82819E-05	-0.000121	1.44E-05
硬麦	9.82819E-05	0.000166805	-1.61226E-05	4.54E-05
橡胶	-0.000121491	-1.61226E-05	2.48485E-05	-4.85E-06
大豆	1.44305E-05	4.53855E-05	-4.8518E-06	5.95475E-05

表 2-3　中国农产品期货市场预期收益率与投资权重（2001.1）

	豆粕	硬麦	橡胶	大豆
预期收益率	0.0048	-0.0046	-0.0018	-0.0017
权重	0.0265	0.0684	0.0017	0.9032

二、样本期估算

在期货市场使用 M—V 模型和 CAPM 应对其价格数据是否满足 M—V 模型的假设进行验证。不难验证假设①（每种资产有风险）和假设②（允许卖空）成立。下面验证假设③（价格数据服从联合正态分布），以 2001 年 1 月的农产品期货日收盘价格为例，考察其数据的统计特征（表 2-4）。

表 2-4　中国农产品期货日收盘价格统计特征（2001.1）

	豆粕	硬麦	橡胶	大豆
Mean	−0.002048	−0.000515	−0.004549	−0.001823
Median	0.000012	0.000091	−0.000199	−0.00102
Maximum	0.023256	0.009132	0.011955	0.006029
Minimum	−0.028747	−0.009955	−0.036486	−0.01351
Std. Dev.	0.011638	0.004546	0.013403	0.005173
Skewness	−0.091683	−0.121837	−0.860981	−0.521482
Kurtosis	1.594068	2.854473	3.307921	3.24163
Jarque-Bera	0.395743	0.063773	1.784981	0.668593
Probability	0.820475	0.768617	0.409634	0.715842

由统计量可以看到：图像基本以均值点（0 点）为对称点，均值不为零，从峰度和偏度可以看出该统计量具有良好的正态分布特性，即以其均值为中心近似中心对称；Jarque-Bera 统计量和 P 值表明这四种期货的日收盘价数据服从联合正态分布，假设③成立。虽然长期内期货价格有金融数据共有的"右厚尾"、峰度值高于正态分布的特点。但是短期内（如一个月内）的统计数据显示，期货价格分布近似服从正态分布，保证了协方差矩阵的正定性，因此可以在该市场使用 M—V 模型。①

进一步考虑在市场存在无风险资产的情况下引入 CAPM，通过推导一定时期内期货市场 M—V 模型的有效边缘，求解市场最优投资组合和市场实际投资组合的风险溢价缺口。以自然月为单位时间间隔，求解 2001 年 1 月到 2009 年 9 月共 105 个月的风险溢价缺口，以 2001 年 1 月为例求解一个单位

① 假设④（即对单个资产的投资比例无限可分）在应用 M—V 和 CAPM 的实证检验中一般不做说明，因为在市场中单个交易者受到交易最小单位的限制，但是对整个市场而论这种投资比例的"不可分"产生的影响可以忽略。

2001年1月农产品期货市场M—V有效边缘

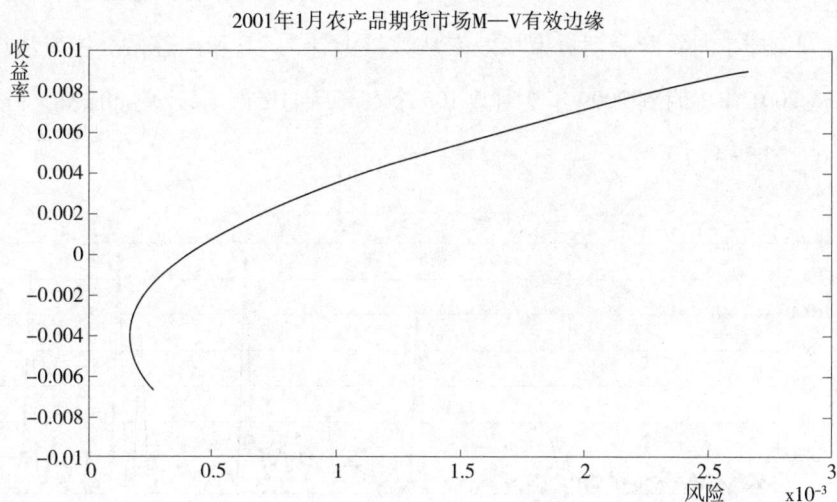

图2-3 中国农产品期货市场 M—V 有效边缘 （2001.1）

时间间隔内的风险溢价缺口。（其他月份方法相同）

首先将表2-1中的预期收益率、协方差矩阵代入模型（2.1），利用公式（2.3）得到2001年1月农产品期货市场的有效边缘（图2-3中曲线顶点以上部分）。数据处理采用数学软件 Matlab7.0。

图2-3所示曲线在风险—收益率平面内是一条抛物线，抛物线的上半部分是求解出的有效边缘。在市场存在无风险资产条件下，利用公式（2.4）和（2.5）分别计算2001年1月最优投资组合与实际市场组合的收益率和风险（表2-5）：

表2-5 最优投资组合与实际市场组合的收益率与方差 （2001.1）

	最优投资组合	实际市场组合
收益率	0.005778	−0.0017015
风险	0.000863	0.0001762

利用式（2.6）得到 2001 年 1 月农产品期货市场的风险溢价缺口为 71.72。即本月农产品期货市场效率从数值上计为 71.72。遵循上述方法得到从 2001 年 1 月到 2009 年 9 月共 105 个农产品期货市场风险溢价缺口（表 2-6、图 2-4）。

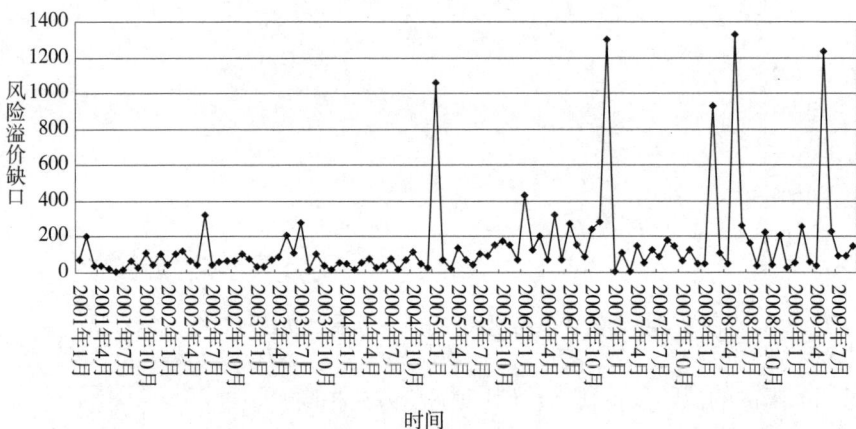

图 2-4　中国农产品期货市场月度风险溢价缺口（2001—2009）

表 2-6　中国农产品期货市场月度风险溢价缺口（2001. 1—2009. 1）

时　间	风险溢价缺口	时　间	风险溢价缺口	时　间	风险溢价缺口
2001 年 1 月	71.72	2003 年 12 月	55.3	2006 年 11 月	285.63
2001 年 2 月	204.93	2004 年 1 月	50.74	2006 年 12 月	1302.63
2001 年 3 月	37.44	2004 年 2 月	14.44	2007 年 1 月	5.62
2001 年 4 月	37.59	2004 年 3 月	56.6	2007 年 2 月	107.83
2001 年 5 月	21.49	2004 年 4 月	73.87	2007 年 3 月	5.77
2001 年 6 月	4.41	2004 年 5 月	25.68	2007 年 4 月	147.38
2001 年 7 月	15.97	2004 年 6 月	38.14	2007 年 5 月	54.97
2001 年 8 月	66.11	2004 年 7 月	77.8	2007 年 6 月	123.8
2001 年 9 月	28.95	2004 年 8 月	18.14	2007 年 7 月	88.23

续表

时　间	风险溢价缺口	时　间	风险溢价缺口	时　间	风险溢价缺口
2001 年 10 月	111.72	2004 年 9 月	69.7	2007 年 8 月	178.9
2001 年 11 月	43.31	2004 年 10 月	114.97	2007 年 9 月	149.52
2001 年 12 月	102.89	2004 年 11 月	47.23	2007 年 10 月	63.22
2002 年 1 月	45.95	2004 年 12 月	28.98	2007 年 11 月	124.74
2002 年 2 月	103.77	2005 年 1 月	1060.3	2007 年 12 月	48.09
2002 年 3 月	119.7	2005 年 2 月	69.83	2008 年 1 月	50.14
2002 年 4 月	66.61	2005 年 3 月	23.53	2008 年 2 月	927.11
2002 年 5 月	43.65	2005 年 4 月	137.98	2008 年 3 月	08.64
2002 年 6 月	321.7	2005 年 5 月	72.17	2008 年 4 月	47.09
2002 年 7 月	43.33	2005 年 6 月	42.61	2008 年 5 月	1330.23
2002 年 8 月	59.05	2005 年 7 月	102.82	2008 年 6 月	263.53
2002 年 9 月	65.82	2005 年 8 月	95.62	2008 年 7 月	163.99
2002 年 10 月	66.73	2005 年 9 月	150.57	2008 年 8 月	38.46
2002 年 11 月	106.03	2005 年 10 月	176.47	2008 年 9 月	222.46
2002 年 12 月	78	2005 年 11 月	152.85	2008 年 10 月	41.41
2003 年 1 月	33.97	2005 年 12 月	71.72	2008 年 11 月	207.06
2003 年 2 月	33.22	2006 年 1 月	434.21	2008 年 12 月	29.14
2003 年 3 月	73.43	2006 年 2 月	127.42	2009 年 1 月	55.4
2003 年 4 月	88.16	2006 年 3 月	200.24	2009 年 2 月	258.1
2003 年 5 月	209.83	2006 年 4 月	71.48	2009 年 3 月	60.77
2003 年 6 月	108.16	2006 年 5 月	320.72	2009 年 4 月	38.69
2003 年 7 月	280.74	2006 年 6 月	71.34	2009 年 5 月	1235.95
2003 年 8 月	18.62	2006 年 7 月	274.92	2009 年 6 月	227.23
2003 年 9 月	105.44	2006 年 8 月	155.57	2009 年 7 月	91.31
2003 年 10 月	37.62	2006 年 9 月	85.32	2009 年 8 月	95.25
2003 年 11 月	14.08	2006 年 10 月	242.46	2009 年 9 月	146.92

三、对市场效率动态特征的解释与推论

图2-5描述了中国农产品期货市场风险溢价缺口、最优市场组合风险溢价和实际市场组合风险溢价的关系。可以发现：第一，农产品期货市场实际风险溢价以零为中心，在-50到50之间波动，且波动比较平稳。市场实际风险溢价与最优市场风险溢价之间差距很大，说明中国农产品期货市场远非有效市场。第二，最优投资组合风险溢价波动较为剧烈。这在一定程度上说明农产品期货市场对于政策信息、现货价格等市场新信息的出现不能做出及时有效的反应。按照米勒的判断，说明期货价格趋向均衡调整的力量不足，期货市场交易机制、交易范围可能存在问题，既有可能市场均衡价格存在很大不确定性（可以理解为不存在均衡价格），也可能是实际期货价格不能跟随均衡价格变动，市场套利空间过大。在一定程度上这是期货交易不成功的象征。[1] 第三，市场最优点风险溢价与风险溢价缺口数值高度拟合，R^2=0.96，这是由于实际市场组合的风险溢价远小于市场最优组合风险溢价，即期货市场对于各期货品种的投资比例与最优投资策略有很大距离，期货市场资金流向远没有遵循优化配置的最佳途径。第四，观察图2-4中风险溢价缺口的特异值，即2005年1月、2008年5月、2006年12月、2008年5月和2009年5月的情况，市场实际风险溢价与市场最优风险溢价差距远超出常态。[2]

可以做下述推论以揭示实证检验的经济意义：

---

① 莫顿·米勒：《金融创新与市场波动性》，首都经济贸易大学出版社2002年版，第118—119页。

② 这些特异值从现象和技术层面反映了不同时期期货市场均值—方差结构出现异变，各期货品种以及市场方差的跨期时变（或者异方差）明显。实际原因是期货市场价格大幅波动，而且，这种波动对市场是不可预期的，也不排除存在市场欺诈与操纵。

风险溢价缺口

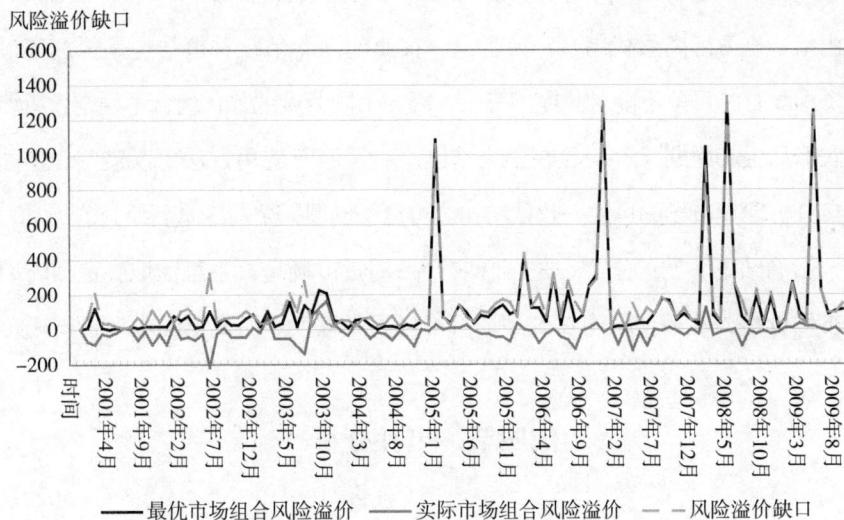

图 2-5　最优市场组合风险溢价、实际市场组合风险溢价和风险溢价缺口

推论 1：农产品期货市场在某些期间具有"超额风险溢价"，隐喻着影响期货价格的信号未能被市场及时发现并充分吸收。

推论 2：参考 CAPM 并以风险溢价缺口为尺度，2001 年 1 月到 2009 年 9 月期间中国农产品期货市场运行低效。可以粗略地判断市场充其量是弱式有效的。

推论 3：CAPM 的重要假设"投资者信念一致"在中国农产品期货市场不成立。意味着投资保值（投机）者对市场信息的判断处于极度发散状态，且对大多数期货品种，交易者的事前预期风险收益特性与事后风险收益特性显著背离。

推论 4：如果像前文所述期货市场是现货市场的"映像"，期货市场价格以至交易份额是对现货市场的"一对一"的反应，现货市场就存在与期货市场相似的问题。农产品市场价格的极度不确定性说明获知市场信息困难、信息传导不畅，生产者和交易者预期是"发散"的而非"收敛"的。

由上可以引申出一个有意义的问题：与期货品种对应的实际农产品种植、产出组合是否远离最优组合？换言之，农业部门的粮食种植结构是否远离最优资源配置？目前不能对此提供答案，因为不同月度的最优组合不稳定，所涉及农产品生产周期又都明显在三个季度左右，但所使用方法可以借鉴，例如直接分析现货市场的风险—收益结构。对这一问题需要后续重新研究。

影响结论 4 的因素之一是国际农产品期货市场是否系统性地决定国内期货市场价格，从而使国内农产品期货市场很大程度上游离出国内现货市场。

第四节　事件分析

一、变量选取与平稳性检验

期货市场风险溢价是市场效率的重要标志。既定市场条件下实际组合风险溢价越高，期货市场效率越高。这里尝试对影响期货市场效率的因素做初步探讨，选取银行间同业拆借利率 R_t 和 CRB 期货指数作为解释变量对期货市场效率动态的结果进行计量检验。我国银行间同业拆借利率是投资者进行投资的重要参考指标，而 CRB 期货指数包括了大量核心商品的价格波动，总体上反映世界主要商品价格的动态信息，被广泛用于分析观察商品市场的价格波动与宏观经济波动，并能在一定程度上揭示宏观经济走向。[①]

以农产品期货市场效率 p_f 作为被解释变量，以中国银行间同业拆借利率 R_t 和 CRB 期货指数 I_{crb} 作为解释变量建立计量模型。由于解释变量和被解

---

① CRB 期货指数反映 6 组 17 种商品的价格，包括农作物与油籽（18%）、能源（18%）、工业（11%）、家畜（11%）、贵金属（18%）、软饮料（24%）。本章在研究进展中也曾选择其他解释变量，但结果均不显著。

释变量属于时间序列，首先对其进行 ADF 平稳性检验（检验结果见表2-7）。

由 ADF 检验可以看出银行间同业拆借利率 R_t 和 CRB 期货指数 I_{crb} 是非平稳时间序列，其一阶差分平稳。对于银行间同业拆借利率 R_t 和 CRB 期货指数 I_{crb}，其一阶差分形式表示其增长率，反映两种变量的波动情况。

表 2-7 对市场效率与同业拆借利率和 CRB 的 ADF 检验

	原序列	一阶差分
p_f	−3.685**	−9.862**
R_t	−2.025	−3.265*
I_{crb}	−1.417	−8.546**

注：在5%置信水平下 ADF 的临界值为−2.8912，* 表示5%置信水平下显著，** 表示1%置信水平下显著。

二、计量模型设定与检验结果

根据上述平稳性检验，采用银行间同业拆借利率 R_t 的一阶差分形式和 CRB 期货指数 I_{crb} 一阶差分的绝对值作为解释变量建立计量模型，即：

$$p_f = \beta_0 + \beta_1 DR_t + \beta_2 DI_{crb} \qquad (2.7)$$

同时引入农产品期货市场效率指标（风险溢价缺口）的滞后变量（滞后三阶的 p_f，即 $p_f(3)$）作为解释变量。回归结果如下：

$$p_f = 42.47DR_t + 1.33DI_{crb} + 0.18p_f(-3) + 68.77$$

P = （0.02） （0.01） （0.06）

D.W = 2.27 F = 4.71 p = 0.004 $R^2 = 0.37$

回归结果显示：

第一，银行间同业拆借利率和 CRB 期货指数的增长率对于农产品期货市场的影响是显著的。农产品期货市场风险溢价缺口随着银行间同业拆借利率增长率的上升而增加，即效率随着银行间同业拆借利率增长率变化加速而减小，同业拆借利率增长率每增加 1%，期货市场风险溢价缺口增加 0.42，效率减少 0.42。

第二，CRB 指数差分形式的绝对值 DI_{crb} 表示期货指数的波动情况，我国农产品期货市场风险溢价缺口随着 CRB 期货指数的波动幅度变大而变大，效率随之减少，CRB 指数波动幅度每增加 1 点期货市场效率减少 1.33，说明我国农产品期货市场效率受国际期货市场运行状况影响，当国际期货市场价格波动较大时，我国农产品期货市场效率降低。

第三，市场效率滞后 3 期的系数为正且显著，说明市场具有使效率增加的调节作用，当市场效率低，即 p_f 较大时——比如 100，市场利用 3 个月时间可以将 p_f 调节减至 18，说明期货市场中投资者群体当市场出现价格失真情况时能够改变投资策略使市场价格回归较为有效的真实价格。

三、事件分析

除银行间同业拆借利率和 CRB 期货指数以外，选择通货膨胀等宏观变量检验期货市场效率的结果不显著。不过由于使用月度数据，一些重要事件或者市场异常波动仅偶或发生在短期，其影响在计量过程中被大量样本淹没；也可能同一事件持续到一个相对长期的样本期间（1 年甚至更长时期）。所以揭示一些实际因素对期货市场的影响有必要做事件分析。计量不显著未必否定宏观变量对农产品期货市场效率的影响。[①] 据以上，综合第三部分对

---

① 观察到的事实与采取不同样本期、不同计量方法、对数据做不同处理的计量结果有时很不一致，既有可能是观察"悖谬"，也可能是计量方法局限。

农产品期货市场风险收益状况的检验数据与同期宏观经济特征，观察宏观因素对农产品期货市场效率的影响（见表2-8）。

选取5个特征年份试做分析。其中2001年、2004年和2008年3个年份市场投资组合平均月度收益率均为负值；2003年市场投资组合具有最高月度平均收益率（8.6‰）；2008年、2009年两年宏观经济形势较为复杂，总需求波动凸显全球经济危机的影响，而2009年市场投资组合出现负收益月份数也最少（仅1个月）。

2001年宏观经济处于通货紧缩时期，当年期货市场月平均收益率处于样本期最低水平（-0.98‰），即从市场总体看农产品市场期货交易是亏损的，月平均风险溢价也最低（-344.1‰）。年初发布的"十五"规划纲要明确写入"稳步发展期货市场"是市场利好，但是难以逆转宏观经济形势对期货市场的冲击。

2003年期货市场实际组合月平均收益率与月平均风险溢价达到样本期最高（见表2-8），月平均标准差达到最低。同样，按照CAPM求解的最优投资组合月平均收益率、月风险溢价分别达到样本期最高，月平均标准差达到最低。1998—2002年受国内有效需求不足与亚洲金融危机波及持续出现通货紧缩，2003年发生逆转，宏观经济从低速增长、市场弥漫悲观预期转向对经济前景乐观、经济快速增长的态势，农产品期货市场数据是对宏观经济的正向反应。2003年银、企部门被长期压抑的信贷供需潜力迅猛释放，尽管监管方严禁银行对期货市场融资，但不排除这一期间信贷资金流入期货市场的可能，从一个侧面说明流动性充裕是期货市场优化资产组合的重要条件。

2004年CPI上涨3.9%，通货膨胀趋势明朗，央行紧缩货币政策，再加国际市场能源价格振荡，各种因素叠加使农产品期货市场很快向下调整，市场组合的各项指标恶化，最优组合的标准差达到样本期最大，说明市场系统性风险增加（见表 2-8）。从期货市场总体观察，2004 年是强化监管、发展转折的一年，国务院 2 月发布"国九条"，证监会一系列法规密集出台，棉花等期货合约新品种纷纷上市。当年也充斥着市场"悲剧"，湖南正湘行期货经纪有限公司因挪用保证金被证监会注销；四川嘉陵期货出现保证金兑付危机后停业整顿；中航油披露投机石油衍生品交易遭受巨额亏损的爆炸性新闻。这些事件对期货市场造成打击。农产品期货市场数据是对市场变故的诠释印证。

2008 年和 2009 年农产品期货市场变动充分反映了美国次贷危机以后国际、国内经济形势变化。尤其 2008 年是颇为跌宕的一年，上半年尽管遭遇美国次贷危机冲击期货市场曾经出现暴跌，但总体处于上升波段，下半年7—8 月份国际金融危机冲击效果强化，农产品期货市场连续出现大幅下行的逆转行情。2008 年市场实际投资组合的标准差、出现负收益率月份数都最大，市场位于高风险时段。但最优投资组合的月平均风险溢价仍不低（470.0‰），月均收益率达次高，原因之一应该在于期货品种增加。[1]

事件分析揭示出农产品期货市场风险—收益和效率状况与宏观背景有密切联系，微观机构违规或巨额亏损事件诱致羊群效应对期货市场具有系统性影响，对农产品期货市场提供信贷支持以改善流动性也有正向效果，增加期货品种以放大资金配置空间、扩展交易标的相关统计特性可以改进期货市场效率。[2]

---

[1] 2008 年无风险率达到最高为 2.58‰，如果不考虑无风险率直接计算最优组合的风险—收益比，2008 年最优组合的投资效率更高。

[2] 此处统计特性指不同期货交易标的收益率的相关系数。从理论角度讲有一系列标的相关系数为负可以改善风险分散效果，有利于提高最优组合的风险溢价水平。当可选标的增加时相关系数为负的机会可能增加。

第五节　结　语

本章运用 M—V 模型与 CAPM 求解我国农产品期货市场最优组合，并与市场实际投资组合比照对农产品期货市场效率做动态检验，是对目前研究金融市场效率在基本方法上的补充，对现代资产组合理论的研究工作存在一定程度扩展，其中也结合了夏普、林特纳等人的基金评价方法。后续研究需要考虑更为具体的成本、收益因素，结合农产品期货市场交易机制与规则对约束条件进行修正。将 CAPM 用于分析期货市场可能会有若干不同于股票市场的内在机理。

由相关金融理论模型检验、计量验证以及事件分析的结论可以启发我们思考，对于促进农产品期货市场发展、提升农产品期货市场效率提出政策建议：放宽农产品期货市场准入，提高市场信息透明度与增加适当融资渠道，增强现货与期货市场资金流动性，通过优化市场机制、改进规则提高趋向均衡价格的时效，从合约成交、交割以及不断沟通期货与现货市场之间的联系方面提供交易便利与降低交易成本，适当增加农产品期货品种、扩大市场交易范围，设计与寻求更多"对冲"外部市场波动对国内期货市场的影响，央行综合运用利率调节与货币供给手段及时对金融市场变动做出反应以避免货币市场大的波动。在我国经济国际化程度不断加深条件下，需要寻求降低国际商品市场、金融市场不稳定对国内农产品期货市场传导的有效手段。

表 2-8　中国农产品期货市场实际组合、最优组合月度风险—收益（2001—2009）

	市场实际投资组合				按照 CAPM 求解最优投资组合			宏观经济特征	月平均无风险利率[1]
	月平均收益率	负收益率月数	月平均标准差	月平均风险溢价[2]	月平均收益率	月平均标准差	月平均风险溢价		
2001	-0.98‰	7	0.0087	-344.1‰	5.22‰	0.0203	226.1‰	通货紧缩	1.88‰
2002	1.09‰	2	0.0055	-167.6‰	3.59‰	0.0072	287.1‰	通货紧缩	1.76‰
2003	8.6‰	5	0.0011	300.7‰	11.2‰	0.003	721.3‰	通缩转向通胀	2.00‰
2004	-0.57‰	7	0.0108	-254.3‰	6.20‰	0.0157	283.2‰	通货膨胀	2.06‰
2005	1.22‰	6	0.0106	-55.4‰	3.39‰	0.0050	479.6‰	通货膨胀	1.23‰
2006	0.23‰	5	0.0088	-202.0‰	4.99‰	0.0053	588.6‰	通货膨胀	1.81‰
2007	1.24‰	2	0.0087	-162.6‰	5.87‰	0.0092	446.0‰	美国次贷危机爆发	2.33‰
2008	-0.70‰	8	0.0136	-197.2‰	6.86‰	0.0082	470.0‰	全球金融经济危机	2.58‰
2009	1.74‰	1	0.0121	60.0‰	3.85‰	0.0049	225.2‰	不确定的经济复苏	0.88‰
9年月度均值	2.14‰	4.78	0.0101	-100.2‰	5.69‰	0.0096	422.4‰		1.86‰

注：（1）月无风险利率数据来自锐思金融数据库，数据选择标准：2002 年 7 月 2 日前用一年期银行存款利率，之后使用一年期中央银行票据的票面利率。此处使用的数据已做过月度处理，即将年度利率转化为月度数据。月无风险利率均值是 1 年终 12 个月份无风险利率的均值。

（2）月均风险溢价 =（月度收益率-无风险利率）/标准差，即夏普指数，表示每承受单位风险，可获得的超额报酬。

第三章　农产品期货通货膨胀预期 F—F 检验

管理通货膨胀预期已经成为宏观调控一项重要任务，这就要求确立观察通货膨胀预期的信息窗口和施加影响平台。本章借鉴 F—F 模型和 Hamilton，根据农产品价格与 CPI 关系建立通货膨胀预期模型，将 CPI 分解为可预期部分和不可预期部分，并以可预期部分作为权衡市场的通货膨胀预期标尺。结果表明可将农产品期货市场纳入前瞻性货币政策视野，农产品期货市场的信息窗口功能已经有所体现。分析也潜在地说明中国农产品期货市场较符合名义期货溢价理论，目前仍然以农产品加工和以农产品作为重要原料的公司、企业为主要套期保值者。需要创造农户充分利用期货市场功能维护农业收益的条件，促进农业、农村合作组织建设，通过农业组合带动农民参与和利用期货市场。

第一节　问题的提出

近期我国消费品价格上涨引起城乡居民心理波动，其中重要原因是食品价格上涨幅度较大，直接影响中低收入群体基本生活，在此背景下农产品期货市场受到政府高度关注。国务院颁布《关于稳定消费价格总水平保障群众基本生活的通知》，有两点提法引起理论界和市场监管部门关切，其一是提出加强农产品期货和电子交易市场监管，完善农产品期货市场交易规则，抑制过度投机；其二是要求完善价格信息发布制度，加强价格监测预警，准确阐释价格政策，澄清不实报道，稳定社会预期。我国农产品期货市场初步构建于 20 世纪 90 年代初期，目前已经历初创时期不规范、参与者寥寥、社会经济影响力有限，90 年代中期规范、清理整顿和 2000 年以后的较快发展阶段，农产品期货市场与金属等商品期货成为资本市场的重要组成部分，对粮食等农产品现货市场影响也日渐增强。但事物在快速成长过程中也容易走向反面，农产品期货市场在规模扩张过程中也必然放大市场投机效果，我国与国际金融资本市场联系不断加深同时也可能受到国际游资侵扰，结果使农产品期货价格系统性地游离出现货市场和宏观经济基本面，对市场经济总体形成严重干扰。政府对农产品期货市场的规范、监管是保证市场交易公平、公正和信息公开透明，其最终目的是促进发挥农产品期货市场对农产品生产、流通起到积极引导作用，最大程度避免资本市场内在不稳定及其负外部性。

期货市场两大基本功能是分散风险与价格发现，与之对应也有两种衍生功能。第一种是对代理人提供投机套利机会。衍生市场的基本用途是对冲风险，以保护交易者免受基础产品价格以及实体经济变量（如农业产量）波动的影响，但当市场上一部分交易者寻求规避风险时，必须有投机者愿意通过收费接受风险，投机者则试图捕捉到本来不确定因素而获利。一方通过支付成本而转移风险，另一方通过承担风险而享有赢利机会，这是期货市场具有分摊风险基本机能的体现。代理人既可以利用期货交易有效管理风险，也可以利用期货交易有效地投机。转移风险者的成本事先是已知的，并且在事前证明可以承受；对投机者而论，面临的损失风险却难以把握，期货交易通过杠杆作用对投机者的盈利或亏损造成放大效应。[①] 第二种是其信息窗口与调控平台作用。农产品期货交易的数量和价格波动成为微观市场主体预测未来农产品现货市场趋势，安排农业生产、流通以及存储活动的重要引导信号，也是宏观经济调控部门前瞻性地了解市场预期、观察农产品以至消费品供求状况与价格走势并实施宏观调控的重要渠道。农产品期货市场由于总交易额中实际交割比例很低，所以具有商品市场与金融市场双重属性，政府宏观经济管理部门通过控制货币信贷规模以及调整资金价格、交易佣金、税率和期货交易保证金比率均可以间接或直接影响市场交易，从而实现引导市场、管理价格预期的目的。市场操作和过度投机实际是不当使用投机套利机会，结果弱化甚至摧毁农产品期货市场的价格发现功能，传播虚假信息，破坏市场对实体经济运行的客观预期，干扰宏观经济政策制定实施。

国内目前研究农产品期货市场主要以期货市场与现货市场价格数据为基础评判市场分散风险与两种价格先行滞后关系，并通过市场对信息的反应分析市场效率。我们更为关注农产品期货市场隐含的宏观经济意义，尤其对农产品期货市场的通货膨胀预期水平进行数量刻画。本章第一节至第三节将资本市场理论模型用于分析农产品期货市场效率，对农产品期货市场套期保值比率、市场波动与宏观经济变量的联系依次做了研究，本节进一步引申，将农产品期货市场放在信息窗口与调控平台的衍生功能视角予以考察，分析农产品期货市场对现货价格以及包含农产品权重较大的消费品价格的预期能力。政府 2009 年 10 月迄今反复提出将"管理好通胀预期"作为宏观经济调控重要着力点，相关研究也无疑反映了宏观经济决策的需要。为了把握计量方法并尽可能客观理解计量验证结果，有必要借鉴通货膨胀预期与期货市场

① 刘明：《货币金融学导论》，科学出版社 2009 年版，第 188、190—191 页。

的研究文献。

第二节 文献述评

将预期纳入宏观经济学视野至少从瑞典学派对事前（ex ante）实际利率的论述即已经开始，凯恩斯论证的引起有效需求不足的三大定律中资本边际效率递减和灵活偏好规律也均涉及预期因素。Muth 认为市场主体对相关经济变量的预期在本质上与经济理论的预设相同，在一定经济结构条件下将充分利用信息，基本方法是观察变量的滞后项发现"孤立市场的前后演进关系"。Muth 基于对预期数据的研究提出合理预期假说：第一，工业部门平均的预期比那些稚嫩的模型更准确，与那些缜密的联立方程预期的一样准确；第二，报告的预期一般地低估了实际发生的变化。Muth 提出的方法即使目前仍然影响着对预期问题的计量验证，即将商品投机引入系统，以及检验期货市场与现货市场的先行滞后关系。[1] Sargent 和 Wallace 将"合理预期"定义为"关于一个变量的预期是合理的，即指做出预期时正确地依赖经济理论所阐明的决定上述变量的事情"，认为公众对未来通货膨胀的预期影响总需求，从而和总供给共同决定实际的通货膨胀率。[2]

费雪（Fisher，1930）提出预期通货膨胀是分布滞后，其系数随实际通货膨胀的滞后而线性下降。[3] Modigliani 和 Sutch 发展了外推式预期，指出预

---

① John, F.M., "Rational Expectations and the Theory of Price Movements", *Econometrica*, 1961, 3.

② Thomas, J. S. & Neil, W., " Rational Expectations and the Dynamics of Hyperinflation ", *International Economic Review*, 1973.14(2) .

③ Fisher I., 1930, "The Theory of Interest", New York: Macmillan.转引自罗伯特·J. 希勒：《预期》，载彼得·纽曼、默里·比尔盖特、约翰·伊特韦尔：《新帕尔格雷夫货币金融大辞典》（第一卷），经济科学出版社 1999 年版，第 816—820 页。

期变量的最近变化方向会继续下去。① Cagan 以奥地利、德国等 6 个国家的超级通货膨胀时期为背景研究了预期通货膨胀与实际通货膨胀分布滞后的数量关系，实证分析结果表明通货膨胀预期的形成是历史通货膨胀数据的分布滞后，滞后项系数随实际通货膨胀距现在距离愈远的而按照指数下降，系数总和为 1，系数的下降率可能由于代理人记忆衰退率所决定，通过回忆近年变量的经历，会自然地形成未来变量的预期。Cagan 强调货币量变化以及时滞的作用：其一，"有关货币的增加在最近的将来是加速还是减速的不同预期，决定了实际现金余额按指数方程或升或降，因而价格可能表现出高度的不稳定性"；其二，如果预期时滞很短，通货膨胀就倾向自我实现。实际通货膨胀变化可以起因于人们的通货膨胀预期变化而由之调整手中的现金余额，现金余额减少的速度决定通货膨胀水平。现金余额调整需要考虑两种时滞。首先，在价格的预期上涨率和实际上涨率之间存在着一个时滞，当实际价格上涨后，人们需要一些时间预期新的实际价格上涨率持续得足够长，才值得调整其现金余额。其次，现金余额的意愿水平和实际发生水平之间的时滞，人们在决定改变实际现金余额水平之后，需要花费一些时间。②

　　Grant 和 Thomas 基于在利文斯顿和密歇根的三次调查数据对通货膨胀预期做协整分析，结果表明三种通胀预期的时间序列与现实通货膨胀率存在协整关系，检验结果未能拒绝在密歇根和利文斯顿（两项调查在利文斯顿进

---

　　①　Modigliani, F.& Sutch, R., "Innovations in Interest Rate Policy", *American Economic Review* 56 (May, 1966).

　　②　Cagan, P., *The Monetary Dynamics of Hyperinflation.In Studies in the Quantity Theory of Money*, ed.Milton Friedman, Chicago: University of Chicago Press, 1956, 见中文译本：米尔顿·弗里德曼：《货币数量论文集》，中国社会科学出版社 2001 年版，第 25—128 页。Cagan 将超级通货膨胀定义为"从价格上涨超过 50% 那个月开始，到跌至这一数额以下的前一个月，并且在这一数额以上维持至少一年"（——注：原中译文为"在这一数额以下"，应为译误）。引文见中文版第 26、76、92 页。

行）所做调查的时间序列的无偏性。尽管在短期预期与实际通胀数列可能分离，但是它们最终彼此回复接近，调节速度的系数受预期的影响，且在统计上是显著的。调查支持调查受访者的通胀预期是弱式理性的。[①] Pelaez 使用美国 1959 年 1 季度到 1993 年 4 季度名义利率数据重新审视了费雪效应，恩格尔—格兰杰两步检验和汉森向量自回归误差修正检验都拒绝了费雪效应，但是支持了通货膨胀和从名义利率得到的预期通货膨胀两者之间的协整关系。费雪效应不成立的原因不是货币幻觉或者非理性，而是事前实际利率的随机游走，隐含地说明费雪效应被视作名义利率中的预期通货膨胀成分和实际通货膨胀两者之间的均衡力量。检验也发现通货膨胀历史对名义利率隐含的预期通货膨胀率没有预测能力。[②] Vanderhoff 分析了对名义收入和通货膨胀率的专家预测数据，结果表明货币和财政政策的数据都被有效利用以预测收入，但货币政策数据没有被有效地用于预测通货膨胀率，并揭示明显未有效利用货币数据的原因在于被理性预期模型所预期的非稳定的货币—通胀关系。[③] Ueda 对日本和美国家庭的通胀预期调查数据进行 SVAR 检验，用短期非递归约束考虑现实通货膨胀与预期通货膨胀同期的相互依存，发现在对外生价格变化和货币政策冲击做出反应时通胀预期比实际通膨调整更快。与日本比较，美国外生价格对通货膨胀与通胀预期的冲击效果不仅更大而且持续时间更长，对通胀预期的冲击具有自我实现效果从而导致现实的通货膨胀加速。[④] Forsells 和 Kenny 应用欧盟的调查数据分析欧元区消费者对通货膨胀

① Alan P.G.& Lloyd, B.T., "Inflationary Expectations and Rationality Revisited", *Economics Letters*, 1999, 62(3).

② Rolando, F.P., "The Fisher Effect: Reprise", *Journal of Macroeconomics*, Spring 1995, 17(2).

③ James, V., "A 'Rational' Explanation for 'Irrational' Forecasts of Inflation", *Journal of Monetary Economics*, 1984, 13(3).

④ Kozo, U., "Determinants of Households' Inflation Expectations in Japan and the United States", *Japanese Int.Economies*, 2010, 24.

的预期，测度的通胀预期值是未来价格水平的无偏估计，并且包含了较宽泛的宏观经济信息。尽管预期和理性预期通胀之间存在偏差，但消费者会理性地调整预期以使最终结果剔除掉系统性误差。相对于 20 世纪八九十年代以后消费者理性趋于增长，原因可归结为货币体制变化。[1]

Michener 质疑卢卡斯的自然率假说，认为自然率假说所依赖的假定是货币数量增加会成比例地转移到价格水平上升，但这一假定与另一个引起新古典学派争论的时间选择预设一旦被改变，即意味着预期到的货币供给增加同样会改变产出，未预期到的货币增长影响实体经济的论证也必须引入工资合同才能够解释。[2] Kurz 等人的研究突出了"信念"差异的重要性，认为信念差异是经济波动、货币非中性和货币政策有效性传播的主要机制。"信念"与预期相关，预期又影响需求，经济波动主要受变化的需求驱动而不是供给冲击。相机抉择政策的效果依赖于市场对未来相机决策的信念结构，区分两个理性的信念结构：一个是市场信心减弱了政策效果，另一个是信心支持了政策结果并且相机抉择是政策规则的一个值得期待的特性。既然中央银行不比私人部门知道得更多，相机抉择只有在非常特殊的情况下才是有益的，在大多数情况下政策应该是透明的，偶尔采取适度扩张货币政策的主要目的是影响预期和"锚定"通货膨胀。[3]

Tas 与预期联系对所谓"价格谜团"进行分析。"价格谜团"指货币政策紧缩与价格水平上涨同步现象，即当货币政策为了抑制通货膨胀提高利率

---

① Forsells, M.& Kenny, G., "The Rationality of Consumer Inflation Expectations: Survey-Based Evidence for The Euro Area".*ECB.Working Paper*, 2002, 163.

② Ron, M., "Inflation, Expectations, and Output: Lucas's Islands Revisited", *Journal of Macroeconomics*, 1998, 20(4).

③ Mordecai, K., Hehui, J.& Maurizio, M., "The Role of Expectations in Economic Fluctuations and the Efficacy of Monetary Policy", *Journal of Economic Dynamics & Control*, 2005, 29.

时价格水平不跌反涨，削弱甚至消弭掉货币政策效果。按照 Tas 的定义，"预期通货膨胀与实际的通货膨胀对紧缩性货币政策的反应是增加而非降低——我们将此定义为价格谜团"。Tas 认为"价格谜团"的根源是中央银行和公众之间的信息不对称，形成机制是信息不对称诱导的公众预期行为动态。通货膨胀对紧缩性的货币政策作出正向反应，是因为公众将利率调高理解为央行关于未来高通胀和产出具有私人信息，使用美国经济数据所做 VAR 对这一假说提供了论据。除了提供对价格谜团的解释，Tas 论文的实际意义是央行应该实行透明的货币政策，并且暗示中央银行隐藏私人信息的结果导致公众不信任感增强。①

Carboni 和 Ellison 假设央行比私营部门更好地了解自身目标的信息，而私营部门比央行更好地了解外部冲击信息。信息不对称是通货膨胀和产出波动表现出时变特点的因素之一，由此提出改进央行透明性能够降低产出与通货膨胀波动。央行透明度可以创造出一种良性循环的宏观经济，从而使私人代理商能够更容易地对央行目标做出推断，央行则能更好地识别对经济的不利冲击。② Carboni 和 Ellison 认为信息不对称使通货膨胀和产出波动表现出时变特点，提出改进央行透明性能够降低产出与通货膨胀波动。央行透明度创造一种良性循环的宏观经济，从而使私人代理商更容易对央行目标做出推断，央行则能更好地识别对经济的不利冲击。③ Wimanda 等人利用价格调整方程式考察了印尼通货膨胀预期形成的政策含义，结果表明消费物价指数通

---

① Tas, B.K.O., "An Explanation for the Price Puzzle: Asymmetric Information and Expectation Dynamics", *Journal of Macroeconomics*, doi: 10.1016/j.jmacro.2010.10.005.

② Giacomo, C.& Martin, E., "Inflation and Output Volatility under Asymmetric Incompletein Formation", *Journal of Economic Dynamics & Control*, 2011(35), pp.40-51.

③ Giacomo, C.& Martin, E., "Inflation and Output Volatility under Asymmetric Incompletein Formation", *Journal of Economic Dynamics & Control*, 2011(35), pp.40-51.

货膨胀显著地由后向（backward-looking）预期、前瞻性预期、产出缺口、本币贬值和货币增长共同决定，但后向预期的权重明显大于前瞻预期，从而判断印尼通货膨胀有相当程度的惯性。[①] Gaspar 等发现对理性通货膨胀预期水平的偏离增加了经济中潜在的不稳定，强调锚定通胀预期的重要性，当预期形成符合适应性学习，货币政策按照理性预期条件贯彻承诺规则是必要的。[②] 意味着中央银行管理通胀预期需要明确通货膨胀目标。[③] Gaspar 等集中于对最优政策的研究，深入分析当影响代理人的预期形成时，相关的变动如何以及在什么程度上影响最优货币政策的原则，发现（实际预期）对理性预期的偏离增加了经济中潜在的不稳定，强调锚定通胀预期的重要性，如果预期形成过程符合适应性学习，货币当局有必要奉行简单的承诺规则。[④]

　　分析期货市场与现货市场价格关系有两种基本方法，一种是存储理论，即用利率、存储成本和便利收益解释同期现货价格与期货价格的差别（基差）；另一种是将期货价格分解为风险报酬和预测的到交割期现货预价格两部分。Fama 和 Frenc 分别用两种方法研究 21 种商品的期货价格行为，发现使用存储理论分析期货价格对存储成本变量的反应要比研究是否包含风险报酬和有无预期功能更具有统计说服力。21 种商品中有 10 种的期货价格具有

————————

　　① Wimanda, R.E., et al., "Expectations and the Inertia of Inflation: The Case of Indonesia", *Journal of Policy Modeling*, doi: 10.1016/j.jpolmod.2010.08.09.

　　② Vitor, G., Frank, S.& David, V., "Inflation Expectations, Adaptive Learning and Optimal Monetary Policy", *Handbook of Monetary Economics*, 2010(3) , Chapter 19, pp.1055–1095.

　　③ 按照 Sargent 对理性预期定义可以做两点推论：第一，如果理论预示通胀由货币量决定，公众又已知货币超出经济增长情况，就能够准确预报通货膨胀率；第二，货币政策制定如果承诺通胀目标，或者公告未来货币增长而且能够适当加以控制，政策制定者与公众对货币—物价方程式估计相同，那么公众预期的通胀水平与通胀目标将一致。如不发生意外冲击，货币政策制定的通货膨胀目标将很好得以实现。

　　④ Vitor, G., Frank, S.& David, V., "Inflation Expectations, Adaptive Learning and Optimal Monetary Policy", *Handbook of Monetary Economics*, 2010(3) , Chapter 19, pp.1055–1095.

预期功能，5 种包含有随时间变化的预期风险报酬。[1] Kavussanos 探讨了货运市场期货和现货价格的关系，用因果检验、广义脉冲响应分析和绩效评估证实期货价格比现货价格能更快发现新的信息，对相关指数成分修订强化了期货的价格发现效果。[2] French 对于判断期货市场预期功能持怀疑态度，认为期货市场转移风险的功能已经得到肯定，但其对于现货价格的预期能力还远没有得到证实。期货市场不具良好的预期功能未必是市场缺乏效率，至少还有两种解释：第一，期货市场没有任何预期要素，如果当期现货价格等于未来现货价格的真实预期，那么期货市场就不能提供一个更好的预期；第二，期货市场的预期优势被已经实现的现货价格意想不到的组成部分遮蔽了，未来现货价格真正的预期成分无法观察。[3] Bernanke 和 Romer 认为大萧条期间的通货紧缩未预期到，在 1929—1930 年充斥着对经济活动与价格的乐观预期，相应地低估了持续的通货紧缩，当价格下降同时名义利率跌落，对实际利率的事前估计很低，所以不适当地扩大了债务规模，不可预期的通货紧缩增加了债务实际负担，诱发债务人贷款违约。[4] Cecchetti 揭示 1930—1932 年的通货紧缩有 3/4 被预期到，预期的通货紧缩使经济衰退恶化为一场大萧条，预期的经验基础是美国自内战以后 64 年中有过四次连续两年以上通货紧缩的经历，利率数据实际包含了未来价格预期。[5] Hamilton 以农产

---

① Eugene, F.F.& Kenneth, R.F., "Commodity Futures Prices: Some Evidence on Forecast Power, Premiums, and the Theory of Storage", *Journal of Business*, 1987, 60(1) .

② Manolis, G.K., "Price Discovery, Causality and Forecasting in the Freight Futures Marke", *Review of Derivatives Research*, 6, 2003.

③ Kenneth, R.F., "Detecting Spot Price Forecasts in Futures Prices", *Journal of Business*, 1986, 59 (2) .

④ Charles, W.C., "Financial Factors in the Great Depression", *Journal of Economic perspectives*, Spring 1993, 7(2) .

⑤ Stephen, G.C., "Prices During the Great Depression: Was the Deflation of 1930-1932 Really Unanticipated?"*American Economic Review*, 1992, 82(1) , pp.157-178.

品期货市场价格变动作为计量检验基础，说明人们对 1929 年的通货紧缩显然未预期到，但对 1930—1931 两年消费品的价格下降预期到了 1/2。对通货紧缩的预期通过两种途径作用于经济活动：抑制借款和投资；使破产的风险恶化。双向作用使大萧条不断加剧。[①]

　　Jongwanich 和 Park 实证研究了包括中国在内亚洲 9 个发展中国家的通货膨胀，对诱发通货膨胀不同因素的相对重要性做计量检验得出与一般结论不同的判断。一般认为该地区近期通货膨胀加速上涨主要是世界石油和粮食价格冲击等外部因素造成，而 Jongwanich 和 Park 所做 VAR 和 Cholesky 递归方法判断，导致亚洲通货膨胀的主因是总需求和通货膨胀预期，不是外部价格冲击。[②] Zhang 构建了中国的国内生产总值平减物价指数通货膨胀率从 1979 年至 2009 年的按季数列，检验结果表明通胀持续性具有显著的结构变化，运用反事实模拟方法证明结构性变化主要是由于更好的货币政策操作，以及相应更好地对通胀预期的锚定效果。尽管通货膨胀已经沉寂十年，但是很有可能，如果货币当局不再坚定地对管理通胀预期做出持续努力，又会重新返回到一个高通胀时期。[③] 农产品现货市场发达程度实际上也是决定农产品期货市场预期功能的重要条件，Huang 和 Rozelle 结合中国市场情况研究了几组价格数据，分析随着时间推移中国各区域市场价格一体化的程度，在这种背景下勾勒出市场价格的空间格局，结果发现农产品市场已经形成，中国农产品价格模式非常相似于世界上其他发达国家，农产品价格已经实现跨越不

---

　　① Hamilton, J.D., "Was Deflation During the Great Depression Anticipated? Evodemce from Commodity Futures Market", *American Economic Review*, 1992, 82(1), pp.157-178.

　　② Juthathip, J.& Donghyun, P., "Inflation in developing Asia", *Journal of Asian Economics*, 2009 (20), pp.507-518.

　　③ Chengsi, Z., "Inflation Persistence, Inflation Expectations, and Monetary Policy in China", *Economic Modelling*, 2011(28).

同区域空间的高度一体化模式。[1] Liu Xiangli 等采用 TGARCH 及 GARCH 模型的参数化方法估计中国铜期货市场和现货市场在险价值，运用线性格兰杰因果关系和均值格兰杰因果检验研究期货市场和现货市场之间波动性和风险的信息溢出效应，结果表明期货市场与现货市场之间存在显著的双向外溢，从期货市场到现货市场的溢出效应更为显著。[2] 肖争艳、陈彦斌发现中国通货膨胀预期不是完全理性预期。[3] 我国期货市场的产生与发展存在与现实需求错位的历史，经历了曲折过程，随着市场机制不断完善，农产品期货以其风险低、价格预知、农民增收效益显著等特点而被农产品交易市场和农户所接受。同时，我国农产品价格对总物价水平影响较大，农产品价格上涨引起通货膨胀几乎成为常例。也有学者认为通货膨胀通过存粮行为变化引起农产品价格变化，[4] 说明通货膨胀一旦发生，就产生与农产品价格之间的正反馈机制，两者互相强化。

　　本章选取农产品期货、现货价格与消费物价指数进行分析，利用农产品期货市场对现货市场的预期功能，分析居民消费物价指数中被预期的部分，以此对下一时刻预测并用均值方差衡量预测结果的精确程度。以下第三部分对计量分析应用模型加以讨论第四部分寻求消费物价指数与农产品价格之间的函数关系，建立回归模型，将物价指数的总残差分解为可预期残差和不可预期的预期误差，并依据一定的行为模式假定予以确定，最终将可预期的部

---

　　[1]　Jikun, H.& Scott, R., "The Emergence of Agricultural Commodity Markets in China", *China Economic Review*, 2006(17) .

　　[2]　Xiangli, L., Siwei, C., Shouyang, W., Yongmiao, H.& Yi, L., "An Empirical study on Information Spillover Effects Between the Chinese Copper Futures Market and Spot Market", *Physica*, 2008(387) .

　　[3]　肖争艳、陈彦斌：《中国通货膨胀预期研究：调查数据方法》，《金融研究》2004 年第11 期。

　　[4]　李敬辉、范志勇：《利率调整和通货膨胀预期对大宗商品价格波动的影响——基于中国市场粮价和通货膨胀关系的经验研究》，《经济研究》2005 年第 6 期。

分剥离出来；第四部分选用现货价格数据和大连商品交易所、郑州商品交易所的农产品期货价格数据，对 1999 年至 2008 年期间消费物价指数和农产品价格进行实证分析，剥离物价指数中预期部分，对若干个月份以后 CPI 作出预期，并比较分析全球金融危机对预期的影响；最后给出结论。

第三节　模型讨论

我们分别采用计量模型做两步检验：第一，检验中国农产品期货价格对现货价格预期的功能。适当借鉴 F—F 模型；第二，引入与农产品期货对应的现货价格数据集，并设定模型分析农产品期货价格对 CPI 通货膨胀的预期成分。这样做的现实依据是在我国 CPI 所包含商品类别的权重中食品等占有较大比例，在 CPI 所包含 8 大类商品中粮食、淀粉、干豆、豆制品等食品类占 32.74%，农产品期货交易品种（不仅粮食）都直接或间接进入 CPI 统计口径。我们的工作受到 French（1986）以及 Fama、French（1987）和 Hamilton（1992）等学者的启发。

一、期货价格对现货价格预期模型

有关期货价格与现货价格关系的基础理论即预期假设、名义现货溢价理论和名义期货溢价理论均认为期货价格隐含对未来现货价格的预期。预期假设认为期货价格是对未来现货价格的无偏估计，即期货合约价格代表市场对未来现货价格的一致预期，不存在任何风险溢价。名义现货溢价暗含的假定是套期保值者按净值是期货市场的空方，认为套期保值者希望把风险转嫁给投机者，为了吸引投机者进入市场必须做出让步，使期货价格必须低于预期的未来现货价格，随着交割日期临近这种价格引诱逐步递减。名义期货溢价的假定与现货溢价理论相反，即按照净值套期保值者是期货市场上的多头，为了引诱投机者持有空头期货价格必须高于预期现货价格，但随着交割日期临近溢价递减。[①] 当然，这些不意味着实际市场中期货价格仅局限于对未来现货市场预期定价。

考虑季节因素与供给与需求冲击，从存储理论角度分析期货价格已普遍为人们所接受。French（1986）以此分析期货价格对现货价格的预期功能，[②] 将期货价格视为现货价格的预期值（即 $F_t = E_t[S(t+1)]$），建立并验证存储均衡关系。其中，F_t 指 t 时刻形成 $t+1$ 时刻交割的商品期货价格，$S(t)$ 指 t 时刻商品价格，$E_t[S(t+1)]$ 指 t 时刻对 $t+1$ 时刻价格的预期值，[③] French 实际遵循了预期假设。但是期货价格是未来现货价格无偏估计显然过于严格，相关检验结果很难符合这一假设。

Fama 和 French（1987）从另一角度将期货价格分解为风险溢价和交割期内对现货价格的预期两部分建立基差分解模型:[④]

$$F(t) - S(t) = E_t[P(t, t+1)] + E_t[S(t+1) - S(t)] \qquad (3.1)$$

其中，$E_t[P(t, t+1)]$ 定义为风险溢价，表示为期货价格与现货价格预期值的差（即 $E_t[P(t, t+1)] = F(t) - E_t[S(t+1)]$），$E_t[S(t+1) - S(t)]$ 指预期现货价格的变化。Fama 和 French 实际转向了名义期货溢价理论。

令 f_t 代表 t 时刻形成的期货价格对数值（即 $f_t = \ln F(t)$），s_t 代表 t 时刻

---

① 刘明:《货币金融学导论》，科学出版社 2009 年版，第 193—194 页。

② Kenneth, R.F., "Detecting Spot Price Forecasts In Futures Prices", *The Journal of Business*, Apr., 1986, 59(2).

③ 我国大部分农产品期货交割月为奇数月份，且不同品种交割情况有所区别，本节以后部分参考相关模型的计量分析选取共有的交割间隔期：$n = 2, 4, 6, 8, 10$，令期货合约交易与实物交割对应的时刻分别为 t 和 $t+1$。

④ Eugene, F.F.& Kenneth, R.F., "Commodity Futures Prices: Some Evidence on Forecast Power, Premiums, and the Theory of Storage", *The Journal of Business*, 1987, 60(1).

现货价格对数值（即 $s_t = \ln S(t)$），分别考虑风险溢价和现货价格变化对基差的回归方程：

$$f_t - s_{t+1} = a_1 + b_1(f_t - s_t) + z_1 \qquad\qquad (3.2)$$

$$s_{t+1} - s_t = a_2 + b_2(f_t - s_t) + z_2 \qquad\qquad (3.3)$$

由基差分解过程可知，$b_1 + b_2 = 1$。若 b_1 显著则说明基差中包含解释风险溢价的因素；若 b_2 显著则说明基差中包含解释现货价格变化的因素，亦即期货价格对现货价格有预期功能，可用函数关系 $f_{it} = g(s_{it})$ 表示。[①]

式（3.1）—式（3.3）成为我们衔接期货—现货到以消费品价格计算的通货膨胀水平并解析农产品期货市场对 CPI 通胀预期功能的基础。对以式（3.2）为核心的方程体系我们称其为 F—F 模型。

二、期货市场通货膨胀预期模型

我们通过农产品期货对现货价格的预期功能转向研究通货膨胀预期，基于农产品价格与消费物价指数 CPI 的函数关系，建立物价指数预期模型，通过残差分解和一系列行为模式假定，将 CPI 中被预期部分剥离并对下一期 CPI 做出预期，从而发现农产品期货市场的通货膨胀预期成分。

（一）农产品价格与 CPI 的关系

CPI 是反映与居民生活有关商品及劳务价格统计出来的物价变动指标，通常作为衡量通货膨胀水平的重要指标。对 t 时刻 CPI 取对数并记录为 p_t，有函数关系 $p_t = \mathrm{f}(s_{set,\,t})$，其中 $s_{set,\,t}$ 是 t 时刻与 CPI 相关的农产品现货价格集合，$t+1$ 时刻对应有函数关系 $p_{t+1} = \mathrm{f}(s_{set,\,t+1})$。记 $t+1$ 时刻 CPI 预期值为 p_{t+1}^e，有函数关系 $p_{t+1}^e = \mathrm{f}[E_t(s_{set,\,t+1})]$，由预期假设进一步得 $p_{t+1}^e = \mathrm{f}(f_{set\,t})$，

---

① 此处出现的 $g(\cdot)$ 是函数关系的对应法则，下文出现的 $\mathrm{f}(\cdot)$ 和 $F(\cdot)$ 意义相同。

其中 $f_{set,\ t}$ 是与 $t+1$ 时刻 CPI 相关的期货价格集合。结合前文建立的期货预期函数关系 $f_{it} = g(s_{it})$，得到新函数关系 $p_{t+1}^{e} = F(s_{set',\ t})$。

研究上述新的函数关系，需从 $t+1$ 时刻 CPI 实际值 p_{t+1} 将 p_{t+1}^{e} 剥离。建立 p_{t+1} 与农产品价格的回归方程：

$$p_{t+1} = s_{set,\ t}\delta + u_{t+1} \tag{3.4}$$

其中，u_{t+1} 是解释 $t+1$ 时刻 CPI 实际值形成的残差。这里潜在地承认农产品价格具有分布滞后性质，中国 CPI 滞后项影响在 1998—2002 年通货紧缩以后有所增强。[1] 而实际值 p_{t+1} 与预期值 p_{t+1}^{e} 有以下关系：

$$p_{t+1} = p_{t+1}^{e} + a_{t+1} \tag{3.5}$$

a_{t+1} 为预期值和实际值的误差，式（3.5）意指 CPI 实际值是其预期值与误差项之和。由式（3.4）、式（3.5）可得：

$$p_{t+1}^{e} = s_{set',\ t}\delta + \alpha_{t} \tag{3.6}$$

其中，$u_{t+1} - a_{t+1} = \alpha_{t}$，对 α_{t} 可以理解为解释 $t+1$ 时刻 CPI 预期值形成残差（由信息偏误或遗漏产生）。在合理预期假设的前提下，人们对真实值预期产生的误差 a_{t+1} 必然为白噪声过程，预期形成过程中的残差 α_{t} 也同样是白噪声过程，且二者不相关。

（二）分解预期残差和预期误差

仅依据式（3.4）、（3.5）、（3.6）无法估计预期残差和预期误差，需通过协方差分析估计。[2] 用 σ_{a}^{2} 表示式（3.5）预期误差的方差（$E[a_{t+1}^{2}] = \sigma_{a}^{2}$），$\sigma_{\alpha}^{2}$ 代表式（3.6）预期残差的方差（$E[\alpha_{t}^{2}] = \sigma_{\alpha}^{2}$），对

---

[1] 朱建平、刘晓葳：《中国 CPI 通胀短期波动与长期均衡分时协整检验》，《陕西师范大学学报》2011 年第 3 期。

[2] Hamilton, James D., "Was Deflation During the Great Depression Anticipated? Evodemce from Commodity Futures Market", *American Economic Review*, 1992, 82(1), pp.157-178.

式（3.4）进行最小二乘估计所得残差的方差是上述两个方差之和。即：

$$E[u_{t+1}^2] = \sigma_\alpha^2 + \sigma_a^2 \qquad (3.7)$$

预期误差 a_{t+1} 和预期残差 α_t 形成于物价指数的预期过程，而农产品期货能反映该预期功能，这为农产品期货市场存在 a_{t+1}、α_t 的相关量提供了理论依据。

期货合约以保证金方式进行交易，在风险中性市场上 f_t 是 s_{t+1} 的预期值（即 $f_t = E[s_{t+1}]$），定义农产品价格预期误差 v_{t+1} 为 $t+1$ 时刻 s_{t+1} 与 t 时刻 f_t 之差：

$$v_{t+1} = s_{t+1} - f_t \text{①} \qquad (3.8)$$

将价格预期误差 v_{t+1} 对物价指数预期误差 a_{t+1} 回归，可以反映二者相关关系：

$$v_{t+1} = q^a a_{t+1} + \mu_{t+1} \qquad (3.9)$$

其中，系数 q^a 由于 a_{t+1} 未知而未确定，μ_{t+1} 是回归残差项。对预期误差 v_{t+1} 与 a_{t+1} 求协方差，有：

$$E[u_{t+1}v_{t+1}] = q^a \sigma_a^2 \qquad (3.10)$$

农产品期货同样存在预期残差，考虑函数关系 $f_{it} = g(s_{it})$ 以及农产品间替代、互补关系，某种农产品期货价格是由多种农产品现货价格预期而形成，建立以下回归方程：

$$f_{i,\,t} = s_f \lambda_i + \upsilon_i \qquad (3.11)$$

其中，s_f 是 t 时刻与 $f_{i,\,t}$ 相关的农产品现货价格集合，υ_i 为农产品价格的预期残差，代表解释 $f_{i,\,t}$（预期意义）过程中未包含信息。将期货价格预期

---

① Hamilton 的误差方程为 $\{Y_t\}$，$\{Y_t^T\}$ 为与风险相关的常数，在风险中性前提下可假定 $\{Y_t^C\}$。

残差 v_i 对物价指数预期残差 α_t 回归，也可以反映两者预期残差的关系：

$$v_i = q^\alpha \alpha_t + \varepsilon_{i,\ t} \qquad (3.12)$$

其中，系数 q^α 由于 α_t 未知而未确定，$\varepsilon_{i,\ t}$ 代表与物价指数预期残差无关的信息导致农产品价格预期残差的变动。对预期残差 v_i 与 α_t 求协方差，有：

$$E[u_{t+1}v_i] = q^\alpha \sigma_\alpha^{\ 2} \qquad (3.13)$$

通过对式（3.4）、式（3.9）和式（3.12）估计运算，可以推算出 $\sigma_\alpha^{\ 2} + \sigma_a^{\ 2}$，$q^\alpha \sigma_a^{\ 2}$ 和 $q^\alpha \sigma_\alpha^{\ 2}$，但现有条件不能确定 $\sigma_\alpha^{\ 2}$，$\sigma_a^{\ 2}$，q^α 和 q^a。参数 q^α 和 q^a 反映了物价指数变动对某商品名义价格的影响，Hamilton（1992）曾用先验贝叶斯估计和假定 $q^\alpha = q^a = q$ 两个方法对参数进行识别，先验贝叶斯方法认为总价格指数水平 1% 的变动应与商品名义价格有同一量级（order of magnitude）的变动，通过对美国期货市场的分析，认为两个参数在（0.14，7.1）区间的可能性是 0.95；$q^\alpha = q^a = q$ 的假定限制了 $E[u_{t+1}^{\ 2}]$、$E[u_{t+1}v_{t+1}]$ 和 $E[u_{t+1}v_i]$ 非负，进而 $q_j^\alpha = q_j^a > 0$，对美国成熟的期货市场而言该假定可以接受，但通过对中国实际数据计算所得不同农产品的 $E[u_{t+1}v_{t+1}]$ 和 $E[u_{t+1}v_i]$ 存在负值，即存在一定程度的负相关。我们放松该假定，识别方法采用 q^α 绝对值接近于 q^a 绝对值（即假定 $|q^\alpha| = |q^a|$），当 $q^\alpha = q^a$ 时，与 Hamilton 所做处理一致；当 $q^\alpha = -q^a$ 时，恰将负相关予以考虑，对参数估计值不影响。由式（3.9）和式（3.12）可得：

$$\frac{E[u_{t+1}v_{t+1}]}{E[u_{t+1}v_i]} = \left| \frac{q^a \sigma_a^{\ 2}}{q^\alpha \sigma_\alpha^{\ 2}} \right| = \frac{\sigma_a^{\ 2}}{\sigma_\alpha^{\ 2}} \qquad (3.14)$$

由式（3.7）、式（3.10）和式（3.13）可以得到 $\sigma_\alpha^{\ 2}$ 和 $\sigma_a^{\ 2}$ 的值，从而可得 $q = |q^\alpha| = |q^a|$。由式（3.9）或式（3.12）可知，求解 a_{t+1} 或 α_t 需要明确知道误差或残差项。

（三）确定物价指数预期误差 a_{t+1}

求解 a_{t+1} 成为识别预期效果的关键。Hamilton 通过联立方程构建协方差矩阵，结合最小二乘估计和极大似然估计方法对其求解，使用该模型的假定是 $q^a = q^a > 0$，与中国农产品期货实际情况不符合。因此，弃用上述方法，依据理性人的行为模式提出预期假设，使得确定 a_{t+1} 更为便捷。

构建与解释预期值相似的实际值解释模型，从侧面求解预期残差项。建立物价指数 $t + 1$ 时刻实际值对 t 时刻信息集的回归模型，该式与式（8.4）一致：

$$p_{t+1} = s_{set,\ t}\delta + u_{t+1} \tag{3.15}$$

u_{t+1} 为不包含在 t 时刻信息集中解释 $t + 1$ 时刻总物价实际值的信息，进一步建立农产品现货价格 $t + 1$ 时刻实际值对 t 时刻信息集的回归模型：

$$s_{t+1} = s_s\lambda_{i,\ 0} + \phi_{t+1} \tag{3.16}$$

其中，s_s 是 t 时刻与 s_{t+1} 相关的农产品现货价格集合，该相关包含替代与互补关系，$\lambda_{i,\ 0}$ 是回归系数，φ_{t+1} 是用当期价格信息集解释下一期价格形成的残差项，即不包含在 t 时刻信息集中解释 $t + 1$ 时刻现货价格实际值的信息。

可将 $\overrightarrow{p_{t+1}}$ 与 $\overrightarrow{p_{t+1}^e}$ 视为向量空间中方向和大小不同、但在 $\overrightarrow{s_t}$ 上射影都为 $\overrightarrow{\delta s_{set,\ t}}$ 的向量；同理，式（3.11）、（3.16）中 $\overrightarrow{s_{t+1}}$ 与 $\overrightarrow{f_t}$ 是方向和大小不同、但在 $\overrightarrow{s_t}$ 上射影都相同的向量，即有 $\lambda_i\overrightarrow{s_f} = \lambda_{i,\ 0}\overrightarrow{s_s}$。以 $(\overrightarrow{s_t},\ \overrightarrow{x},\ \overrightarrow{y})$ 构建 3 维线性空间，并将 $\overrightarrow{s_{set}}$ 与 $\overrightarrow{\varphi_{t+1}}$、$\overrightarrow{u_{t+1}}$ 扩充为这个空间的一个基，其中 $\overrightarrow{s_{set}}$、$\overrightarrow{\varphi_{t+1}}$、$\overrightarrow{u_{t+1}}$ 分别与 $\overrightarrow{s_t}$、$\overrightarrow{x}$、$\overrightarrow{y}$ 共线。由残差与解释变量的正交性质可知，$\overrightarrow{s} \perp \overrightarrow{y}$，$\overrightarrow{s} \perp \overrightarrow{x}$，由式（3.12）可知 $\overrightarrow{x}$ 与 $\overrightarrow{y}$ 不正交。各向量位置关系如图 3-1 所示，物价指数预期残差向量 $\overrightarrow{\alpha_t}$ 为 $\overrightarrow{p_{t+1}^e}$ 在向量 $\overrightarrow{y}$ 上的分向量，农产品价格预期残差 $\overrightarrow{v_i}$ 为 $\overrightarrow{f_t}$ 在向量 $\overrightarrow{x}$ 的分向量。当经济个体对物价指数的预期值与实际值的比接近于

对单个农产品价格预期值与实际值的比时，向量 $\overrightarrow{\alpha_t v_i}$ 与向量 $\overrightarrow{u_{t+1}\varphi_{t+1}}$ 平行，该条件对预期能力既定的经济个体在相同时刻进行预期时成立。

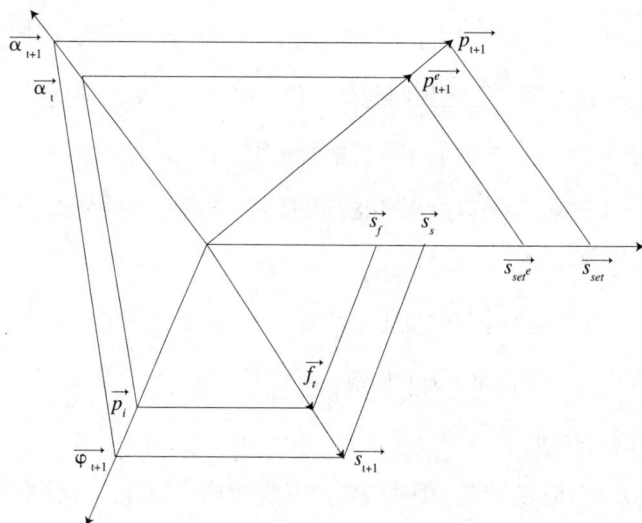

图 3-1 三维向量子空间中各向量位置关系

与式（3.12）类似，做残差回归，将解释农产品价格的残差对解释物价指数的残差项回归，即以总价格模型中未包含信息解释单个农产品模型中未包含信息：

$$\varphi_{t+1} = q^t u_{t+1} + \varepsilon_{t+1} \tag{3.17}$$

其中，q^t 是回归系数，ε_{t+1} 是用总残差解释单残差形成的新残差项。比较式（3.12）与式（3.17），前者的解释变量与被解释变量均是在解释预期过程中形成的残差，而后者的解释变量与被解释变量则是在解释 $t+1$ 时刻实际值过程中形成的残差。在 $\overrightarrow{\alpha_t v_i}$ 平行 $\overrightarrow{u_{t+1}\varphi_{t+1}}$ 基础上，将两残差回归进行向量分解（见图 3-2），结合图 3-1 中各向量位置可得 $\overrightarrow{\varepsilon_{i,t}}$ 与 $\overrightarrow{\varepsilon_{t+1}}$ 的关系：

$$\frac{\overrightarrow{\varepsilon_{i,\,t}}}{\overrightarrow{\varepsilon_{t+1}}} = \frac{\overrightarrow{v_i}}{\overrightarrow{\varphi_{t+1}}} = \frac{\overrightarrow{f_t}}{\overrightarrow{s_{t+1}}} = \beta_{t+1}$$，β_{t+1} 可由 f_t 对 s_{t+1} 回归所得。

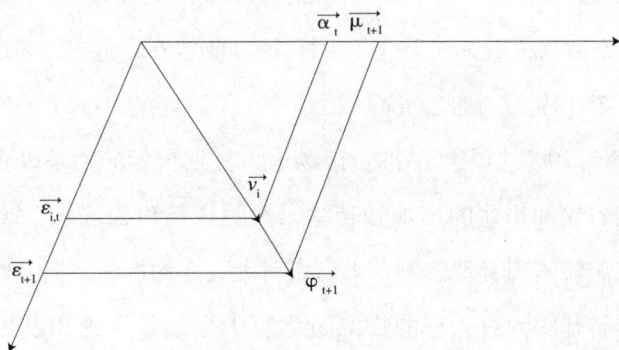

图 3-2　残差回归向量分解

上述数量识别可以描述为 $\varepsilon_{i,\,t} = \beta_{t+1}\varepsilon_{t+1}$ ，将其代入式（3. 12）得 α_t 序列：

$$\alpha_t = \frac{v_i - \varepsilon_{i,\,t}}{q^\alpha} \tag{3. 18}$$

利用 $a_{t+1} = u_{t+1} - \alpha_t$ 求解预期误差项，从而对物价指数的市场预期 p_{t+1}^e 进行准确描述，即：

$$p_{t+1}^e = p_{t+1} - a_{t+1} \tag{3. 19}$$

第四节　计量检验

一、期货价格对现货价格预期功能检验

（一）数据说明

鉴于我国农产品期货市场发育的历史，本节以 1999 年 1 月至 2008 年 12

月间郑州商品交易所与大连商品交易所上市的农产品期货品种为研究对象，选取强麦、黄大豆 1 号、豆粕、硬麦、棉花、黄大豆 2 号、玉米、豆油、白砂糖等九种农产品作为分析的数据基础，期货价格数据来源于瑞思金融数据库，现货价格数据说明见表 3–1（菜籽油 2007 年 6 月上市，月度数据较少且不具良好统计特性，因此剔除）。

2000 年至 2002 年农产品期货市场上大豆期货标的物是以食用为主的黄大豆，随着榨油用途的增加和转基因大豆市场份额增加，2002 年 3 月国家颁布实施转基因管理条例，大商所对大豆合约拆分，把合约拆分为以食用品质非转基因大豆为标的物的黄大豆 1 号期货合约和以榨油品质转基因、非转基因大豆为标的物的黄大豆 2 号期货合约。为便于时间序列分析，将 2003 年以后的黄大豆 1 号期货价格数据近似为黄大豆期货的延续。

9 种农产品期货、现货价格均采用月度数据，其中现货价格以月末统计数据代表该月度数据，而农产品期货交割月份多为奇数月，无法以某一时期间隔 n（取值仅为 2，4，6，8，10）为固定交割期选取月度数据，对此进行必要修正和补充。选取方法如下：当 t 月末存在交割期为 $t+n<12$ 的期货时（$t+n<12$ 时，对应交割月为该年 $t+n$ 月份；$t+n>12$ 时，对应交割月为下一年的 $t+n-12$ 月份），则直接选取 n 月份最后一个交易日对应交割期为 n 的期货价格；当 n 月末不存在交割期为 n 的期货时，则将 $t+1$ 月份所有交割期为 n 的期货价格向前指数平滑一个数据，该数据即可近似为 t 月份最后一个交易日对应交割期为 n 的期货价格。

表 3-1　对应农产品期货品种的现货价格数据来源

农产品期货	农产品现货	现货价格数据来源
硬麦	小麦	历年《中国农产品价格调查年鉴》载农产品集贸市场价格数据[①]
强麦		
黄大豆 1 号	大豆	
黄大豆 2 号		
棉花	棉花（籽棉）	
玉米	玉米	
豆油	豆油	
豆粕	豆粕	畜产饲料信息网（http：//www. caaa. cn）公布的大连市场报价[②]
白砂糖	白砂糖	来源于中国食糖网（http：//www. gsec. com. cn）公布广西南宁地区站台价[③]

（二）对期货→现货价格的计量检验

我们依据 F—F 模型输入相关数据检验中国农产品期货市场价格对相应现货价格预期功能。9 种农产品期货品种上市时间各不相同，各品种预期意义存在较大差异，以各期货品种入市时间到 2008 年 12 月期间月度价格数据为样本，所以通过式（3.3）中回归系数 b_2 分析各品种的预期功能，应该注意到由于样本个数 N 不同对回归结果可能产生影响（回归结果见表 3-2）。仅从回归模型可以看出，除白砂糖不具有预期功能外，其他 8 种农产品期货均有不同程度的预期功能，其中豆粕预期功能

---

① 国家统计局农村社会经济调查司编，中国统计出版社 2009 年版。

② 豆粕价格尚未纳入国家统计局统计范围，各产区价格不一，但价格变动情况趋于一致，因而估计选取不同主产区价格的分析效果相差不大。鉴于东北地区是豆粕主产区，且豆粕期货在大连商品交易所上市，故选取大连地区豆粕市场作为豆粕现货价格。

③ 广西南宁是白砂糖的最大产区，该地区站台报价统计规范，具有很强代表性，因此将其视作白砂糖现货价格。

最强。

由存储理论观点可知，期货价格对现货价格的预期涉及农产品生产季节性、存储成本和供需变动等因素，对于具体农产品期货品种，该三种因素愈明显则预期功能愈强。小麦作为世界产量第二的粮食作物供需变动不大；根据对温度的要求不同，分冬小麦和春小麦两个生理型，可视为一年两熟类型，故收获期与非收获期间隔较短；小麦不易变质，多以面粉形式存储，因此硬麦与强麦期货的预期意义较弱，硬麦预期系数为 0.20533，强麦预期系数为 0.17956。黄大豆及豆类产品的预期系数较大，黄大豆 1 号和 2 号均超过 0.3，而豆粕甚至达到 0.732211（见表 3-2），黄大豆属一年一熟型，预期意义较为增加；豆油与豆粕是加工豆类产品，供需对价格影响较大，因此预期意义更强于黄大豆本身，而存储成本方面豆粕远大于豆油，使得豆粕的预期意义最强。棉花是我国主要经济作物之一，玉米是中国北方和西南山区及其他旱谷地区的主要粮食作物，二者均易于存储，虽然我国是棉花和玉米的大产区，但容易受其他国家产区影响，其预期系数介于 0.3 至 0.4 之间，预期意义较为一般。白砂糖预期系数最小（0.12859），其生产不具有季节性，易于存放，故预期意义也较差。

表 3-2　各品种期货价格对现货价格的预期功能检验结果

	Coefficient	t-Statistic	Prob.
硬麦（N=120）	0.205033	7.236574	0
黄大豆 1 号（N=104）	0.309425	11.59078	0
豆粕（N=101）	0.732211	9.158462	0
强麦（N=70）	0.17956	5.040453	0
棉花（N=53）	0.31858	4.430465	0.0001

续表

	Coefficient	t-Statistic	Prob.
黄大豆 2 号（N=49）	0.305662	8.048347	0
玉米（N=49）	0.35043	4.892857	0
豆油（N=36）	0.498047	6.294241	0
白砂糖（N=35）	0.12859	0.580587	* 0.5657

二、农产品期货→通货膨胀预期检验

（一）分期检验的时期划分

式（3.4）代表的预期模型中解释变量包含当期农产品现货价格，各期货品种上市时间不同使得 $s_{j,t}$ 在不同分时期内代表的品种不尽相同，本节按期货上市时间选取 5 个实证检验起始时间，截止时间统一选取 2008 年 12 月。选取分时期为：

时期 1：1999 年 1 月—2008 年 12 月。包含期货品种为硬麦；

时期 2：2000 年 8 月—2008 年 12 月。包含期货品种 3 种：硬麦、黄大豆 1 号、豆粕；

时期 3：2003 年 3 月—2008 年 12 月。包含期货品种 4 种：硬麦、黄大豆 1 号、豆粕、强麦；

时期 4：2004 年 12 月—2008 年 12 月。包含期货品种 7 种：硬麦、黄大豆 1 号、豆粕、强麦、棉花、黄大豆 2 号、玉米；

时期 5：2006 年 2 月—2008 年 12 月。包含期货品种为 8 种：硬麦、黄大豆 1 号、豆粕、强麦、棉花、黄大豆 2 号、玉米、豆油。

对 5 个分时期包含的期货分别进行预期功能检验，结果见附录 1（其中

黑体表示 t 月期间隔不具有预期功能的期货品种，加底色字体表示不具有解释风险溢价功能的期货品种)[1]，分别用 5 个分时期对物价指数进行实证。由第二部分建立模型式（3.4）的推理过程可知，某一农产品进入模型应具备以下条件：该期货品种具有预期功能；t 时刻现货价格与 t 时刻 CPI 相关；t 时刻现货价格与 $t + 1$ 时刻 CPI 相关。根据该解释变量设定依据，时期 3（2003 年 3 月至 2008 年 12 月）较时期 2 新增变量强麦没有进入模型，从而时期 3 不具有实际的划分意义，不予以实证。

（二）农产品期货市场→CPI 预测

提取农产品期货市场对 CPI 的预测值时参考的主要模型为式（3.6）所代表：即 $p_{t+1}^e = s_{set, t}\delta + \alpha_t$。其他作为辅助模型求解式（3.6）中的系数和残差等。在求解预期残差 α_t 的过程中，式（3.8）、式（3.11）运用了期货品种的预期误差和预期残差，当解释变量向量组只包含一个农产品期货品种时，可得唯一的 α_t；而当解释变量向量组包含 n（$n > 1$）个农产品期货品种时，α_t 的数目等于所包含期货品种数 n，对应有 n 个物价指数预期值，其中拟合最好的预期值是由预期功能最强（t 统计量最大）的期货品种计算所得。

分别利用交割间隔期为 2，4，6，8，10 月的期货价格计算 α_t，通过式（3.6）的模型使 p_{t+1}^e 对 $s_{j, t}$ 进行回归并作出对应的样本外预测，预测结果分别见表 3-3 至表 3-7。依据式（3.19）可剥离物价指数中预期部分 p_{t+1}^e，p_{t+1}^e 与 $t + 1$ 时刻的实际值 p_{t+1} 的关系分别见图 3-3 至图 3-7。实线代表预期值 PEj，j 为预期功能最强的期货品种，HW 表示硬麦、B1 表示黄大豆 1 号、BM 表示豆粕、SW 表示强麦、COT 表示棉花、B2 表示黄大豆 2 号、C 表示玉米、BO 表示豆油；虚线代表实际值 PT1。预期的准确性用预测值与实际

---

[1]　Fama 和 French 以此将期货划分为五类：强预期、好预期、既强又好并解释风险溢价、兼有预期和解释风险溢价、预期和解释风险溢价二者兼弱。

值差值的均值方差予以衡量，均值方差较小者预期效果较好。

如图 3-3 所示，用时期 1、2 和时期 5 的预期值与实际值的拟合较好，且时期 2 的预期值波动相对较小。由表 3-3 可知，选用较小样本进行预期，时期 5 预期的准确度较高，1 期预期通货膨胀率是实际通货膨胀率的 22.45%，2 期预期通货膨胀率是实际通货膨胀率的 133.44%。

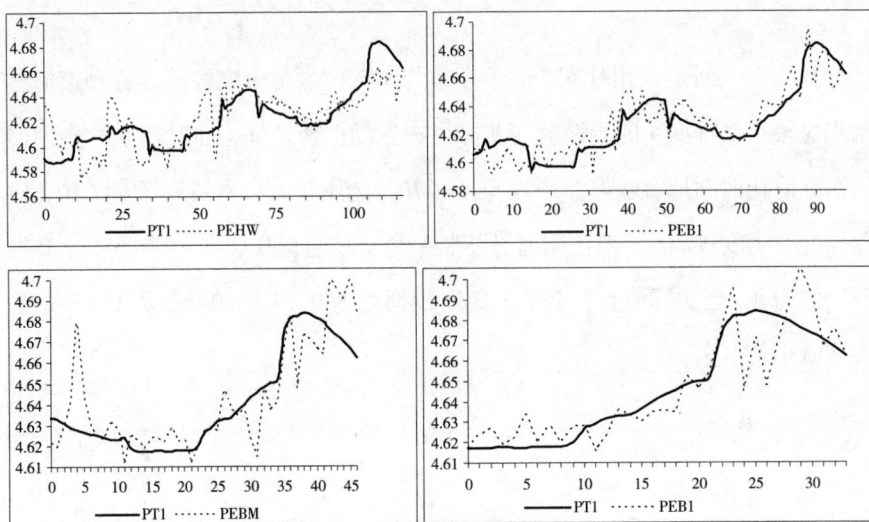

图 3-3　2 月期间隔预期值与实际值关系图（时期 1、2、4 和时期 5）

表 3-3　样本外 2 个月期预测值

	时期 1（硬麦预期）[1]	时期 2（黄大豆1 号预期）	时期 4（豆粕预期）	时期 5（黄大豆1 号预期）/预期通胀率	实际值/通胀率
2009 年 1 月	104.5	105.8	107.5	104.8/−1.04%	101/−4.63%
2009 年 2 月	104.6	105.4	107.1	103/−1.72%	99.7/−1.29%

---

① 通过硬麦期货计算 $Y_t = Y_t^T + Y_t^C$，$t = 1, 2, \cdots, T$ 而得到的预期值，以下括号注释意义相同。

续表

	时期 1（硬麦预期）①	时期 2（黄大豆 1 号预期）	时期 4（豆粕预期）	时期 5（黄大豆 1 号预期）/ 预期通胀率	实际值/通胀率
Mean	4.2	5.25	6.95	3.55	—
Std. Dev.	0.989949	0.636396	0.6364	0.353553	—
Observations	2	2	2	2	—

如图 3-4 所示，用时期 2 的预期值与实际值的拟合度较高，且预期值波动相对较小；时期 4 的预期值与实际值在后期拟合较好，而时期 5 的预期值与实际值在前期拟合较好。由表 3-4 可知，选用较大样本进行预期，时期 1 预期的准确度较高。1 期预期通货膨胀率是实际通货膨胀率的 30.61%；2 期预期值为 0，与实际值相差较远；3 期预期值为 0，4 期预期值为 0.1%，与实际值相差很小。

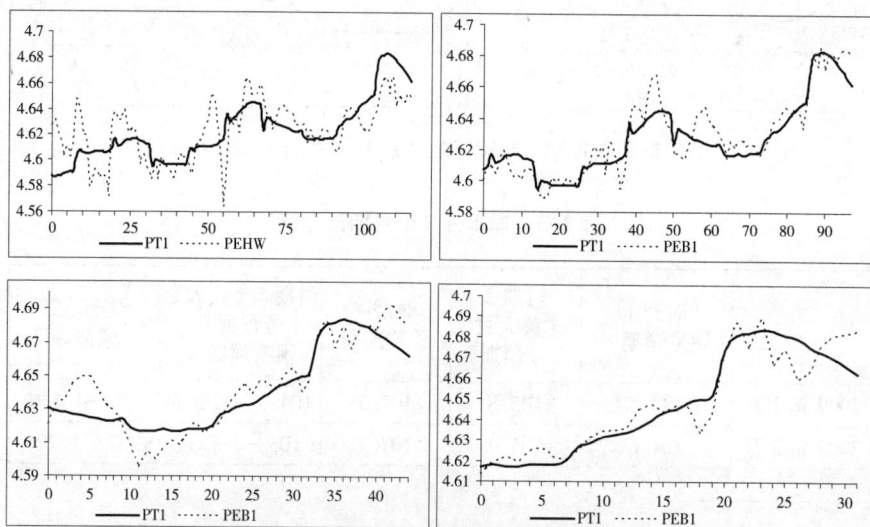

图 3-4　4 月期间隔预期值与实际值关系图（时期 1、2、4 和时期 5）

表 3-4　样本外 4 个月期预测值

	时期 1（硬麦预期）/预期通胀率	时期 2（黄大豆 1 号预期）	时期 4（黄大豆 1 号预期）	时期 5（黄大豆 1 号预期）	实际值/通胀率
2009 年 1 月	104.4/−1.42%	108.3	109.4	109	101/−4.63%
2009 年 2 月	104.4/0%	107.7	109.2	109.5	99.7/−1.29%
2009 年 3 月	104.4/0%	106.9	109.1	109.1	99.4/−0.3%
2009 年 4 月	104.5/0.1%	106.2	108.9	108.4	99.2/−0.2%
Mean	4.6	7.45	9.325	9.175	——
Std. Dev.	0.83666	0.420317	0.623832	0.826136	——
Observations	4	4	4	4	——

如图 3-5 所示，用时期 2 和时期 4 的预期值与实际值的拟合度较高，且时期 2 预期值的波动较小；由表 3-5 可知，选用较大样本进行预期，时期 1 预期的准确度较高。1 期预期通货膨胀率为实际通货膨胀率的 34.69%；2 期预期值为 0.1%，与实际值 −1.29% 相差较远；3、4、5 和 6 期预期值为接近 0，与实际值相差很小。

表 3-5　样本外 6 个月期预测值

	时期 1（硬麦预期）/预期通胀率	时期 2（黄大豆 1 号预期）	时期 4（黄大豆 1 号预期）	实际值/通胀率
2009 年 1 月	104.2/−1.61%	109	108.9	101/−4.63%
2009 年 2 月	104.3/0.1%	108.9	109.6	99.7/−1.29%
2009 年 3 月	104.4/0.1%	108.9	109.7	99.4/−0.3%
2009 年 4 月	104.4/0%	108.2	109.7	99.2/−0.2%
2009 年 5 月	104.4/0%	107.4	109.6	99.1/−0.1%
2009 年 6 月	104.5/0.1%	106.9	109.4	98.9/−0.2%
Mean	4.816667	8.666667	9.933333	——

续表

	时期 1（硬麦预期）/预期通胀率	时期 2（黄大豆1 号预期）	时期 4（黄大豆1 号预期）	实际值/通胀率
Std. Dev.	0. 858875	0. 650128	1. 023067	—
Observations	6	6	6	—

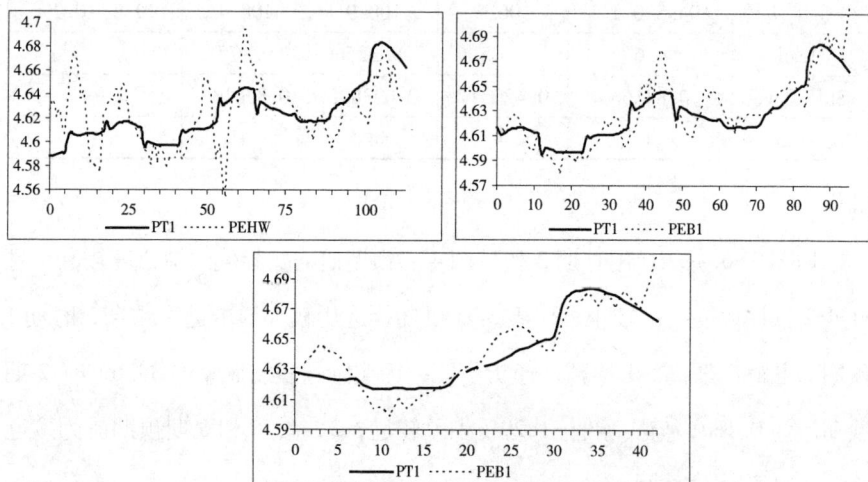

图 3-5　6 月期间隔预期值与实际值关系图（时期 1、2 和 4)①

如图 3-6 所示，用时期 2 的预期值与实际值的拟合度较高，且波动较小；由表 3-6 可知，选用较大样本进行预期，时期 1 预期的准确度较高。1 期预期通货膨胀率为实际通货膨胀率的 38.78%；2 期预期值为 0%，与实际值-1.29%相差较远；后 6 期预期值均接近 0，与实际值相差很小。

———

① 根据附录 1 可知，从 6 月期间隔开，时期 5 较时期 4 增加的豆油、白砂糖不具有预期功能，对该时期进行预期实证没有意义，下同。

表 3-6 样本外 8 个月期预测值

	时期 1（硬麦预期）/预期通胀率	时期 2（黄大豆 1 号预期）	时期 4（黄大豆 2 号）	实际值/通胀率
2009 年 1 月	104/-1.79%	108.2	108.5	101/-4.63%
2009 年 2 月	104/0%	108.3	108.9	99.7/-1.29%
2009 年 3 月	104.1/0.1%	108.4	108.8	99.4/-0.3%
2009 年 4 月	104.3/0.19%	108.3	108.9	99.2/-0.2%
2009 年 5 月	104.3/0%	108.3	109.1	99.1/-0.1%
2009 年 6 月	104.3/0%	107.7	108.8	98.9/-0.2%
2009 年 7 月	104.4/0.1%	107	109.1	98.8/-0.1
2009 年 8 月	104.4/0%	106.5	107.8	98.8/0%
Mean	4.8625	8.475	9.375	—
Std. Dev.	0.874949	0.71863	0.87137	—
Observations	8	8	8	—

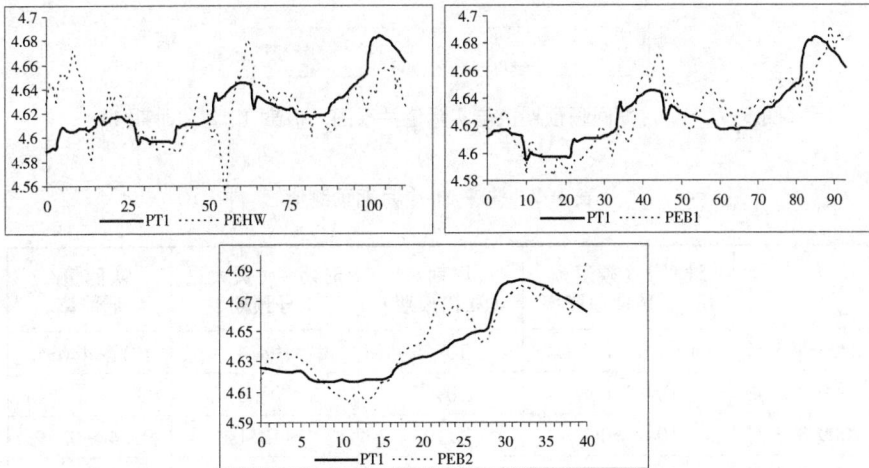

图 3-6 8 月期间隔预期值与实际值关系图（时期 1、2 和时期 4）

如图3-7所示,用时期1、2、4的预期值与实际值的拟合都较差;由表
3-7可知,选用较大样本进行预期,时期1预期的准确度较高。1期预期通
货膨胀率为实际通货膨胀率的36.73%;2期预期值依然为0%,与实际值
-1.29%相差较远;后6期预期值均接近0,与实际值相差很小,其中4期预
期值与实际值不仅方向一致,而且预期值接近实际值的50%。

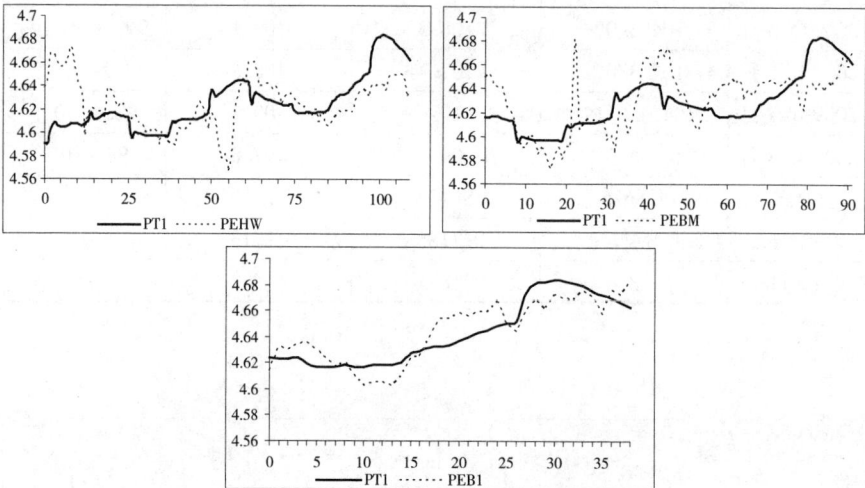

图3-7 10月期间隔预期值与实际值关系图(时期1、2和时期4)

表3-7 未来10个月期预测值

	时期1(硬麦预期)/预期通胀率	时期2(豆粕预期)	时期4(黄大豆1号预期)	实际值/通胀率
2009年1月	104.1/-1.7%	109.5	108.4	101/-4.63%
2009年2月	104.1/0%	109.7	109.3	99.7/-1.29%
2009年3月	104.1/0%	110	110.1	99.4/-0.3%
2009年4月	104/-0.1%	110.5	110.1	99.2/-0.2%
2009年5月	104.2/0.19%	110.8	109.3	99.1/-0.1%
2009年6月	104.3/0.1%	110.3	109.9	98.9/-0.2%

续表

	时期 1（硬麦预期）/预期通胀率	时期 2（豆粕预期）	时期 4（黄大豆 1 号预期）	实际值/通胀率
2009 年 7 月	104. 3/0%	110. 1	109. 9	98. 8/−0. 1
2009 年 8 月	104. 3/0%	109. 1	109. 2	98. 8/0%
2009 年 9 月	104. 4/0. 1%	107. 7	108. 4	98. 9/0. 1%
2009 年 10 月	104. 5/0. 1%	106. 7	107. 2	98. 9/0%
Mean	4. 96	10. 17	9. 91	—
Std. Dev.	0. 77201	1. 371171	1. 233288	—
Observations	10	10	10	—

（三）检验结果分析

综合上表分析可知，对样本外 2 个月预测时期 5 的效果最好，其余 4 个样本外预测中时期 1 预期效果较好，可见选用近期数据进行短期预测较为合理，而对于较长时期的样本外预测大样本较为可取。对 2009 年物价指数 CPI 的预测结果与实际值相差较大，主要原因是 2008 年后期全球金融危机引起市场不确定性增强，从而对农产品期货市场预期能力产生重要影响，但对于通货膨胀率的预测较为准确，样本外 1 期预期值占实际值的 30%—40%，除样本外 2 期预期值与实际值偏差很大外，其他样本外预期值均与实际值接近，说明即便在经济剧烈波动时期货市场仍能对通货膨胀作出较好预测。

实证过程中不同品种样本数的差别会对预期功能检验产生影响，本节仅依靠数据反映出的统计特征，与期货的实际预期功能可能存在差距。部分预测结果与实际值偏差较大，是由于在对式（3. 17）回归时可决系数较小所致。由图 3-3 到图 3-7 可以观察到，源于期货市场的预期值波动较大，而实际值波动很小，此种现象是由于求解预期值过程利用了某一种农产品的预期残差和预期误差，而单个农产品价格风险远比 CPI 变动风险高。

第五节　结　论

本章参考 F—F 建立适合中国农产品期货市场的预期模型，使用回归方法检验期货市场预期功能，利用农产品期货与现货价格对农产品期货市场的预期功能进行事实验证。基本方法是采用分步回归法寻找物价指数 CPI 的解释变量，构造预期残差和预期误差的协方差，并通过合理假定从实际消费品物价指数中分离期货市场对消费品物价指数的预期值，由此观测农产品期货市场的通货膨胀预期功能。

据本章研究可以概括、抽象出如下结论：

结论 1：我国宏观经济运行趋势日益复杂，由单一市场预测未来物价走势有一定困难，不过，尽管农产品期货市场对 CPI 通胀预测不能达到精确，也可以由期货市场预测到 CPI 变动的基本趋势与方向；

结论 2：通过农产品期货市场对未来通货膨胀率的预期有重要的政策参考价值，说明货币宏观调控可以将农产品期货市场纳入前瞻性货币政策视野，农产品期货市场的信息窗口功能已经有所体现；

结论 3：如果考虑到期货市场规模扩张、市场规制不断完善，以及金融监管部门致力于建立农产品期货市场对国际市场波动冲击的"防火墙"，可以期待期货市场对 CPI 通货膨胀的预期能力将增强；

结论 4：本章计量方法借鉴 F—F 模型，也潜在地说明了中国农产品期货市场与现货市场关系较为符合名义期货溢价理论；

结论 5：从结论 4 引申，农产品期货市场中套期保值者以期货多头为主；从另一角度看，农产品期货市场目前仍然以农产品加工和以农产品作为重要原料的公司、企业为主要套期保值者，分散的农户并非套期保值重要一方。

重要因素在于农业生产方式目前以农户小规模种植为主，与农产品期货市场交易的数量"门槛"尚有距离。说明需要创造农户充分利用期货市场功能维护农业收益的条件，减少农产品价格波动对农业生产的影响。要提高农户对农产品期货市场的认知度，在城市化过程中充分利用农业人口转移契机加快土地产权转让和规模集中，同时促进农业、农村合作组织建设，通过农业组合带动农民参与和利用期货市场。

第四章　CPI 通胀短期波动与长期均衡

　　2010 年 CPI 价格较快上涨触动社会居民对通货膨胀风险的心理防线，防止价格水平上涨成为今后宏观经济政策的重要任务。本章对我国 20 世纪 90 年代以来的通货膨胀进行计量验证，按照不同时期和变量指标建立子系统模型，综合运用 VAR、协整以及误差修正模型，尝试澄清影响 CPI 短期波动和长期均衡的各种因素和刻画不同时期通货膨胀动态特征，寻求宏观调控更为适切的着力点，尤其关注在市场框架与结构变动条件下出现的新因素，而不局限于流行的货币经济学和宏观经济学理论与方法。分析发现市场主体在通货紧缩时期的预期方式是前瞻性预期强于后向预期，通货膨胀时期预期以后向为主。财政支出在通货膨胀时期抑制价格上涨，在通货紧缩期间有助于扭转 CPI 下降。农产品期货价格与股票价格指数对 CPI 通胀的正向影响渐趋清晰，房地产价格上涨产生抑制 CPI 通胀的"转移效应"。通货膨胀率上涨期间总贷款、净出口和通货膨胀惯性是主要推动因素，不过加入包括农产品期货价格、房地产价格、股票价格指数和工业品出厂价格的方程对 CPI 波动解释力更强，供给冲击成为近期彰显的通货膨胀因素。

第一节　文献综述

2010年的宏观经济表现说明，经历全球金融危机后我国进入新的增长时期，但国内消费品价格上涨却凸显出市场格局日益复杂。改革开放以来的几次通货膨胀高峰主要出现在以"短缺经济"为重要特征的20世纪80年代和向买方市场过渡的90年代初期，1985年、1988年、1994年消费品价格上涨分别达到9.3%、18.8%和24.1%，1993—1995年通货膨胀率连续3年达到两位数。与此对照，2010年5月以后CPI数据持续超出政府年初将通货膨胀控制在3%的目标，其中11月同比上涨5.1%，全年CPI上涨3.3%，与90年代初期以前相比属于"低通胀"。不过较低的通货膨胀水平仍然触动了居民的心理防线，甚至导致部分居民情绪恐慌。

CPI上涨的结构性特点除食品类价格上涨较快以外，仍有以下因素值得关注：第一，尽管改革开放以来居民收入增长较快，但房地产价格大幅上涨，医疗等社会保障体制和教育体制改革导致居民"刚性"的大额支出增加，对家庭支出预算约束产生紧致效应，用于基本消费品支出的收入缺乏价格弹性，从而对物价水平的边际变化敏感度增加；第二，由于中低收入家庭支出中消费品和消费品中食品占比较大，消费品价格上涨降低了低收入阶层的相对（或绝对）购买力，使这一群体生活水平相对甚至绝对下降，最终使社会贫富差距拉大；第三，尽管城乡居民收入较快增加，但是由于职业、岗位流动性增加，居民部门对收入增长预期的不确定性增强，在跨期选择时比较注重储蓄，价格上涨既抑制新增储蓄，由于低实际利率也使原有储蓄实际值调低，转而使生活安全感降低；第四，如果考虑税收问题，税赋按照名义收入征收，从政府看通货膨胀降低了实际财税收入，但是从居民部门看当出现通货膨胀时税收进一步侵蚀生活支出，成为额外经济负担。价格水平上涨重新唤起理论界对通货膨胀问题的研究兴趣，促使政府宏观管理与调控部门在 2010 年前后明确宣示将抑制价格水平上涨作为宏观调控的首要任务。

导致传统通货膨胀理论无法很好解释现实通货膨胀的因素有：第一，市场主体基于各种生产、价格、货币市场信息和政策意向对未来经济运行和价格走势的预期增强，预期对通货膨胀的影响权重也愈益增加，预期可以诱使通货膨胀自我加速实现，甚至放大潜在的通货膨胀，经济不稳定时期尤为如此；第二，金融市场深化与金融创新使金融工具、金融交易复杂化，货币能够以各种不同资产形态"持有"，如债券、股票、外汇资产、黄金（包括纸黄金）、资产转换证券、金融衍生产品，——可能还囊括不动产。如有必要，不同资产可以便捷地转换为现实货币。金融资产形成巨大的货币"蓄水池"，导致货币存量变化对通货膨胀的影响效果不确定，货币增长对当期通货膨胀的影响减弱；第三，经济全球化和区域经济一体化水平上升，一国经济运行不再独立地取决于本国因素，商品价格、金融资产价格、利率水平逾益遵从"一价定律"，特定国家、地区成为全球市场通货膨胀的被动接受者；第四，无论国际还是国内市场，由投机性现货交易以及衍生产品交易决定的"虚拟"交易与由实际的生产、消费活动产生的交易此长彼消，"虚拟"交易规模益发超越由生产、消费活动产生的交易规模。由于以上因素，对通货膨胀的研究应采取多角度或"广角"分析。

1. 通胀预期与"价格谜团"

公众对未来通货膨胀的预期和总供给影响总需求，从而决定目前实际的通货膨胀率。Wimanda 等（2011）利用价格调整方程式考察了印尼通货膨胀预期形成的政策含义，结果表明消费物价指数通货膨胀显著地由后向（backward-looking）通胀预期、前瞻性通胀预期、产出缺口、本币贬值和货币增长共同决定，但后向预期的权重明显大于前瞻预期，从而判断印尼通货膨胀有相当程度的惯性，说明渐进的货币政策很可能对平滑通货膨胀和实际产出波动是更为有效的手段。[①] Gaspar 等（2010）发现对理性的通货膨胀预期水平的偏离增加了经济中潜在的不稳定，强调锚定通胀预期的重要性，而且当预期的形成符合适应性学习，货币政策当局按照理性预期条件贯彻简单的承诺规则是必要的。[②] 意味着中央银行管理通胀预期需要明确通货膨胀目标。[③]

Ueda（2010）利用包括对日本和美国家庭的通胀预期调查数据的 VAR 模型，研究通胀预期的决定和影响以及在两个国家的不同性质。用短期非递归约束考虑现实通货膨胀与预期通货膨胀同期的相互依存，发现在对外生价格变化和货币政策冲击做出反应时，通胀预期比实际通货膨胀调整更快。与日本比较，美国外生价格对通货膨胀与通胀预期冲击的效果不仅更大而且持续时间更长，对通胀预期的冲击具有自我实现效果从而导致现实的通货膨胀加速。通胀预期的决定及其与现实通货膨胀的关系，不仅反映能源价格和食

---

① Wimanda, R.E., et al., "Expectations and the Inertia of Inflation: The case of Indonesia", *Journal of Policy Modeling*, 2011, 33(3), pp.426~438.

② Vitor, G., Frank, S.& David, V., "Inflation Expectations, Adaptive Learning and Optimal Monetary Policy", *Handbook of Monetary Economics*, 2010, 3(19), pp.1055~1095.

③ 按照 Sargent 的说法，理性预期指"关于一个变量的预期是合理的，即指做出预期时正确地依赖经济理论所阐明的决定上述变量的事情"。以此推断，如果货币供给——或者信贷——决定物价水平，合理预期即意味着代理人只要清楚知道货币供给量，就能准确预期通货膨胀率。理想预期学派关于货币政策主要观点为：首先，如果如理论预示通胀由货币量决定，公众如果已知货币超出经济增长情况，就能够准确预期通货膨胀率；其次，货币政策制定如果承诺通胀目标，或者公告未来货币增长而且能够适当加以控制，政策制定者与公众对货币—物价方程式估计相同，那么公众预期的通胀水平与通胀目标将一致。如不发生意外冲击，货币政策制定的通货膨胀目标将很好得以实现。Thomas J.Sargent, Neil Wallace.Rational Expectations and the Dynamics of Hyperinflation, Rational Expectations and Econometric Practice, pp.405~428, Edited by Robert E.Lucas, Jr. Thomas J.Sargent , The University of Minnesota Press, Minneapolis.原载 International Economic Review, 1973, 14(14), pp.328~350。

品价格变动，而且也反映货币政策冲击，通胀预期比实际通货膨胀调整更快。作者认为其 SVAR 计量过程解释了价格谜团：利率上升引起价格增加。这实际与 Tas 的分析一致，即当利率调高时对公众的启示是证实对未来通货膨胀的预期，从而采取商品市场与金融行为导致实际通货膨胀上升，这至少延缓了货币政策效果。[①]

2. 货币供求分析

对通货膨胀一般定义为"过多的货币追逐较少商品"，不同因素均经由货币作用于物价水平变化。货币政策决策如何适应经济体系货币需求？首先涉及对货币需求函数的估计，也必将关注货币需求函数是否稳定，进一步的问题是货币流通速度的时变问题。货币量与通货膨胀的变动关系似乎不符合逻辑：一方面，货币量有时增长较快但是没有发生通货膨胀；另一方面，按照经济增长和货币投放量估计不应该出现价格波动，但事实往往并非如此，如我国 1998 年以后出现的通货紧缩。Pelipas 利用协整分析和动态均衡修正模型导出稳定的长期和短期货币需求函数，长期名义货币需求由消费者价格、实际工业生产（作为实际收入替代）、名义汇率和再融资利率决定；价格同质性假设在长期货币需求函数中不能被拒绝（即不存在货币幻觉）；在名义货币余额模型框架中，均衡的修正是通过货币供应量 M_1 和价格，在实际货币余额均衡模型中是通过实际货币和名义汇率等内生变量做出修复，调整速度约为 2.4 个季度。[②]

Hossaind（2010）对 20 世纪 80 年代中期以后孟加拉国在两种汇率制度下广义货币被用作中介目标保持价格稳定的效果进行验证，发现通货膨胀率

---

① Kozo, U., "Determinants of Households' Inflation Expectations in Japan and the United States", *Japanese Int. Economies* 2010(24), pp.503-518.

② Igor, P., "Money Demand and Inflation in Belarus: Evidence from Cointegrated VAR", *Research in International Business and Finance*, 2006(20), pp.200-214.

仍持续处在高位且波动性强，特别是在盯住汇率制度的 20 世纪 70 年代，说明有管理浮动的汇率"锚"显然无效，认为应该代之以通货膨胀目标制。作者也探讨了孟加拉国的广义货币需求行为，结果表明，自 21 世纪初在孟加拉国一直存在一个稳定的开放经济的宏观货币需求函数，表明存在货币供应量增长和通货膨胀之间较为清晰的因果关系，政策含义是如果放弃通过对外汇市场干预稳定名义汇率，对货币供应控制稳定价格水平可能更有效。①

A. G. Mallaris 和 M. Mallaris（1995）研究了通货膨胀的分解及其波动性，根据传统货币数量理论将通货膨胀率分解为货币供应量变化率、流通速度变化率和实际产出变化率三个部分，采用随机微分技术得到分解的通货膨胀和通货膨胀波动的两个表达式，使用美国的数据说明这些分解，揭示了产生通货膨胀的来源。②

3. 通货膨胀的财政诱因

Ruge-Murcia（1999）发展了一种通货膨胀的动态模型，货币供给由政府为其预算赤字筹资而发行的货币量决定。政府的财政赤字受过去通货膨胀率影响，通货膨胀减少税收收入的实际价值。货币供应量和预算赤字被模型化为内生的，政府支出被假定为外生地由政策制定者决定。财政政策的变化可以被模型化为政府支出的自回归过程，同时受离散的机制转换影响。代理人被推测能够获得比研究人员更多的信息，这些额外信息通过代理人货币需求决策被纳入通货膨胀变化。③ Ruge-Murcia 的通货膨胀动态模型中货币供

①　Akhand, A.H., "Monetary Targeting for Price Stability in Bangladesh: How Stable is its Money Demand Function and the Linkage Between Money Supply Growth and Inflation?", *Journal of Asian Economics*, 2010(21), pp.564-578.

②　A.G.Mallaris & Marye.M., "Decomposition of Inflation and its Volatility: A Stochastic Approach", *Review of Quantitative Finance and Accounting*, 1995(5), pp.93-103.

③　Francisco J.R., "Government Expenditure and the Dynamics of high Inflation", *Journal of Development Economics*, 1999(58), pp.333-358.

给内生地决定于通货膨胀滞后项、财政支出、财政支出决策机制转换的状态变量（政策扩张或者紧缩）和由季节特点决定的虚拟变量。①

Tagkalakis（2010）通过对资产价格变动和财政调整关系的研究发现，住宅、商业地产和股票价格变动对财政平衡调整具有积极意义。首先是股票价格，其次是住宅价格（上升）改善了财政平衡调整。住宅、商业地产和股票价格同步增加产生巨额财政收入，对持续改进现期财政收入和财政平衡作出贡献，从而引起成功的基于收入的财政调整。② 综合 Ruge-Murcia 与 Tagkalakis 的研究，说明资产价格上涨导致的税收收入增加可以替代（部分地）由货币发行进行赤字融资，当代资本市场具有"协助"政府进行资源重新配置以及再分配的功能。

Varvarigos（2010）分析了财政政策波动加剧通货膨胀波动性和降低社会福利的情况，构造了一个政府通过货币创造为公共支出融资的模型，预测结果是产出增长与公共融资政策波动呈负相关。由于公共支出波动引起通货膨胀率的均值和方差提高，该模型提供了一个同步的长期经济增长与平均通胀和通胀波动性两者均呈现负相关的新的理论依据。③ Varvarigos 的研究表明，在当代经济中央行等政府宏观管理部门通过运用各种手段控制通货膨胀仍然是其重要目标与职责。

4. 货币幻觉与股票收益效应

Piazzesi 和 Schneider（2007）考虑一种存在异质代理的经济，其中一些

---

① 财政决策机制转换状态分高低两种情况，根据回归确定两种情况的系数；通货膨胀滞后阶数 2；12 月份是财政支出高峰月份，虚拟变量赋值为 1，否则赋值为 0。Ruge-Murcia 的通货膨胀模型包括政府支出、货币供给和通货膨胀三个方程。

② Tagkalakis, A., "Fiscal Adjustments and Asset Price Changes", *Journal of Macroeconomics*, 2010.

③ D.Varvarigos, "Inflation, Volatile Public Spending, and Endogenously Sustained Growth", *Journal of Economic Dynamics & Control*, 2010(34) , pp.1893–1906.

人受到通货膨胀幻觉影响。在高通货膨胀经济环境中——如美国 20 世纪 70 年代——那些聪明的家庭选择借贷投资不动产从而抬高住房价格，因为他们能够从存在货币幻觉的家庭较便宜地借款，后者没有认识到名义利率高只是因为预期通货膨胀率也高，因此比聪明的家庭认为有更高的实际利率。相反，在低通货膨胀时期如 2000 年后，两个群体的作用正好相反：具有货币幻觉的家庭哄抬房价，因为与那些聪明家庭比较，他们认为借贷较为便宜，他们没有认识到名义利率低只是因为较低的通胀预期，所以比聪明家庭认为实际利率较低。美国 2000 年以后金融市场发展促使借贷更为容易，实际解释了 2000 年以后比 20 世纪 70 年代更加景气的房产市场"繁荣"①②。通货膨胀幻觉也揭示了投资者异质性是调和名义利率和通货膨胀率出现协同运动的一个方法，是对 Tas（2010）和 Ueda（2010）所论"价格谜团"的另一种解释。

　　Du（2006）认为股票收益和通货膨胀之间的关系取决于货币政策机制和需求与供给冲击的相对重要性，研究表明 20 世纪 30 年代美国股票市场收益和通货膨胀之间的正相关关系主要是由于强烈的顺周期的货币政策，而 1952 年至 1974 年期间股票收益与通货膨胀强负相关很大程度上由供给冲击所造成，供给冲击相对在这一时期更重要。③ Du 还重新强调了 Fama（1981）的工作，Fama 提供了对 1953 年至 1977 年滞胀时期通货膨胀和实际经济活动之间负相关的验证，表明滞胀一般总是供给冲击的结果。这一研究

---

①　Monika, P.& Martin, S., "Inflation Illusion, Credit, and Asset Pricing". NBER Working Paper No. 12957, March 2007.

②　事实证明"货币幻觉"对次贷危机起到一种催生作用。

③　Ding, D., "Monetary Policy, Stock Returns and Inflation", *Journal of Economics and Business*, 2006(58) , pp.36-54.

对通货膨胀理论产生重要影响，也是研究滞胀问题目前未能逾越的基本逻辑。①

5. 黏性信息与长期记忆

Arslan（2010）融合了新凯恩斯主义的黏性价格模型和曼昆与雷斯（Mankiw 和 Reis，2002）的黏性信息模型，强调在价格机制中同时利用信息黏性和价格黏性模型化与解释通货膨胀动态的重要性，提出将仅包含黏性价格的菲利普斯曲线修正为黏性价格—黏性信息（SP/SI）的菲利普斯曲线。②③ 在一个类似卡尔沃的框架中，Arslan 假定有两种公司，一种通过前瞻行为——如黏性价格模型假定的那样——选择价格最优，在作出价格决定时使用所有可用的信息。另一类公司在使用信息"黏性"的约束下决定价格——如黏性信息模型假定的情况，它收集和处理信息而选择最优价格必然是延迟的。研究揭示出虽然价格黏性企业占多数，经济中也有数量显著的信息黏滞型企业（约占总企业数的 1/3），两种类型公司在统计和数量上均较重要，所以在价格制定和通货膨胀建模时两种类型企业都应该被考虑。在通货膨胀的结构模型中纯粹的黏性价格和黏性信息模型都被数据检验所拒绝，而黏性价格模型主导的 SP/SI 形式的菲利普斯曲线不能够被拒绝。Arslan 的分析还表明，在模型化和使用菲利普斯曲线估计通货膨胀时选择单位劳动力成本作为边际成本代理优于产出缺口。加入黏性信息的通货膨胀模型的意义在于：一方面，黏性信息存在导致价格调整拖延，在一定时点信息流动扩散

---

① Fama, E.F., "Stock Returns, Real Activity, Inflation and Money", *American Economic Review*, 1981(71), pp.545-565.

② Murat, M.A., "Relative Importance of Sticky Prices and Sticky Information in Price Setting", *Economic Modelling*, 2010(27), pp.1124-1135.

③ Mankiw, N.G.& Reis, R., "Sticky Information Versus Sticky Prices: a Proposal to Replace the new Keynesian Phillips Curve", *Quarterly Journal of Economics*, 2002(117), pp.1295-1328.

充分条件下价格即出现"突变"式的调整；另一方面，黏性信息公司在市场信息结构改善情况下（厂商有效运用信息）能够更快调整价格，从而出现新信号时价格波动加快。[1]

通货膨胀是宏观经济学中长期记忆时间序列模型的一个关键应用领域。通货膨胀动态中存在长期记忆说明菜单成本、向后看预期和价格惯性（由于原材料价格、工资合同领先产品价格以及黏性价格与黏性信息等因素）作用于价格水平变化。长期记忆意味着冲击有一个长期持久的影响，但在实际分析中通货膨胀持续性究竟是（纵向的）长期记忆迹象还是某种水平转折与滞后冲击在方向上偶合形成的误判？Bos等指出长期记忆的实证证据可能是因为由一个或多个被忽视的水平转折引起，水平转折可能会是突如其来的石油价格冲击所造成，由此运用自回归移动平均模型（Autoregressive Integrated Moving Average Model，ARIMA）研究七国集团的通货膨胀率中长期记忆的证据是否虚假的或者被夸大，结果发现长期记忆具有明显的抵抗水平转折的迹象，虽然对于少数通货膨胀率而论也有发现长期记忆的证据消失。[2]

6. 发展中国家的通货膨胀

Jongwanich和Park（2009）实证研究了亚洲9个发展中国家的通货膨胀，[3]对诱发通货膨胀不同因素的相对重要性做计量检验。值得注意的是，一般认为该地区近期通货膨胀加速上涨主要是世界市场石油和粮食价格冲击等外部因素造成，而Jongwanich和Park所做VAR和Cholesky递归方法判

---

① 这一分析对中国2009年以后通货膨胀分析的借鉴在于，农产品生产者（厂商）的信息黏性是产量—价格波动的重要因素。

② Charles S.B., Philip, H.F.& Marius, O., "Long Memory and Level Shifts: Re-analyzing Inflation Rates", *Empirical Economics*, 1999(24), pp.427-449.

③ 亚洲9个发展中国家为：中国、印度、印度尼西亚、韩国、马来西亚、菲律宾、新加坡、泰国和越南。

断，导致亚洲通货膨胀的主因是总需求和通货膨胀预期，不是外部价格冲击。相关启示是货币政策仍是抑制通货膨胀或者化解通货紧缩风险的有力工具。①

Jongwanich 和 Park（2009）、Brito 和 Bystedt（2010）从发展中国家（新兴经济体）的通货膨胀和经济增长行为观察，未发现通货膨胀目标制（IT）改善经济绩效的证据，②③ 计量结果表明 IT 对通货膨胀、通货膨胀波动和产出增长波动的影响与以前文献中的发现比较具有较小负的和不显著影响。相关分析也显示在采用 IT 的国家存在低产出增长的有力证据。总的来说，尽管由于新兴经济体实行 IT 的央行更加厌恶通胀而有长期平均较低的通胀迹象，但是反通货膨胀的成本并不低于其他未采取通货膨胀目标制的货币机制。

Teles 和 Zaidan（2010）评估了 12 个发展中国家使用通货膨胀目标制的泰勒规则控制通货膨胀的有效性，④⑤ 方法是基于状态空间模型以确定当每

---

① Juthathip, J.& Donghyun, P., "Inflation in Developing Asia", *Journal of Asian Economics*, 2009 (20), pp.507-518.

② Ricardo, D.& Brianne, B., "Inflation Targeting in Emerging Economies: Panel Evidence", *Journal of Development Economics*, 2010(91), pp.198-210.

③ Brito 和 Bystedt 的研究数据选自两类国家和地区：第一类采取通货膨胀目标制，包括巴西，智利，哥伦比亚，捷克，匈牙利，以色列，墨西哥，秘鲁，菲律宾，波兰，南非，韩国，泰国等 13 个国家；第二类未采取通货膨胀目标制，包括中国大陆，阿根廷，保加利亚，阿尔及利亚，巴拿马，博茨瓦纳，哥斯达黎加，新加坡，克罗地亚，科特迪瓦，台湾地区，加纳，多米尼加共和国，危地马拉，厄瓜多尔，约旦，埃及，俄罗斯，萨尔瓦多，塞尔维亚，印度，坦桑尼亚，印度尼西亚，乌克兰，黎巴嫩，马来西亚，摩洛哥，尼日利亚，巴基斯坦，突尼斯，土耳其，乌拉圭，委内瑞拉等 33 个国家和地区。

④ Vladimir, K.T.& Marta, Z., "Taylor Principle and Inflation Stability in Emerging Market Countries", *Journal of Development Economics*, 2010(91), pp.180-183.

⑤ 包括巴西，智利，哥伦比亚，匈牙利，以色列，墨西哥，秘鲁，菲律宾，波兰，南非，泰国和土耳其等 12 个国家。Brito 和 Bystedt 的研究中采取通货膨胀目标制的 13 个国家包括 Teles 和 Zaidan 罗列 12 个国家的 11 个，仅有土耳其未被包括进去。但两组研究结论却很不相同，注意后者将 Brito 和 Bystedt 所指采取通货膨胀目标制的每个国家又分为是否采行泰勒规则的时期。

个国家都遵循泰勒规则，然后用门槛单位根检验验证预期通货膨胀偏离目标离差的平稳性是否遵循泰勒规则，结果表明遵循泰勒规则导致预期通货膨胀率偏离目标的离差是平稳的，在大多数情况下，不遵循泰勒规则导致预期通货膨胀率偏离目标的离差非平稳性。

7. 对中国通货膨胀的研究

Guerineau 和 Jeanneney（2005）探讨了中国 1998 年以后持续出现通货紧缩的原因，认为价格下跌主要由宏观经济政策得到解释，部分地是由于贸易部门生产率增长减速。其结论为：第一，劳动生产率增长放缓有助于解释贸易部门通货膨胀放缓，通货紧缩受到抑制则是因为经济一直保持正的增长率；第二，通货紧缩主要由于经济政策而非外部冲击引起，外部冲击包括全球需求放缓、美元名义汇率升值等因素。在政策手段中汇率名义锚是关键政策，因为它同时驱使进口商品价格下跌和阻碍国内价格预期上升，也减缓了工资上涨。这可能也解释了中国政府不愿意本币升值的原因。①

Mehrotra（2010）等从区域视角分离了中国通货膨胀，主要解释沿海地区通货膨胀的动态过程。作者基于中国改革时期的省一级数据，运用杂化的（hybrid）新凯恩斯主义菲利普斯曲线（NKPC）捕捉省级水平通货膨胀过程，希望获取省际间通货膨胀形成的差别，结果表明 NKPC 仅提供了沿海省份通货膨胀形成的合理特征，揭示出前瞻性通胀预期和产出缺口是先行市场化省份通货膨胀最重要的驱动力，也很有可能存在过度需求压力。1978—2003 年期间，平均每年通货膨胀率海南省最高（6.1%），海南通货膨胀率波动性也最明显；一年中通货膨胀率最高是广东，其中 1988 年零售物价指数通胀率达到 26.4%；年平均通货膨胀率河南最低（4.2%）；一年中通货膨

① Samuel, G. & Sylviane, G. J., "Deflation in China", *China Economic Review*, 2005 (16), pp. 336-363.

胀率最低是上海（1998 年，-5.0%）。① 这些结果对中国货币政策跨省的相对有效性分析有一定意义，不过，由于作者使用数据期间不同省份市场化水平有很大变化，以及国内价格机制发生重要变化，对相关结论需要做进一步研究。

中国通货膨胀总体上趋于稳定，近期与 20 世纪八九十年代比较，通货膨胀格局发生了重要变化，因此就面临一个问题：通货膨胀的动态机制是否也发生了变化？若如此，什么是变化的动因，政策含义为何？ Zhang 和 Clovis（2010）对上述问题做了探讨，发现 20 世纪 90 年代末中国通胀持续性显著下降，通过反事实仿真（counterfactual simulations）揭示出通货膨胀结构性变化主要由于系统性的货币政策变化促成。结果意味着尽管通货膨胀趋势是下降的，也因此比以前对冲击的反应减少，但货币当局必须密切关注和监测潜在的通胀因素，采取先发制人的行动锚定通胀预期，以防止在未来任何引起通胀上升的迹象。② 很有可能，如果货币当局不再坚定地对管理通胀预期做出持续努力，又会重新返回到一个高通胀时期。③

在开放度较低、市场化发展缓慢的传统农业国家农产品市场是分割的，从而农产品价格即使不由国家定价，同质商品在区域间也存在明显价格差别。Huang 和 Rozelle（2006）认为中国通过有意识的设计，不断致力于扩大市场在分配货物、服务方面的作用，但是由于"渐进"改革特征市场发展缓慢——尤其在农业部门。作者结合中国市场上的一些基本事实研究了几

---

① Aaron, M., Tuomas, P. & Alvaro, S., "Modelling Inflation in China—A Regional Perspective", *China Economic Review*, 2010(21), pp.237-255.

② Chengsi, Z. & Joel, C., "China Inflation Dynamics: Persistence and Policy Regimes", *Journal of Policy Modeling*, 2010(32), pp.373-388.

③ Chengsi, Z., "Inflation Persistence, Inflation Expectations, and Monetary Policy in China", *Economic Modelling*, 2011(28), pp.622-629.

组价格数据，分析随着时间推移中国各区域市场价格一体化的程度，在这种背景下勾勒出市场价格的空间格局，分析发现农产品市场已经形成，中国农产品价格模式非常相似于世界上其他（发达市场经济）国家，农产品价格已经实现跨越不同区域空间的高度一体化模式。[①]

第二节　模型与数据

一、研究思路

分析我国通货膨胀问题理应考虑以下几个方面：第一，短期与长期两种情况，一些引起短期波动因素尽管特殊，却有可能在未来某一时期价格波动中再现，也有可能在前期主导通货膨胀的主要因素在此后影响并不显著；第二，我国市场基础设施和市场结构变化；第三，不同价格指数形成统一的价格观测体系，应考虑价格指数间的传递效果；第四，在关注不同价格指标的传导和调整路径同时分析代理人的预期问题。

（一）改革期间通货膨胀轨迹

1984 年莫干山会议发起酝酿我国价格双轨制改革，1985 年即出现改革以后第一轮通货膨胀，1986 年上半年政府提出紧缩银根但没有坚持下去，再加上 1988 年实施"价格闯关"，导致 1988 年的全国抢购风潮和一般价格水平大幅上涨。1992 年党的"十四大"以后我国经济重新步入高速增长轨道，但同时出现房地产投资过热和信贷投放过多问题，1994 年再次出现严重的通货膨胀。1997 年延续了 1994—1996 年适度从紧的货币与财政政策，

---

① Jikun, H.& Scott, R., "The Emergence of Agricultural Commodity Markets in China", *China Economic Review*, 2006(17) , pp.266-280.

连续 3 年多的政策调整与亚洲金融危机的"共振"将中国经济拖入通货紧缩局面，1998—2002 年是我国改革以后所经历的一个较为特殊的经济困难时期，但宏观政策调控是成功的，经济仍然保持较高增长，经济结构中原有一些矛盾如基础设施建设不足和钢铁等原材料工业生产滞后等得到很大缓解，情况明显改善。

2003 年以后经济步入一轮新的增长时期，2003—2010 年年均 GDP 增长达到 10% 以上。2008 年下半年到 2010 年经济形势一波三折，由开始担心全球金融危机拖累中国经济衰退，较快地转变为防止经济过热与抑制通货膨胀。货币政策由 2008 年末的适度宽松转向稳健，央行政策操作轮番使用提高法定准备金比率与加息手段。2003 年以后实际恢复了 1998 年底公告停止的信贷规模控制调控手段，2008 年底信贷规模控制放松，2010 年再次紧缩信贷，原因是 2003 年以后凸显的流动性过剩与经济泡沫风险经过全球金融危机短暂缩水后重新泛起。目前财政政策维持"积极"定位是要适应加快转变经济增长方式面临的结构调整和改善民生需要，央行货币政策成为防止高通货膨胀、增强宏观经济稳健性的主要工具。

从经济总体上目前仍维持可持续快速增长轨迹，但经济运行中的变数增加，近期通货膨胀趋势反映出国际市场因素影响明显，由于财富分配格局变化以及民间金融资本集中，再加上国际短期资本套利，市场投机者掌握的筹码大不同于以往。如果分时期观察，不同阶段各种通货膨胀因素影响力度、方向可能有所不同。这些是做计量建模时分期的依据。

（二）市场结构与价格传导变动

市场结构变动引起价格传导添加新的环节，其中房地产市场、农产品期货市场、股票市场对一般商品市场的影响已经显现。这种延伸增加了居民与企业部门资产组合选择的机会，使国内外各种市场信息能够减缓或者加剧价格波动，其主要途径是资产市场、虚拟市场与商品市场的资金流动配给变化，一价定律在其中发挥着作用。

股票市场通过两种渠道影响着商品市场：一是托宾"Q"变动引起企业投资变化；二是股票市值涨跌改变家庭资产负债表产生财富效应从而影响消费市场。

我们可以借古德哈特与霍夫曼的思想对房地产与一般物价关系做归纳引申。房地产市场通过实际利率、信贷和预期收益对消费品市场施加影响：房地产价格上涨会降低人们对实际利率评判；银行系统由于房地产价格上涨调低信贷风险，扩张房地产贷款，对消费者而论节约转向房地产投资的"消费基金"，有助其膨胀消费欲望；房地产价格上涨向上修正家庭资产负债表中的资产项目，消费者会增加花费恢复资产负债平衡。房地产价格下跌则产生反方向调整。当房地产作为自住物品，计划购房者会因为房价上涨而抑制消费。

农产品期货市场具有三种基本功能，即套期保值、价格发现和投机套利，它们均能对农产品现货市场产生影响，尤为值得探讨的是，农产品期货市场是否包含了有效的预期信息？如果计量验证能够揭示农产品期货价格对现货市场产生实质影响，不仅答案是肯定的，还说明市场上预期具有自我实现特征。此外，投机套利对于农产品期货市场存在和放大提供支撑，但也会搅动农产品现货价格波动加剧。

（三）观察预期影响通货膨胀的窗口

研究通货膨胀预期问题主要着眼于三种观察窗口：第一种是市场利率期限结构，思想资源可见于希克斯的《价值与资本》，即现期长期利率可以化为目前短期利率与远期短期利率的标准型态，如果研究期货市场预期问题应该注意希克斯将利率隐含的预期信息与期货价格联系；第二种是家庭、企业以及专家调查数据。尤达（Ueda）的分析利用包括日本和美国家庭通胀预期调查数据，陈彦斌则对中国人民银行提供的《居民储蓄问卷调查系统》中家庭通货膨胀预期做了研究；第三种即期货市场，成熟农产品期货市场具有较好预期功能，因为 CPI 中食品占有较大权重。克赛悌（Cecchetti）和汉密尔顿（Hamilton）分别利用利率和农产品期货价格数据对美国大萧条期间通货膨胀可预期性做了计量研究。①

　　基于上述情况，我们分析中国通货膨胀问题的大体设计为：第一，以价格市场化改革以后作为计量验证期间，在不影响样本规模适度情况下做分时期研究，识别在通货膨胀上行与下降、市场结构变化条件下的特殊信息。如果仅做长期分析，相关信息可能被长期趋势消除掉。在不同时期均产生作用的因素可以被视为长期趋势；第二，对我国通货膨胀的产出缺口、长记忆性（类于通货膨胀惯性）已有很好分析，例如高铁梅等依据总供给曲线、产出缺口对货币政策的通货膨胀效果做了分析，② 刘金全等发现中国通货膨胀率和通货膨胀不确定性均有长记忆性特点。③ 我们的研究更为关注在考虑传统的货币信贷传导同时，寻求综合分析需求、供给与预期三种影响 CPI 通货膨胀因素的方法，并放在不同时间窗口予以观察；第三，通过协整与格兰杰（Granger）检验判断不同解释变量与 CPI 通胀是否存在长期均衡关系以及统计因果联系，用误差修正模型识别产生波动重要扰动项和向均衡调整的路径与效率。

----

① 克赛悌（Cecchetti）解释 1930—1932 年的通货紧缩有 3/4 被预期到，汉密尔顿（Hamilton）的检验表面市场对 1929 年的通货紧缩未预期到，对 1930—1931 两年消费品价格下跌预期到 1/2。
② 见高铁梅、刘玉红、王金明：《中国转轨时期物价波动的实证分析》，《中国社会科学》2003 年第 6 期。
③ 见刘金全、郑挺国、隋建利：《我国通货膨胀率均值过程和波动过程中的双长记忆性度量与统计检验》，《管理世界》2007 年第 7 期。

二、变量选取与数据说明

(一) 变量选取

本章研究的通货膨胀指标为 CPI，对 CPI 通胀按照具有需求、供给和预期意义选择解释变量为：

第一类反映商品需求变量：财政支出（FE）、净出口（NE）、人均消费（PCC）、固定资产投资（FAI）和贷款总额（TL）。其中，财政支出与总需求分析中的政府购买口径有所不同，因为财政支出包括转移支付等项目。需求变动对通货膨胀影响的变量均与对总需求加总无关，信贷数量变动也反映需求变化，所不同的是，资金流入生产领域也意味着在产生需求（对生产资料）同时改善供给。与广义货币（M_2）、狭义货币（M_1）比较，实际贷款规模能更好反映货币流通对经济影响。1998 年出现通货紧缩以后银行体系"存差"与市场流动性不足两种现象并存，说明与生产流通领域联系更紧密的是信贷规模。据此在做计量时选择贷款总额而放弃使用广义、狭义货币数量。[1]

第二类反映生产成本（供给）冲击：工业品出厂价格指数（PPI）。我们借鉴约维希（Jongwanich）和帕克（Park）所做 Cholesky 递归检验中的思路，认为 CPI 上涨中部分地反映 PPI 的传递效应，而且 PPI 也包含了国际市场石油价格波动成分。如果对供给冲击做完整计量分析，应该纳入工资与税收变量，但相关月度数据无法获取，故只能放弃。

第三类是影响 CPI 上涨的预期变量：选择股票价格指数（SPI），农产

---

[1]　央行人士最近提出以社会融资规模作为金融调控中间目标。见盛松成《社会融资规模是符合金融宏观调控市场化方向的中间目标》，中国人民银行网站，2011 年，http：//www. pbc. gov. cn/publish/main/index. html。

品期货价格（AEP）和房地产价格指数（REPI）。这里应予强调的是，PPI也包含市场预期信息，因为企业购进或者库存生产资料的计划含有对 CPI 的预期，CPI 反映的是社会最终需求变化，各种生产、生活资料生产间接或直接以社会最终需求为目标。

（二）数据来源说明

本章使用数据大多取自锐思金融数据库。各数据序列完整度较好，对固定资产投资、财政支出、工业品出厂价格指数序列中个别缺失数据以决策树插值法补充。由于房地产价格指数各年份组内数值相对变化不大，故采取组内中位数插值法补充。选取每月最后一个交易日的收盘价作为股票价格指数的月度数据，以形成对各月股票市场运行的总括。农产品期货价格指数选取销货流量较大的郑州交易所硬麦期货为代表，采用按各交割月交割量作为权数进行加权平均，确定月度农产品期货价格指数代理变量①。

我们采用 X-12-ARIMA 对数据做季节调整。在传统 X-11 季节调整法基础上用 ARIMA 模型对数据两端进行延伸，从而克服 X-11 季节调整法损失数据两端信息的缺陷。按照对随机变量进行移动平均估计并计算暂定趋势循环要素和季节因子的方法，将时间序列分解为趋势循环项 TC_t、季节项 S_t 与不规则要素 I_t，最终保留趋势循环项 TC_t 为季节调整结果。

（三）时期划分

综合考虑宏观经济阶段性特点与数据可得性，我们区隔以下四个分时期讨论：时期 Ⅰ：1990.1—1998.12；时期 Ⅱ：1999.1—2002.12；时期 Ⅲ：2003.1—2010.12；时期Ⅳ：1999.1—2010.12。估计 1988 年"价格闯关"以前的双轨制体制下 CPI 很大程度上不反映解释变量变化，所以不在我们讨

---

① 南华、青马两组农产品期货价格指数编制较晚，不能满足分析的需要。

论范围。不同时期涵括一系列特征，例如时期 I 属于通货膨胀区间，其间存在央行公开宣示的信贷规模控制，在 1995 年中央银行法颁布以前财政可以向央行透支；时期 II 是改革以后唯一的通货紧缩时期；时期 III 是在改革以后初步显现的较长时期维持温和通货膨胀期间，其间囊括了全球金融危机对中国的波及。因为一些变量仅有月度数据，危机传导期间的数据规模不宜做计量验证，对危机时期暂不做专门分析；时期 IV 有意识延伸了计量分析时期间隔，是同时包含温和的通货紧缩与较长时期温和通胀的混合期间。2003 年以来经济形势与市场结构发生了很大变化，CPI 变化也可能最为纠结复杂。

三、计量检验设计

为满足使用经典回归方法进行估计的假设条件，避免伪回归发生，必须对各随机变量进行平稳性分析。验证各变量是否平稳后，检验变量间是否存在长期均衡关系，需要对各随机变量进行单位根检验与协整检验。在协整检验基础上再进行格兰杰因果关系检验，以确定变量间是否存在因果关系。

（一）变量平稳性检验

本章采用 ADF（Augment Dickey-Fulle）检验方法实现变量平稳性检验。建立模型原假设 H_0：$\delta = 0$（变量含有单位根，不平稳）；备择假设 H_1：$\delta < 0$（变量不含单位根，平稳）。根据各变量序列具体特点与折线图分析，采用模型为：

模型 I：含有截距项，不含趋势项

$$Dy_t = C + \delta x_{t-1} + \sum_{i=1}^{N} \beta_i Dx_{t-i} + \varepsilon_t \tag{4.1}$$

模型 II：含有截距项与趋势项

$$D_{yt} = C + \beta t + \delta x_{t-1} + \sum_{i=1}^{N} \beta_i Dx_{t-i} + \varepsilon_i \tag{4.2}$$

实际检验中，在某一给定显著性水平下，通过比较 ADF 统计量与 Mackinnon 临界值，确定是否拒绝原假设和接受备择假设，即变量序列平稳。在各变量同阶单整基础上对其协整关系进行检验。

（二）协整检验

对多变量之间的协整检验主要采用以 VAR 模型为基础的 Johansen 协整检验方法。通过建立向量自回归模型确定协整检验最佳滞后期，并根据变量特征、协整方程检验效果选择 DGP（协整方程与变量是否含有以及含有怎样的截距与趋势）。建立模型原假设 H_0：各变量间不存在协整关系；备择假设 H_1：各变量间存在协整关系。并采用 Johansen 检验中的两种 DPG：

DPG Ⅰ Y_t 有确定线性趋势 $\alpha \perp \gamma_0$，但协整方程只有截距，

$$\prod y_{t-1} + Hx_t = \alpha(\beta' y_{t-1} + \rho_0) + \alpha \perp \gamma_0 \tag{4.3}$$

DPG Ⅱ Y_t 和协整方程都有线性趋势，协整方程线性趋势表示为 $\rho_1 t$，

$$\prod y_{t-1} + Hx_t = \alpha(\beta' y_{t-1} + \rho_0 + \rho_1 t) + \alpha \perp \gamma_0 \tag{4.4}$$

通过特征根迹检验（trace test）与最大特征值检验（Max-Eigen test）确定变量间否存在协整关系。在此基础上建立协整方程与向量误差修正（VEC）模型，并进一步进行格兰杰因果关系检验。

（三）格兰杰因果关系检验

变量间存在协整关系即有共同的长期均衡变化趋势，但是否有因果关系存在需要借助格兰杰检验。检验原假设 H_0：$\beta_1 = \beta_2 = \cdots = \beta_q = 0$，备择假设 H_1：H_0 不成立，建立检验式：

$$y_t = c + \sum_{i=1}^{p} \alpha_i y_{t-i} + \sum_{j=1}^{q} \beta_j x_{t-j} + \mu_t \tag{4.5}$$

以式（4.5）为依据进行 F 检验。

第三节 协整检验结果

一、数据预处理

(一) 对数据做季节调整

首先对各原始变量进行必要季节调整。为使得各序列差异化减小，更容易得到平稳序列，分别对各季节调整变量取自然对数。这种变换能够在不改变变量之间的协整关系和短期调整模式的前提下消除变量之间异方差性，从而提高估计的可靠性。我们使用对数数据完成所有检验过程（特别地，对于包含占总体 9.32% 负值的净出口月度数据采取插值法补充因取对数造成的缺失）。经过对数处理建立考察各变量对 CPI 弹性系数的双对数模型。

结合序列趋势图以及季节调整试运行结果知各指数数据均无须调整，其他数据的季节调整结果均通过质量检验，Q 统计量符合标准（调整后数据结果从略）。

(二) 数据平稳性检验

对各对数变量取一阶差分，进行一阶 ADF 检验，趋势项和截距项的选取与各对数变量趋势图一致，最佳滞后项数按照 AIC 准则选取。

表 4-1 ADF 检验结果

变量	检验形式**	ADF 统计量	1%显著水平	5%显著水平	10%显著水平
DLNFE	(C, T, 5)	−7.0925	−3.9971*	−3.4288	−3.1379
DLNNE	(C, T, 0)	−9.0167	−4.0087*	−3.4344	−3.1412
DLNPCC	(C, T, 5)	−8.9607	−4.0264*	−3.4430	−3.1462

变量	检验形式[**]	ADF 统计量	1%显著水平	5%显著水平	10%显著水平
DLNFAI	(C, T, 1)	−10.8823	−4.0245[*]	−3.4420	−3.1456
DLNTL	(C, T, 11)	−5.3802	−3.9958[*]	−3.4282	−3.1375
DLNPPI	(C, 0, 0)	−5.1667	−4.0183[*]	−3.4391	−3.1439
DLNSPI	(C, T, 0)	−15.5682	−3.9971[*]	−3.4288	−3.1379
DLNAFP	(C, T, 0)	−14.6384	−4.0240[*]	−3.4418	−3.1455
DLNREPI	(C, T, 5)	−5.1781	−4.0208[*]	−3.4403	−3.1446
DLNCPI	(C, 0, 0)	−5.1199	−3.4576[*]	−2.8734	−2.5732

注：[*]在此显著水平下拒绝原假设有单位根；[**]C，T，K 分别表示截距项，趋势项，最佳滞后期数。

结果表明，各项数据 ADF 检验统计量绝对值均大于 1%显著性水平下临界值，拒绝存在单位根的原假设和接受备择假设。在 1%置信水平下各数据集一阶差分是平稳序列（见表 4-1），即每一项均是 I（1），各项数据存在协整关系的可能性，故可进一步建立 VAR 模型并进行协整关系及格兰杰因果检验。

二、分时协整与格兰杰检验

（一）时期 I（1990.1—1998.12）：考察变量 LNCPI、LNTL、LNFE 和 LNNE

这一时期股票市场、农产品期货市场对议案商品市场影响有限，房地产市场也仅对部分地区和部分居民家庭预算有影响，同期工业品价格指数与消费品价格指数变动轨迹大体一致，所以仅考虑总贷款、财政支出和净出口三个解释变量。

（1）由 VAR 确定协整检验阶数

建立 VAR 模型，根据恩德（Ender）的观点，设定最大滞后期数为样本个数的立方根，本阶段设定为 5，VAR 模型滞后期评价结果见表 4-2。

据表 4-2，在 LR、FPE、AIC、SC、HQ 等 5 个评价指标中，有 4 个应建立 VAR（2）模型，按该结果选取滞后期数为两期，并检验 VAR 系统的平稳性。

根据 VAR 系统平稳性检验系统中不存在大于 1 的单位根，模型符合平稳性要求，可进一步对系统模型中各变量做协整检验。

表 4-2　VAR 模型最佳滞后期数

滞后期	LogL	LR	FPE	AIC	SC	HQ
0	−19.13148	NA	1.89e−05	0.476938	0.583111	0.519869
1	499.85740	984.47370	5.93e−10	−9.893966	−9.363098*	−9.679309
2	524.85570	45.35777*	4.94e−10*	−10.07950*	−9.123936	−9.693116*
3	531.26730	11.10472	6.04e−10	−9.881801	−8.501543	−9.323692
4	539.30900	13.26466	7.18e−10	−9.717712	−7.912760	−8.987878
5	551.68840	19.39860	7.84e−10	−9.643060	−7.413413	−8.741500

注：*评价指标认定该滞后期数较佳。

（2）协整检验结果

由于建立滞后期数为 2 的 VAR（2）模型，这里应采用 Johansen 方法进行滞后一期协整检验。根据变量特征与协整方程显著性要求采用 DPG I 设置，进行无约束协整关系检验（迹检验）。

表 4-3　协整检验结果

原假设 不存在协整关系	特征值	迹统计量	0.05 显著 水平临界值	P 值
不存在*	0.447459	99.971310	47.856130	0.0000

续表

原假设 不存在协整关系	特征值	迹统计量	0.05 显著 水平临界值	P 值
至多一组	0.277442	37.089110	29.797070	0.0061
至多两组	0.021916	2.643587	15.494710	0.9807
至多三组	0.002776	0.294651	3.841466	0.5873

注：* 在 0.05 显著水平下拒绝原假设。

由表 4-3 知，迹统计量大于显著水平 5% 条件下统计临界值，拒绝各变量不存在协整关系的原假设；接受备择假设：LNCPI、LNTL、LNFE、LNNE 等各变量之间存在着协整关系，在经济意义上 4 个变量存在长期均衡关系。综合协整关系个数判断结果可知，在 5% 显著性水平下变量间存在一组协整关系，我们将据此求解协整方程。

（3）格兰杰因果关系检验结果

在识别变量间长期均衡关系后希望发现与 CPI 通胀具有长期均衡关系的变量是否也存在对 CPI 的因果关系。选择 1—2 阶滞后变量的格兰杰因果关系检验，输出结果见表 4-4。

由表 4-4 可知，在 10% 显著性水平下，LNFE、LNNE、LNTL 的 1 期滞后，LNNE 的 2 期滞后是 LNCPI 的格兰杰原因，说明这一期间 CPI 通胀率变化对财政支出、贷款总额与净出口响应的时间点均较为敏感。净出口对 CPI 影响的时效较为持久（根据协整方程影响系数较小），这也印证了我国 20 世纪 90 年代出口迅速增长的情况，同时表明外向型经济倾向对国内经济运行产生影响。

以下各时段检验步骤、方法与时期 Ⅰ 相同（由于篇幅，不再列出全部验证数据）。

表4-4　格兰杰因果关系检验结果

格兰杰因果检验	变量	一期滞后		二期滞后	
		F统计量	P值	F统计量	P值
LNCPI变化由以下变量变化引起	LNFE	9.54270	0.0026	2.15917	0.1207
	LNNE	19.30820	3.E-05	5.25217	0.0068
	LNTL	6.01030	0.0159	1.25654	0.2890
LNCPI变化引起以下变量变化	LNFE	0.00091	0.9760	0.04465	0.9564
	LNNE	3.30911	0.0718	1.90470	0.1542
	LNTL	0.02064	0.8860	0.55412	0.5763

（二）时期Ⅱ（1999.1—2002.12）：将变量分两组分别考察

（1）LNCPI与LNFE、LNFAI、LNNE、LNPCC、LNTL

（2）LNCPI与LNAFP、LNPPI、LNREPI、LNSPI

第一组代表总需求变量，第二组代表预期与供给冲击。在最佳滞后期数分别为1期、4期条件下两组变量均通过协整检验，存在长期均衡关系。变量组（1）中各变量对LNCPI均不构成显著的格兰杰原因；变量组（2）中，在10%显著水平下（降低门限值）LNPPI的1到5期滞后、LNSPI的1到5期滞后、LNAFP的3期滞后均为LNCPI的格兰杰原因。

结果表明，在1999—2002通货紧缩时期各需求变量以及货币指标对价格解释力不如预期变量，其中工业品价格指数和股票市场变动对CPI传导的影响持续时间较长。

（三）时期Ⅲ（2003.1—2010.12）：考察变量LNCPI与LNAFP、LNFAI、LNFE、LNNE、LNPCC、LNPPI、LNREPI、LNSPI和LNTL

最佳滞后期为1期条件下，变量通过协整检验，在10%显著水平下，LNAFP的7期与9期滞后、LNREPI的1期滞后、LNREPI的1到6期滞后为 LNCPI 的格兰杰原因。

（四）时期Ⅳ（1999.1—2010.12）：考察变量与时期Ⅲ相同

最佳滞后期为 2 期条件下变量通过协整检验，其中，在 10%显著水平下 LNAFP 的 3 期滞后，LNREPI 的 1 到 3 期滞后、LNSPI 的 1 到 6 期滞后均为 LNCPI 的格兰杰原因。以下对各时期分别建立协整方程，讨论各变量分时期的长期均衡关系。

三、变量间长期均衡关系

通过协整检验建立的变量间长期均衡表达式为（LNCPI 下标表示时序）：

$$LNCPI_1 = \underset{(0.0078)}{-0.3837}LNFE + \underset{(0.0096)}{0.0531}LNNE + \underset{(0.2304)}{0.3719}LNTL \tag{4.6}$$

$$LNCPI_{2a} = \underset{(0.0146)}{-0.1685}LNFE - \underset{(0.0005)}{0.0009}LNNE - \underset{(0.0006)}{0.0118}LNFAI - \underset{(0.0237)}{0.1321}LNPCC -$$
$$\underset{(0.0333)}{0.1548}LNTL \tag{4.7}$$

$$LNCPI_{2b} = \underset{(0.0084)}{-0.0281}LNAFP + \underset{(0.0277)}{0.2379}LNPPI + \underset{(0.0730)}{0.3059}LNREPI +$$
$$\underset{(0.0076)}{0.0593}LNSPI \tag{4.8}$$

$$LNCPI_3 = \underset{(0.0434)}{0.1001}LNAFP - \underset{(0.0265)}{0.0779}LNFAI - \underset{(0.0283)}{0.2409}LNFE + \underset{(0.0022)}{0.0122}LNNE -$$
$$\underset{(0.0651)}{0.2801}LNPCC + \underset{(0.1811)}{0.7919}LNPPI - \underset{(0.1271)}{0.3208}LNREPI +$$
$$\underset{(0.0092)}{0.4185}LNSPI + \underset{(0.0622)}{0.1577}LNTL \tag{4.9}$$

$$LNCPI_4 = \underset{(0.0162)}{-0.0450}LNAFP + \underset{(0.0198)}{0.0230}LNFAI - \underset{(0.0227)}{0.1650}LNFE - \underset{(0.0016)}{0.0041}LNNE +$$
$$\underset{(0.0572)}{0.3458}LNPCC + \underset{(0.1005)}{0.5526}LNPPI - \underset{(0.0349)}{0.1035}LNREPI + \underset{(0.0084)}{0.0454}LNSPI +$$
$$\underset{(0.0019)}{0.0040}LNTL \tag{4.10}$$

上述协整方程反应 4 个分时期各解释变量与 LNCPI 的均衡数量关系，解释变量系数即弹性系数，表示解释变量每变动一个百分点 CPI 指数的百分比变动。试解释协整方程：

式（4.6）说明在这一时期推动物价上涨的重要因素是信贷供给。对财政支出与 CPI 关系可以解释为：第一，财政支出资金较多介入生产领域，相对改善了供给，所以当支出增加时价格下降；第二，财政支出也有挤出消费和通过中间环节延缓需求的意义；第三，财政支出增加时税收增加，对消费市场产生一定压力。净出口对 CPI 上涨产生正影响但很有限，主要由于这一时期净出口规模较小。

式（4.7）说明，与时期 I 比较财政支出与 CPI 在均衡系统中关系发生变化（系数符号变化为正），说明在通货紧缩期间财政资金较多进入消费品市场，对居民转移支付和政府购买增加，财政支出每增加 1%，CPI 约上涨0.17%，财政政策对减缓通货紧缩具有实质意义。固定资产投资、人均消费增长以及净出口、贷款规模等增长乏力成为这一时期 CPI 下降原因，但主要是人均消费受到抑制和信贷收缩。这一时期净出口等 4 种变量与 CPI 的反向关系未必表示"当净出口（或其他变量）增加时 CPI 下降"而是在通货紧缩趋势下净出口等即使绝对增加但相对下降，或者增速相对于生产是缓慢的，所以 CPI 维持继续下降趋势。

式（4.8）说明，PPI、房地产价格对 CPI 有较显著影响，两种因素实际上成为 CPI 下降的前置变量。农产品期货对 CPI 有微弱负影响，既说明期货对现货市场引力作用有限，也反映出农产品期货市场很不成熟，价格波动游离出现货市场。股票市场对 CPI 影响较小，财富效应可以扭转通货紧缩趋势，但是在股市规模和参与者有限、股票市场受到经济下行周期影响而低迷盘整时财富效果不明显。比较（4.7）（4.8）两式中解释变量系数，可能说明在通货紧缩条件下预期的作用大于有效需求变动对 CPI 影响。

对式（4.9）中财政支出系数符号的解释同时期 I 。总需求构成中投资比例增加较快，尤其 2009—2010 年大量财政支出进入生产投资和基础设施建设领域。农产品期货市场影响系数变化具有积极意义，说明期货对现货市场有一定引导作用，农产品期货上涨 1%，现货市场上涨 0.11%，期货市场波动大于现货市场合乎理论预测。与式（4.8）比较 PPI 系数显著放大，说明 PPI 是 CPI 较佳前置指标，应该作为央行监测 CPI 的重要信号。式（4.9）中变量增加但 PPI 系数放大，说明在通货膨胀时 PPI 对 CPI 的影响增强。房地产价格指数每上涨 1%，CPI 下降 0.32%，对此似乎可以合理地解释为：第一，房地产市场价格上涨对于中低收入"待购"群体产生抑制消费效果，现阶段已购房群体中投资者占比较少，房价上涨未必产生不动产的财富效应；第二，高收入群体预期房地产市场价格上涨将资金由一般商品市场转向房地产市场。很有可能，我国目前阶段第一种情况更具有代表性。[1]

时期 I 和时期 III 均处于通货膨胀时期，总贷款对 CPI 影响也一致，说明在出现通货膨胀以后控制信贷是适当选择。在时期 II 和时期 III 固定资产投资系数均为负，时期 IV 是对前两个分时期样本数据的合并，固定资产投资系数变化为正。短期与长期差别在于长期固定资产投资增加推高各种生产资料价格，上游价格向消费品价格传导。净出口对 CPI 影响仍不明显。式（4.10）中总贷款与 CPI 负向关系反映了时期 II 贷款的负向影响大于时期 III 的正向影响。

第四节　滞后冲击及趋向均衡调整

为了更深入分析对 CPI 产生冲击的来源，以及系统向均衡调整的路径、恢复均衡的效率，进一步在各阶段建立多变量误差修正模型，综合考虑 AIC

---

[1]　中国人民银行调查统计司"2011 年第 1 季度储户问卷调查报告"证实了这一分析，见中国人民银行网站。

准则、误差修正模型拟合优度与调整系数显著性选取模型滞后期。

一、分时期误差修正模型检验

（一）时期Ⅰ（1990.1—1998.12）：选择 6 阶滞后误差修正模型

误差修正模型检验结果中 CEQ 是协整总残差，其系数值是误差修正模型的调整系数。显著的 t 值表示该误差修正模型对于 CPI 波动的解释是可信的，而 CEQ 的负系数符合反向调整的意义，即修正误差，或者说对于短期波动的抵销。时期Ⅰ中 CEQ 系数绝对值为 0.043366，表明经济系统由短期波动向长期均衡调整较为缓慢，调整速度约为 4%，即在 LNFE、LNNE、LNTL 三个变量的影响（调整）下，经济系统每月向均衡路径移动剩余距离的 4%。其他对于 LNCPI 波动有显著修正作用的变量分别为 DLNCPI（-1）、DLNCPI（-4）、DLNFE（-4）、DLNNE（-1）、DLNNE（-2）、DLNNE（-3）、DLNNE（-4）、DLNNE（-5）、DLNTL（-2）、DLNTL（-4）、DLNTL（-5）、DLNTL（-6）。但体现在模型各系数中，除了 LNCPI 自身滞后项外（其中 DLNCPI（-1）短期弹性为 0.236227），其他变量变动对 LNCPI 影响较小。

（二）时期Ⅱ（1999.1—2002.12）：对 9 个解释变量分拆建立误差修正模型

（1）2 阶滞后误差修正模型，包括变量为 LNCPI、LNFE、LNFAI、LNNE、LNPCC、LNTL。

LNCPI 对自身以及 LNFE、LNFAI、LNNE、LNPCC、LNTL 的 1 到 2 阶滞后变量建立误差修正模型。模型拟合优度 $R^2 = 0.301043$；CEQ 系数为 -0.154867，即该误差修正模型调整速度为每月向均衡路径移动剩余距离的 0.15%，调整较慢。对于修正误差有显著贡献的变量为 DLNFE（-2），短期弹性为-2.11428（全部检验结果略）。

（2）4 阶滞后误差修正模型，包括变量为 LNCPI、LNAFP、LNPPI、LNREPI、LNSPI。

LNCPI 对自身 1 到 4 阶滞后以及 LNAFP、LNPPI、LNREPI、LNSPI 的 1 到 4 阶滞后变量建立误差修正模。模型拟合优度 $R^2 = 0.674713$；CEQ 系数为-0.715276 且 t 值显著，即该误差修正模型调整速度为每月向均衡路径移动剩余距离的 71.53%，调整较快。其中对于修正误差有显著贡献的变量为 DLNCPI（-4），短期弹性 0.472813；DLNAFP（-2），短期弹性-0.048477；DLNPPI（-2），短期弹性-0.401678；DLNPPI（-3），短期弹性-0.376703；DLNSPI（-1），短期弹性 0.020479。

（三）时期Ⅲ（2003.1—2010.12）：6 阶滞后误差修正模型

LNCPI 对 LNAFP、LNFAI、LNFE、LNNE、LNPCC、LNPPI、LNREPI、LNSPI、LNTL 的 1 到 6 阶滞后变量建立误差修正模型。模型拟合优度 $R^2 = 0.810779$；CEQ 系数-0.729876，t 值-4.385930 显著，调整速率约 72.99%。（见表 4-5）

表 4-5　误差修正模型检验结果（2003.1-2010.12）

变量	系数	t 统计值
DLNCPI	1.000000	N/A
CEQ	-0.729876	-4.38593
DLNCPI（-1）	0.552356	2.93083
DLNCPI（-4）	0.390446	1.88781
DLNCPI（-5）	0.582793	2.55260
DLNAFP（-3）	-0.087493	-2.83483
DLNAFP（-5）	-0.136826	-4.01100

续表

变量	系数	t 统计值
DLNFAI （-1）	-0.030427	-2.09043
DLNFE （-1）	-0.092100	-4.57800
DLNFE （-2）	-0.084495	-3.61763
DLNFE （-3）	-0.052507	-2.73146
DLNFE （-5）	0.024704	2.51311
DLNFE （-6）	0.016533	2.63106
DLNNE （-1）	-0.004707	-4.21008
DLNNE （-2）	-0.004922	-3.67444
DLNNE （-3）	-0.005179	-3.82880
DLNNE （-4）	-0.005379	-4.13473
DLNNE （-5）	-0.003809	-3.29075
DLNNE （-6）	-0.001792	-2.79393
DLNPCC （-3）	-0.069618	-2.99237
DLNPCC （-4）	-0.102704	-3.57352
DLNPCC （-5）	-0.098886	-3.38676
DLNPCC （-6）	-0.050454	-2.55757
DLNPPI （-5）	0.708095	3.10223
DLNREPI （-1）	-0.553533	-4.03165
DLNREPI （-2）	-0.542186	-2.78035
DLNREPI （-3）	-0.924960	-4.26417
DLNREPI （-4）	-0.827561	-3.23807
DLNREPI （-5）	-0.660398	-3.75300
DLNSPI （-1）	0.048642	3.19122
DLNSPI （-3）	0.040203	2.83010
DLNSPI （-4）	0.054480	3.34073
DLNTL （-1）	0.543108	3.36313
DLNTL （-5）	0.268807	2.00280
DLNTL （-6）	0.284502	2.54398

续表

变量	系数	t 统计值
R-squared 0. 810779；*Adj. R-squared* 0. 383279；*Sum sq. resids* 0. 000967；*S. E. equa-tion* 0. 005984；*F-statistic* 1. 896560；*Log likelihood* 382. 352 800；*Akaike AIC* −7. 198 940；*Schwarz SC* − 5. 465283；*Mean dependent* 0. 000 254；*S. D. dependent* 0. 007620.		

（四）时期Ⅳ（1999. 1—2010. 12）：7 阶滞后误差修正模型

LNCPI 对 LNAFP、LNFAI、LNFE、LNNE、LNPCC、LNPPI、LNREPI、LNSPI、LNTL 的 1 到 7 阶滞后变量建立误差修正模型，模型拟合优度 R^2 = 0. 674538；CEQ 系数−0. 429143，t 值−4. 33964 显著，调整速率约 42. 91%。其中对于修正误差贡献度高的变量为：D（LNAFP（−2））、D（LNFAI（−2））、D（LNFAI（−3））、D（LNFE（−1））、D（LNFE（−2））、D（LNFE（−3））、D（LNFE（−4））、D（LNFE（−5））、D（LNFE（−6））、D（LNPCC（−1））、D（LNPCC（−2））、D（LNPCC（−3））、D（LNPCC（−4））、D（LNPCC（−5））、D（LNPPI（−7））、D（LNREPI（−1））、D（LNREPI（−6））、D（LNREPI（−7））、D（LNSPI（−6））、D（LNTL（−1））。

二、CPI 通胀短期波动与长期均衡趋势

第一，影响 CPI 通胀的是一定规模的变量系统。根据时期Ⅰ误差修正模型结果中总体残差 CEQ 系数值，在分析 CPI 通胀时仅有财政支出、净出口和总贷款不能很好解释 CPI 波动，因为 CPI 通胀对上述三种变量反映弹性均很小，在所纳入变量系统中 CPI 向均衡调整缓慢，预示着有更重要的变量被遗漏。因为这一时期资本市场、房地产市场影响有限，所以尽管 1988 年大

部分价格已经放开，也有可能仍然存在较多价格管制。

第二，加入资产市场变量时模型解释能力增强。对比时期Ⅱ两个变量体系分析结果，可知在包括农产品期货价格、房地产价格、工业品出厂价格和股票市场变量方程子系统中对 CPI 波动解释力更强拟合优度和向均衡调整效率明显提高（两组变量体系调整系数分别为-0.154867、-0.715276）。潜在意义是金融交易和实物资产（不动产）价格对 CPI 的影响不容忽视。同时，在第二个方程体系中 PPI 对 CPI 的波及也非常显著，说明工业品市场价格向消费品市场的传导效应增强，供给冲击是造成 CPI 通胀的重要因素（未必是唯一重要）。

第三，CPI 滞后项影响显著。时期Ⅰ—Ⅲ共同滞后项仅有 CPI（-4）[①]，在时期Ⅲ增加滞后项包括 CPI（-1）、CPI（-5），DLNCPI 三个滞后项短期弹性系数分别为 55%、39% 和 58%，说明 CPI 通胀惯性（长记忆性）在时间流程中趋向增强。

第四，引起通货膨胀短期波动与趋向长期均衡的因素增加。时期Ⅰ、Ⅲ均为通货膨胀期，其共同滞后项集中于消费品价格指数、净出口和总贷款，结合均衡方程系数判断，净出口、总贷款与消费品价格指数均存在正向关系，说明通货膨胀率上涨期间总贷款、净出口和通货膨胀惯性是主要推动因素。从时期Ⅲ滞后项分布特征观察，滞后项包括房地产 5 个，股票市场 3 个，农产品期货价格 2 个，结合对时期Ⅱ分析，再次说明三种资产市场对 CPI 通胀影响增强。与时期Ⅰ、Ⅱ、Ⅳ比较，时期Ⅲ增加滞后项 14 个，包括 CPI（-1，-5）、AFP（-3，-5）、FAI（-1）、NE（-1）、PCC（-6）、PPI（-5）、REPI（-2，-3，-4，-5）、SPI（-3，-4）)；时期Ⅲ总计 33

[①]　这里分析均指统计上显著的滞后项，以下同。

个滞后项显著，远远超过时期Ⅳ①。这些表明引起通货膨胀和通货膨胀波动的因素日益复杂。方法上的启示是分析中国通货膨胀既需要建立长期模型发现价格行为机制，也需要做分时期考察识别已经发生的变化，预测未来新的趋势。

第五，市场主体在通货紧缩时期预期的行为特征是前瞻性预期强于后向预期，通货膨胀时期预期则以向后预期为主。推论的根据在于：时期Ⅰ总计12个滞后项显著，时期Ⅱ重复时期Ⅰ1个相同显著滞后项，时期Ⅲ重复时期Ⅰ7个相同显著滞后项，说明通货膨胀时期是后向预期为主。假如否定这一判断，理由应该是与变量数目有一定关系。但是时期Ⅰ仅有三个解释变量，而且与时期Ⅲ相隔4年，时期Ⅱ两个模型中则分别有5个和4个变量，且与时期Ⅲ相衔接，为什么时期Ⅰ中有77%显著滞后项"遗传"到时期Ⅰ，而时期Ⅱ仅有40%显著滞后项遗传到时期Ⅲ（时期Ⅱ总计5个显著滞后项在时期Ⅲ有2个仍然显著）？可见我们的判断不是没有道理。

第六，中国房地产价格上涨产生"转移效应"。房地产价格上涨不仅未能引起预期收入增加、实际利率评价低从而增加消费诱致 CPI 上涨的财富效应，相反却抑制消费和压低 CPI 上涨。这一点无论从时期Ⅲ房地产价格指数滞后项短期弹性系数还是从上一部分长期均衡方程观察均如此，时期Ⅲ的误差修正模型中5个 D（LNREPI）滞后项弹性系数值在 -54.22% 到 -92.50% 之间。此外，净出口、股票价格指数对 CPI 通胀影响统计上显著，但是短期弹性系数均很小，但不排除这一点今后有可能变化。

---

① 时期Ⅰ、Ⅱ因为方程体系或者变量系统不同，不完全可比。

第五节　结　论

结合协整与误差修正模型检验结果对本章主要结论概括如下：第一，关于通货膨胀惯性或长记忆性。中国 1990—2010 年 21 年间 CPI 滞后项对通货膨胀影响趋于显著，说明通货膨胀惯性增强。我们分析的时期 I—Ⅲ 覆盖时间跨越 1990 年至最近时间区间，始终一贯的滞后项仅有 CPI（-4），而且在 2003—2010 年分时期增加滞后项包括 CP（-1）、CPI（-5），三个滞后项对数一阶差分的短期弹性系数均显著。CPI 通胀惯性的传导链在时间上向前后两个向度延伸，平均滞后影响时间约 3 个月。

第二，通货膨胀预期行为特征。市场主体在通货紧缩时期的预期方式是前瞻性预期强于后向预期，通货膨胀时期预期则以后向预期为主，即在通货紧缩时期更为关注未来预测信息，在通货膨胀时期更为关注价格的历史信息。这隐含地表明通货膨胀具有更强记忆性特点，改革以来宏观调控政策治理通货膨胀的难度增加。

第三，财政支出的通货膨胀效应。中国政府财政支出具有反周期特点，由于财政支出的结构组合变化，财政支出在通货膨胀时期抑制价格上涨，在通货紧缩时期有助于扭转 CPI 下降。本章分时期 I—Ⅲ 包括两个通货膨胀时期和一个通货紧缩时期，其均衡方程中财政支出解释变量系数很好证实了这一判断。潜在问题是存在财政资金大量向生产领域投放，制约政府在追求效率、稳定增长与公平三种目标中对于推动公平的财力投放产生挤出消费效果，也有可能损害效率。

第四，资本市场与 CPI 通胀的关系。股票市场与农产品期货市场开始对消费品价格产生实质影响，在 2003 年以来新一轮通货膨胀期间股票价格指数与农产品期货价格对 CPI 通胀的影响关系渐趋清晰。相关的正向弹性系数虽然微弱，但不排除在某些短时段股票市场和农产品期贸市场的资产价格波动会成为商品市场重要扰动源。这类似于股票市场理论中微波、波浪与潮汐的动力学过程。此外，较为微弱弹性系数是样本数据均势结果，事实上在部分数据点资产价格可以对 CPI 产生重要——甚至决定性影响，资产价格对商品市场波动的影响可能具有非线性特征。

第五，房地产价格的通货膨胀效应。中国房地产价格上涨产生抑制 CPI 通胀的"转移效应"或者"逆财富效应"。这与理论预期的资产价格"财富效应"以及古德哈特的分析相反，原因在于中国许多家庭购买自住房而非不动产投资，当出现住宅价格上涨时会挤压消费资金以增加储蓄。在计量模型中房地产价格指数滞后项弹性系数与其他相比最为显著，表明至少在今后数年房地产价格如果维持上涨趋势将会在很大程度上抑制消费增长。政府通过大规模建设保障性住房并对房地产市场有效监管和调控，无疑是促进消费以及社会总需求的强有力措施。

第六，CPI 短期波动因素更趋复杂。通货膨胀率上涨期间总贷款、净出口和通货膨胀惯性是主要推动因素，但加入包括工业品出厂价格、农产品期货价格、房地产价格和股票市场变量方程子系统中对 CPI 波动（通货膨胀或者通货紧缩）解释力更强，拟合优度和向均衡调整效率明显提高，工业品出厂价格指数（PPI）弹性系数也较为显著，说明宏观调控部门需要直面更多通货膨胀调控窗口。上游产品以及国际市场价格对国内消费品价格传导增强，供给冲击成为近期彰显的通货膨胀因素，按照法马（Fama）的结论，供给冲击是酿成滞涨的根本原因，所以警示货币信贷管理要创新更多工具、采取更多前瞻性措施，能够成为走在通货膨胀前面的"先知"。

第五章　货币市场与通货膨胀记忆联合预期

本章选取中国货币市场结合通货膨胀历史信息研究通货膨胀预期，分析居民消费物价指数（CPI）中被预期的部分，以此对下一时刻预测并用均值方差模型衡量预测结果的精确程度。具体关注货币市场中利率变动隐含的宏观意义，尤其对货币市场的通货膨胀预期水平进行数量刻画，分析货币政策工具操作对通货膨胀预期的影响，并以通货膨胀历史信息（长记忆性）予以补充。

第一节　文献述评

一、预期理论脉络

瑞典学派对事前（ex ante）实际利率的论述已将预期纳入宏观经济学视野，凯恩斯论证的引起有效需求不足三大定律也都涉及预期问题。早期文献将预期分为四种类型：简单预期、外推预期、适应性预期和理性预期。简单预期直接将 $t-1$ 时刻经济变量取值视作 t 时刻预测值，著名的蛛网模型即属于该类型。外推预期考虑时间因素，将经济变量的趋势因素引入预期。适应性预期由卡甘（Gagan）（1956）首次提出，该理论认为过去信息虽然已知但并不充分, 人们基于这些信息形成未来预期, 并随实际状况改变而反复验证和及时完善, 从而使预期适应逐渐变化的经济形势。卡甘对严重通货膨胀期间的数据进行了实证分析, 对预期通货膨胀与实际通货膨胀分布滞后的数量关系进行阐述。[①] Modigliani 和 Sutch (1966) 进一步完善外推式预期理论, 提出预期变量的变化存在惯性, 即预期变量会遵循其之前变化轨迹。该理论仅考虑历史信息, 未考虑预期相关的即时信息, 且受到预期主体心理状态影响从而表现出主观特征。[②] 穆斯 (Muth) (1961) 提出理性预期, 认为市场上所有进行预期的经济主体都符合理性人假定, 预期主体在做出预期之前会了解并掌握所有可利用信息, 最大化程度利用该信息。该假定意味着, 市场是完全竞争状态, 信息是充分的, 预期主体不存在浪费信息情况。[③] Mishkin (2007) 指出预期的自我实现和自我加速对经济运行有重要影响, 通货膨胀预期表现出对通货膨胀的推动作用。[④]

方塞斯 (Forsells) 和肯尼 (Kenny) (2002) 应用调查数据分析欧元区消费者对通货膨胀的预期, 以欧盟委员会的消费者调查使用随机方法对通货膨胀预期进行数量估计。通过考虑理性的必要条件, 对通胀预期估计结果进行分析, 结果显示出一个中等的合理性。另外, 尽管消费者预期和已发生结果之间持续存在偏差, 但消费者会理性地调整预期以使最终结果 "清除" 掉系统的预期误差。[⑤] 卡托纳 (Kalona) (1975) 研究发现, 多数人就重要

---

① Cagan, P., *The Monetary Dynamics of Hyperinflation, In Milton Friedman (ed): Studies in the Quantity Theory of Money*, Chicago: University of Chicago Press, 1956, pp.25-117.

② Modigliani, F.& Sutch, R., "Innovations in Interest Rate Policy", *American Economic Review*, 1966 (56), pp.178-197.

③ John F.Muth, "Rational Expectations and the Theory of Price Movements", *Econometrica*, 1961, 29(3), pp.315-335.我国学者习惯将 "Rational expecations" 译为 "合理预期"。

④ Mishkin, F., "Inflation Dynamics", *NBER Working Paper No.13147*, 2007.

⑤ Forsells, M.& Kenny, G., "The Rationality of Consumer Inflation Expectations: Survey-Based Evidence for The Euro Area", *European Cent ral Bank Working Paper*, 2002(163).

的宏观经济变量近期变化方向进行预测，但不愿对变化程度进行数量估计，多数人赖以预期的信息较为零碎。卡托纳对美国一般公众进行了几十年研究，认为多数人知道以前几个月中失业是增加还是减少，利润和零售是上升还是下降，利率是上升还是下降，但并不知道这些变量的值有多大。这些变量近期变化幅度越大，媒体越渲染，公众对宏观经济变量就越了解。①

中国学者承认通货膨胀预期的不确定性，预期主体的表现并非是理性预期所描述情形。李拉亚（1994）着重从理论角度进行分析延伸，其文章中指出与发达国家相比较，中国信息不完全问题更为严重，通货膨胀变动的不确定性更大，进而预期主体通货膨胀预期的不确定性较强。李拉亚立足中国资产组合现状，构建城镇居民活期存款与定期存款的比重数据，通过分析证实严重的通货膨胀会导致通货膨胀预期的更加不确定，也证实了中国城镇居民通货膨胀预期具有较强的不确定性。② 肖争艳（2005）按储蓄动机指标将消费者区分为五类动机人群，以不同人群的预期特征为研究对象。运用居民储蓄调查数据分别计算各动机人群的预期通货膨胀率，研究结果显示不同动机人群表现出异质性非常大的通货膨胀预期结果。③ 徐亚平通过模型刻画发现，一旦中央银行的信息表现出私人信息特征时，信息表现为不对称，社会大众就不能准确锚定货币政策目标，或表现出对货币政策的出台持怀疑态度，在该情况下就难以形成稳定的通货膨胀预期均衡。④

---

① Kalona, G., "Psychological Economics", *New York, Elsevier*, 1975.

② 李拉亚：《通货膨胀预期与不确定性：从资产组合角度进行的分析与验证》，《金融研究》1994 年第 4 期。

③ 肖争艳、唐寿宁、石冬：《中国通货膨胀预期异质性研究》，《金融研究》2005 年第9 期。

④ 徐亚平：《通货膨胀预期形成的模型刻画及其与货币政策的关联性》，《金融研究》2010 年第 9 期。

二、通货膨胀与利率

通货膨胀与利率之间的关系一方面源于名义利率与实际利率的区别，另一方面源于利率与货币供应量的关系。费雪（Fisher）（1930）首次用详细的理论阐述了通货膨胀与利率的关系，他将利率区分为实际利率和名义利率，一项投资从长期来看应有固定的实际利率，而投资者承受的却是包含了通货膨胀预期的名义利率，从而可以将预期通货膨胀率与实际利率相加等于名义利率，该关系以费雪冠名，称为"费雪效应"。[①] Fama（1975）选取美国债券市场数据为研究对象，用名义利率作为通货膨胀的解释变量构建回归方程，研究结论认为名义利率涵盖通货膨胀历史信息所包含的未来通货膨胀率所有信息，实证结论支持了美国债券市场的有效性。[②] Mishkin（1990）以理性预期和费雪效应为前提，在以利率期限结构进行未来通货膨胀预期过程中，研究美国国债收益率变化对预期变动的影响，发现实际利率变动的重要信息均包含于名义利差变动过程中，且一年期及以下的短期收益率曲线的短端（6个月及以下）很少包含预期通货膨胀变化的信息，但短期内的中长端（6个月以上）以及中长期收益率曲线可以较好解释通货膨胀预期。[③] 刘康兵（2003）等研究发现，名义利率在长期和短期变化反映的问题一致，都反映通货膨胀预期变化，但并不能反映实际利率变化，因此货币政策用名义利率作为调控工具和衡量货币政策松紧的指标有失妥当。[④] 但加入预期是否

① Fisher, I., "The Theory of Interes", *New York, MacMillan*, 1930.

② Fama, E.F., "Short-trem Interest Rates as Predictors of Inflation", *American Economic Review*, 1975(65), pp.269-282.

③ Mishkin, F., "What Does the Term Structure Tell Us about Future Inflation?", *Journal of Monetary Economics*, 1990(25), pp.77-95.

④ 刘康兵、申朴、李达：《利率与通货膨胀：一个费雪效应的经验分析》，《财经研究》2003年第2期。

可以对实际利率进行准确反映，进而反映未来实际利率变动，仍值得商榷。李宏瑾等（2010）以银行间市场国债的利率期限结构为研究对象，研究其对通货膨胀的预测能力，发现未来通货膨胀变动信息隐含在短期利率期限结构中，结论认为未来通货膨胀的预测变量应加入短期利率期限结构。[①]

对于"费雪效应"是长期有效抑或短期有效的争论，经济学家们并未达成共识。Engle 和 Granger（1987）通过协整分析和误差修正模型（ECM）对一个月和三个月利率进行分析，结论认为费雪效应是一个长期现象。[②] 与之相反，皮尔兹（Perez）和斯格勒（Siegler）（2003）研究第一次世界大战前的通货膨胀预期和费雪效应，计量结果支持短期费雪效应，并发现在一定范围内预期到了通货膨胀和通货紧缩，还证实了通货膨胀预期与名义利率存在显著正相关关系。[③] 封福育（2009）研究了名义利率与不同水平的通货膨胀之间表现出不一致的特征，发现费雪效应在温和状态下存在，高通胀状态下部分存在，而在通货紧缩状态下完全不存在，且第三种情况下名义利率与通胀之间关系不显著。[④] Pelaez（1995）使用美国 1959 年 1 季度到 1993 年 4 季度名义利率数据，运用恩格尔—格兰杰两步检验和汉森向量自回归误差修正均拒绝费雪效应，但支持实际通货膨胀和预期通货膨胀之间存在协整关系。费雪效应不成立的原因并非货币幻觉或者非理性，而是事前实际利率的随机游走，说明费雪效应被视作名义利率中的预期通货膨胀成分和实际通货

---

① 李宏瑾、钟正生、李晓嘉：《利率期限结构、通货膨胀预测与实际利率》，《世界经济》2010 年第 10 期。

② Engle, R. F. & Granger, C., "Cointegration and Error Correction: Representation, Estimation and Testing", *Econometrica*, 1987(55), pp.251-276.

③ Perez, Stephen J. & Siegler, Mark V., "Inflationary Expectations and the Fisher Effect Prior to World War I", *Journal of Money*, 2003.

④ 封福育：《名义利率与通货膨胀：对我国"费雪效应"的再检验——基于门限回归模型分析》，《数量经济技术经济研究》2009 年第 1 期。

膨胀之间的均衡力量。检验发现通货膨胀历史对名义利率隐含的预期通货膨胀率缺乏预测能力。[1]

利率工具是调节通货膨胀最为有效的货币政策工具之一，利率调整能够改变货币供应量从而体现其经济杠杆作用。David Colander（1992）通过对通货膨胀的货币理论进行分析得出通胀是一种货币现象的结论，这是典型的黑箱理论，其假设完全预期的通货膨胀并没有对实体经济产生影响。[2] 货币供应量能否用以进行通货膨胀预期，国内各学者观点不一。陈彦斌等（2009）研究表明，三个层次的货币供应量 M_0、M_1 和 M_2 不能影响我国通货膨胀，更不对通货膨胀预期产生影响。陈彦斌等认为短期内进行通货膨胀调控单纯使用控制货币供应量的货币政策并不能达到效果。[3] 刘霖和靳云汇（2005）使用协整方法研究发现，中国货币供应量确实对通货膨胀影响作用甚小。[4] 与之相悖，赵留彦、王一鸣（2005）研究发现流通中的货币和价格水平存在协整关系，且该协整关系在不同检验程序下均表现良好。[5] Eggertsson 和 Woodford（2003）对名义利率接近零的货币政策造成的后果予以分析，研究发现零下限的利率可对中央银行打击通货紧缩的能力产生重要约束。通过跨期平衡模型，论述了若不改变未来政策预期，公开市场操作是无效的，即使是"非常规"类型也如此；从该意义上讲，"流动性陷阱"是可能的。在模型中，最佳策略涉及调整利率，以实现改变价格水平的目标，

① Rolando, F.P., "The Fisher Effect: Reprise", *Journal of Macroeconomics*, 1995(17), pp.333-346.

② David, C., "A Real Theory of Inflation and Incentive Anti-Inflation Plans", *The American Economic Review*, 1992, 82(2).

③ 陈彦斌、唐诗磊、李杜：《货币供应量能预测中国通货膨胀吗?》，《经济理论与经济管理》2009 年第 2 期。

④ 刘霖、靳云汇：《货币供应、通货膨胀与中国经济增长——基于协积的实证分析》，《统计研究》2005 年第 3 期。

⑤ 赵留彦、王一鸣：《货币存量与价格水平：中国的经验证据》，《经济科学》2005 年第 2 期。

这符合以零为下限时的承诺。Eggertsson 和 Woodford 也讨论了中央银行其他操作，并考虑了 2003 年期间日本抵抗通货紧缩的政策意义，指出治理通货紧缩的关键是预期管理。[①]

三、通货膨胀预期管理理论

Woodford 在 2001 年将"预期管理"这一学术用语应用在经济学文献中，但预期管理思想在 Krugman（1998）对日本流动性陷阱的研究中即有所体现，文章并未使用预期管理的字眼，但研究论点恰恰体现了预期管理思想。Krugman 认为由央行创造通货膨胀预期能够使货币政策发生作用，若公众一致认为央行会维护价格稳定，那么一旦出现货币扩张，公众会认为央行必然执行紧缩货币政策以维持价格稳定。因此，在流动性陷阱中货币政策不起作用。但若央行创造通货膨胀预期，让公众感受到这一点，那么货币政策就能起作用。[②] Eggertsson（2008）立足黏性价格和理性预期理论，以动态随机一般均衡模型对罗斯福新政的经济后果进行评估，指出政府实施罗斯福新政治理通货紧缩的关键是预期管理，成功转变美国未来预期的关键是政策目标可信。[③] Cooper 和 Willis（2010）讨论了经济危机时期影响公众预期的若干因素，认为这些因素能够改变预期从而成为重要事件，政府可以通过制定政策以改变预期，恢复对经济的信心，从而降低经济衰退。[④]

---

① Eggertsson, G.B.& Michael, W., "Optimal Monetary Policy in a Liquidity Trap", *Nber Working Papers No.9968*, 2003.

② Krugman, P.R., "It's back: Japan's Slump and the Return of the Liquidity Trap", *Brookings Papers on Economic Activity*, 1998(2), pp.137-205.

③ Eggertsson, G. B., "Great Expectations and the End of the Depression", *American Economic Review*, 2008, 98(4), pp.1476-1516.

④ Russell, C.& Jonathan, L.W., "Coordination of Expectations in the Recent Crisis: Private Actions and Policy Responses", *Economic Review*, 2010(1), pp 5-39.

Morris 和 Shin（2008）更加突出预期管理的重要性，指出货币政策的核心问题是管理和协调经济中的预期，央行发布信息比央行直接使用调控工具更为重要，并将货币政策视为策略问题，其核心是管理和协调预期。① Woodford（2005）将通货膨胀目标制和预期管理的区别予以描述，认为前者目标是不变的，而后者目标是可以根据央行预期而进行修改。预期管理虽然不再固守通货膨胀目标制，但它继承了政策透明的思想，并且把政策透明理论上升到信息交流与沟通的层次。② Eusepi 和 Preston（2008）认为私人预期和货币政策目标需保持一致，央行可以从三方面与公众进行沟通：1. 沟通关于政策的精确细节；2. 仅对政策的决定性变量进行沟通；3. 沟通通胀目标。③

Chen Jing-quan（2011）通过对通货膨胀相关理论的回顾和梳理，以中国 2009 年到 2010 年的通货膨胀趋势为例，对通货膨胀和通货膨胀预期之间的相互关系进行了实证分析并给出一些通胀预期管理的建议。④ 李永宁（2010）等研究了我国经济学家的通货膨胀预期，对其特点、决定因素、形成方式、通胀预期和通胀的关系等进行了分析，以此为基础提出建立中央银行对通货膨胀"信任度"的反对战略才能避免通货膨胀预期。⑤ 刘明、朱改玲（2011）通过多种途径提取居民和企业预期行为信息，分别研究了期货

① Stephen, M.& Hyun, S.S., "Coordinating Expectations in Monetary Policy", *Central Banks as Economic Institutions*, 2008.

② Woodford, M., "Central-Bank communication and policy effectiveness, paper presented at Federal Reserve Bank of Kansas City Economic Symposium at Jackson Hole", 2005(8).

③ Stefano, E.& Bruce, P., "Central Bank Communication and Expectations Stabilization, American Economic Journal: Macroeconomics", *American Economic Association*, 2008, 2(3), pp. 235–71.

④ Jingquan, C., "Theoretical and Empirical Analysis on the Expectation of Chinese Inflation: Evidence from Inflation in 2009 and 2010", *Procedia Engineering*, 2011(23), pp.704– 712.

⑤ 李永宁、赵钧、黄明皓：《经济学家的通货膨胀预期：理论与实证》，《经济理论与经济管理》2010 年第 4 期。

市场、房地产市场、消费者信心指数，刻画了实际通货膨胀与预期行为的关系，其结论指出，为能够达到预期货币政策效果，必须将通货膨胀率控制在合理范围内，从而避免发生严重的通货膨胀。鉴于此，央行的货币政策必须明确通货膨胀目标，从而使政策对通货膨胀预期有的放矢。[1] 陈利平（2007）发现，由于货币政策的时滞及其传导机制不畅，致使中央银行无法及时正确估计经济中的扰动，即使引入通货膨胀目标制，但根本无法解决货币政策效率低下问题。[2] 李拉亚（2011）在文章中指出，20世纪90年代初，中国黏性预期理论形成了与预期管理理论类似的思想，该理论提出的预期陷阱概念，可以很好解释中国在1991年的流动性陷阱问题，即当时中国经济学家称之为市场疲软问题。[3] 李拉亚（2011）指出理性疏忽、黏性信息和黏性预期理论是21世纪后西方经济学界出现的新经济学流派，它们均具有非线性的黏性色彩，是在有限理性理论关于不完备信息研究的基础上，进一步采用局部信息代替全局信息，用过去信息代替现在信息，用非同一性预期代替同一性预期，以减小空间搜索范围，避免信息成本过大，信息搜索时间过长，从而避开信息爆炸和组合爆炸问题，使理论更贴近于实际，中国黏性预期理论也具有同样特点。[4]

四、模型与方法

研究通货膨胀预期的模型与方法众多，百家争鸣，各具特色。Evans 和

---

[1]　刘明、朱改玲：《通货膨胀预期行为特征与货币政策趋势—基于对货币流通、期货市场与房地产市场的计量验》，《陕西师范大学学报》（哲学社会科学版）2011年第3期。

[2]　陈利平：《通货膨胀目标制并不能解决我国货币政策低效率问题——一个基于政策时滞和扰动冲击的研究》，《经济学（季刊）》2007年第4期。

[3]　李拉亚：《预期管理理论模式评述》，《经济学动态》2011年第7期。

[4]　李拉亚：《理性疏忽、粘性信息和粘性预期理论评介》，《经济学动态》2011年第2期。

Lewis（1995）运用马尔科夫（Markov）机制转换模型研究通货膨胀趋势，检验了长期通货膨胀与名义利率关系，发现长期中二者存在相互适应关系。[1] Ang 等（2008）构建机制转换模型，发现通胀预期变化会对名义利差变化产生影响（长短期结论一致），特别的是，在非异常经济时期的通胀预期及通胀风险可以解释名义利差变动的 80%。[2] Mankiw、Reis 和 Wolfers（2002）通过构造黏性信息模型，分析美国通货膨胀预期特点，验证了通货膨胀预期具有黏性特征，研究还发现由于存在很多促使信息不对称的因素，社会大众对宏观经济的认识具有片面性，从而将通货膨胀预期形成中的学习效应摆在首要位置。[3] Hori 和 Shimizutani（2005）利用家庭的通货膨胀预期数据进行研究，发现日本宽松的货币政策并不能影响公众价格预期，影响公众对价格预期的因素是当前价格和滞后期价格，且通货紧缩预期会致使消费者购买行为决策延迟。[4] 迪特尔姆（Diethelm）（2002）介绍了用 R 软件实现由格兰杰和恩格尔引入的 ARMA 及 GARCH 模型误差的估计方法。[5] 赛切蒂（Cecchetti）（1992）考察了 1930—1932 年的通货紧缩能否被预期到，从 1930 年末甚至早在 1929 年末开始的大萧条，发现通货紧缩在 3—6 个月范围内能被预期，这表明在大萧条开始阶段预期短期真实利率的变化非常快。[6]

①　Evans, M.& Lewis, K., "Do Expected Shifts in Inflation Affect Estimates of the Long-run Fisher Relation?", *Journal of Finance*, 1995(50), pp.225-253.

②　Ang, A., Bekaert, G.& Wei, M., "The Term Structure of Real Rates and Expected Inflation", *Journal of Finance*, 2008(63), pp.797-849.

③　Mankiw, G, Reis, R.& Wolfers, J., "Disagreement about Inflation Expectation", *NBER Working Paper No.9796*, 2002.

④　Hori, M.& Shimizutani, S., "Price Expectations and Consumption under Deflation: Evidence from Japanese Household Survey Data", *International Economics and Economic Policy*, 2005(2), pp.127-151.

⑤　Wurtz, D., Chalabi, Y.& Luksan, Y., "Parameter Estimation of ARMA Models with GARCH/APARCH Errors.An R and Splus Software Implementation, zob", *Journal of Statistical Software*, 2002.

⑥　Stephen, G.C., "Prices During the Great Depression: Was the Deflation of 1930-1932 Really Unanticipated", *American Economic Review*.1992, 82(1), pp.157-178.

Jongwanich 和 Park（2009）实证研究了包括中国在内亚洲 9 个发展中国家的通货膨胀，对诱发通货膨胀各种因素的相对重要性做计量检验。Jongwanich 和 Park 根据 VAR 和 Cholesky 递归方法判断，认为导致亚洲通货膨胀的主因是总需求和通货膨胀预期，并非外部价格冲击，而多数人认为该地区近期通货膨胀加速上涨主要是石油和粮食价格冲击等外部因素造成的。[1] Ueda（2010）对日本和美国家庭的通胀预期调查数据进行 SVAR 检验，用短期非递归约束分析现实通货膨胀与预期通货膨胀的相互依存关系，发现在对外生价格变化和货币政策冲击做出反应时通胀预期比实际通膨调整更快。与日本比较，美国外生价格对通货膨胀与通胀预期的冲击效果不仅更大而且持续时间更长，对通胀预期的冲击具有自我实现效果从而导致实际通货膨胀加速。[2]

肖争艳、陈彦斌（2004）对中国居民的预期通货膨胀率进行了计算，数据采用中国人民银行《居民储蓄问卷调查系统》数据，计算过程利用差额和概率法，并对通货膨胀预期的长短期性质进行分析，分析结果显示：1. 中国居民的预期通货膨胀率在长期中对实际通货膨胀率不存在过低或过高估计，可以通过无偏性检验，但中国居民预期行为不是完全理性预期；2. 预期通货膨胀率由实际通货膨胀率规定，但通货膨胀预期同时也反映了自我动态运行的实际通货膨胀；3. 实际通货膨胀率和预期通货膨胀率的变动不受消费者认知偏差的影响。[3] 朱建平、刘晓葳（2011）运用分时协整方法对

---

[1]　Juthathip, J. & Donghyun, P., "Inflation in Developing Asia", *Journal of Asian Economics*, 2009（20），pp.507–518.

[2]　Kozo, U., "Determinants of Households' Inflation Expectations in Japan and the United States", *Japanese Int. Economies*, 2010, 24（4），pp.503–528.

[3]　肖争艳、陈彦斌：《中国通货膨胀预期研究：调查数据方法》，《金融研究》2004 年第 11 期。

CPI 通货膨胀长期均衡路径与短期波动特征进行研究，分析结果显示：
1. 1990 年以来通货膨胀受 CPI 滞后项的影响显著，表明通货膨胀惯性增强；
2. 市场主体的预期行为表现为在通货膨胀时期的后向性预期强于前瞻性预期。[①] 刘雪燕、张敬庭（2008）使用 SVAR 模型，并以 BQ 方法弥补 SVAR 模型识别条件的不足，将中国短期名义利率分成两部分——预期通货膨胀率和事前实际利率，研究发现长期名义利率不受实际利率冲击影响，长期名义利率的波动完全受预期通货膨胀率波动影响。[②]

本章分别从货币市场和通货膨胀历史角度进行通货膨胀预期并加以综合。首先结合中国实际重构 Fisher-Mishkin 模型进行货币市场对通货膨胀预期研究，构建 ARIMA 模型以通货膨胀时间序列研究商品市场通货膨胀预期；其次对两模型予以评价，并进行样本外预测；最后对计量结果予以分析，给出结论及政策建议。

第二节　模型设定

模型设定部分对先前学者使用计量经济模型进行评析，并以此为基础重新建立模型。第一部分以 Fisher-Mishkin 通货膨胀预期理论为基础，构建模型对中国实际通货膨胀预期进行刻画；第二部分考虑通货膨胀长记忆性特征，使其与货币市场产生互补性；第三部分用联合预期的思想将两模型进行综合。

---

① 朱建平、刘晓葳：《中国 CPI 通胀短期波动与长期均衡分时协整检验》，《陕西师范大学学报》（哲学社会科学版）2011 年第 3 期。

② 刘雪燕、张敬庭：《中国通货膨胀预期和 Ex-ante 实际利率的测度》，《数量经济技术经济研究》2008 年第 7 期。

一、基于货币市场——Fisher-Mishkin 通货膨胀预期模型

(一) Fisher 通货膨胀预期理论

利率调整是宏观经济调控的一项重要政策工具，利率水平和利率结构对经济活动有着直接和间接的关系，利率变化可以改变社会资金供求状况，从而实现通货膨胀调控的效果。通货膨胀与利率之间存在重要关系，Fisher 指出名义利率可以看作预期通货膨胀率与实际利率之和，即通货膨胀与名义利率之间存在对应的调整关系，这种关系被称为"费雪效应"。

定义 $r_{t,j}$ 为持有从 t 时刻到 $t+j$ 时刻无风险债券的实际期望利率，$i_{t,j}$ 为从 t 时刻到 $t+j$ 时刻的名义利率。如果 $\pi_{t,j}^e$ 是从 t 时刻到 $t+j$ 时刻的预期通货膨胀率，由费雪恒等式得知：

$$r_{t,j} = i_{t,j} - \pi_{t,j}^e \tag{5.1}$$

该方程意味着投资者持有债券的实际期望收益为名义利率扣除通货膨胀预期后的结果。$r_{t,j}$ 为事前实际利率，无法观察得到，其取决于人们对通货膨胀的预期。定义 $eppr_{t,j}$ 为事后或已实现的真实利率，该数据在投资期末能直接观测到，可以直接获得数据：

$$eppr_{t,j} = i_{t,j} - \pi_{t,j} \tag{5.2}$$

$r_{t,j}$ 是投资期初的预期收益，而 $eppr_{t,j}$ 是投资期末的真实收益，$r_{t,j} - eppr_{t,j}$ 即为事前与事后真实利率的差值，将式（5.1）与式（5.2）作差得 $\pi_{t,j} - \pi_{t,j}^e$，定义该差值为不可预期的通货膨胀，在完全理性预期背景下，不可预期的通货膨胀为零。

(二) 通货膨胀预期模型

完全理性预期条件对现实要求过于苛刻，代理人进行通货膨胀预期时仅观察个别市场，实际预期遵循理性疏忽预期，即用局部信息代替全局信息。

Mishkin（1981）寻找能够解释 $r_{t,j}$ 的因素集合 X_t，用该方法可以得到关于事前真实利率的估计：

$$r_{t,j} = X_t\beta + u_t \tag{5.3}$$

对式（5.3）进行最小二乘估计将得 $r_{t,j}$ 的估计量 $r_{t,j}$，将其代入式（5.1）、式（5.2）可得：

$$eppr_{t,j} = X_t\beta + u_t + (\pi^e_{t,j} - \pi_{t,j}) \tag{5.4}$$

其中，$u_t + (\pi^e_{t,j} - \pi_{t,j})$ 与解释变量向量集合正交，据式（5.3）可知 u_t 与解释变量集合正交，由此在二维系中可知向量 u_t 与 $\pi^e_{t,j} - \pi_{t,j}$ 为平行关系。以方程（5.4）进行回归，可得到回归系数 β，进而得估计量 $r_{t,j}$，据式（5.1）可将通货膨胀预期予以剥离，由此实现从金融市场对通货膨胀预期的分析。式（5.4）即为 Fisher-Mishkin 模型关系式，简称 F—M 模型。

与 Cecchetti（1992）的六个解释变量有所不同,[①] 式（5.4）中解释变量选取为货币交易流通速度。以下给出解释变量取舍的理论依据：

第一，解释变量中剔除名义利率。由式（5.1）可知 $r_{t,j}$ 是剥离预期成分后的事前实际利率，即 $r_{t,j}$ 的形成过程中不包含预期因素（所有涉及预期的因素都包含在 $\pi^e_{t,j}$ 中），故式（5.3）中 $r_{t,j}$ 的解释变量 X_t 与残差项 u_t 均不应包含预期因素。Cecchetti（1992）选取的解释变量集合中包含名义利率，因包含有预期因素而使模型估计结果 $r_{t,j}$ 有偏。为确保模型结果的无偏性，在解释变量中剔除名义利率。

第二，解释变量弃用货币收入流通速度，而选取货币交易速度。李拉亚

---

① 根据 Mishkin（1981）对选择 $\{Y_t\}$ 的说明，Cecchetti（1992）选择了六个解释变量：名义利率、通货膨胀水平（π）、基础货币增长（M_B）、狭义货币供应量（M_1）、广义货币供应量（M_2）和工业品增加值。[14]

（2011）认为，对经济最终起作用的不是货币供给量 M，而是货币供给量乘以货币流通速度 MV。通货膨胀预期和实际利率影响到持币机会成本，从而影响货币流通速度。通货膨胀预期升高或者实际利率升高，货币流通速度加快或货币流通速度下降趋势变慢。[①] 货币流通速度用货币收入流通速度和货币交易流通速度来衡量，对应于收入型货币数量公式 $MV = PY$ 和交易型货币数量公式 $MV = PQ$，伍超明（2004）曾指出前者衡量的局限性，指出货币需求函数正不断向交易型货币数量论复归，并对货币数量公式修正为 $MV = PQ + SP \times SQ$。[②][③] Cecchetti（1992）对美国大萧条的通货紧缩预期研究中，选取 M_0、M_1、M_2 和工业品增加值作为解释变量，实则是以收入型货币数量公式为依据。本章研究重点在于分析价格指数 CPI 通货膨胀预期，而虚拟经济交易并未进入 CPI 统计口径，故应用 $MV = PQ$ 计算货币流通速度：$V = \dfrac{PQ}{M}$（该流通速度实为实体商品经济的货币交易流通速度）。

二、基于通货膨胀历史——ARIMA 模型估计

理性疏忽预期理论有效克服了非完全信息限制，但局部信息代替全局信息具有一定主观性，信息损失影响预期效率，且局部信息选取的不同会对预期效果产生实质性影响。基于通货膨胀预期长记忆性的研究实则是以商品市场为视角，寻找价格指数 CPI 路径特征，应用 ARIMA 模型构建通货膨胀预期模型，可以弥补货币市场分析通货膨胀预期的信息非完全性。ARIMA 模

---

①　李拉亚：《预期管理理论模式评述》，《经济学动态》2011 年第 7 期。

②　M 代表货币数量，V 为货币流通速度，P 为交易商品的价格，Q 为商品交易量，Y 为名义收入，SP 表示证券的一般价格水平，SQ 表示证券的数量。

③　伍超明：《货币流通速度的再认识——对中国 1993—2003 年虚拟经济与实体经济关系的分析》，《经济研究》2004 年第 9 期。

型优势源于其历史记忆性，较好实现真实性模拟，可探到货币市场未考虑到的一些预期因素，能在 F—M 模型所得通货膨胀预期和通货膨胀实际值相差较大时较好平缓该差距。

由于随机时间序列总是由某个随机过程或随机模型生成的，故一个平稳时间序列总对应于一个随机过程或模型。用平稳的 ARIMA 模型作为其生成模型，该模型为 AR（p）与 MA（q）的组合，其形式为：

$$Y_t = \alpha_0 + \alpha_1 Y_{t-1} + \cdots + \alpha_p Y_{t-p} + u_t + \beta_1 u_{t-1} + \cdots + \beta_q u_{t-q} \tag{5.5}$$

此处，Y_t 代表价格指数 d 阶差分后的序列（价格指数是 $I(d)$ 序列），以自相关函数 ACF 与偏自相关函数 PACF 为依据，结合 AIC 准则、SC 准则等，确定 p、q 从而识别 ARIMA 模型。ARIMA 模型的回归系数即为各时期分配的加权系数，该模型能够有效利用历史信息。

三、F—M 与 ARIMA 模型评价与综合

模型描述的前两部分以纵横方向介绍了两个预期模型，F—M 模型从货币市场对通货膨胀预期进行分析，为解决信息成本过大问题采用局部信息代替全局信息，属于理性疏忽预期研究范畴；F—M 模型选用的数据是基于某个时间点多个解释变量数据，在该时间点上与货币市场相关联的影响信息均在模型中不同程度地予以体现。ARIMA 模型对通货膨胀预期属于黏性信息理论，采用过去信息代替现在信息，且能将历史的各种特征有效反映。F—M 模型与 ARIMA 模型分别以横向和纵向为研究视角，各模型均有其独特优势，二者互为补充，由此可见两模型进行综合的现实需要。

选用联合预期（Combined Forecasts）① 方法将二模型进行综合，设 π_i

---

① Granger, C.W.J.& Ramanathan, R., "Improved Methods of Combining Forecasts", *Journal of Forecasting*, 1984(3), pp.197-204.

是通货膨胀率 $\pi_{t,j}$ 用第 i 个模型进行回归所得的预测值，其残差项 $e_i = \pi - \pi_i$，$i = 1$，2。由模型机制可知，$E(e_i) = 0$，$E(e_i^2) = \sigma_i^2$，在此假定 σ_i^2 为常数；$E(e_1 e_2) = \rho \sigma_1 \sigma_2$，鉴于 e_1 由横向模型而来、e_2 由纵向模型而来，其相关性较小，在此假定 ρ 趋于 0。建立联合预期模型：

$$\pi = \varphi_0 + \varphi_1 \pi_1 + \varphi_2 \pi_2 + \varepsilon \tag{5.6}$$

该模型符合 OLS 回归的基本假设，回归所得系数 φ_i 可以观测第 i 个模型预测值对真实值的贡献，以此为通货膨胀预期管理提供信息窗口。

探寻中国通货膨胀预期行为，并以通货膨胀预期路径为基础探讨通货膨胀预期管理的思想和理论依据。联合预期模型的建立，将实际通货膨胀路径描述为多角度观测值的加权平均值，其权数即为式（5.6）中的 φ_1、φ_2，鉴于通货膨胀影响因素的繁多，研究通货膨胀预期行为时，货币市场与通货膨胀历史所占权数加和也会远小于 1，但该权数的大小及显著性可以为预期管理提供一定参考，锚定政策指向。

第三节　实证检验

一、数据处理

实证检验部分选取样本时期为 1996 年 1 月—2011 年 12 月，1996 年之后市场经济环境较为成熟，样本容量为 192。月度通货膨胀率是根据 CPI 计算所得，名义利率选取 CCER 数据库中 7 天内同业拆借加权平均利率，社会消费品零售总额、M_0、M_1、M_2 等数据均来源于锐思金融数据库。其中，CPI 选取以上月 100 统计数据，2001 年 1 月至 2011 年 12 月数据直接源于锐思金融数据库，1996 年 1 月至 2000 年 12 月数据库仅有上年同月数据，使用固定基期方法将上年同期数据换算为上月 100（见表 5-1）。

　　CPI 反映与居民生活有关的商品及劳务价格变动，被作为衡量通货膨胀水平的重要指标。图 5-1 描绘了 1996 年以来的通货膨胀和名义利率情况，不同时期名义利率与通货膨胀关系不同。1996 年至 1998 年期间，名义利率水平远高于通货膨胀水平，1998 年后二者表现出亦步亦趋态势，尤其在 2007 年至 2008 年间二者波动表现出较高一致性。

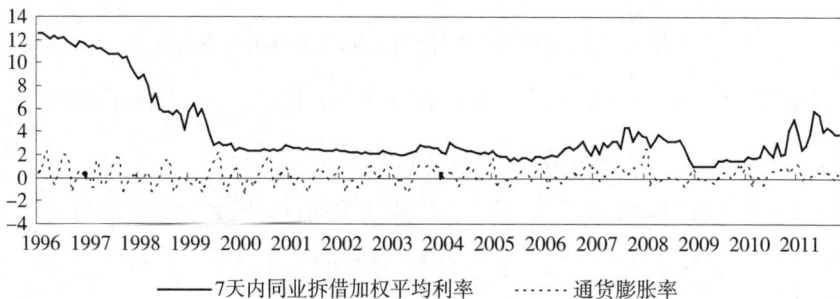

图 5-1　名义利率与通货膨胀率趋势

表 5-1　CPI 数据上年同期形式换算为上月 100 形式

报告时间	上年同月	上月＝100（换算）	报告时间	上年同月	上月＝100（换算）	报告时间	上年同月	上月＝100（换算）
1996-01-31	109	107	1997-09-30	101.8	101.8029	1999-05-31	97.8	98.80734
1996-02-29	109.3	100.284	1997-10-31	101.5	98.50829	1999-06-30	97.9	99.19388
1996-03-31	109.8	100.6382	1997-11-30	101.1	99.11624	1999-07-31	98.6	100.6093
1996-04-30	109.7	102.3161	1997-12--31	100.4	100.0016	1999-08-31	98.7	101.3026
1996-05-31	108.9	99.89316	1998-01-31	100.3	100.1891	1999-09-30	99.2	102.2148
1996-06-30	108.6	99.39375	1998-02-28	99.9	99.60113	1999-10-31	99.4	99.10773
1996-07-31	108.3	100.0937	1998-03-31	100.7	99.9071	1999-11-30	99.1	98.71718
1996-08-31	108.1	101.9945	1998-04-30	99.7	100.5209	1999-12-31	99	100.103
1996-09-30	107.4	101.9029	1998-05-31	99	98.80734	2000-01-31	99.8	100.7947

续表

报告时间	上年同月	上月=100（换算）	报告时间	上年同月	上月=100（换算）	报告时间	上年同月	上月=100（换算）
1996-10-31	107	98.79944	1998-06-30	98.7	99.09256	2000-02-29	100.7	100.3976
1996-11-30	106.9	99.50839	1998-07-31	98.6	99.89502	2000-03-31	99.8	98.5126
1996-12-31	107	100.6989	1998-08-31	98.6	101.2	2000-04-30	99.7	100.0111
1997-01-31	105.9	100.289	1998-09-30	98.5	101.6996	2000-05-31	100.1	99.20376
1997-02-28	105.6	99.99994	1998-10-31	98.9	98.90832	2000-06-30	100.5	99.59026
1997-03-31	104	99.1134	1998-11-30	98.8	99.01602	2000-07-31	100.5	100.6093
1997-04-30	103.2	101.5291	1998-12-31	99	100.2041	2000-08-31	100.3	101.101
1997-05-31	102.8	99.50597	1999-01-31	98.8	99.98674	2000-09-30	100	101.9091
1997-06-30	102.8	99.39375	1999-02-28	98.7	99.50032	2000-10-31	100	99.10773
1997-07-31	102.7	99.99633	1999-03-31	98.2	99.40099	2000-11-30	101.3	100.0005
1997-08-31	101.9	101.2	1999-04-30	97.8	100.1114	2000-12-31	101.5	100.3006

二、预期功能检验

（一）F—M 模型检验

对 F—M 模型式（5.4）进行实证检验，分别采用线性、半对数和对数三种形式对样本数据进行拟合，模型结果支持半对数模型形式：

$$eppr_{t,j} = \beta_0 + \beta_1 LNV_0 + \beta_2 LNV_1 + \beta_3 LNV_2 + \varepsilon_{t,j} \tag{5.7}$$

由回归结果（表5-2）可知，以 M_0、M_1、M_2 计算所得的货币交易流通速度 V_0、V_1、V_2 在解释实际利率过程中均显著，且显著性递减，与货币供应量理论相符。M_0 是银行体系外各单位库存现金和居民手持现金之和，以其计算的 V_0 的变化率对该利率的解释作用最强；M_1 是 M_0 与单位银行活期存款之和，以其计算的 V_1 变化率对该利率解释作用次之；M_2 是 M_1 与银行定期存款、城乡居民个人在银行各项储蓄存款以及证券客户保证金之和，以其计算

的 V_2 变化率对该利率解释作用最小。

表 5-2　模型回归结果

变量	系数	t 统计量
LNV_0	-9. 406714	-6. 462137
LNV_1	22. 56815	3. 124283
LNV_2	-13. 39475	-2. 152477
C	3. 339942	0. 606837

将模型结果中各变量系数估计值代入，由式（5. 3）可得：

$$\hat{r}_{t, j} = \hat{\beta}_0 + \hat{\beta}_1 LNV_0 + \hat{\beta}_2 LNV_1 + \hat{\beta}_3 LNV_2 \tag{5. 8}$$

此时便得到事前实际期望利率的估计值，将其代入式（5. 1）得通货膨胀预期序列：

$$\hat{\pi}^e_{t, j} = i_{t, j} - \hat{r}_{t, j} \tag{5. 9}$$

该序列即为通货膨胀中源于货币市场的预期成分，图 5-2 描述样本期实际通货膨胀率与预期通货膨胀率之间的走势。其中，E 代表通货膨胀实际值，E1 代表 F—M 模型通货膨胀预期值。

预期主体从货币市场的货币交易流通速度对通货膨胀进行预期，反映出货币政策的变化对预期主体的预期心理和预期行为影响，根据图 5-2 中通货膨胀预期值和实际值关系将样本划分为 6 个阶段（见表 5-3）：

表 5-3　F—M 模型通货膨胀预期值与实际值关系 6 阶段

时期	预期值与实际值关系	重要事件
1996 年 1 月—1998 年 5 月	预期值远远高出实际值	亚洲金融危机

续表

时期	预期值与实际值关系	重要事件
1998 年 6 月—1999 年 3 月	预期值接近实际值，有交叉	亚洲金融危机之后，稳健货币政策
1999 年 4 月—2004 年 3 月	预期值远远低于实际值	通缩压力，表现出增加货币供应量
2004 年 4 月—2007 年 2 月	预期值较低偏离实际值，且存在接近的趋势	膨胀压力加大、信贷和投资过快增长、外资流入偏多等
2007 年 3 月—2008 年 10 月	预期值接近实际值，拐点一致，且有交叉	全球金融危机爆发
2008 年 11 月—2011 年 12 月	预期值从下而上穿过实际值，保持远高出实际值状态	危机复苏期，适度宽松货币政策向稳健货币政策的过渡

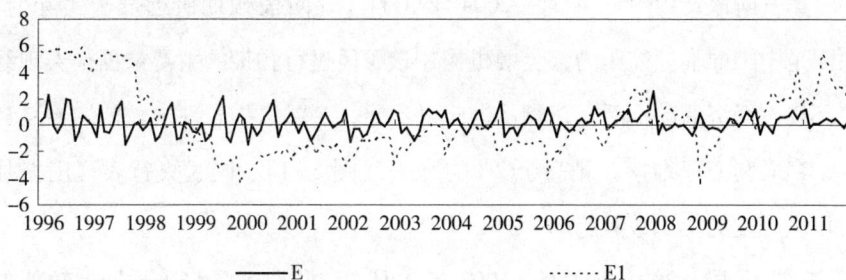

图 5-2　样本期内间基于 F—M 模型的预期通货膨胀率与实际通货膨胀率

第一阶段：1996 年 1 月—1998 年 5 月。货币市场通货膨胀预期值远高于通货膨胀实际值，该阶段以亚洲金融危机为界。1996 年以前，经济发展的主基调是短缺，市场卖方占主导地位，经济增长与通货膨胀呈现"高增长高通胀"局面，促使名义利率处于高位；1996 年之后经济发展特征转变为生产相对过剩、市场由买方主导，经济增长与通货膨胀呈现"高增长低通胀"态势，而预期主体基于"高利率高增长"因素，依旧表现出高预期值。在短缺向生产过剩转变过程中，金融机构进行预期的信息来源主要是宏观经济环境，各种因素隐含着未来高通胀和危机的可能性，金融机构表现出名义利率下降趋势（见图5-1）。1997年爆发亚洲金融危机，为应对当时严峻经济形势，中国实行稳健的货币政策，进而使得该阶段的预期值急速下降。

第二阶段：1998年6月—1999年3月。货币市场通货膨胀预期值接近实际值，且二者有交叉。亚洲金融危机之后稳健的货币政策效果逐渐体现，通货膨胀预期值接近实际值。金融机构在危机之后更为谨慎，预期信息来源主要是稳健的货币政策，该阶段通货膨胀预期强度明显减弱，名义利率变化及时反映该信息（见图5-1，该阶段名义利率跌破6%，在4%—6%间波动），社会融资规模急剧下降。

第三阶段：1999年4月—2004年3月。该阶段预期值远低于实际值，原因是中国面临通缩压力，金融机构在该阶段进行预期的主要依据是宏观经济环境，经济活动不活跃，货币供应量不足，金融机构表现出较低的名义利率，名义利率仅维持在稍高于2%的水平（图5-1），同时央行表现出增加货币供应量的货币政策趋向。

第四阶段：2004年4月—2007年2月。该阶段通货膨胀预期值较低偏离实际值，但表现出逐渐接近实际值的趋势。经历了第三阶段的通缩压力和较低名义利率的货币政策，中国经济形势再度发生变化，通货膨胀压力加大、信贷和投资过快增长、外资流入偏多等问题日益严峻。为防止经济增长过热，2003年之后稳健货币政策内涵开始发生变化，银根适当紧缩，央行多次上调存款准备，名义利率波动较大，通货膨胀预期值波动也较大。

第五阶段：2007年3月—2008年10月。该阶段经济环境更为复杂，中国货币政策制定频频重拳出击，表5-4列出该阶段重大货币政策。观察图

5-1 可以发现，2007 年之后名义利率呈增加趋势，图 5-2 中通货膨胀预期值与实际值在该阶段表现出一致的规律，两个序列不仅变动趋势一致，拟合效果好，且拐点出现时间接近，且有交叉，该阶段一直持续到 2008 年全球金融危机。该阶段通货膨胀预期值波动不太剧烈，变化方向与通货膨胀实际值方向相差不大，偏离精确度较为一致。

表 5-4　2007 年中—2008 年底重大货币政策

时间	货币政策类型
2007 年 6 月 13 日	国务院召开常务会议，货币政策开始"稳中适度从紧"。
2007 年底	中央经济工作会议将 2008 年宏观调控的首要任务定为"两个防止"：防止经济增长由偏快转为过热、防止价格由结构性上涨演变为明显通货膨胀。会议要求实行从紧的货币政策。
2008 年 7 月至 2008 年底	面对国际金融危机加剧和国内通胀压力减缓，央行调整金融宏观调控措施，连续三次下调存贷款基准利率，两次下调存款准备金率，取消对商业银行信贷规划的约束，并引导商业银行扩大贷款总量。
2008 年 11 月 5 日	国务院常务会议要求实行积极财政政策和适度宽松的货币政策。

资料来源：中国人民银行网站——货币政策大事记：http://www.pbc.gov.cn/publish/zhengcehuobi-si/361/index_2.html。

第六阶段：2008 年 11 月—2011 年 12 月。货币市场通货膨胀预期值从远低于实际值的位置一路冲高，冲破实际值，继而维持高于通货膨胀实际值的状态，且在 2010 年之后二者差距有逐渐扩大趋势。该阶段较高的预期值源于适度宽松货币政策向稳健货币政策的过渡，名义利率从初始稍高于 1% 的水平不断变化到 2%—4% 的水平，甚至冲高到接近 6% 的水平。该阶段预期值变化剧烈，变化方向与实际值变化方向相差较大；在数量上，该阶段预期值与实际值偏离较大。危机之后的复苏初期政策出台频率较高，市场主体进行预期表现得更为敏感。

（二）ARIMA 模型检验

从货币市场角度对通货膨胀预期进行分析，用局部信息代替全局信息致使信息损失从而影响预期效率。该部分基于通货膨胀历史记忆性，寻找价格指数 CPI 路径特征，探索单一货币市场进行预期分析不足的弥补方法——基于 CPI 通货膨胀历史的 ARIMA 模型。

1. 平稳性检验

时间序列模型均要求变量平稳，即变量的统计规律不随时间推移而变化，进行平稳性检验可以避免伪回归建模的情况，使用 ADF 方法对单位根检验可以有效解决该问题。ADF 通过下面三个模型完成：

$$\Delta y_t = \gamma y_{t-1} + \xi_1 \Delta y_{t-1} + \xi_2 \Delta y_{t-2} + \cdots + \xi_{p-1} \Delta y_{t-p+1} + \varepsilon_t$$

$$\Delta y_t = c + \gamma y_{t-1} + \xi_1 \Delta y_{t-1} + \xi_2 \Delta y_{t-2} + \cdots + \xi_{p-1} \Delta y_{t-p+1} + \varepsilon_t \quad (5.10)$$

$$\Delta y_t = c + \delta t + \gamma y_{t-1} + \xi_1 \Delta y_{t-1} + \xi_2 \Delta y_{t-2} + \cdots + \xi_{p-1} \Delta y_{t-p+1} + \varepsilon_t$$

上述三个模型中，只要其中一个模型检验通过，即可说明平稳。检验结果显示一阶差分后的价格指数 CPI 为平稳序列。

2. ARIMA（p，1，q）模型的识别

ARIMA（p，1，q）模型识别的主要任务是确定 p 和 q。鉴于价格指数一阶差分数据用 ACF 图和 PACF 图难于解释，无法设定特定模型，此处采用信息准则法对模型进行识别，在解释 ACF 和 PACF 时能剔除其中一些主观成分。根据 AIC、SC 准则原理，其值越小，调整 R^2 越大，模型效果越好。表5-5给出（1，1）到（4，4）阶的 AIC 和 SC 结果，并给出对应的调整 R^2。依据 AIC、SC 准则计算结果，最终模型为 ARIMA（3，1，3），模型形式为：

$$\Delta p_t = \alpha_0 + \alpha_1 \Delta p_{t-1} + \alpha_2 \Delta p_{t-2} + \alpha_3 \Delta p_{t-3} + u_t + \beta_1 u_{t-1} + \beta_2 u_{t-2} + \beta_3 u_{t-3}$$

$$(5.11)$$

表 5-5　AIC、SC 准则计算结果

	MA (1)			MA (2)			MA (3)			MA (4)		
	AIC	SC	调整 R^2	AIC	SC	调整 R^2	AIC	SC	调整 R^2	AIC	SC	调整 R^2
AR (1)	2.3113	2.3626	0.3852	2.2939	2.3623	0.3989	2.3471	2.4326	0.3693	2.3534	2.4559	0.3686
AR (2)	2.2608	2.3294	0.4212	2.2691	2.3549	0.4194	2.0437	2.1466	0.5389	2.1629	2.283	0.4832
AR (3)	2.2241	2.3102	0.439	2.2373	2.3406	0.4345	1.9916	2.1121	0.56	2.1328	2.2706	0.4958
AR (4)	2.2287	2.3323	0.4233	2.2395	2.3605	0.42	2.1547	2.293	0.4898	2.1868	2.3423	0.4554

3. ARIMA (3, 1, 3) 模型估计

对模型 ARIMA (3, 1, 3) 进行估计, 并剥离其预期成分, 图 5-3 描述了其与实际通货膨胀率的走势, 其中, E 代表通货膨胀实际值, $E2$ 代表 ARIMA 模型通货膨胀预期值。

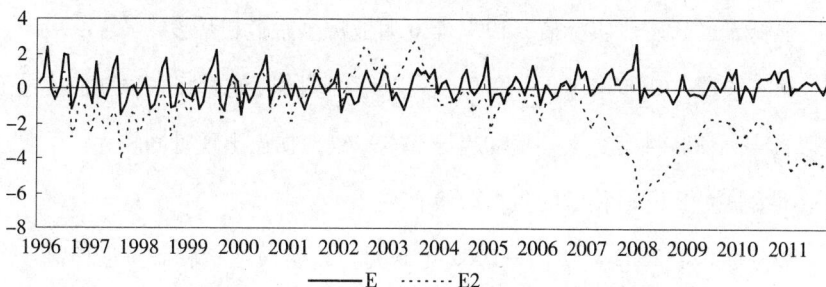

图 5-3　基于 ARIMA 模型的预期通货膨胀率与实际通货膨胀率

预期主体从通货膨胀历史中探寻信息对通货膨胀进行预期, 能有效捕捉到过去时段的全部信息, 包含诸如货币市场类型的各种市场信息, 图 5-3

中通货膨胀的预期值和实际值关系明显体现出五阶段变化特征（见表5-6）：

表5-6 ARIMA 模型通货膨胀预期值与实际值关系5阶段

时　　期	预期值与实际值关系
1996 年 1 月—1998 年 12 月	预期值低于实际值，拐点明显一致
1999 年 1 月—2001 年 12 月	预期值接近实际值，且有交叉，拐点较为一致
2002 年 1 月—2003 年 6 月	预期值高于实际值，拐点明显一致
2003 年 7 月—2006 年 6 月	预期值稍偏低于实际值，接近程度较大，拐点明显一致
2006 年 7 月—2011 年 12 月	预期值大幅偏低于实际值，拐点较为一致，无交叉

观察表5-6列出的五个阶段发现，ARIMA（3，1，3）模型通货膨胀预期值与实际值表现总结如下：

第一阶段：1996 年 2 月—1998 年 12 月。该阶段通货膨胀预期值低于通货膨胀实际值，变动趋势一致。在 1996 年初到 1996 年 6 月，通货膨胀预期值与通货膨胀实际值相差不大，而在 1996 年 6 月之后，通货膨胀预期值持续明显低于通货膨胀实际值，1997 年 6 月亚洲金融危机爆发。

第二阶段：1999 年 1 月—2001 年 12 月。该阶段通货膨胀预期值接近通货膨胀实际值，且有交叉，变动趋势基本一致，拐点出现时间较为一致。这与亚洲金融危机之后稳健的货币政策有关。

第三阶段：2002 年 1 月—2003 年 6 月。该阶段通货膨胀预期值高于通货膨胀实际值，变动趋势一致，拐点出现时间基本一致。该时期是我国经济摆脱低迷、开始高速增长阶段，2003 年 GDP 增长率达到 10%。该时期也是世界经济复苏时期。

第四阶段：2003 年 7 月—2006 年 6 月。该阶段通货膨胀预期值低于通货膨胀实际值，但二者相差不大，变动趋势基本一致，拐点出现时间接近。该时期我国经济出现"局部过热"苗头，为防止经济过热、收入分配差距拉大，我国宏观调控实施"双稳健"政策，从而改善经济结构，降低公众对通货膨胀预期。

第五阶段：2006 年 7 月—2011 年 12 月。该阶段通货膨胀预期值大幅偏低于通货膨胀实际值，变动趋势保持一致，拐点出现时间较为一致。2006年 7 月通货膨胀预期值开始大幅偏离通货膨胀实际值，在 2008 年 8 月份爆发全球金融危机。该阶段与第一阶段相似之处在于，通胀预期值大幅度低于通胀实际值，且都在通胀预期值显著低于实际值之后爆发金融危机。

（三）F—M 模型与 ARIMA 模型综合

1. F—M 模型与 ARIMA 模型评价

从货币市场角度对通货膨胀预期运用 F—M 模型并将结果划分 6 阶段进行分析，比较了不同时期预期值与实际值的表现。从 6 个阶段观察，不同阶段的信息集差别较大，商业银行机构对未来央行利率政策做判断时，会顾及央行利率操作受商品市场价格走势影响，也会考虑金融市场上借贷关系的变化，各种因素综合作用的预期结果有明显差别。6 个阶段的预期准确度不尽相同，其中第二、第五阶段的预期准确度较高，其共性是金融危机爆发前后政策出台较为频繁，一定程度上说明通货膨胀预期准确度缘于央行政策的一贯性和透明性，恰体现了预期管理实质。

从通货膨胀长记忆性角度出发，运用 ARIMA 模型并将结果划分 5 个阶段进行分析，发现 ARIMA 模型对通货膨胀预期行为描述更为符合实际，且预期值拐点与实际值拐点相近程度较大，说明该模型对实际值每一次波动都存在很好记忆性。总体呈现以下规律：一是通货膨胀预期值与通货膨胀实际值偏差不大情况下，经济可以保持平稳增长；二是通货膨胀预期值一定范围内高于通货膨胀实际值情况下，经济会出现较快增长；三是通货膨胀预期值大幅度低于通货膨胀实际值情况下，会出现金融危机。因此，通货膨胀预期值不宜过度偏离实际值，适当提高通货膨胀预期有利于经济发展，而如果通货膨胀预期持续且大幅低于实际值，则可能是金融危机爆发的前兆，不利于经济发展。政策制定者应当制定相关政策并保持政策的透明与一致理解，从而稳定公众通货膨胀预期，目前我国市场经济发展不够成熟，政策效果滞后性和政策及时性不一致问题明显，政策的一贯性不够，且政策的解读存在异质性，很大程度影响预期效率。

F—M 模型依据货币市场信息进行通货膨胀预期行为刻画，ARIMA 模型则依据通货膨胀历史对预期行为进行刻画，观察两模型结果图 5-2、图 5-3 会发现，通货膨胀实际值稍高于两个预期值的时间为 1999 年前后、2001 年前后、2005—2007 年间，实际值较大超出两个预期值仅在 2009 年前后。为比较两模型进行通货膨胀预期行为研究的效率，用两模型的预期值与实际值做差予以衡量，图 5-4 描绘了两差值情况，DE1 和 DE2 分别代表模型 1 和模型 2 预期值与通货膨胀实际值的差值。

观察图 5-4 可以得知以下信息：

第一，一般情况下（不存在异常值），F—M 模型与 ARIMA 模型预期效率接近。在 1999 年至 2007 年期间两模型预期偏离误差相对较小，且两模型结果的预期值偏离实际值方向相反；F—M 模型预期值倾向低于实际值，ARIMA 模型预期值接近实际值，稍高于实际值。

第二，在存在异常值情况下，F—M 模型与 ARIMA 模型的预期效率相差甚远。观察图 5-4 发现，在 1998 年亚洲金融危机前后与 2008 年全球金融危机前后各模型预期误差相对较大，即存在异常值情况下，两模型的预期效率大大下降，F—M 模型预期倾向高于实际值，而 ARIMA 模型预期值倾向低于实际值。这符合 Cagan 的理论，即在超级通货膨胀下和经济发生重大转折时期（如本章提及的 1998 年亚洲金融危机和 2008 年全球金融危机），通货膨胀不稳定性增强，代理人预期能力下降。[①]

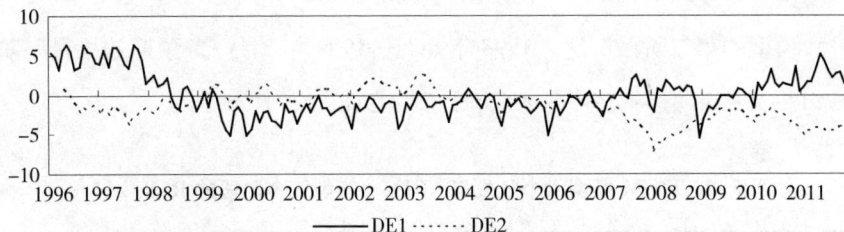

图 5-4　F—M 模型与 ARIMA 模型的通货膨胀预期值和实际通货膨胀率偏差

第三，整个样本期基本遵循通货膨胀实际值夹在两模型预期值之间的路径。F—M 模型预期值比实际值高的时期，ARIMA 模型的预期值就比实际值低，反之亦然，有此消彼长趋势，规律性较强。说明 F—M 模型与 ARIMA 模型在进行通货膨胀预期行为研究上有一定互补性。

通货膨胀预期偏差的图形比较虽直观，但无法定量衡量其预期效率。为进一步用数量方法进行预期效率研究，肖争艳、陈彦斌（2004）对该偏差使用了三个衡量指标：MAE、RMSE 和 TUI，其中 RMSE 意即均方根误差方法，兼有平方优势和考虑样本容量优势，对误差的微小变化敏感，在实践中较多使用，其计算公式为：

$$RMSE = \sqrt{\frac{1}{N} \sum_{t=1}^{N} (\pi^e - \pi)^2} \tag{5.12}$$

其中，N 为样本数。RMSE 考虑了不同时期样本数的差异，其指标值越

---

① Cagan, P., "The Monetary Dynamics of Hyperinflation, In Milton Friedman(ed): Studies in the Quantity Theory of Money", Chicago: University of Chicago Press, 1956, pp.25-117.

小代表预期模型效果越好。[①]　本章使用该指标对 F—M 模型和 ARIMA 模型的预期偏差进行刻画，表 5-7 给出 F—M 模型六个阶段和 ARIMA 模型五个阶段的 RMSE 值，以此可以对预期效果进行评价。由表 5-7 的 RMSE 值可知，ARIMA 模型的第二阶段预期效果最好（1999 年 1 月—2001 年 12 月），F—M 模型的第二阶段次之（1998 年 6 月—1999 年 3 月），预期效果最差阶段为 F—M 模型第一阶段（1996 年 1 月—1998 年 5 月）。

表 5-7　F—M 模型六个阶段与 ARIMA 模型五个阶段的 RMSE 值

F—M 模型	1996 年 1 月—1998 年 5 月	1998 年 6 月—1999 年 3 月	1999 年 4 月—2004 年 3 月	2004 年 4 月—2007 年 2 月	2007 年 3 月—2008 年 10 月	2008 年 11 月—2011 年 12 月
	4.153799	1.074477	2.843563	2.032569	1.668952	2.219036
ARIMA 模型	1996 年 1 月—1998 年 12 月	1999 年 1 月—2001 年 12 月	2002 年 1 月—2003 年 6 月	2003 年 7 月—2006 年 6 月	2006 年 7 月—2011 年 12 月	
	1.685943	1.057383	1.857435	1.094936	3.787502	

　　通过 RMSE 准则对 F—M 模型与 ARIMA 模型不同阶段的预期能力进行鉴别，结果发现最近阶段（2007 年至 2011 年）处于预期偏差较高时期，这符合世界经济格局动荡和宏观经济政策频频出台的现实状况。全球金融危机爆发前后，各国为应对危机使出浑身解数，出台各式各样的政策，大多数国家甚至以"组合拳"方式连环出击，国际国内经济环境越复杂，模型预期功能体现越差。将两模型进行综合，联合预期模型表现出预期先行于实际的规律，这与预期自我实现理论相符，在 2003 年之后此种趋势凸显，原因是

---

　　①　封福育：《名义利率与通货膨胀：对我国"费雪效应"的再检验——基于门限回归模型分析》，《数量经济技术经济研究》2009 年第 1 期。

经济环境的复杂性引起人们预期心理的复杂性所致。进入 21 世纪之后，经济变化更为复杂，预期主体更难以把握市场动态，其预期心理受到市场环境频频剧烈波动影响而变的复杂。

2. F—M 模型与 ARIMA 模型的综合

鉴于 F—M 模型和 ARIMA 模型在结果上存在互补性，可以应用联合预期方法对计量结果进行完善，充分发挥各模型优势，以回归系数显著性和大小为依据对模型进行评判，对该模型回归结果见式（5.13）。并从 2012 年 1月开始外推得其样本外预测值，分析此种方法得到的通货膨胀预测值在实际通货膨胀中所占比例。

$$\pi = 0.0348975254217^* \pi_1 + 0.0810336761855^* \pi_2 + 0.261837338597$$

$$(5.13)$$

由此得到综合后的通货膨胀预期结果 π，图 5-5 给出其与实际通货膨胀率的走势，观察图 5-5 可知，π 将 F—M 模型和 ARIMA 模型综合，得各自精华而去其糟粕，与单个模型结果相比有实质性改善。其中，E 代表通货膨胀实际值，EF 代表 F—M 模型与 ARIMA 模型综合后的通货膨胀预期值。

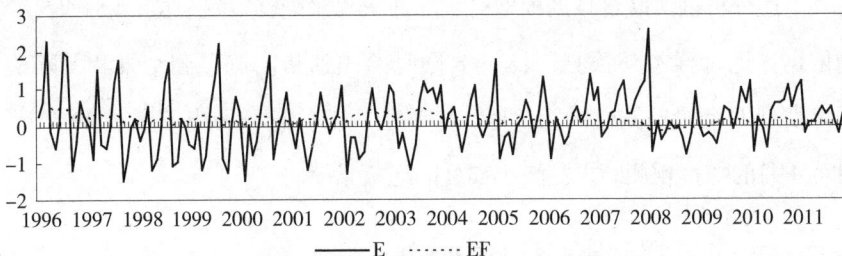

图 5-5 模型综合后的通货膨胀预期值和实际通货膨胀率

由图 5-5 可知，与单个 F—M 模型和 ARIMA 模型相比，两模型综合后的预期值序列平稳，且其波动程度远远低于实际值；预期值仅 2008 年到

2009 年间出现低于 0 的情况，其他时间该数值均在（0，1）区间上。为进一步验证联合预期方法的有效性，用预期值与实际值的波动予以衡量，图 5-6 用双轴方式将图 5-5 结果重新表述，左轴衡量实际值波动刻度，右轴衡量预期值波动刻度，两个序列波动情况相似。从 1996 年到 2002 年通货膨胀预期值与实际值波动趋于一致，波峰与波谷出现的时间点接近，拐点出现的时间点甚为相近；从 2003 年开始通货膨胀预期值与实际值的波动情况有所改变，通货膨胀预期值的波峰与波谷较早出现，即实际值波动滞后预期值波动，且规律性较强。

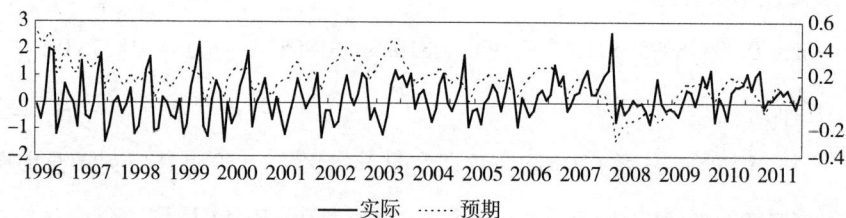

图 5-6　通货膨胀预期值与通货膨胀实际值（双轴示意）

注：图中左轴衡量通货膨胀预期值，其单位刻度为 0.5，用实线趋势图予以刻画；右轴衡量通货膨胀实际值，其单位刻度为 0.1，用虚线趋势图予以刻画。

上述分析证实联合预期模型对实际通货膨胀能够较好模拟，以式(5.7)为依据，进行样本外预测，表 5-8 同时给出通货膨胀预测结果和实际值，观察发现四个月预测值均为负值，即基于局部信息和历史信息对 2012 年 1 月至 4 月的综合预测结果是较小幅度的通货紧缩。

表 5-8　通货膨胀样本外预测结果

	F—M 模型预测值	ARIMA 模型预测值	综合预测值	通货膨胀实际值
2012 年 1 月	-0.73	-3.868	-0.077	1.5
2012 年 2 月	0.075	-3.962	-0.057	-0.1

续表

	F—M 模型预测值	ARIMA 模型预测值	综合预测值	通货膨胀实际值
2012 年 3 月	-0.27	-4.218	-0.089	0.2
2012 年 4 月	0.124	-4.148	-0.07	-0.1

观察表 5-8 发现，2012 年 1 月、3 月的通货膨胀预测值与同月实际值有明显差异，不仅数值上差距甚大，且方向相反；2 月、4 月的通货膨胀预测值与同月实际值差距不大，方向相同。从时间数据的一一对应角度判断效率，并不能发现其价值所在，在图 5-6 的直观分析中发现 2003 年以后预期值表现出先行于实际值的特性。鉴于此，将数据错位对应，发现 1 月预测值与 2 月实际值接近，3 月份预测值与 4 月份实际值接近，2 月预测值与 3 月实际值相差较大。为进一步验证上述预期先行于实际观点，将预测值和实际值的变化情况列出（见表 5-9）。由表 5-9 可以看出，预测值的变化先于实际值变化，使得图 5-5 中表现出的先行滞后关系得到印证。

表 5-9　通货膨胀预测值和实际值变化情况

	联合预期模型预测值变化	实际值变化
2012 年 1 月→2 月	增大	减小
2012 年 2 月→3 月	减小	增大
2012 年 3 月→4 月	增大	减小

三、检验结果分析

上述对货币市场与通货膨胀长记忆性联合预期检验结果予以归纳分析如下：

第一，F—M 模型计量结果分析。以 F—M 模型为基础，寻找货币市场信息进行通货膨胀预期，在将实际利率分为事前值与事后值过程中，通货膨胀预期得以反映。利率作为一个重要货币政策工具，是政策的施力对象，同时又是代理人进行预期的信息窗口，双重特征致使以其进行的通胀预期受代理人预期心理影响较大，这恰是危机前后预期值偏高于实际值的主要原因。由货币市场利率分离通货膨胀预期，判断预期水平与实际通货膨胀水平接近或者远离原因时，金融机构行为是关键因素。金融机构进行预期的依据，不仅仅局限于商品总供求，同时会顾及央行利率操作，考虑金融市场上借贷关系、社会融资规模、房地产市场等。

F—M 模型预期表现出很强的时间特征，主要是预期主体心理预期惯性所致。在 1998 年亚洲金融危机之前和 2008 年全球金融危机之后，通货膨胀预期值远高于实际值，在两次危机时点上预期值和实际值较为接近。预期主体在经历 20 世纪 90 年代持续高利率环境情况下，表现出较高通货膨胀预期；当市场出现重大转变时（1998 年亚洲金融危机），预期主体心理随之产生巨大波动，会以自我加速的方式改变预期路径，最终放大预期转变；一旦市场跃到新"稳态"，预期主体惯性使其沿新路径进行通货膨胀预期，直到市场再次出现重大转变（2008 年全球金融危机爆发时，预期主体的预期跃到新的路径，之后沿该路径进行预期）。

第二，ARIMA 模型计量结果分析。通货膨胀是以价格指数 CPI 衡量，研究通货膨胀历史实则以商品市场为着眼点，建立 ARIMA 模型能够较好对实际进行模拟。模型本身具有记忆性优势，当市场出现某些危机征兆，代理人会秉承"历史会重现"进行预期：1998 年亚洲金融危机期间，中国受其影响相对不大，预期值偏低实际值程度较小；2008 年全球金融危机前预期严重偏低于实际值。另外，ARIMA 模型预期表现出与实际值很强的拐点一致性。以 2007 年为界，不论是之前十年预期值与实际值接近阶段，还是之后预期值偏低于实际值阶段，预期值和实际值拐点出现时间点甚为接近。

第三，联合预期模型的计量结果分析。两个模型各有千秋，将其综合使得结果更平滑、更贴近实际通胀情况，综合后的结果表现出极为平稳的特征，其波动程度不仅远小于单个 F—M 模型或 ARIMA 模型的预期结果，而且也小于通货膨胀实际值波动程度。该结果并不意味着联合预期模型低效，得到该结果是验证模型有效性的最有力支撑。一是预期值波动小于实际值波动，符合计量经济学研究方法；二是从波动情况观察预期值和实际值，以不同刻度的两轴得到预期值和实际值波动情况接近的结论，为进行样本外预测提供模型依据，对实际经济生活具有指导意义。模型结果显示 2003 年之后通货膨胀预期值波动与实际值波动呈现先行滞后关系，该关系成为预测通货膨胀方向的依据。未来研究重点应该涉及该先行滞后关系研究，探索其内在机制及成因，以及 2003 年的分界点成因，进一步分析其滞后期等问题。

第四节　结论与政策含义

本章基于中国货币市场和通货膨胀历史进行通货膨胀预期特点，建立 F—M 模型与 ARIMA 模型，分别从横向和纵向对通货膨胀预期进行分析，并将两模型综合，使其结果更为平滑。分别对两模型及其综合模型所得通货膨胀预期与实际通货膨胀进行比较分析，为通货膨胀预期管理提供理论依据，研究结论和相关政策含义如下：

第一，中国货币市场利率调节对社会资金供求关系具有强灵敏性。区分事前与事后实际利率构建 F—M 模型，实则反映金融机构的通货膨胀预期，在经济金融环境剧烈波动情况下预期值偏高于实际值，央行声称的目标不可信，金融机构盲目高预期对经济金融危机有推波助澜作用。货币当局在政策制定同时，应充分考虑利率不仅体现出调控平台作用，同时还应考虑其预期视角功能，维稳物价的调控政策要始终如一，确保金融机构对政策解读的同一性，从而降低高阶预期的低效率。

第二，我国宏观经济运行趋势日益复杂，仅以货币市场对通胀预期进行刻画会产生局部信息代替全局信息的信息缺失，表现出一定局限性，但依旧可以描述 CPI 变动的基本趋势与方向。而以通货膨胀历史研究通货膨胀预期则表现出滞后性，有效利用了商品市场历史信息，一旦通货膨胀"警钟"敲响，预期主体判断就会做出逆方向转变，进而预期进行自我实现。鉴于此，客观上需要宏观经济部门对转向性经济信息保持高度敏感性，及时有效对预期进行管理。

第三，运用联合预期方法将两模型综合，预期效果大为改善。联合预期结果呈现先行滞后关系，方向预测较为准确，对通货膨胀预期管理研究具有一定理论意义。通货膨胀预期管理是政府对通货膨胀的风险进行前瞻性判断，通过政策工具传递市场信号，进而改变预期主体的心理预期和行为决策，从而实现锚定效果。联合预期模型将不同的市场赋以权重，可以为通货膨胀预期管理提供指导。由联合预期模型预期值系数可知，通货膨胀历史信息贡献约为货币市场信息贡献的 2.3 倍，其政策层面意义深刻，即管理通货膨胀预期应将重点放在商品市场本身，不遗余力贯彻稳定物价政策，严厉打击囤积居奇、哄抬物价等违法行为。

第四，研究通货膨胀预期目的是为通货膨胀预期管理提供政策操作指向，管理通胀预期作为当前最重要的宏观经济调控任务之一，既需要明确货币金融政策作用的环境与机制，也要观察预期主体对货币政策的解读程度、反应或行为选择机制。公众预期方向与政策目标方向一致，以提高政策效率和削弱经济环境的不确定性，进一步探寻货币政策及其他市场影响通货膨胀预期的机制备显其必要性，是未来研究的重点领域。

第五，本章对通货膨胀的研究方法做了新的尝试，在对 F—M 模型和 ARIMA 模型描述的基础上构建了通货膨胀联合预期模型，探索了通货膨胀方向的规律，但精确的数量刻画难以实现以及经济波动加剧情况下的通货膨胀预期偏差依然较大，模型构建方面还存在不足，计量方法、统计手段上需要更深入探索。在应用数据方面需要进一步综合，如能将模型范围扩大，将影响通货膨胀预期的各个市场囊括并以此来构建模型，则通货膨胀预期结果会得到明显改善。

第六章　通货膨胀预期多变量综合分析

　　本章尝试用量化的通货膨胀预期数据研究居民、企业部门的通货膨胀预期行为。通过分析居民、企业部门的通货膨胀预期对消费和投资的影响，发现通货膨胀预期对总需求具有影响，具有较强不确定性的通胀预期引起产出的更大波动，从而冲销政策效果。低通货膨胀引起的通胀预期对经济的负面影响较小；显著的通货膨胀不稳定则使通胀预期变得不稳定，并且引致经济剧烈波动。为了更好地实现预期的政策效果，以期使经济持续较快发展，就必须将通货膨胀率控制在合理的范围内，尤其要努力避免恶性通货膨胀的发生。结论是中央银行货币政策操作有必要选择通货膨胀目标。

第一节　理论与方法

一、通货膨胀预期理论的沿革

　　预期作为一种客观心理本质上是对与目前决策有关的经济变量未来值的预测。穆斯于 1961 年在美国《经济计量学》杂志发表题为《理性预期与价格变动理论》一文，从而首次提出理性预期问题，指出："预期实质上等同于有关经济理论的预测，因为它们都是基于对未来事件有根据的预测，虽然可能将这个纯描述的假说同关于企业应该如何做的见解混淆，我们还是把这种预期称为'理性的'。"① 穆斯认为理性的人可以利用一切机会实现利益最大化，可以收集一切信息做出与未来情况一致的合乎理性的预期，并以此指导行为。穆斯还对预期做系统的分析，运用概率论知识和统计资料对预期可能产生的主客观误差加以核定。穆斯的理性预期假说理论被用于金融市场动态行为分析，但在较长时期没有被作为宏观经济动态分析的前提，因此并未受到人们足够的重视。

凯恩斯确立了预期在宏观经济分析中的地位，对预期和不确定性的分析是其在《就业、利息和货币通论》中的主要贡献之一，也是凯恩斯经济理论体系的重要基础。凯恩斯认为预期对就业具有重要影响，因为现代生产中从开始生产到产品形成和销售需要一段时间，所以生产多少从而就业量便取决于企业家预先决策，而预期又是影响企业家决策的重要因素。乐观预期会提高产量增加就业量；悲观预期则导致相反结果。② 凯恩斯并指出企业决策依赖的预期分为两类，"第一类是包括制造者在他开始生产时预期最终完成产品可以预期的价格，即已完成并准备出售给第二方的产出品价格；第二类预期包括雇主购买机器设备预期可以获得的报酬率。第一类可称为短期预期，第二类是长期预期。"③ 以对就业量的影响而言，长期预期比较重要，因为短期预期的改变不会很大，对就业量也不会造成很大影响；而长期预期

---

① John, F.M., "Rational Expectations and the Theory of Price Movements", *Econometrica*, 1961, 29(6), pp.3–4.

② 高鸿业：《一本拯救资本主义的名著——解读凯恩斯〈就业、利息和货币通论〉》，山东人民出版社 2005 年版，第 59 页。

③ 约翰·梅纳德·凯恩斯：《就业、利息和货币通论》，改革出版社 2001 年版，第 33 页。

容易发生较大的变动，可以引起就业量的巨大波动。① 20 世纪 50 年代，凯恩斯学派以菲利普斯曲线作为政策决策的依据。根据菲利普斯曲线，通货膨胀率与失业率具有反向替代关系，政府决策是对通货膨胀率和失业率的权衡。五六十年代期间菲利普斯曲线较为稳定，通货膨胀和失业率都稳定在能接受的水平，凯恩斯学派的政策受到经济事实支持。70 年代出现经济停滞并发通货膨胀，高通货膨胀与高失业率同时存在，导致凯恩斯学派的经济政策失灵。

货币学派指出，凯恩斯学派破产的原因是经济行为人预期的变化使菲利普斯曲线变形。在通货膨胀开始的短期内货币是非中性的，即经济行为人存在货币幻觉，认为产品价格提高反映了相对价格的提高，社会对产品的需求增加，因此增加产量供给，结果产量增加、失业率减少。即认为预期的通货膨胀率低于实际的通货膨胀率，此时通货膨胀对产出有一定刺激作用。经过一段时期后，经济行为人发现产品价格的提高只反映了一般物价水平即通货膨胀水平的提高，因此将修正预期而减少产量供给，失业率回到自然率水平。此时通货膨胀不再对产出增加有作用，只会引起通货膨胀加速。长期菲利普斯曲线将垂直于失业率坐标，处于自然失业率的位置。货币长期是中性的，政府制造通货膨胀只能取得短期利益，长期则损害经济运行。

货币主义第一次将预期引入通货膨胀分析是对经济学发展的贡献。但货币主义学派认为经济行为人只是按适应性预期调整自己的预期，并且只利用了过去的单一信息，没有利用目前多种经济信息。这不符合经济人追求最佳的本性。②

---

① 高鸿业：《一本拯救资本主义的名著——解读凯恩斯〈就业、利息和货币通论〉》，山东人民出版社 2005 年版，第 59 页。

② 胡仕明：《中国通货膨胀与不确定性研究》，厦门大学，2001 年。

卢卡斯综合了穆斯的理性预期假说和货币主义理论，一些经济学家继而将理性预期引入宏观经济模型形成理性预期学派。理性预期学派认为对具有理性预期能力的经济行为人来说，他们凭借所有可能得到的信息预期与经济状况有关联的政策规则的影响，从而采取对策抵消这种影响。公众理性地形成预期有三个特征：第一，无偏性，即平均来说预期的误差为零；第二，预期的精确性，即预期者应有效地利用一切可获得的信息；第三，预期的误差不相关，即公众的预期误差应该是随机地为正或为负，且均值为零。经济行为人要预期下一期的通货膨胀，除利用各个时期的通货膨胀资料以外，还会考虑工资收入、利率、政府政策变化以及外部可能发生的冲击等变量作出预期。如果政府宣布了一项通货膨胀政策，那么经济行为人就会调整自己的预期，改变自己的行为，从而使得政府的政策失效。因此，理性预期学派的政策主张是：由于"经济人"能理性地预见政策实施的实际效果，并能及时调整自己的行动策略，从而导致政府政策无效。政府的唯一政策目标应当是确立最理想的一般物价水平，是防止和减少通货膨胀，而不是同时解决通货膨胀和失业，更不应当是失业。①

二、研究通货膨胀预期的方法

（一）预期类型

1. 简单预期

简单预期是根据经济变量在 $t-1$ 期的取值所预测的该经济变量在 t 期的取值。主要例子是用于农产品市场的蛛网模型。蛛网模型假设：农场主对未

---

① 杨翠兰、张明映：《理性预期学派的基本政策主张评述》，《青海师范大学学报》（哲社版）1995 年第 3 期。

来价格的预期是以他种植谷物时的通行价格为基础。① 即在农产品市场中，农场主必须在某一季节作出关于使用多少土地来种植某种将在另一个季节收获的农作物的决定，为了作出决定必须具有农作物已收获并在市场上出售时的价格预期，此价格预期是以当期的市场价格为基准的。而所有农民同样的价格预期规则使得产品的供应将出现农产品过剩的年份，紧接是短缺的年份，此后又将是一个过剩的年份，如此循环往复。这就是蛛网模型。

2. 外推预期

为消除蛛网模型的极端幼稚性，梅兹勒提出外推预期的概念，他认为未来预期不仅应依据经济变量的过去水平，而且要建立在经济变量的变化方向之上，外推预期是指根据经济变量的变化趋势来预测该经济变量的取值。

3. 适应性预期

另一种相似的预期形成机制在经济学中更为普遍地提到，即适应性预期。这一概念一般认为是由卡甘（Gagan）1956 年提出，该预期是指经济活动参与者将根据自己在作出预期时所犯错误的程度来修正他们在以后每一时期的预期。②

4. 理性预期

前面所探讨的简单预期、外推预期和适应性预期"都在本质上是随意的，而没有任何经济行为理论为基础"。③ 穆斯提出的理性预期是指以在 $t-1$ 期所能得到的所有信息为条件的，关于某一经济变量在 t 期取值的数学

---

① 迈克尔·卡特、罗德尼·麦道克：《理性预期：八十年代的宏观经济学》，上海译文出版社 1988 年版，第 16 页。

② 米契尔·卡特、罗德尼·马多克：《合理预期学派：八十年代的宏观经济学?》，中国金融出版社 1988 年版，第 21 页。

③ 米契尔·卡特、罗德尼·马多克：《合理预期学派：八十年代的宏观经济学?》，中国金融出版社 1988 年版，第 29 页。

期望。其创新在于把预期价格作为由模型本身产生的内生因素来考虑。假定市场经济主体都了解市场信息，并进行预期，我们可以认为任何时期的预期价格等于由前一期可得信息而定的数学期望。

（二）基本模型

蛛网模型、外推预期、适应性预期和理性预期的简单计量模型分别为：

1. 蛛网模型

在蛛网模型中，时期 t 的需求函数为：

$$Q_t^d = \alpha - \beta P_t \qquad (6.1)$$

这里，Q_t^d 代表时期 t 的产品需求量，P_t 为时期 t 的市场价格，α、β 为常数。时期 t 的供给函数为：

$$Q_t^s = \gamma + \delta P_t^* \qquad (6.2)$$

其中，Q_t^s 代表时期 t 的产品供给量，P_t^* 为时期 t 的预期市场价格，γ、δ 固定不变。

市场均衡条件是供需平衡，即：

$$Q_t^s = Q_t^d = Q_t \qquad (6.3)$$

由以上方程（6.1）—（6.3）可得：

$$P_t = (\alpha - \gamma)/\beta - (\delta/\beta)P_t^* \qquad (6.4)$$

当 $P_t = P_t^*$ 时，此时市场均衡价格为：$P = (\alpha - \beta)/(\beta + \delta)$

由于蛛网模型的简单假设是每一个农场主都是在前一个季节根据当时的市场价格形成对下一个季节的价格预期，其价格预期方程为：

$$P_t^* = P_{t-1} \qquad (6.5)$$

其中 P_t^* 代表农场主对农作物 t 期的价格预期，P_{t-1} 代表农作物在 $t-1$ 期的市场价格，将式（6.5）代入式（6.4）就可得到 P_t 的表达式：

$$P_t = (\alpha - \gamma)/\beta - (\delta/\beta)P_{t-1}$$

蛛网模型中农场主对未来价格的预期仅仅依靠价格的过去水平，完全排除了农民的经验性学习，所以难以令人满意。

2. 外推预期

任何时期的外推预期都等于前期价格水平加上（或减去）一定比例的前两个时期的价格水平之差。如果 P_{t-1} 代表在 $t-1$ 时期价格，P_{t-2} 代表 $t-2$ 时期价格，则对 t 期价格的外推预期 P_t^* 为：

$$P_t^* = P_{t-1} + \varepsilon(P_{t-1} - P_{t-2}) \tag{6.6}$$

其中 ε 称为预期系数。外推预期模型的变化取决于预期系数值，而预期系数值的最佳选择取决于模型的基本经济结构。ε 取负值比较合适，因为高价将刺激生产，增加下一期产品供给从而引起价格下降，即相邻年份价格表现出相反的趋势。

3. 适应性预期

根据适应性预期定义，若 P_{t-1}^* 代表 $t-1$ 期的价格预期值，P_{t-1} 代表 $t-1$ 期的价格，则（在 $t-1$ 期做出的）时间 t 期的价格水平的适应预期被定义为：

$$P_t^* = P_{t-1}^* + \eta(P_{t-1} - P_{t-1}^*) \tag{6.7}$$

其中 η 为适应系数。它决定了预期对过去的误差进行调整的速度。η 取值介于 0 与 1 之间。卡特和麦道克（1988）解释 η 取值范围的原因，并进一步推导出 P_t^* 的另一种表达式：

$$P_t^* = \eta \sum_{k=1}^{\infty} (1-\eta)^{k-1} P_{t-k} \tag{6.8}$$

由式（6.8）知：t 期价格预期等于所有过去实际价格的加权总和，即预期价格以过去所有价格为基础。

适应性预期的局限性是权数呈几何级数递减的滞后分布没有给出合理的

证明。而且，适应性预期仅仅汇集被预测变量的过去值没有考虑其他变量的影响。

4. 理性预期

理性预期假设为 t 期价格预期取决于 $t-1$ 期可获得的信息的数学期望，即：

$$P_t^* = E_{t-1}[P_t] \text{①} \tag{6.9}$$

附加理性预期假设的价格决定模型为：

$$Q_t^d = \alpha - \beta P_t \tag{6.10}$$

$$Q_t^s = \gamma + \delta P_t^* + u_1 \tag{6.11}$$

$$Q_t^d = Q_t^s = Q_t \tag{6.12}$$

$$P_t^* = E_{t-1}[P_t] \tag{6.13}$$

上式中 Q_t^d 为 t 时期需求量，Q_t^s 为 t 时期供给量，u_t 是供给的一个随机变量，例如由于气候原因引起谷物产量的变化。

由方程（6.10）—（6.13）得到 P_t^* 的表达式：

$$P_t^* = (\alpha - \gamma)/(\beta + \delta) - 1/(\beta + \delta) \times E_{t-1}[u_t] \tag{6.14}$$

而 $(\alpha - \gamma)/(\beta + \delta)$ 即为市场均衡价格，预期价格等于均衡价格加上常数与供给方面随机变量的数学期望之积。预期取决于 $t-1$ 期所获的信息，即依赖于随机变量 u_t 的概率分布。"理性预期模型的预期形成机制直接决定于模型的结构，正是从这个意义上来说，在理性预期模型中预期是内生型的。"②

---

① 该公式也可以表示为：σ_t^2，其中，u_t 表示第 $\beta_t \geqslant 0$ 期能获得的所有信息。

② 米契尔·卡特、罗德尼·马多克：《合理预期学派：八十年代的宏观经济学?》，中国金融出版社 1988 年版，第 35 页。

三、通货膨胀预期研究评介

（一）国外相关研究

Perez 和 Siegler（2003）研究了第一次世界大战前的通货膨胀预期和费雪效应，通过计量分析得到如下结论：（1）价格水平变化不是白噪声；（2）通货膨胀和通货紧缩的很显著一部分被预期到；（3）预期通货膨胀与名义利率显著正相关，所以支持短期费雪效应。Joe lange、Sack 和 Whitesell（2003）分析了金融市场对货币政策的预期效应，得出金融市场更能有效预测联邦公开市场操作委员会的政策变化，即长期利率与期货利率趋向于提前几个月与联邦基金利率一致。[1] Hansen、Sargent（1980）采用合理预期假设估计动态线性计量模型方法，运用交叉合理预期与格兰杰检验和误差修正模型比较分析了 Sim's 和 Wu's 的计量检验。[2] Kenneth F. Wallis（1980）采用非线性参变量的互除法和其他方法作为估计手段分析合理预期假设的计量含义。[3] Chow（1980）研究了决策者目标函数为二次的线性合理预期模型。[4] Robert E. Lucas 和 Jr1966 年分析了合理预期假设下的最优投资问题，其后又分析了预期在分布滞后和最佳投资模型中的作用与影响。John F. Muth（1960）分析了指数权重预期的最佳性质并得出结论：短期时间段的最佳预

① Joe, L., Brian, S.& William, W., "Anticipations of Monetary Policy in Financial Markets", *Journal of Money, Credit, and Banking*, 2003, 35(6), pp.890-907.

② Lars, P.H.& Thomas, J.S., "Formulating and Estimating Dynamic Linear Rational Expectations Models", *Journal of Economic Dynamics and Control*, 1980(2), p.91.

③ Kenneth, F.W., "Economic Commission for Asia and Far East Implications of the Rational Expectations Hypothesis", *Ecnometrica*, 1980, 48(1), p.329.

④ Gregory, C.C., "Estimation of Rational Expectations Model", *Journal of Economic Dynamics and Control*, 1980(2), p.355.

期是对任何未来时间段的预测。① Muth（1960）还研究了包含潜在预期变量的经济关系的估计。

（二）国内对通货膨胀预期问题的研究

王维安、贺聪（2005）通过实证研究发现中国房地产预期收益率与通货膨胀预期之间存在稳定的函数关系，提出将房地产价格纳入居住类消费价格指数减少政策认识时滞的建议。② 车圣保（2005）认为通货膨胀使农民工产生适应性预期，预期实际工资增长率降低而减少劳动供给，出现珠三角"民工荒"和长三角技工告急的现象，政策上需稳定预期从而稳定劳动力市场。③ 肖争艳、陈彦斌（2004）将中国人民银行《居民储蓄问卷调查系统》的定性数据转为定量的预期通货膨胀率，分析通货膨胀预期的长期性质和短期性质，表明居民预期是无偏的，在长期中没有过高或者过低估计实际通货膨胀率，消费者的认知偏差对实际通货膨胀率的变动和预期通货膨胀率的变动没有影响。④ 张勇、范从来（2003）考察了1995—2002年间经济主体形成的通货紧缩预期对产出的强效应影响，建议把通货膨胀预期引入货币政策中介目标并作为货币供应量的支持目标。⑤ 高波、徐玖平（2001）运用微分动力学的理论与方法建立非对称信息情况下公众通货膨胀预期的微分动力学模型，运用中国1990—1999年通货膨胀率与货币发行增长率数据对预期问题做实证分析。⑥ 李拉亚从资产组合角度，用城镇居民活期存款与定期存款

---

① John, F.M., "Optimal Properties of Exponentially Weighted Forecasts", *Journal of the American Statistical Association*, 1960, 55(290) , pp.23–30.

② 王维安、贺聪：《房地产价格与通货膨胀预期》，《财经研究》2005年第10期。

③ 车圣保：《略论通货膨胀对劳动力市场的影响》，《价格月刊》2005年第9期。

④ 肖争艳、陈彦斌：《中国通货膨胀预期研究：调查数据方法》，《金融研究》2004年第11期。

⑤ 张勇、范从来：《论通货紧缩时期的产出效应》，《经济评论》2004年第1期。

⑥ 高波、徐玖平：《非对称信息下预期通货膨胀的动力学模型及实证分析》，《数学理论与应用》2001年第21期。

比重的历史数据，证实了中国城镇居民的通货膨胀预期具有不确定性。① 全林（1999）采用不确定性和预期研究通货膨胀，得出经济增长和通货膨胀并不存在此消彼长的关系，通货膨胀预期的不确定性比高通货膨胀更能造成对经济增长的危害，提出政府制定政策时应保持通货膨胀稳定。② 李红梅（1996）引入通货膨胀不确定性，采用自回归条件异方差模型描述和估计中国 1985—1995 年的通货膨胀趋势，认为通货膨胀具有不确定性，政府在通货膨胀处于低位时就应该采取措施，保持政策的稳定与公开度降低预期不确定性带来的负面影响。③

（三）通货膨胀预期研究的政策含义

当经济处于通货膨胀时政府会采取紧缩的财政货币政策抑制通货膨胀；当经济处于通货紧缩时政府相应会采取扩张的财政货币政策抑制通货紧缩。但市场主体的通货膨胀预期会影响政府应对、抑制通货膨胀政策的实施效果。

潘石（2002）认为广大民众不仅像政府一样可以对市场物价走势依据自身的经验、信息进行理智地预期，对通货膨胀状况作出理性判断，而且还对政府的政策行为变化也进行理智地预期（尽管许多人仍处在非理性预期状态），这就会影响政府应对、治理通货膨胀的实施效果。④ 也有学者认为理性预期一方面会直接影响经济主体的微观决策，另一方面会影响政府经济

① 李拉亚：《通货膨胀预期与不确定性：从资产组合角度进行的分析与验证》，《金融研究》1994 年第 4 期。

② 李红梅：《通货膨胀预期不确定》，《财经问题研究》1996 年第 4 期。

③ 全林：《通货膨胀的预期不确定性》，《上海交通大学学报》1999 年第 10 期。

④ 潘石：《通货紧缩预期对我国经济发展的影响及应对策略》，《吉林大学社会科学学报》2002 年第 1 期。

政策的宏观效果。① 如果政府在治理通货膨胀上决心不大，那么公众对政府的信任感就会下降，难以形成正确的通货膨胀预期，② 如果，政府政策的效用度高、说服力强，那么有理性的企业和公众就会顺着政府的意图调整各自的经营战略，寻求自己的最大利益。公众预期与政策存在双向作用，公众的通货膨胀预期会影响实际的通货膨胀率，同时，货币政策的稳定性对公众的通货膨胀预期又会产生影响。预期和不稳定性使得政策的不稳定性增加，从而通货膨胀预期也增加。由于预期使通货膨胀自我实现并且不断强化，实际通胀率就会因为通胀预期的增大而上升，使货币政策的有效性大打折扣。既然通货膨胀预期对政策的效果具有较大影响，就有必要通过管理、引导通货膨胀预期避免或者减少政府政策实施的失效、弱效，增强政策效果，实现政策意图。

（四）有关通货膨胀预期的主要争论问题

关于通货膨胀预期的主要争论主要在两个方面：第一，通货膨胀能否被预期到；第二，通货膨胀预期是否会引起通货膨胀。

对于第一点，Stephen J. Perez 和 Mark V. Siegler（2003）研究了第一次世界大战前的通货膨胀预期和费雪效应。他们采用单变量和多变量方法估计第一次世界大战前美国预期价格水平的变化，检测同时期农产品期货市场度量预期的通货膨胀率。最后得出通货膨胀和通货紧缩的很显著部分被预期到。③

对第二种争论有较多分歧。余永定认为较轻微的通货膨胀通过通货膨胀

---

① 《二〇〇四年第二季度中国货币政策执行报告（下）》，《金融时报》2004年8月10日。

② 彭炎：《现阶段我国通货膨胀的特殊成因及对策》，《深圳大学学报（人文社科版）》1995年第12期。

③ Stephen, J.P.& Mark, V.S., "Inflationary Expectations and the Fisher Effect Prior to World 1", *Journal of Money, Credit, and Banking*, 2003, 35(6), p.947.

预期而被固定化，并通过工资提高、囤积、提前购买、总供给曲线左移等一系列环节形成物价加速盘旋上升的路径尚未形成。[1] 杨帆（1994）认为保持居民对政策的信心、消除通货膨胀预期是防止潜在的通货膨胀恶性爆发的关键。[2] 此外，对于出现通货紧缩后通货膨胀预期是否有利于经济走出通货紧缩局面也存在不同看法，否定观点认为政府的通货膨胀政策有可能导致经济出现"滞胀"。

四、研究趋势

我国居民与企业部门已经形成对通货膨胀的预期基础。中国人民银行作为金融宏观调控部门近期反复提出管理通货膨胀预期，表明对于通货膨胀预期造成的对货币政策效果的影响已经非常重视，这也是对货币政策的一个可贵的经验总结，货币政策不能仅仅"钉住"业已发生的通货膨胀，而是必须前瞻性地预测通货膨胀变动，为此就需要把握、洞察市场主体通货膨胀预期的趋势与规律，通过对通货膨胀预期的判断评价未来在不采取政策调节条件下可能的通货膨胀水平，再根据这种"假设"的情景与通货膨胀控制目标的背离决定制定、实施政策。商品供求决定均衡价格、决定通货膨胀水平，但是通货膨胀预期会影响市场供求关系，通货膨胀预期也从而是未来通货膨胀的重要决定因素。货币政策调节物价水平实际上有两种途径：一是影响市场总需求与总供给关系，二是影响市场参与者的通货膨胀预期。前者是传统的调节方式，政策操作往往落后于经济环境的变化，调节效果不佳，调节的成本也较高；后者更能够适应复杂多变的经济形势，具有超前性特点，如果能够比较准确测度市场预期，掌握好政策操作的力度、节奏和时机选

---

① 转引自贾南：《不合理经济结构导致通胀预期》，《国际金融报》2004 年 4 月 23 日。

② 杨帆：《控制通货膨胀的关键：建立良好预期，保持居民信心》，《经济预测》1994 年第 12 期。

择，就能够获得良好的政策调节效果，调节的成本也较低。

对于中国货币理论学者提出的问题，除了前述若干争论以外，尤其需要关注：居民与企业部门通货膨胀预期的行为特征是什么？通货膨胀预期与现实通货膨胀的双向反馈机制为何？通货膨胀预期的信息集隐含在哪些领域？通货膨胀预期怎样对货币政策效果产生影响？货币政策当局如何管理通货膨胀预期？管理通货膨胀预期与以往治理通货膨胀（通货紧缩）的工具、手段在那些方面存在交集，在哪些方面很不相同？

我们主要基于期货市场、房地产市场、消费者信心指数等途径提取居民、企业的预期行为信息，刻画预期行为与实际通货膨胀的关系。国外学者现有研究将通货膨胀预期研究的场景主要集中于货币市场和商品期货市场，但形成预期、表现预期的市场环境并非仅限于上述两种市场。例如企业可能根据一般商品市场的消费品价格指数判断未来需求状况，然后决定投资计划，在生产资料市场采取相应行动，消费品价格指数就成为企业形成预期的信息来源，原材料等生产资料价格、交易量变动就是企业通货膨胀预期信息。对于家庭部门或者居民群体，他们的预期形成基础和预期信息表现将不同于企业部门。

第二节　通货膨胀预期形成基础

一、居民、企业部门资本存量的积累

资本积累是一部分消费剩余通过不同形式最终转化为资本，也可以被称为资本形成。资本形成的核心问题是国民储蓄向投资转化的过程和机制。[1]

---

① 杨思群：《资本积累与资本形成》，社会科学文献出版社 1998 年版，第 6 页。

我们从物质资本和人力资本两方面阐述资本积累的趋势。

（一）居民物质资本存量积累的趋势

1978 年改革以后居民与企业部门的消费、储蓄和投资发生重大变化。首先，居民逐渐具备选择消费的可能。随着价格和票证管制的放开，20 世纪 80 年代中期以后，大多数消费品通过市场交易、定价；其次，收入分配开始多元化。农民收入来源扩展到非农业，非农收入比重逐渐增加。城镇居民收入由奖金、经营收入、第二职业收入以及财产收入组成；再次，传统福利制度开始解体，企业不再承担住房、医疗、子女教育等福利性支出，居民个人福利纳入社会保障体系；最后，收入分配平均化的格局逐渐被打破。地区间、居民个人间收入分配差距逐步扩大。储蓄投资环境的变化使居民、企业部门的储蓄发生相应变化，主要表现为：

第一，居民储蓄和消费有了明显的跨期安排；第二，居民预防性储蓄需求增强；第三，居民储蓄呈现出多样化特点；第四，部分储蓄直接转化为投资。我国农民对住宅、农业和非农业生产的投资呈稳定增长态势，随着城市化发展和住房制度改革，城市居民对住宅投资的份额愈益增加，储蓄直接转化为投资的比例不断上升。[①]

（二）企业部门物质资本积累的趋势

我国 1979 年对国有企业实行"放权让利"的改革，实行企业利润留成。1984—1986 年间，中央明确规定企业自主经营、自负盈亏的权责。1987 年企业改革方向转为全面推行承包经营责任制。总体上看，1978—1991 年企业改革使得企业的大为活力增强，企业投资的自主权明显增强。以政府储蓄为主的资本积累格局逐渐被以企业和居民并以企业为投资主体的

---

① 杨思群：《资本积累与资本形成》，社会科学文献出版社 1998 年版，第 295 页。

新机制所代替。

（三）人力资本积累趋势

人力资本是知识和技术的人格化。人力资本之所以作为一种资本，其本质是具有增值性，当投入经济运行时能够为其所有者和使用者带来价值增值。改革开放以来，我国人力资本发展很快，包括教育、医疗条件的极大改善为人力资本培育奠定了重要基础。普通大众的知识与视野空前开阔，综合人力资本水平大幅度提高。

综上所述，改革开放以来居民和企业部门的资本积累数量增加很快，具体形式、途径呈现多元趋势。资本存量积累可以为居民与企业部门的投资决策奠定物质和智力基础，通货膨胀条件下居民与企业部门通过形成通货膨胀预期改变其消费和投资策略减少通货膨胀损失。

二、居民、企业部门资产组合需求及其客观基础

通货膨胀预期影响居民与企业的消费投资行为，其间通过持有消费（投资）品与各种资产的替代安排影响社会总需求，最终传导到总产出。改革以后收入格局变动与市场资产选择多元的客观性使得通货膨胀预期具有了实际意义。资产包括金融资产和实物资产。金融资产由现金、储蓄存款、国库券、企业债券和公司股票等有价证券组成，实物资产由耐用消费品、不动产和固定资产等组成。

（一）居民、企业部门资产需求规模及多样性

居民、企业部门剩余现金快速增加，现金资金必然会转化为各种其他增值性资产，形成个人与企业部门的总财富。伴随着财富增加，居民、企业部门的资产需求规模日益扩大，资产需求组合日益多样化。

我国居民财富的第一大项是金融资产。金融资产比重日益增大，居民储

蓄大部分转向金融资产，但就其结构而论储蓄存款占绝对优势，各种有价债券和保险资产不断扩大，所占份额仍然偏低。到 2001 年底，城乡居民的各种金融资产超过 11 万亿元，其中本外币储蓄存款和手持现金约 9.3 万亿元，其他还有债券、股票和保险等。其中现金比例为 11.2%、存款 71.7%、证券 19.5%、保险 1.7%、保险金存款 2%，现金加存款的比例高达 83%。因为储蓄存款是我国城乡居民最便利、风险最小、最优惠的资产，因此其比例和数量最大。[①] 第二项是住房。城乡居民住房总值约 18 万亿元。包括土地占用价值在内，城镇居民住房总值约为 13 万亿元，农民住房总值估计为 5 万亿元。第三项是农民耕地和城乡私人企业的净资产，其中耕地价值估计为 7 万亿元。[②]

（二）居民、企业部门的资产选择与资产价格

居民、企业部门资产选择的目的是为了保值或者增值盈利，因此其资产组合需求与资产价格有很大关系。当股票、债券等资产价格上升时，居民的股票、债券等有价证券增加；反之则减少。企业在筹集和应用货币资金进行资产组合选择时通常与居民遵循着共同的规则。

对于居民而言，当股票、债券价格上升时预期证券资产未来收益很高，储蓄的机会成本增加。债券价格上升时名义利率下降，储蓄收益贬值，从而抑制储蓄。同时实物资产比例也会逐渐缩小，居民部门资金转向有价证券等金融资产。债券价格下降时名义利率上升，居民预期证券未来收益减少，储蓄收益增加，居民会增加储蓄，同时抛售和转手股票、债券等金融资产。

资产价格不断上扬会导致企业的资金需求大量从生产领域转向非生产领

---

① 不排除存在我国金融资产种类有限的制约因素，以及呵护国有银行业而抑制公司债等融资工具的发行。

② 殷孟波：《金融产品的个人需求及市场细分》，《财经科学》2004 年增刊第 5 期。

域，资金进入虚拟运动的数量增加，从生产领域不断向市场领域转化，引起虚拟资本膨胀。① 表现为证券交易市场上的换手率急剧抬高和交易量猛增，居民狂热的投机行为和对耐用消费品抢购、倒卖，从而进一步助长经济的虚拟化程度，增加和鼓胀经济运行的"泡沫"成分。

三、经济体制转型与通货膨胀预期分析

经济主体通货膨胀预期形成也是一种"干中学"的过程，是不断经历政策变化和物价水平变动、感知物价变动对生产生活影响的学习过程，是经过长期的事后"反思"与事前猜测的"输入—反馈"持续总结、逐渐变得聪明起来的一种永不休止的经济活动进程。我国 1978 年后出现了四次通货膨胀。第一次是 1980—1985 年，此次通货膨胀率比较低。第二次是 1988—1989 年，通货膨胀水平达到 18%以上。第三次是 1993—1994 年，出现严重通货膨胀，1994 年的商品零售物价指数达到 121.7%，随后物价逐渐下降，到 1997 年 11 月经济开始陷入严重通货紧缩。最后是 2003—2004 年的通货膨胀。从 2003 年开始，物价又开始上升，2004 年零售商品价格指数上升至 102.8，由于经历了前面几次严重的通货膨胀，居民通货膨胀预期已经成熟和理性，政府也积极发挥财政政策和货币政策抑制通货膨胀，因此，2003—2004 年的通货膨胀得到有效遏制②。

（一）我国居民与企业部门通货膨胀预期形成阶段（1978—1992）

在我国经济体制转型的初级阶段，人们的通货膨胀预期保持在一个较低的程度。因为在计划经济体制下人们习惯于物价稳定，居民对通货膨胀还不太了解，也还没形成强烈地对通货膨胀的预期。

---

① 胡波、郭艳：《论资产价格与货币政策的关系》，《学术论坛》2004 年第 1 期。
② 到 2007 年美国次贷危机爆发以前我国货币政策仍然以防止通货膨胀为主要政策指向。

影响 1988 年居民通货膨胀预期的是 1987 年第四季度以后的价格走势和 1988 年 4 月的"价格闯关"。1987 年第四季度价格水平持续上涨，食品价格每月约提高 0.65 个百分点。1988 年 4 月开始的调整和放开价格的讨论与宣传使居民形成未来通货膨胀预期。因为通货膨胀使现金贬值，居民为避免损失就提前购买商品实现保值，形成非正常的消费行为。但市场供给并不是很充足，并且宏观政策并没有起到及时引导货币购买力退出消费领域转入储蓄市场的作用，1988 年上半年发生三次抢购风潮。与之相伴，1988 年 8 月出现银行"挤兑"风潮，居民储蓄存款余额 8 月比 7 月净减少 26.2 亿元，许多银行发生支付困难的情况。企业预期所需的生产资料价格上涨，从而对生产资料的需求过旺，生产资料的价格暴涨，市场上就出现哄抬价格、转手倒卖的现象。企业不是致力于改善经营管理、提高效率，而是致力于涨价和变相涨价。[①] 价格秩序非常混乱。1989 年居民通货膨胀预期仍居高不下，零售物价总指数急剧上涨 17.8%。1990 年政府试图拉动经济，增加货币投放，但是消费者因较低的通货膨胀预期而倾向于增加储蓄，或是持币代购，市场陷入更严重的疲软状态。

从根本上来说，抢购风潮、挤兑或市场疲软，价格的上涨或下降，都是由供给失衡的矛盾引起的。但是当经济主体的预期作用明显，市场供求关系矛盾便可由预期的推动而放大使市场出现混乱。

（二）新一轮通货膨胀时期居民与企业的预期行为（1993—2005）

1993—1994 年发生了更为严重的通货膨胀，1994 年零售商品价格总指数上涨 21.7%，储蓄率则从上半年的 32.05% 迅速回落到 21.8%。居民减持现金购买房地产、耐用消费品等实物资产。经历了多次通货膨胀以后，人们

---

① 刘扬：《中国物价波动与通货膨胀研究》，中国财政经济出版社 1998 年版，第 178—179 页。

对通货膨胀的防范意识增强，居民和企业部门的通货膨胀预期趋于成熟。通货膨胀预期必然会影响消费需求和企业决策者的生产、定价过程，从而导致通货膨胀自我实现和加速的通货膨胀。

1993—1995 年的通货膨胀是高经济增长和高通货膨胀相伴随的时期。就企业部门而论是由于高投入高消耗的生产方式造成生产资料价格与消费品价格攀升。企业重投入、拼消耗，忽视技术和提高劳动生产率，企业生产和经营成本过高就决定了产出商品价格上涨。由于前几年价格的一度上升使得企业预期未来生产资料价格不断攀升，而企业进行抢购生产资料，供不应求的情况加速生产资料价格上涨，从而企业的生产成本升高，但是，市场无力使物价回落到正常水平，需要国家实施紧缩政策治理通货膨胀。

中央政府从 1994 年底确定抑制通货膨胀目标，实施偏紧的货币政策，以遏制通货膨胀上升的势头，因此通货膨胀率从 1994 年 21.7%降至 1995 年 11 月的 15.4%，继而降到 1997 年的 0.8%，1997 年 11 月经济进入通货紧缩阶段。价格水平下降持续到 2002 年。由于居民的购买行为受预期影响，在通货膨胀预期阶段，购买意愿提高，越是涨价，购买意愿越高；在通货紧缩预期阶段，购买意愿下降，越是降价，购买意愿越低。[①] 出现通货紧缩后居民和企业部门的通货紧缩预期不断强化，居民推迟购买或者放弃一部分购买数量；企业部门紧缩生产规模或者停产。面对通货紧缩，中央银行从 1996 年 5 月至 2002 年 2 月 21 日 8 次降息。以一年期存款为例，利率从 1996 年的 10.98%降至 2002 年的 1.98%，下降幅度达 80%以上。

2003 年物价又开始上涨，到 2004 年 10 月已经连续有 8 个月超过 3%，表明已经进入新一轮通货膨胀。2004 年 6—9 月价格上涨连续 4 个月超过

---

① 陈东琪：《当前经济形势的基本特征与政府政策》，《中国工业经济》1998 年第 11 期。

5%，但没有出现加速上涨。所以本轮物价上涨还属于温和性通货膨胀。[1]由于经历过前面几次严重的通货膨胀，居民和企业部门的通货膨胀预期逐渐成熟和理性化，面对物价上涨，居民与企业部门预期政府会出台相应政策，预期政策是稳定而持续的，市场并没有出现抢购风潮和银行挤兑现象，社会秩序也较为稳定。

通过对我国居民、企业部门的通货膨胀预期的定性分析可以发现，我国居民的通货膨胀预期是随着经济转轨和体制转型逐渐形成的，并且由不成熟和非理性逐渐转变为相对成熟和理性。相关分析是对中国转型经济中市场主体通货膨胀预期行为做计量研究的基础。

第三节　计量检验

我们利用货币流通公式[2]、单位根检验、Granger 因果检验和单变量与多变量线性回归模型证实预期是否存在，揭示预期对通货膨胀的影响程度，通货膨胀与预期通货膨胀的因果关系以及通胀预期对消费、投资的影响从而对总需求的影响。计量检验综合使用货币流通速度、消费、投资、利率、房地产、期货价格等数据。

一、数据选取

房地产市场目前只有 1998—2004 年的年度数据，使用年度数据做房地

---

① 金三林、杨琴：《从新一轮通货膨胀的特点看 2005 年物价走势》，《经济研究参考》2005年第 11 期。到 2008 年美国次贷危机引发全球金融危机爆发，我国通货膨胀均在 5% 以下。——笔者注

② $MV = PY$，其中，M 是货币供给量，V 是货币流通速度，P 表示通货膨胀水平，Y 为总产出。

产市场通货膨胀预期分析显得牵强。① 但可以收集到 1999—2005 年房地产月度数据。为了计量分析更具客观性，尝试从年度与月度两种时间区间分别选取数据分析。

（一）年度数据选取

本章研究范围是 1978 年至 2005 年居民和企业部门的通货膨胀预期行为。对于价格数据，居民消费价格指数（CPI）的数据只有 1985 年至 2004年的，而商品零售价格指数（RPI）可以满足所选时间段的需要，而且商品零售价格能及时反映市场价格变化，所以采用 RPI 为价格变化指数衡量通货膨胀。

弗里德曼认为通货膨胀就是一种货币现象，"每一次重大的通货膨胀都是由货币扩张所引起的"②。我国货币供给量按照不同统计口径有 M_0、M_1和 M_2。当居民预期名义利率低于预期的通货膨胀率，则会尽快减少银行储蓄和其他存款，转为购买耐用消费品、不动产等实物资产。本章选取货币供给量 M_2。

高通货膨胀预期下，居民、企业部门抛出货币抢购实物，避免货币贬值带来损失，即使中央银行不增加货币供给量，经济生活中的货币流通速度也会加快，导致出现价格上涨或者通货膨胀加速。如图 6-1 所示，1986—1996年之间，通货膨胀率（RPI 增长率）和货币流通速度的变化趋势基本相同，变化幅度也相近，基本判断是通货膨胀预期对通货膨胀施加了影响。1997年之后二者变化趋势较前不很一致，差距较大，说明此时较低的通货膨胀预期与货币供给量共同影响通货膨胀。在货币供给量不变的情况下，货币流通

---

① 本研究的基础工作完成于 2006 年。
② 米尔顿·弗里德曼：《弗里德曼文萃》，北京经济出版社 1991 年版，第 509 页。

速度的快慢反映了居民通货膨胀预期的高低，因此选取货币流通速度 V 衡量通货膨胀预期。根据货币流通速度公式，货币流通速度 V 是由总价格水平 P 和商品交易量 Y 的变化率之和减去货币供给量 M 变化率所得。

（单位：%）

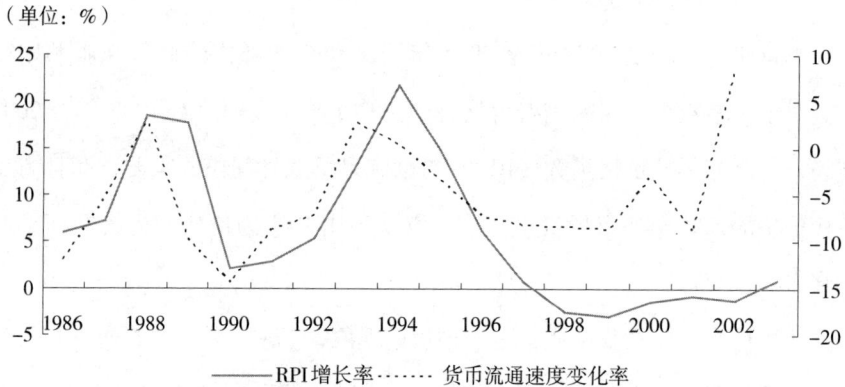

图 6-1　物价与货币流通速度的变化趋势

本节利用货币流通公式得到的货币流通速度代表居民、企业部门通货膨胀预期，商品零售价格环比指数代表通货膨胀，通过对二者的分析得出居民、企业部门是否具有通货膨胀预期，以及通胀预期与实际通货膨胀的关系。

（二）月度数据选取

1. 分类数据

消费：收集了 1999 年 1 月—2005 年 12 月商品零售价格指数（RPI）和居民消费价格指数（CPI）以及社会消费品零售总额（CRS）数据。收集到 1999 年 1 月—2005 年 12 月消费者信心指数（CCI）、满意指数（CSI）和预期指数（CEI），这些指数可以看作居民的价格预期。而商品零售价格和居民消费价格指数表示价格变化水平。

房地产：收集 1999 年 1 月—2005 年 12 月房地产综合景气指数（简称国

房景气指数，GJI）和房地产销售价格指数（EPI）以及 1999 年至 2005 年每年 3 月至 12 月份的房地产开发投资完成额（EI）数据。房地产开发综合景气指数变化值看作是居民、企业部门对房地产市场的通货膨胀预期。

投资：收集 1999 年至 2005 年每年 3 月至 12 月份的全国固定资产投资完成额（I），2000 年 1 月—2005 年 12 月份的原材料价格指数（MPI）和生产资料出厂价格指数（PPI）数据。

利率：收集了 1999 年 1 月—2005 年 12 月银行间隔夜、一周、两周、一月、两月、三月、六月和九月同业拆借利率数据。笔者分析发现平均利率的变化趋势和每个时间段的变化趋势相差不大。因此，可对各时期的同业拆借利率求均值表示月度总利率（r）水平。

期货价格：本节利用 1999 年 1 月—2005 年 12 月郑州、大连和上海期货交易所的期货总成交金额与总成交量的比值得到期货的单价（亿元/万张），期货价格（FP）可以看作是对现货市场价格的重要预期。

2. 选取数据的依据

选取消费者信心指数的原因在于消费者信心是指消费者根据国家或地区的经济发展形势，对就业、收入、物价、利率等问题综合判断后得出的一种看法和预期。消费者信心指数（CCI）由消费者预期指数（CEI）和消费者满意指数（CSI）组成，是对消费者整体所表现出来的信心程度及其变动的一种测度。从国外五十多年来理论研究和实践来看，消费者的信心与重要的宏观经济指标之间存在密切联系，对未来经济发展趋势有相当预见性，是宏观经济的一个重要的先行指标。并且，1965 年至 1995 年消费者对通货膨胀率的预期与实际的 CPI 比较结果显示，消费者估计的通胀率与实际 CPI 非常吻合。[1]

---

① 李晓玉：《消费者信心指数的理论背景与实际含义》，《统计教育》2006 年第 1 期。

选取期货价格的原因在于期货价格指数可以快速反映物价水平变化，所以期货价格（FP）可以作为通货膨胀预期的指标值看待。

选取国房景气指数（GJI）衡量房地产市场通货膨胀预期的原因在于它是对房地产业发展变化趋势和变化程度的量化反映。

我们以下利用月度数据，拟通过通货膨胀预期对消费、投资的影响，从而得出通货膨胀预期对总需求的影响。即由于通货膨胀的波动引起的通货膨胀预期对货币政策执行效果的扩张和冲销作用，从而得出稳定、较低的通货膨胀率可以降低通胀预期并对产出的负面影响作用变小。

二、模型设定

（一）货币流通公式

货币流通公式为：

$$MV = PY \qquad (6.15)$$

其中，M，V，P，Y 分别表示货币供给量、货币流通速度、总价格水平和总产出水平。

由货币流通公式（6.15）可以得到

$$\frac{\Delta M}{M} + \frac{\Delta V}{V} = \frac{\Delta P}{P} + \frac{\Delta Y}{Y} \qquad (6.16)$$

其中，$\frac{\Delta Y}{Y}$ 实际上指 $\frac{\Delta GNP}{GNP}$。由公式（6.2）得到：

$$\frac{\Delta V}{V} = \frac{\Delta P}{P} + \frac{\Delta Y}{Y} - \frac{\Delta M}{M} \qquad (6.17)$$

由公式（6.17）得到的货币流通速度代表居民、企业部门的通货膨胀预期。

（二）平稳性检验

1. 单位根检验

传统时间序列分析都假定变量平稳，即时间序列的统计规律不会随着时间的推移而发生变化。但在经济领域中许多时间序列观测值都不是由平稳过程产生，而是随着时间的推移而变化。即时间序列的均值或自协方差函数随时间而改变，该序列是非平稳的。为了避免建模中出现伪回归情况，时间序列平稳性检验显得尤为重要，而单位根检测是目前实证领域应用最广泛的一种方法。

第一，DF 检验：

考虑一个 AR（1）过程：

$$y_t = \rho y_{t-1} + \varepsilon_t \tag{6.18}$$

其中 ε_t 是白噪声。若参数 $|\rho| < 1$，则序列 y_t 是平稳的；而若 $|\rho| = 1$，序列叫作随机步游，是非平稳的一个例子；当 $|\rho| > 1$ 时，序列是非平稳的，没有实际意义。所以只需检测 $|\rho|$ 是否严格小于 1。实际检验时将上式改写为

$$\Delta y_t = \gamma y_{t-1} + \varepsilon_t \tag{6.19}$$

其中 $\gamma = \rho - 1$。假设检验为：

$$H_0: \gamma = 0 \quad H_1: \gamma < 0$$

在序列存在单位根的零假设下，对参数 γ 估计值进行显著性检验的 t 统计量不再服从常规的的 t 分布。DF（Dicker 和 Fuller）于 1979 年给出了检验用的模拟临界值 τ 统计量，故该检验称为 DF 检验。若所计算出来的 τ 统计量的绝对值（即 $|\tau|$）超过 DF 或麦金农 DF 临界 τ 的绝对值，则拒绝所给时间序列是非平稳的假设。而反过来如果小于临界值则时间序列是平稳的。

根据序列 y_t 的性质不同，DF 检验除式（6.19）外，还允许序列 y_t 有如

下两种形式：

（1）包含常数项：

$$\Delta y_t = c + \gamma y_{t-1} + \varepsilon_t \qquad\qquad (6.20)$$

（2）包含常数项和线性时间趋势项：

$$\Delta y_t = c + \delta t + \gamma y_{t-1} + \varepsilon_t \qquad\qquad (6.21)$$

一般地，如果序列 y_t 在 0 均值上下波动，则应该选择不包含常数和时间趋势项的检验方程，即式（6.19）；如果波动具有非 0 均值，但没有时间趋势，可选择式（6.20）作为检验方程；若序列具有非 0 均值，且随时间变化有上升或下降趋势，应采取式（6.21）的形式。

第二，ADF 检验：

在 DF 检验中，对于式（6.19），常常因为序列存在高阶滞后相关而破坏了随机干扰项 ε_t 是白噪声的假设，ADF 检验对此做了改进。它假定序列 y_t 服从 AR（P）过程，检验方程为

$$\Delta y_t = \gamma \Delta y_{t-1} + \xi_1 \Delta y_{t-1} + \xi_2 \Delta y_{t-2} + \cdots + \xi_{p-1} \Delta y_{t-p+1} + \varepsilon_t \qquad (6.22)$$

同时，ADF 也可以由包含常数项和同时包含常数项和线性时间趋势两种形式，[1] 它们分别为：

$$\Delta y_t = c + \gamma y_{t-1} + \xi_1 \Delta y_{t-1} + \xi_2 \Delta y_{t-2} + \cdots + \xi_{p-1} \Delta y_{t-p+1} + \varepsilon_t$$

$$\Delta y_t = c + \delta t + \gamma y_{t-1} + \xi_1 \Delta y_{t-1} + \xi_2 \Delta y_{t-2} + \cdots + \xi_{p-1} \Delta y_{t-p+1} + \varepsilon_t$$

ADF 检验的假设与 DF 检验相同。对于式（6.22）中滞后长度 p 的选取，一般采用 Akaike's 信息标准（AIC：Akaike Information Criterion）、Schwartz's 标准（SC：Schwartz Criterion）和似然比检验（LR：Likelihood Ratio），即选定的滞后期长度应使 AIC 和 SC 最小，以保证残差值非自相关。

---

① 易丹辉：《数据分析与 EVIEWS 应用》，中国统计出版社 2002 年版，第 143—145 页。

（三）Granger 检验模型

Granger 因果关系检验由 C. W. Granger（1969）提出，这种检验方法的基本思路在于：如果 X 变化引起 Y 变化，则 X 变化应该发生在 Y 变化之前。

检验原假设"X 不是引起 Y 变化的原因"，可以先对以下两个回归模型进行估计：

无限制条件回归：$Y_t = \sum_{i=1}^{m} \alpha_i Y_{t-i} + \sum_{i=1}^{n} \beta_i X_{t-i} + \varepsilon_t$ （6.23）

有限制条件回归：$Y_t = \sum_{i=1}^{m} \alpha_i Y_{t-i} + \varepsilon_t$ （6.24）

假设 $H_0 : \beta_1 = \beta_2 = \cdots = \beta_n = 0$，即添加 X 的滞后变量并不能显著增加模型的解释能力。

然后用两个回归模型的残差平方和计算 F 统计量：

$$F = (N - m - n) \frac{SSE_R - SSE_{UR}}{n \cdot SSE_{UR}}$$

其中 SSE_R 和 SSE_{UR} 分别为有限制条件回归和无限制条件回归的残差平方和，N 是样本容量。F 值服从自由度为 $(n, N - m - n)$ 的 F 统计分布，以此可以检验系数 β_i 是否同时显著的不为 0。利用 F 统计值和相伴概率检验原假设 H_0，对于给定的显著性水平 α，若 F 值的相伴概率小于 α，则拒绝原假设。认为 β_i 中至少有一个显著的不为零，即 X 是引起 Y 变化的原因。反之，X 不是 Y 的原因。[①]

三、计量检验

（一）年度数据计量模型检验

利用式（6.17）得出货币流通速度数据。我们假定货币流通速度变化

---

① 王文博：《计量经济学》，西安交通大学出版社 2004 年版，第 267—268 页。

率可以量化居民、企业部门的通货膨胀预期。

李拉亚（1991）[1] 曾经利用以上方法分析我国 1982—1988 年居民和企业的通货膨胀预期，得出通货膨胀预期是存在的，且随着经济的变化而变化。即 1982—1987 年货币流通速度变化率平均为负值，货币流通速度逐年下降起到了吸收增发货币的作用，使得货币增长率对物价增长率的冲击力减弱。其中，1985 年货币流通速度最大，为 -3.9，1986 年最小，为 -12.4。对这一现象可以解释为：1984 年的经济过热物价出现较大上升后，1985 年人们的通货膨胀预期增强，因此人们会将货币转化为实物资产的购买，货币流通速度加快。1986 年经济面临紧缩的局面，人们预期物价水平降低，出现持币待购现象，货币流通速度减慢。1988 年正的货币流通速度表示它不再起吸收货币的作用，反而强化了货币增长率对物价的冲击作用。而 1988 年 M 增长率与 GNP 增长率的差额为最小，而物价水平却很高，这是 1988 年通货膨胀预期增大的结果。

表 6-1　间接变量表示的居民、企业部门通货膨胀预期波动（%）

指标 年份	$\dfrac{\Delta M}{M}$	$\dfrac{\Delta V}{V}$	$\dfrac{\Delta P}{P}$ [2]	$\dfrac{\Delta GNP}{GNP}$	（1）—（4）
	（1）	（2）	（3）	（4）	（5）
1989	18.3	3.7	17.8	4.2	14.1
1990	28	-21.7	2.1	4.2	23.8
1991	26.5	-14.5	2.9	9.1	17.4
1992	31.3	-11.8	5.4	14.1	17.2
1993	37.3[3]	-11	13.2	13.1	24.2

① 李拉亚：《通货膨胀预期与机理》，中国人民大学出版社 1991 年版，第 233—236 页。
② P 为年度环比价格指数。
③ 因 1992 年以前的口径与以后年份不一致，1993 年的数据偏高。

续表

指标 年份	$\dfrac{\Delta M}{M}$	$\dfrac{\Delta V}{V}$	$\dfrac{\Delta P}{P}$ ②	$\dfrac{\Delta GNP}{GNP}$	（1）—（4）
	（1）	（2）	（3）	（4）	（5）
1994	34.5	-0.2	21.7	12.6	21.9
1995	29.5	-5.7	14.8	9.0	20.5
1996	25.3	-9.4	6.1	9.8	15.5
1997	19.6	-10.2	0.8	8.6	11
1998	14.8	-9.6	-2.6	7.8	7.0
1999	14.7	-10.5	-3	7.2	7.5
2000	12.3	-5.4	-1.5	8.4	3.9
2001	17.6	-11.2	-0.8	7.2	10.4
2002	16.8	-9.2	-1.3	8.9	7.9
2003	19.6	-9.5	-0.1	10.2	9.4
2004	14.6	-1.9	2.8	9.9	4.7

注：原始数据来源于中国价格及城镇居民收支调查（2005）、1999—2005 年中国统计年鉴、中国金融年鉴，本节使用时经过整理。

根据对 1989—2004 年的数据处理（见表 6-1）可以分析：尽管政府 1988 年下半年采取了紧缩措施，1989 年经济增长率为 4.2%，经济增长明显下滑，但零售物价指数增长率仍达到 17.8%，货币流通速度上升。出现这种情况的原因在于 1988 年高通货膨胀使得居民、企业部门保持高通货膨胀预期。1990 年 -21.7% 的货币流通速度变化率表示通货膨胀预期迅速下降，通胀率急剧下降至 2.1%，经济则出现紧缩态势，于是中央银行扩大货币供给，但是货币增长率与 GNP 增长率的差额却扩大至 23.8%，表明增加货币供给启动经济的措施收效并不理想，应该说低通货膨胀预期在起作用。1991 年中央银行继续扩大货币供给量，经济有所好转。而从 1992 年开始经济进入新一轮高涨阶段。但持续扩大的货币供应使得居民通货膨胀预期增强，表现为货币流通速度增加，与 1990 年相比，1992 年的货币流通速度变化率增加了近 10 个百分点，通货膨胀预期又一次增强。

1993—1994 年物价开始新一轮上涨，1993 年通货膨胀率为 13.2%，1994 年飙升至 21.7%。与 1993 年相比，1994 年货币增长率与 GNP 增长率的差额缩小 2.3 个百分点，物价却上升了 8.5 个百分点，货币流通速度变化率由 1993 年的-11%迅速增加至 1994 年的-0.2%。以上表明居民、企业部门的高通货膨胀预期助长了 1994 年的高通货膨胀。

1994 年底，政府制定了紧缩政策。因此，从 1996 年开始，通货膨胀水平下降，货币供给量增速减慢，1997 年物价变化率仅仅为 0.8%，货币流通速度变化率降为-10.2%，货币供应减慢，但是货币增长率与 GNP 增长率的差额比 1996 年降低了 4.5 个百分点。[①] 分析表明居民、企业部门的通货膨胀预期很低。从 1998 年至 2002 年物价上涨率均为负值，货币流通速度增长率一直处于负值，经济陷入严重紧缩状态。居民、企业部门的通货膨胀负预期是经济出现"启而不动"现象的重要根源。

2003 年经济转入繁荣阶段，物价开始上升，经济增长率达到 10.2%，物价增长率为 0.1%。但是货币流通速度增长率仍然保持在-9.5%的水平，居民、企业部门由于受紧缩的影响仍然保持较低的通货膨胀预期。

对 1989—2004 年的货币流通模型分析说明 20 世纪 80 年代末期中国经济改革步伐加快（例如 1988 年实行全面价格改革"闯关"），从而促使居民与企业部门形成通货膨胀预期，此后出现通货膨胀或者通货紧缩均与市场主体的预期行为、预期的强弱有关。

由于年度时间序列数据样本容量的局限性，有关的计量结论实际缺乏说

---

① 这一时期经济实际已经出现下滑迹象，但是政策上没有做出反应。1997 年底中央经济工作会议仍然提继续执行适度从紧的货币政策。

服力，以下利用月度数据分析。

（二）模型及相关检验

1. 商品市场预期行为分析

很多学者论述通货膨胀预期时使用适应性预期，但适应性预期的缺陷使其分析预期问题不尽合理。本节利用消费者信心指数（CCI）和期货价格（FP）作为数据基础分析我国的通货膨胀预期问题。具体以 1999 年 1 月—2005 年 12 月度同比居民消费价格指数（CPI）表示通货膨胀，用 1999 年 1 月—2005 年 12 月月度同比消费者信心指数（CCI）和消费者预期指数（CEI）、满意指数（CSI）以及期货价格（FP）表示通货膨胀预期。

（1）平稳性检验

为了避免伪回归发生，对以上各月度时间序列进行单位根检验验证其平稳性。以上序列数据的变化均具有时间趋势，且序列均值非零，因此选择同时包含时间常数项和时间趋势项的 ADF 检验方法，并以 AIC 和 SC 准则选取最佳滞后长度 p ，以保证残差值非自相关。

检验结果表明：在 1% 的置信水平下，最佳滞后长度均为 0 的情况下，序列 CSI_t、CSI_t、CEI_t、CCI_t 和 CSI_t 的一级差分是平稳序列（见表 6-2）。即每一项均是 I（1），则可以进行 Granger 检验。

表 6-2　对 CSI_t、CSI_t、CEI_t、CCI_t、和 DCPI 的 ADF 检验结果

	1%	Critical Value*	−4. 0727
ADF Test Statistic on DCPI−7. 602172	5%	Critical Value	−3. 4645
	10%	Critical Value	−3. 1585
	1%	Critical Value*	−4. 0727
ADF Test Statistic on DCSI−7. 909537	5%	Critical Value	−3. 4645
	10%	Critical Value	−3. 1585

续表

	1%	Critical Value*	−4.0727
ADF Test Statistic on DCEI−6.461375	5%	Critical Value	−3.4645
	10%	Critical Value	−3.1585
	1%	Critical Value*	−4.0727
ADF Test Statistic on DCCI−6.645488	5%	Critical Value	−3.4645
	10%	Critical Value	−3.1585
	1%	Critical Value*	−4.0727
ADF Test Statistic on DFP −11.93668	5%	Critical Value	−3.4645
	10%	Critical Value	−3.1585

* MacKinnon critical values for rejection of hypothesis of a unit root.

（2）Granger 检验

按照前面 Granger 检验方法对代表通货膨胀预期的 CCI_t、CSI_t、CEI_t、FP_t 与通货膨胀（CPI_t）分别进行检验。因为每列数据均为一级差分平稳的，因此可以直接做 Granger 检验。结果表明 1999—2005 年代表通货膨胀的 CPI_t 与代表通胀预期的 CCI_t、CSI_t、CEI_t 之间不存在 Granger 因果关系；而期货价格 FP_t 是通货膨胀 CPI_t 的 Granger 原因，但是通货膨胀率不是期货价格的 Granger 原因（见表6-3），即期货价格越高，居民、企业部门预期通货膨胀越高，推动实际通货膨胀率上升。我们也得到 1999—2001 年消费者信心指数 CCI_t 与居民消费价格指数 CPI_t 具有 Granger 因果关系，滞后 2 期的通货膨胀预期是当期通货膨胀的原因；而当期通货膨胀是后 5 期通货膨胀预期的原因，即二者互为因果关系，只是滞后期数不同（计量结果从略）。

表 6-3　$\ln(FP)_{t-3}$、$\ln(FP)_{t-11}$ 分别对 $\ln(CPI)_t$ 的回归结果

变量	系数	标准差	t 统计值	相伴概率 p
c	4.595799	0.010888	422.1090	0
$\ln(FP)_{t-3}$	0.217776	0.007391	2.405210	0.0186
$AR(1)$	0.863656	0.52059	16.58985	0.
$R^2 = 0.860884$　$\overline{R^2} = 0.857271$　DW = 2.074778　F = 238.2473　P = 0				
c	4.595300	0.012658	363.0248	0
$\ln(FP)_{t-11}$	0.219089	0.008762	2.178739	0.0328
$AR(1)$	0.873561	0.059237	14.74682	0
$R^2 = 0.832197$　$\overline{R^2} = 0.827333$　DW = 1.942885　F = 171.0980　P = 0				

（3）线性回归

第一，对 1999 年至 2001 年通货膨胀与通货膨胀预期进行单变量线性回归。以 1999 年 1 月至 2001 年 12 月的月度 LNCPI$_t$ 为因变量、LNCCI$_{t-2}$ 为自变量，利用计量统计软件 eviews3.1 作单变量线性回归，回归结果见表 6-4。分析表 6-4 说明回归模型是显著的，并且通过计量方法消除了自相关。通货膨胀预期对通货膨胀具有影响，并且这种影响是滞后 2 期的。当期通货膨胀对滞后 2 期的通胀预期的弹性是 26.9%，[1] 即居民、企业部门当月预期物价上涨（或下降）1% 时，两个月后实际物价上涨（或下降）0.269%。

表 6-4　1999—2001 年 LNCCI$_{t-2}$ 对 LNCPI$_t$ 的回归结果

变量	系数	标准差	t 统计值	相伴概率 p
c	3.380289	0.527974	6.402373	0

———————————

[1]　当函数可微时，弹性的计算方法可表示为：$E = \frac{dLNCPI}{dLNCCI}$。

续表

变量	系数	标准差	t 统计值	相伴概率 p
$LNCCI_{t-2}$	0.268999	0.115783	2.323303	0.0271
$AR(1)$	0.768521	0.119128	6.451225	0
$R^2 = 0.810152$　　$\overline{R^2} = 0.797496$　　DW = 1.604418　　F = 64.01068　　P = 0				

其次，对 1999 年 1 月至 2005 年 12 月居民消费价格指数和期货价格月度数据作计量模型分析。[①] 通过分别对 $LNFP_{t-3}$ 与 $LNCPI_t$、$LNFP_{t-11}$ 关于 $lLNCPI_t$ 作单变量回归得出 $LNFP_{t-3}$ 与 $LNFP_{t-11}$ 对 $LNCPI_t$ 有显著影响。因此，以 $LNCPI_t$ 为因变量，$LNFP_{t-3}$、$LNFP_{t-11}$[②]为自变量作多变量线性回归分析，经过消除自相关得到回归结果见表 6-5。分析回归结果，回归模型是显著的，且拟合度较高，无多重共线性和异方差性。当月通货膨胀率对滞后 3 期和 11 期的期货价格的弹性分别为 0.02192 和 0.02048，通货膨胀能被预期到，并且通货膨胀预期对通货膨胀具有正向推动作用。

表 6-5　1999 年至 2005 年 $LNFP_{t-3}$ 和 $LNFP_{t-11}$ 对 $LNCPI_t$ 的回归结果

变量	系数	标准差	t 统计值	相伴概率 p
c	4.566361	0.013797	330.9784	0
$LNFP_{t-3}$	0.021916	0.007446	2.943310	0.0044
$LNFP_{t-11}$	0.020477	0.007846	2.609912	1.0111
$AR(1)$	0.803143	0.074119	10.83590	0.
$R^2 = 0.849541$　　$\overline{R^2} = 0.842903$　　DW = 1.878910　　F = 127.9832　　P = 0				
AIC = -7.188866SC = -7.062384　　obs*R-Squared = 12.81　　P = 0				

① 本节用期货价格代表通货膨胀预期。
② 期货价格的单位是亿元/万张。

（4）对计量结果的分析

由上分析得出消费者信心指数从 1999 年至 2001 年对居民消费价格指数的变化具有显著影响。从 1997 年开始，由于亚洲金融危机、国际性通货紧缩，以及国内消费不振、产业结构与供求结构失衡等因素的影响，我国物价出现了大跨度的负增长区间。其中，1998 年 4 月到 2000 年 1 月长达 22 个月的居民消费价格总水平保持负增长，商品零售价格指数从 1998 年 1 月至 2001 年 4 月均保持在负增长水平。虽然央行为了抑制通货紧缩相应出台了一系列扩张政策，包括降低存、贷款利率，扩大消费信贷业务，通过公开市场业务调控基础货币等多种措施并举，但是收效甚微。严重的通货紧缩使得居民、企业部门对未来信心不足，居民消费意愿大幅度下降，预期对物价的影响增强。而从 2003 年 1 月份开始，物价水平恢复性增长，但上升幅度较小，最高为 2004 年的 5.3%，属于温和型通货膨胀。2005 年居民消费价格上涨率在 2% 左右，经济运行良好，相对稳定的物价水平变动使得人们的通货膨胀预期低且稳定，对经济的负向冲击减弱。

相对消费品市场而言，期货价格的变化更能比较快速准确地反映物价水平的变化。因此，1999 年至 2005 年期货价格成为消费者价格指数的 Granger 原因，即人们根据期货价格变化预期未来物价水平变化。但由于我国商品期货市场的规模和参与度仍然有限，因此预期程度比较低，通货膨胀预期对未来通货膨胀的预期程度大约为 2%。如图 6-2 所示，当本期期货价格上升时，人们预期物价上升，因此会增加实物资产的购买，3 期后的社会消费品零售总额增加；当本期期货价格下降时，3 期后的社会消费品零售总额减少。消费品零售总额的波动幅度与期货价格波动也趋于一致。

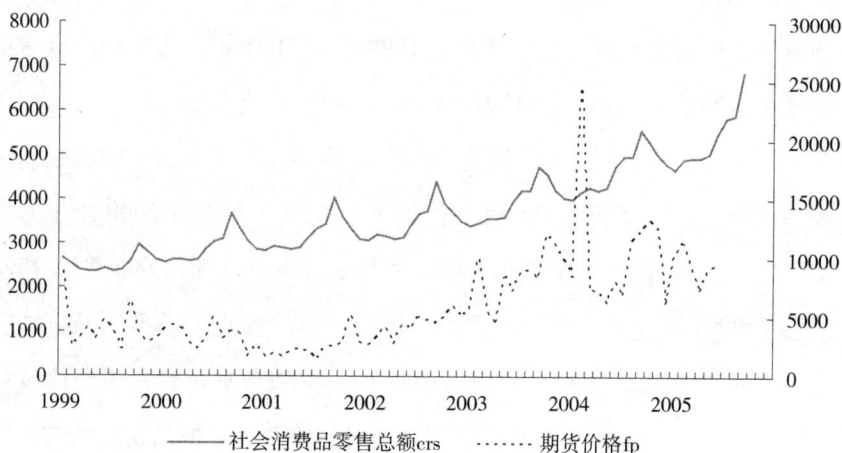

图6.2　社会消费品零售总额与滞后3月的期货价格变动

2. 房地产市场预期行为分析

国房景气指数（GJI）是全国房地产开发业综合景气指数的简称，它是对房地产业发展变化趋势和变化程度的量化反映。以国房景气指数和期货价格分别作为衡量房地产企业对通货膨胀的预期，而居民消费价格指数作为衡量通货膨胀的指标。

（1）居民消费价格指数与国房景气指数的关系

由于已经分析过居民消费价格和期货价格的平稳性，只对国房景气指数进行平稳性分析。结果表明国房景气指数是一阶平稳的（见表6-6。DGJI表示国房指数的一阶差分）。可以对 CPI_t 与 GJI_t 进行 Granger 因果关系检验，检验结果表明 GJI_t 是 CPI_t 的 Granger 原因（见表6-7），且滞后期为3，则进行 CPI_t 与 GJI_t 的回归分析。经过多次检验，滞后1期的 GJI_t 对 CPI_t 的影响显著，以下进行 CPI_t 与 GJI_{t-1} 的线性回归分析（结果见表6-8）。

表 6-6　对 DGJI 的 ADF 检验

		1%	Critical Value[*]	−4.0727
ADF Test Statistic on DGJI	−8.345071	5%	Critical Value	−3.4645
		10%	Critical Value	−3.1585

[*] MacKinnon critical values for rejection of hypothesis of a unit root.

表 6-7　对 CPI_t 与 GJI_t 的 Granger 检验

	滞后长度（m, n）	F 值	P 值	结果
H_0：GJI_t 非 CPI_t 因	(2, 2)	3.20823	0.02788[**]	拒绝
H_0：CPI_t 非 GJI_t 因	(2, 2)	0.65030	0.58526	不拒绝

注：[**]表示在 5%水平下显著。

表 6-8　CPI_t 与 GJI_{t-1} 的回归结果

变量	系数	标准差	t 统计值	相伴概率 p
c	5.738757	0.460752	12.45520	0
GJI_{t-1}	−0.241244	0.099198	−2.431933	0.0173
$AR(1)$	0.934347	0.037522	24.901370	
R^2 = 0.856366　　$\overline{R^2}$ = 0.852635　　DW = 2.019092　　F = 229.5427　　P = 0				

　　由 F 值的相伴概率知回归模型是显著的，且模型已经消除了自相关，拟合优度高。由回归系数看出 GJI_{t-1} 对 CPI_t 的影响显著，CPI_t 对 GJI_{t-1} 的弹性为−0.2412。CPI_t 与 GJI_{t-1} 的弹性为负的原因在于：我国进入通货紧缩以来，物价水平长期处于负增长阶段。但国防景气指数是一个综合的指数，该指数是由新开工面积、土地转让收入、商品房空置面积、房地产开发投资、本年资金来源、土地开发面积、竣工面积和商品房销售价格分类指数构成的。因

此，虽然物价水平下降，但是若土地开发投资指数与土地开发面积增加也会使得国房景气指数上升。2000 年 10 月就吻合了这种情况，居民消费价格指数从 9 月的 100.30 降至 10 月的 100，但是房地产开发投资和土地开发面积指数分别上升 0.06% 和 1.23%，国房景气指数从 9 月的 103.32% 增至 10 月的 103.52%。

（2）房地产价格指数与期货价格的关系

以房地产价格指数（EPI_t）代表通货膨胀，期货价格（FP_t）代表居民、企业部门的通货膨胀预期。首先对 EPI_t 和 FP_t 进行平稳性检验。由于两列数据的时序图（图 6-3）变化均有时间趋势和常数项，因此利用公式（6.21）进行 ADF 检验，结果表明房地产价格指数和期货价格指数的一阶差分是平稳的（见表 6-9）。因此可以对二者进行 Granger 因果关系检验。

检验结果表明：期货价格是房地产价格指数的 Granger 原因，而房地产价格指数不是期货价格的 Granger 原因（见表 6-10）。但是 EPI_t 非 FP_t 原因中 F 值的相伴概率接近于 5%。因此，在房地产市场，通货膨胀与居民、企业部门的通货膨胀预期互为因果关系，但通货膨胀预期对通货膨胀的影响更强。通货膨胀预期引起通货膨胀，或者助长、加速通货膨胀。并且这种作用是滞后的，例如 1 月份期货价格上升，会通过期货市场传导至房地产市场而引起 3 月份房地产价格上涨。

表 6-9　对 EPI_t 和 FP_t 的 ADF 检验

ADF Test Statistic on DEPI	-7.827519	1%	Critical Value*	-4.0727
		5%	Critical Value	-3.4645
		10%	Critical Value	-3.1585

续表

ADF Test Statistic on DFP	−11. 93668	1%	Critical Value*	−4. 0727
		5%	Critical Value	−3. 4645
		10%	Critical Value	−3. 1585

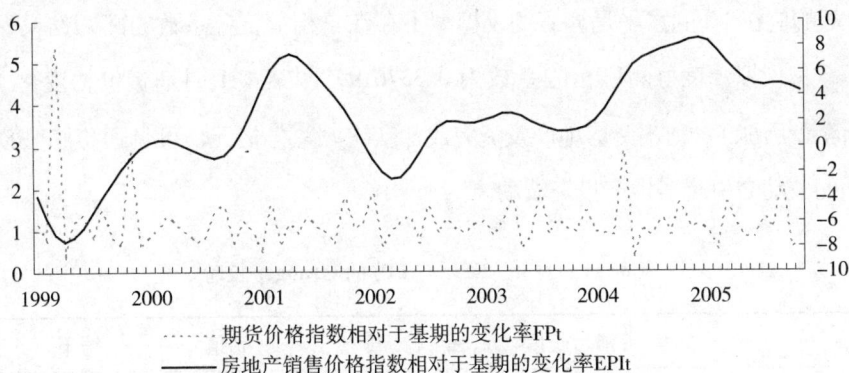

　　…………　期货价格指数相对于基期的变化率FPt

　　————　房地产销售价格指数相对于基期的变化率EPIt

图 6-3　EPI_t 与 FP_t 时间序列

* MacKinnon critical values for rejection of hypothesis of a unit root.

表 6-10　对 EPI_t 与 FP_t 的 Granger 检验

	滞后长度（m, n）	F 值	P 值	结果
H_0：EPI_t 非 FP_t 因	（2，2）	2. 90051	0. 06103	不拒绝
H_0：FP_t 非 EPI_t 因	（2，2）	3. 38043**	0. 03916	拒绝

注：**表示在5%水平下显著。

（3）对房地产投资和期货价格的检验

　　期货价格对房地产市场价格具有影响，以下分析房地产投资与期货价格的变化关系。为了分析方便，取房地产投资的对数和期货价格进行分析。对房地产投资和期货价格的 Granger 检验得出，FP 是 $LNEI_t$ 的 Granger 原因

（见表6-11）。则以房地产投资的对数函数为因变量，期货价格、利率为自变量做多变量线性回归。以 FP_{t-1} 为自变量进行回归所得的 DW 为 1.315012，经过高阶自相关检验得出回归模型存在一阶自相关。因此，以 $LNEI_t$ 为因变量，r_t 和 FP_{t-2} 为自变量进行线性回归，回归结果见表 6-12。分析表 6-12，DW 的值在 1% 的水平是显著的，模型不存在自相关，各系数的回归结果显著，模型拟合良好。FP_{t-2} 的系数为 0.337619，即某年 1 月期货价格变化 1（亿元/万张），则 3 月房地产投资完成额变化 $e^{0.337619}$ 亿元。可见通货膨胀预期的波动会引起房地产投资波动。

表 6-11　对 ln (EI)$_t$ 与 FP$_t$ 的 Granger 检验

	滞后长度 (m, n)	F 值	P 值	结果
H_0: FP_t 非 ln (EI)$_t$ 因	(1, 1)	5.36266	0.02426**	拒绝
H_0: ln (EI)$_t$ 非 FP_t 因	(1, 1)	3.06636	0.08540	不拒绝

注：**表示在 5% 水平下显著。

表 6-12　对 r_t 和 FP$_{t-2}$ 对 LNEI$_t$ 的线性回归

变量	系数	标准差	t 统计值	相伴概率 p
c	6.548627	0.302581	21.64258	0
r	-0.398161	0.071787	-5.546380	0
FP$_{t-2}$	0.337619	0.057820	5.839165	0
R^2 = 0.566420　$\overline{R^2}$ = 0.550654　DW = 1.490598　F = 35.92550　p = 0				

3. 对投资数据包含的预期因素分析

对于企业而言，通货膨胀加速会诱使企业预期原材料价格上涨，从而大量采购原材料和生产资料，原材料需求增加导致价格上升成本增加，工业品出厂价格上升，物价水平上涨。因此，以下对原材料价格指数（MPI）、生产资料价格指数（PPI）与居民消费价格指数（CPI）进行分析，得出企业的通货膨胀预期。

（1）对 MPI、PPI 与 CPI 的分析

2003 年中国再次出现通货膨胀，尽管物价统计数据尚属于温和型通胀。以 2003 年至 2005 年原材料价格指数、生产资料价格指数和居民消费价格指数月度数据进行分析。

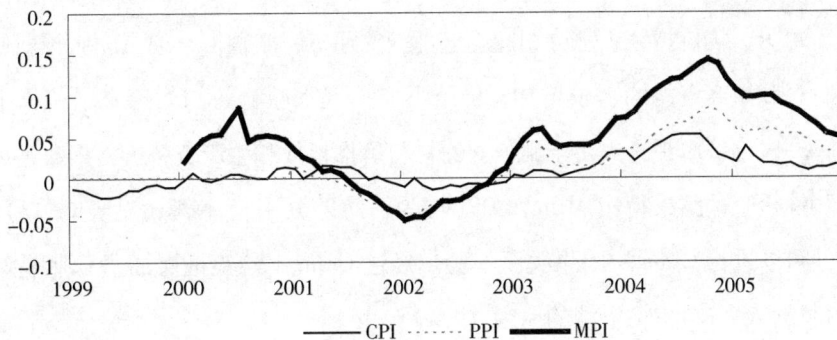

图 6-4　中国 CPI、MPI 与 PPI 变动

参照图 6-4，当居民消费价格指数从 2002 年 6 月的 99. 20 一度上涨至 2002 年 12 月的 99. 60，2003 年 1 月又涨至 100. 40 时，原材料价格指数从 2003 年 1 月的 103. 2 上涨至 2 月的 104. 8，生产资料价格指数上涨区间为 103. 8 至 105. 9，原材料价格指数和生产资料价格指数的增幅分别为 1. 6% 和 2. 1%，而居民消费价格指数则从 2003 年 1 月的 100. 40% 降至 2 月的 100. 20，增幅为-0. 20%。2004 年的情况类似，居民消费价格指数一直上升 7、8 月的 105. 30 时，9 月开始下降，10 月为 104. 30。但是，原材料价格指数从 6 月开始的 111. 8 涨至 8 月的 112. 9，并且继续增长至 10 月的 114. 2，

生产资料价格指数从 6 月的 108.1 涨至 8 月的 110.2，并且一直到 10 月的 110.9。而居民消费价格指数从 9 月持续下降至 11 月的 102.8 时，11 月的原材料价格指数和生产资料价格指数才分别下降为 112% 和 110.7。从以上两个阶段居民消费价格指数、原材料价格指数和生产资料价格指数的变化趋势可以看出，企业部门具有通货膨胀预期，即当物价持续上涨时，企业部门预期物价还会上涨，则会采购原材料和生产资料，短期内引起原材料和生产资料的价格上涨。预期的影响使生产资料和原材料价格上涨滞后于居民消费价格上涨。

可见，物价持续上涨会引起企业部门的通货膨胀预期，通货膨胀预期使原材料和生产资料的需求增加，供给不变情况下原材料与生产资料价格上涨，一般物价水平进一步上涨。对原材料价格指数和生产资料价格指数进行平稳性检验，结果得出 MPI 和 PPI 均为一阶差分平稳序列（见表 6-13），因此可以进行 Granger 因果关系检验。经过 Granger 检验证实通货膨胀是原材料和生产资料价格上涨的原因（见表 6-14）。

表 6-13　MPI 与 PPI 的 ADF 检验

ADF Test Statistic on DMPI	−5.376285	1%	Critical Value*	−4.0990
		5%	Critical Value	−3.4769
		10%	Critical Value	−3.1657
ADF Test Statistic on DPPI	−4.120832	1%	Critical Value*	−4.0928
		5%	Critical Value	−3.4739
		10%	Critical Value	−3.1640

* MacKinnon critical values for rejection of hypothesis of a unit root.

表 6-14　CPI_t 分别与 PPI_t、MPI_t 的 Granger 检验

	滞后长度（m, n）	F 值	P 值	结果
H_0：MPI_t 非 CPI_t 因	(2, 2)	0.83720	0.44312	不拒绝
H_0：CPI_t 非 MPI_t 因	(2, 2)	7.48172	0.00240**	拒绝
H_0：PPI_t 非 CPI_t 因	(2, 2)	1.09550	0.34781	不拒绝
H_0：CPI_t 非 PPI_t 因	(2, 2)	8.74540	0.00107**	拒绝

注：**表示在 5%水平下显著。

（2）通货膨胀预期与投资分析

通货膨胀引起企业部门的通货膨胀预期，从而影响原材料价格和生产资料价格变动，而价格变动又会影响企业投资决策。以下分析通货膨胀预期对于投资的具体影响。利用固定资产投资作为投资的指标，期货价格代表通货膨胀预期，银行同业拆借利率代表投资利率①。

对投资的平稳性检验知投资数据是平稳序列（见表 6-15）。经过对投资和期货价格的分析得出期货价格是投资的 Granger 原因（见表 6-16）。由于利率与投资成反方向变化，因此以投资的对数函数（LNI_t）为因变量，利率（r_t）和期货价格（FP_t）为自变量进行多变量线性回归分析。回归结果如表 6-17 所示。

表 6-15　对 I 的 ADF 检验

		1%	Critical Value*	−4.1219
ADF Test Statistic on I	−6.201814	5%	Critical Value	−3.4875
		10%	Critical Value	−3.1718

* MacKinnon critical values for rejection of hypothesis of a unit root.

---

① 由于月度贷款利率收集的困难，以银行同业拆借利率代替贷款利率。

表 6-16　ln（I）$_t$ 与 FP$_t$ 的 Granger 检验

	滞后长度（m，n）	F 值	P 值	结果
H$_0$: FP$_t$ 非 ln（I）$_t$ 因	（1，1）	9.00113	0.00402***	拒绝
H$_0$: ln（I）$_t$ 非 FP$_t$ 因	（1，1）	3.11216	0.08316	不拒绝

注：***表示在1%水平下显著。

表 6-17　r_t 和 FP$_t$ 对 LNI$_t$ 的线性回归

变量	系数	标准差	t 统计值	相伴概率 p
c	7.5696	0.2692	28.1165	0
r_t	−0.2745	0.0588	−4.6679	0
FP$_{t-1}$	0.3754	0.0528	7.1158	0
R^2 = 0.598725　$\overline{R}^2$ = 0.584393　DW = 1.542824　F = 41.77754　P = 0				

　　分析回归结果，由 F 值的相伴概率知回归模型是显著的。且 DW 值在 1%的水平显著，无自相关。常数与 r_t、FP$_{t-1}$ 的系数均显著。利率与投资是反向变动关系，且系数是−0.2745，滞后 1 期的期货价格与投资成正向变动，系数为 0.3754，即当某年 1 月 1 万张期货价格上涨 1 亿元，则本年 2 月投资完成额上涨 $e^{0.375368}$ 亿元。通货膨胀预期对投资具有正向影响作用。

四、结论

　　对消费、房地产和投资的计量分析可揭示出通货膨胀会引起居民与企业部门的通货膨胀预期，通货膨胀预期又影响消费与投资，从而影响总需求，总需求波动与预期越不稳定一致。货币政策必须注意促进居民、企业的通货膨胀预期稳定。试图保持居民与企业部门具有稳定的通货膨胀预期，就应该将通货膨胀控制在可接受的范围之内，即建立通货膨胀目标制，因为公众心理和经济状况都通货膨胀有一个容忍度和可接受区间。

对相关计量验证的结论（或推论）和政策含义概括如下：

（一）通货膨胀预期与经济周期的关系

结论 1：20 世纪 80 年代末期中国居民与企业部门开始形成通货膨胀预期，以后发生的通货膨胀或者通货紧缩均与市场主体的预期行为及预期的强弱有关。

结论 2：通货膨胀预期具有顺周期特点。即当经济活动高涨并出现通货膨胀时通货膨胀预期超前并不断强化从而加剧通货膨胀，导致通货膨胀自我实现和加速；当出现经济衰退和通货紧缩时市场出现通货紧缩预期，加剧通货紧缩与经济困难局面。

结论 3：仅仅使用货币数量（与利率）手段影响经济活动会受到通货膨胀预期的系统性冲销。说明货币政策是影响经济活动的一种有限度的工具，这印证了凯恩斯的政策主张。不过这也并不意味着货币政策注定是"无效的"。

上述结论的政策含义是货币管理在出现通货膨胀预期条件下难度增加。强调这种背景的政策含义是央行等宏观调控部门不仅需要将政策着力点放在抑制通货膨胀或者防止通货紧缩，还必须密切关注和管理通货膨胀预期。使用货币数量与利率工具需要具有适时前瞻性操作的特点。

（二）消费者信心、期货价格变动向 CPI 的传导

结论 4：以消费者信心指数为表征的通货膨胀预期对居民消费价格（CPI）的影响具有不对称性。即当经济处于通货紧缩期间消费者信心指数对以后两期（月度）的 CPI 产生影响，当期通货紧缩影响预期形成经历较长时期（5 个月）。表明通货紧缩期间预期一旦形成能够较快影响价格水平走势，对市场趋势做出反应形成预期则存在较持久观望期。当经济处于通货膨胀时期消费者信心指数对 CPI 缺乏解释力（这一结论应该严格限于目前研究的样本和样本期间）。①

上述结论的政策含义在于：货币与财政政策调节需要注意市场预期一旦形成其作用（积极的和消极的）可能难以避免，但是当试图通过政策操作改变预期时需要更大耐心，同一操作政策需要持续一定时期。

结论5：期货价格与通货膨胀（CPI_t）的关系在于：第一，期货价格是对一个季度和 11 个月通货膨胀一定程度的预期；第二，期货价格变动可以通过与现货市场的联系传导到 CPI_t，引起现货市场的通货膨胀或者通货紧缩。

政策含义：估计未来期货市场参与度上升，所以期货市场将无疑是观测通货膨胀走势、辗转影响通货膨胀水平的重要市场平台。中央银行则不能不密切关注和影响期货市场变化动态。这里提出一个问题：目前金融分业监管体制条件下需要央行、证监、银监等部门紧密协同运作，及时、准确甚至超前地判断金融与商品市场运行情况，加强政策协调配合，对商品期货市场实施监管和调控，避免宏观经济严重波动造成损失。

（三）房地产市场与通货膨胀预期的双向反馈

结论6：国房景气指数（GJI_t）代表的市场预期对其后一个月的通货膨胀（CPI）具有显著影响。说明国房景气指数是观察短期通货膨胀的领先指标。

结论7：商品期货价格（FP_t）代表的通货膨胀预期可以解释房地产价格指数（EPI_t）变动。两者尽管存在双向反馈，但是期货价格（FP_t）

---

① 根据我们的观察，宏观经济管理、调控部门在城乡所作调查活动的方法、渠道会影响所发布消费者信心指数的客观性。所以在使用相关数据得出结论时需要谨慎。

对房地产价格指数代表的通货膨胀的影响趋强,具体滞后期为两期(2个月)。

结论8:商品期货价格(FP$_t$)代表的通货膨胀预期波动会引起房地产投资(EI)波动。综合结论6、结论7,说明中国市场中存在以下传导机制:商品期货市场→房地产市场→CPI。房地产市场无论以国房景气指数(GJI$_t$)、房地产价格指数(EPI$_t$)、房地产投资(EI)作为指标值上述结论均成立。

政策调节需要注意期货市场变动是房地产市场的一个较好的前置指标。随着期货市场参与度提高以及期货品种和交易规模增加,这一政策含义更趋明显。

如何解释商品期货价格(FP$_t$)→房地产市场(GJI$_t$、EPI$_t$或者EI)→CPI的传导路径?第一,期货市场交易受到对未来房地产市场景气状况预测的影响,乐观预期会增加期货市场买盘,从而使期货价格超前房地产市场上升;第二,房地产市场景气活跃诱使CPI上涨的渠道在于两方面:企业与居民持有资产价格上涨形成投资扩张(托宾Q效应)和消费增加(财富效应),企业投资会间接拉动消费需求;资产价格上涨使抵押品价值增加撬动更多信贷投放,信贷扩张又作用于消费需求。[①]

(四)生产者成本、投资与利率、通货膨胀以及期货价格的关系

结论9:以原材料价格指数(MPI)、生产资料价格指数(PPI)作为生产者成本,居民消费价格指数(CPI)是MPI和PPI变化的原因。说明企业

---

① [英]查尔斯·古德哈特、[德]鲍里斯·霍夫曼:《房价与宏观经济——对银行业与物价的影响》,东北财经大学出版社2010年版,第19—34页。古德哈特和霍夫曼对以房价预测CPI抱有希望,但是没有给出唯一性结论。引述下文可能有助于理解他们的研究结果:"我们断言,这样的资产价格,尤其是房价,在大多数情况下,我们的数据集可以用以帮助评估(预测)未来的CPI通胀率"。

的通货膨胀预期参照了 CPI，CPI 上涨诱致企业购进原材料、生产资料增加，生产扩张。[①] CPI 实际扮演市场经济条件下引导生产的"看不见的手"的角色。

结论 9 回答了以下问题：当代经济政策分析主要以 CPI 作为通货膨胀的观测指标，重要原因即在于 CPI 不仅仅反映居民生活费用指标，也是企业经济活动的一个前置信号。CPI 变动反映的是社会最终需求变动，通过观察 CPI 可以间接感知企业部门未来生产扩张（收缩）情况。

结论 10：利率与投资存在反向变动关系，滞后一期商品期货价格与投资成正向变动。说明以期货价格作为通货膨胀预期值对投资具有引导作用。

考虑到结论 5—结论 8，结论 10 再次证实商品期货市场对于判明经济行为者市场预期的重要意义。中央银行"管理"通货膨胀预期不可能绕过期货市场。

第四节　如何管理通货膨胀预期

一、基于通货膨胀预期的货币政策效应

无论理论上或者事实均已经证实，一个经济体系中是否存在通货膨胀预期货币政策效应必然具有很大不同。当居民、企业部门形成通货膨胀预期，扩张性货币政策就有可能徒增物价而不能推高产出。货币政策效应与通胀预期的强弱此消彼长。按照预期理性学派的理论，当政府采取扩张性货币政策时可能出现两种情况：一种是当扩张货币供给以扩大总需求、推动经济增长

---

① 这里与定性分析的结果有所不同。一般定性的观察认为原材料与生产资料价格上涨导致消费品价格上涨。计量分析结果表明企业以 CPI 作为市场需求信号安排生产活动。

时首先出现物价总水平上升，生产部门将物价上涨看作产品需求增加的信号，以为商品销路畅通而扩大生产，居民部门将货币扩张形成的名义收入提高——例如工资增加看作实际收入增长，从而将增加的货币收入在储蓄与消费上进行"配置"，结果社会总储蓄与投资、消费均增加，通货膨胀的结果是产量和储蓄提高，扩张性货币政策能够实现预期的经济增长目标；第二种情况是当货币扩张引起通货膨胀时企业家形成通货膨胀预期，认为市场中对商品的实际需求并未增加，预期物价总水平将继续上涨，通过不断提高商品价格冲销、补偿成本上升，着意避免扩大投资。居民在预期基础上认为名义货币收入增长将落后于通货膨胀，从而由存款转向购买实物资产，同时通过与企业谈判争取提高工资，企业如果增加工资就势必一再提高商品价格，形成价格上涨的循环。结果是扩张性货币政策不能扩大生产，仅仅推高价格水平，货币政策效应被预期行为完全抵消。

二、国外通货膨胀目标法的实施效果

"通货膨胀目标法"是 20 世纪初兴起的一种新的货币政策框架，即中央银行明确地设置并公布通货膨胀的控制目标（如加拿大为年度消费者物价上涨率为2% ±1%，英国为2.5% ±1%）。其优点在于具有很高的货币政策透明性，有助于市场主体形成稳定的通货膨胀预期。

新西兰1990 年率先采用通货膨胀目标法，此后越来越多的工业化国家和中等收入国家使货币政策转向通货膨胀目标。这些国家包括智利、加拿大、英国、澳大利亚、巴西、捷克共和国、芬兰、以色列、波兰、南非、西班牙、瑞典。捷克是第一个引入这种制度的转型经济国家，而巴西则是第一个完全采用通货膨胀钉住制度的发展中国家。1993 年，英国货币当局正式放弃实行近30 年的以控制货币供应量为主的货币政策操作方式，明确将反通货膨胀确定为货币政策目标。2001年的韩国和泰国，最近的匈牙利和瑞士也已经采用类似的货币政策。

对通货膨胀目标法的实施效果存在争议。部分学者认为该政策法则无效或者暂时还没有显现出效果，但大多学者通过分析认为其具有明显效果

L. Ball 和 N. Sheridan（2003）的研究表明，没有证据显示通货膨胀钉住政策框架对宏观经济运行起到改善作用。Jonas 和 Mishkin（2003）则认为个别通货膨胀钉住国家由于实施通货膨胀钉住制度的时间较短，无法得出实施通货膨胀钉住制度成功与否的结轮。

以 Svensson 为代表的经济学家认为通货膨胀钉住政策框架对有效控制通货膨胀的确起到了非常好的作用。Svensson（1997）指出通货膨胀钉住政策框架解决了货币政策动态一致性问题，且降低了通货膨胀的不确定性，采用有弹性的通货膨胀钉住制度可以起到稳定产出的作用。Mishkin（1999）则认为通货膨胀钉住政策效果非常好，通货膨胀钉住国家显著地降低了通货膨胀率以及通货膨胀预期。K. Choi、C. Jung 和 W. Shambora（2003）使用马尔可夫转换模型（Markov-switching Model）研究了新西兰通货膨胀钉住政策的宏观经济效果，结果表明通货膨胀钉住政策显著改变了新西兰经济中的通货膨胀动态，同时也结构性地改变了新西兰真实 GDP 增长率，由此得出结论：通货膨胀钉住政策在稳定通货膨胀以及产出增长率方面是非常成功的。C. Bean（2003）研究了英国实施通货膨胀钉住政策的经验，结果表明通货膨胀钉住框架在保持低且稳定的通货膨胀，以及在确定通货膨胀预期方面起着重要的作用。澳大利亚存在类似情况，G. Stevens（2003）指出钉住通货膨胀对于澳大利亚货币政策已经成为一种成功的模式。T. G. Pétursson（2004）使用面板模型（panel model）研究了 21 个国家的通货膨胀钉住制度对该国通货膨胀的影响，结果表明有 2/3 国家因采用通货膨胀钉住制度显著

地降低了平均通货膨胀率。L. Ball 和 N. Sheridan（2003）通过测量通货膨胀、产出以及利率行为，对采用通货膨胀钉住政策框架的 7 个 OECD 国家与 13 个非通货膨胀钉住国家做了比较，揭示在 20 世纪 90 年代早期，无论是通货膨胀钉住国家，还是非通货膨胀钉住国家，其宏观经济运行状况的许多方面都得到了改善，在某些情况下，通货膨胀钉住国家改善得更明显一些，如平均通货膨胀率大幅度下降等。[①]

综上所述，通货膨胀目标法对抑制通货膨胀、维持经济主体通货膨胀预期的稳定性和促进经济发展都具有积极作用。国际经验以及相关的研究工作可以作为我国货币政策安排的借鉴，我国目前市场体制已经基本形成，经济国际化水平快速提高，在利率政策体系、汇率制度改革不断深化条件下采取通货膨胀目标法是货币政策可以探讨的重要选项之一。

三、对我国实施通货膨胀目标的认识与判断

（一）实施通货膨胀目标制的条件

一般认为实施通货膨胀目标法的基本宏观经济条件包括：弹性汇率制或浮动汇率制；中央银行实施货币政策工具的独立性；利率开放和较完善的证券市场。实际上将通货膨胀目标制实施条件可以归为以下几点：第一，中央银行对货币市场交易和商业银行信贷投放具有充分影响力和控制力；第二，货币市场价格与数量指标变动能够迅捷传导到资本市场；第三，货币与资本市场变化能够影响商品市场；第四，中央银行能适当干预外汇市场或者通过其他手段影响国外净需求；第五，货币政策与财政政策能够合理有效配合。我国实行的是有管理的浮动汇率制，中国人民银行自 1984 年被赋予中央银

---

① 　郭万山：《通货膨胀钉住制度研究综述》，《经济学动态》2005 年第 2 期。

行职能后由于各种原因其独立性还非常有限，利率市场化进程仍远未终结，证券市场无论市场规制、市场结构和上市公司结构都还存在很多问题。如果由此判断，我国目前似乎不存在实施通货膨胀目标的条件。但情况也不尽然。

（二）中国部分地具备实施通货膨胀目标制的条件

我国货币政策制定与实施已经部分具备试行通货膨胀目标的条件：

第一，我国总供给与总需求关系发生实质性变化。从国民经济体系中总需求与总供给关系看，我国自亚洲危机以后已经出现结构性过剩经济征兆，2003 年经济走出通货紧缩，市场趋于活跃，但是总体上仍然存在生产能力过剩问题，国内收入分配政策调整一定程度可以消化，但是这一过程不会如人们希冀的那样快，20 世纪 80 年代以前存在的严重供给不足、"短缺经济"情况很难重新出现。这是避免出现通货膨胀的重要物质基础，从供给方面观察具备了实行通货膨胀目标制的条件。

第二，货币管理也是一种艺术，中央银行已经具备防止通货膨胀与通货紧缩两方面的经验。从 1993 年、1994 年出现高通货膨胀到目前已经过约 15 个年份，1998—2002 年通货紧缩期间 CPI 下降年平均在 2% 以下（温和的通货紧缩），2003 年到目前大多数年份通货膨胀年率被控制在 5% 以下（2007 年和 2008 年分别为 4.8%、5.9%，其他年份均在 4% 以下）。中国人民银行货币政策操作已经具备相当"艺术"水准，重要体现即在于逐渐趋缓的价格水平波动。

第三，利率决定机制已经部分地具备市场化特征。我国利率市场化改革尽管还没有止步，但是对大部分银行利率已经赋予很大灵活性，目前完全没有放开的主要是存款利率。

第四，汇率体系已经或者正在发生重要变动。自从 2005 年 7 月 21 日汇率改革以来人民币汇率已经具备一定弹性，2005 年汇改迄今人民币升值幅度达到 23.2%，① 已经有效释放了人民币升值的压力，对进一步改革汇率体制创造了条件。央行也一再申明进一步推动汇率改革，方向是更多地发挥市场决定汇率的基础性作用，促进汇率变动在均衡水平基础上比较稳定。

此外，随着创业板市场设立和金融衍生产品不断推出以及市场开放水平的提升，证券市场也将发生实质性变化，货币与资本市场联动效应增强。

（三）实施通货膨胀目标的制约因素

从我国实际出发，总需求与能源资源对国际需求、国际市场依赖很强，国际市场价格波动对国内具有很强的感染，国内房地产市场、农产品价格显著不稳定，这些均成为通货膨胀不确定性的主要来源。如果确定通货膨胀目标，中央银行如何"定标"就很成问题，再加在新的银行体制条件下货币量、利率、信贷与物价联系的内在规律、趋势尤其数量关系需要进一步了解观察和深入研究。对市场通货膨胀预期与各种经济变量的关系也需要研究探索，如何"管理"通货膨胀（通货紧缩）预期则无论对于学术界和货币宏观调控部门都属于新的课题。从长期的货币政策实践看，中央银行在制定与实施货币政策时并非仅仅只关注稳定物价，而是同时注意保持一定（较快）经济增长率，货币政策制定与实施的"多目标"制是我国社会状况与经济特征所共同决定的。2008 年爆发全球金融危机之后央行实际采行"多目标"政策操作，将金融稳定、经济持续增长目标实际置于稳定物价之上。这些均成为实行通货膨胀目标制的制约因素。

---

① 新京报网财经专刊，2010 年 9 月 20 日，http://finance.bjnews.com.cn。

四、管理通货膨胀预期的目标权衡、方法和途径

(一)"多目标"条件下中央银行的权衡选择

对通货膨胀目标制可以区分三类:固定区间;弹性区间;不公开宣示的通货膨胀目标区间。① 固定区间指加拿大与英国的做法。弹性区间指货币政策当局可以根据每年或者一定时期具体情况确定不同的目标中心或者波动范围。不公开宣示的目标区间即指确定的通货膨胀目标仅有货币当局自己知道,外界则只能猜测。最后一种对货币政策制定与实施最缺乏约束力,但对于存在货币政策"多目标"的中央银行而论显得更为可行。如前所述,我国货币政策实际上采行"多目标"制,党的十六大报告对此是一种明确宣示,提出宏观经济目标为"促进经济增长,增加就业机会,稳定物价水平,维持国际收支平衡"。② 近期央行主要负责人提出两个问题:其一,中央银行所关注的重点以及使用的工具能够适时切换,金融危机发生后更关心金融稳定和防范系统性风险问题;其二,中央银行可能在不同阶段以不同的权重考虑"多目标",随着经济条件的变化或者改变不同目标的权重,或者进行切换。③ 亚洲金融危机爆发到党的十六大召开(2002 年 11 月)期间货币政策的特点已经反映了上述思想。关注重点变化会导致不同目标权重变化或者在不同目标之间进行切换,这时固定区间将难以兑现,如果勉为其难将会使中央银行维持通货膨胀目标成为"沽名钓誉"和本末倒置,因为中央银行

---

① 对通货膨胀目标制的系统研究参见本·S. 伯南克等:《通货膨胀目标制:国际经验》,东北财经大学出版社 2006 年版。

② 党的十六大将经济增长置于宏观经济政策或者货币政策首要目标,原因在于政府对当时及以后经济形势的判断。见刘明:《转型期金融运行与经济发展研究》,中国社会科学出版社 2004 年版,第 254—255 页。

③ 周小川,中央银行重点关切问题的演变——在牛津财经论坛上的午餐讲话,2010 年 9 月 9 日,见中国人民银行网站:http://www.pbc.gov.cn。

选择通货膨胀目标最终仍然是为了维护经济可持续健康增长和发展。由于存在各种制约因素，我国在一定时期将会选择弹性区间，中国人民银行的实际做法是不同时期宣示将通货膨胀控制在某个特定水平以内。管理通货膨胀预期必然意味着选择有数量含义的通货膨胀目标（区间）。

（二）管理通货膨胀预期的方法与途径

1. 估计一定时期的菲利普斯曲线

探索管理通货膨胀预期的思路，首先遇到的问题是估计中国的菲利普斯曲线，目的是确定通货膨胀目标，即对经济体系可接受的通货膨胀"定标"。根据对菲利普斯曲线的经验估计，选择就业水平和通货膨胀的组合关系，同时确定失业率上限和通货膨胀率的下限。① 对通货膨胀率上限的确定需要考虑趋势因素，例如从经验来看，是否存在维持一定经济增长条件下通货膨胀的下降趋势，例如我国 20 世纪 80 年代两次通货膨胀高点在 9.3%—18.8%（1985，1988 年），90 年代通货膨胀最高达到 24.1%（1994 年），2003 年以后通货膨胀率最高为 5.9%（2008 年）。由此，在依据经济资源供给状况和就业需求压力确定适度经济增长率以后，再结合通货膨胀趋势确定通货膨胀率上限，这一上限最好落在温和通货膨胀区间以内或者接近温和通货膨胀水平。我国近些年实际上将通货膨胀目标确定为 3%—4%，尽管大多时间并未向外界明确宣示。

2. 研判货币政策影响通货膨胀的机制

为此需要区分核通货膨胀和通货膨胀噪声项（瞬时通货膨胀），中央银

---

① 从弗里德曼以后对菲利普斯曲线存在争论，即怀疑通货膨胀率与失业率的替换关系。但即使菲利普斯曲线存在也存在不稳定性，由菲利普斯曲线斜率反映的通货膨胀与失业率的替代比率受到很多因素影响，较为有利的一面是货币政策设计可以在一定程度上影响菲利普斯曲线斜率，通过降低斜率（绝对值）增加通货膨胀带来的降低失业率的收益。

行货币政策能够影响的是核通货膨胀，通货膨胀噪声项由非货币事件引起。[1] 为了清楚判断货币政策效果，需要从 *CPI* 分离出核通货膨胀和噪声项，动态地量化货币政策数量与利率调节经由期货市场对 *CPI* 的影响，从而决定一旦需要时货币政策的调节力度。此外需要分析确立前瞻性通货膨胀指数检验货币政策效果。Clive（2003）将 CRB 期货指数作为总体价格水平趋势检验货币政策效果。可以设想，根据事后判断如果发现货币调节效果未如预想情况，中央银行将进行再调节。这实际上为"管理"通货膨胀预期提供了一种思路。货币当局若欲管理通货膨胀预期就需要确定对 *CPI* 具有前瞻意义的具有代表性的总体价格水平趋势指标，所选指标是既可以对货币政策做出反应，又可以影响主要通货膨胀指标 *CPI* 的某种通货膨胀指数。根据本章第三节计量检验的相关结论（结论 5），期货价格与 *CPI* 存在两方面关系：期货价格是对 1 个季度和大约 1 年以后通货膨胀的预期（尽管没有完全预期到）；期货价格变动可以传导到 *CPI*，引起现货市场的通货膨胀或者通货紧缩。检验也说明以期货价格作为通货膨胀预期值对投资具有引导作用（本章第三节结论 10）。所以，可以考虑将我国期货市场价格指数（或者其中某一个子集）作为满足总价格水平趋势的通货膨胀指数。

由于我国期货市场仍处于发展中，为了适应管理通货膨胀预期的目的需要，考虑如下：第一，丰富期货市场交易品种，提高市场参与度；第二，增

---

[1]　Clive W.J., "Comparing Forecasts of Inflation Using Time Distance", *International Journal of Forecasting*, 2003, 19, pp.339-349.文中提出将总通货膨胀应区分为核通货膨胀与瞬时通货膨胀两个部分，前者由货币政策引起，后者是非货币事件引起的"噪声项"，检验货币政策对通货膨胀的影响效果，将 CRB 期货指数作为全部价格水平趋势的代表。CRB 期货指数是桥讯系统公司在 CRB 指数基础上适当调整后包括黄金等 17 种商品期货合约的期货价格指数（Commodity Research Bureau Futures Price Index）。CRB 指数是由美国商品调查局（Commodity Research Bureau）依据世界市场上 22 种基本的经济敏感商品价格编制的一种期货价格指数。

强期货市场与货币市场、商品现货市场的"连接度"，沟通和拓宽中央银行货币金融政策对期货市场的传导渠道。在此基础上从技术层面研究、提取能够拟合市场主要价格水平趋势（指 CPI 走势）的期货市场子集，编制相应的期货指数。

3. 确定货币政策管理通货膨胀预期的手段

控制货币供应量与调节中央银行基准利率仍然是影响通货膨胀预期的重要手段。现代市场经济中商业银行体系货币创造功能已非常发达，再加各种金融工具创新导致中央银行仅通过控制基础货币影响货币量显得力不从心，如果放弃对商业银行信贷的直接控制，那么利率就是货币政策更为有效的工具。佩里·梅林（Perry Mehrling，2009）将宏观经济学的新共识概括为两个方面："一是作为实现经济稳定的首选工具从财政政策转向货币政策；二是对于我们有理由能实现经济稳定的程度从乐观转变为悲观"。[1] 而货币政策的新共识也在于两点：第一，"通货膨胀目标制"是中央银行（联邦储备委员会）货币政策恰当的长期目标；第二，联邦基金利率是实现通货膨胀目标的恰当工具。[2] 这一共识得益于泰勒规则拟合总量数据的成功。我国央行利率调节的影响力已经愈益增强，此外也充分利用法定准备金率、公开市场操作（包括货币市场与外汇市场）和发行央行票据等政策工具。管理通货膨胀预期是否需要兼顾和重视其他可选的工具变量？答案是肯定的。如果期货市场至少是管理通货膨胀预期的重要平台、窗口之一，掌控货币政策的中央银行就应该很好地管理期货市场保证金比率，在很大程度上影响市场流

---

[1]　佩里·梅林：《宏观经济学何去何从?》，载迈克尔·曾伯格、拉尔·兰姆拉坦：《经济学新前沿》，中国人民大学出版社 2009 年版，第 151—161 页。

[2]　Bernanke 在其著作中也坚持利率是实现中央银行通货膨胀目标的有效工具，见 Bernanke, Ben S. 1999. *Inflation Gargeting: Lessons from the International Experience*, Princeton, NJ: Princeton University Press.

动性，可以对商业银行等金融机构对于期货市场融资做出合理安排。

对通货膨胀中的噪声项，货币政策不能独立撑持应对，需要借助于工资与价格管制等一揽子政策，有些情况下必须通过各种政策组合刺激、改善商品供给。

4. 建立反馈与再调节机制

管理通货膨胀预期不可能毕其功于一役，必须经过市场信息多次反馈、重复判断和再调节过程。因此，中央银行需要明确和建立更加顺畅、快捷与具有前瞻性的货币政策反馈回路，例如从货币信贷市场、期货市场、证券市场、大宗商品市场和经理人指数变化等及时获取信息，前瞻性地判断一般商品市场对货币政策的反应，根据对市场的研判适时调整货币政策操作工具，把握政策作用的节奏和力度，找准政策作用的主要着力点。

第七章　货币政策冲击与通货膨胀预期管理

第一节　方法讨论

随着我国货币市场渐趋成熟，在货币政策传导机制中通过央行改变价格（利率）与数量（基础货币数量）指标影响货币市场、资本市场，进而向各种长期与短期资产市场传导货币调控意图，最终影响实体经济运行成为可能。债券市场由于到期日时间分布连续并连接短期和长期市场，可以由之得到的收益率曲线同时观察货币市场与长期资本市场收益率相对变动。在众多的债券收益率曲线中，由于国债存量规模大，交易活跃，国债价格（收益率）对市场资金供求变动以及经济景气变化反应敏感，国债收益率曲线对于前瞻金融市场走向以及市场经济主体预期尤为重要。国债收益率曲线所包含的利率期限结构特征既为金融市场的资产定价提供无风险基准利率信息，也可以为经济决策部门预期通货膨胀以及未来宏观经济形势提供有用的信息。

目前，国内外已有大量文献对国债收益率曲线的长短期利差对宏观经济先行作用进行研究。过往研究表明，长短期利差对通货膨胀和经济增长具有预测能力。莫迪利亚尼和萨奇（Modigliani 和 Sutch，1956）通过将费雪方程式和收益率曲线的期限偏好理论联系起来，从而形成长短期利差预测宏观经济的理论基础。[①] 其中，费雪方程式将名义利率分解为实际利率和预期通货膨胀率。收益率曲线的期限偏好理论认为基于套利条件，在风险调整后，将到期期限 n 年的债券持有一年所获得的预期回报率应该等于一年期债券的回报率。

$$R(n, t) = E_t r(n, t) + E_t \pi(n, t) + \phi(n, t) \tag{7.1}$$

其中，$R(n, t)$ 表示到期期限 n 年的债券在 t 期的即期利率，$E_t r(n, t)$ 表示在 t 期所预期的未来 n 年内的平均实际利率，$E_t \pi(n, t)$ 表示在 t 期所预期的未来 n 年内的平均通货膨胀率，$\phi(n, t)$ 表示期限 n 年的债券持有到期的平均风险溢价。

公式（7.1）可以看作是一个 n 期的费雪方程式。用公式（7.1）减去一个 m 期的费雪方程式，就可以得到 n 期和 m 期之间的收益率曲线斜率。当 m=1 时，得到如下表达式：

$$R(n, t) - R(1, t) = E_t[r(n, t) - r(1, t)] + E_t[\pi(n, t) - \pi(1, t)] + \phi(n, t) - \phi(1, t) \tag{7.2}$$

其中，$R(n, t) - R(1, t)$ 表示 n 年期债券的即期利率与 1 年期债券的即期利率之差，即收益率曲线的长短期利差；$E_t[r(n, t) - r(1, t)]$ 表示预期的 n 年期与 1 年期实际利率的利差；$E_t[\pi(n, t) - \pi(1, t)]$ 表示市场预期的未来通货膨胀率的变动；$\phi(n, t) - \phi(1, t)$ 表示风险溢价的变动。[②]

米什金（Mishkin, 1990）提出了收益率曲线的斜率可以准确地测量市场的预期通货膨胀路径，当且仅当以下三个限制性假设满足时，假设一：预

---

① Modigliani, F. & R. Sutch, "Innovations In Interest Rate Policy", *American Economic Review*, 1966 (56).

② Tzavalis, E. & M. R. Wickens, "Forecasting Inflation From The Term Structure", *Journal of Empirical Finance*, 1996(3).

期实际利率是固定的，不随时间变化；假设二：预期是理性的；假设三：期限溢价是固定的，不随时间变化。假设一使得公式（7.2）等号右边第一项为0，假设二意味着由理性预期产生的某一时期的通货膨胀预测误差是不可预测的，即在债券存续期内，t期预期通货膨胀率的预测误差不相关，假设三使得公式（7.2）等号右边最后一项为0。上述三个假设中任何一个不成立，都会使得收益率曲线的解释力更加复杂化，也会降低收益率曲线在预测未来通货膨胀率变动中的价值。[1]

在上述假设和模型框架下，如果价格水平是瞬时调整的，那么收益率利差对经济增长没有预测能力。如果是另一种极端情况，即价格水平具有刚性，那么收益率利差的变动实际上反映了实际利率差的变动，因此，在这种情况下，收益率利差包含未来实际经济活动信息。

埃斯特雷亚和哈多维利斯（Estrella 和 Hardouvelis，1991）发现长短期利差中包含未来经济变动的信息，长短期利差对未来4年内的实际经济变量有较强解释能力。[2] 埃斯特雷亚（Estrella）和米什金（Mishkin）通过对比分析美国、德国、英国、意大利和法国等国的利率期限结构与货币政策工具变量、通货膨胀率和真实经济活动之间的关系，发现利率期限结构对未来1—2年的国民生产总值的增长率有较强的预测能力。[3] 大部分研究结果表明国债收益率曲线中的长短期利差对预测主要宏观经济指标具有重要作用。这种预测能力为市场预期未来经济走势和央行制定货币政策提供了有效的参考

---

① Mishkin, F.S., "What Does the Term Structure Tell Us about Future Inflation?", *Journal of Monetary Economics*, 1990(25).

② Estrella, A.& Hardouvelis, G.A., "The Term Structure as A Predictor of Real Economic Activity", *Journal of Finance*, 1991(46).

③ Estrella, A.& Mishkin, F.S., "The Predictive Power of The Term Structure of Interest Rates In Europe and the United States: Implications For The European Central Bank", *Eur. Econom. Rev.* 1997(41).

指标。王媛等（2004）研究得出，收益率曲线对未来的经济增长有显著的预测能力，长短期利差扩大 1 个百分点，意味着未来 GDP 增长会加速 1 个百分点。[①] 宋福铁、陈浪南（2004）运用 Granger 因果检验证实收益率曲线斜率和央行的基准利率在预测经济增长时有较多的独立信息。同央行基准利率相比，收益率曲线的斜率在预测产出增长和通货膨胀时显然均具有较强的预测能力。脉冲响应函数结果表明，收益率曲线斜率能够早于央行基准利率 1 个月体现出产出的增长变动，能够早于央行基准利率 6 个月反映出通胀率的变动。[②]

伴随货币经济学理论发展以及政策层面对研判市场前景的要求愈益深入，会进一步提出问题：为什么长短期利差能够预测未来经济活动？是什么因素导致长短期利差具有宏观经济先行指标的作用？目前，有两种主流的理论对这一问题进行解释：一种是认为长短期利差中包含的预期信息是影响其对未来宏观经济预测能力的主要因素。例如，汉密尔顿和基姆（Hamilton 和 Kim，2002）发现，利率预期和期限溢价对未来经济活动均具有统计上显著的预测能力，但无论从系数大小还是从统计显著性上看，前者对未来经济活动的预测能力都超过后者；[③] 昂、皮亚泽西和魏（Ang，Piazzesi 和 Wei，2006）则认为，长短期利差对未来经济活动的预测能力主要来自对未来利率的预期，期限溢价的系数在统计上并不显著。[④] 也有学者认为货币政策信息是影响长短期利差对未来经济预测能力的主要因素，例如，劳伦特

① 王媛、管锡展、王勇：《利率的期限结构与经济增长预期》，《系统工程学报》2004 年第 1 期。

② 宋福铁、陈浪南：《国债收益率曲线坡度的货币政策含义》，《上海金融》2004 年第 5 期。

③ Hamilton, J.D.& Kim, "D.H. A Reexamination of The Predictability of Economic Activity Using The Yield Spread", *Money Credit Banking*, 2002(34) .

④ Ang, A., Monika, P.& Wei, M., "What Does The Yield Curve Tell Us About GDP Growth?", *Journal of Econometrics*, 2006(131) .

（*Laurent*，1988）分析了期限利差如何反映货币政策立场的问题；① 普罗索（Plosser）和卢文赫斯特（Rouwenhorst）证明了长短期利差中所包含的未来经济增长的信息依赖于当前和未来的货币政策。② 此外，国内学者对于这方面的研究也有所涉及，例如，纪志宏（2003）分析了宏观经济政策变动和国债收益率曲线之间的一般理论联系，剖析了宏观经济政策变动对国债收益率曲线的影响机制，他认为中央银行应该把国债收益率曲线作为货币政策制定和执行的重要中介。③ 刘海东（2006）的研究表明，我国货币政策的实施会对国债收益率曲线产生显著的影响，但是货币政策对不同期限的利率的影响是不同的，对短中期利率的影响要显著大于对长期利率的影响。以受货币政策直接影响的银行间7天回购利率为代表，其变动对3年、4年期利率的影响，要大于对9年、10年期利率的影响。④ 何运信通过实证分析，认为货币供给量变动会对收益率曲线的动态特征产生影响，主要影响的是收益率曲线的斜率，而且货币政策变动持续的时间越长，影响效果越明显。作者认为，货币政策的不同模式导致了不同国家在执行货币政策时会产生不一样的效应。⑤ 杜金岷、郭红兵（2008）的实证检验表明，超额存款准备金利率对较短期收益率曲线斜度有较小的反向影响，对较长期收益率曲线斜度有较大的反向影响。当央行实施紧缩的货币政策（提高超额存款准备金利率）时，

---

① Laurent, R.D., "An Interest Rate-based Indicator of Monetary Policy", *Fed. Reserv. Bank Chicago Econom. Perspect*, 1988(12) .

② Plosser, C.I.& Rouwenhorst, K.G., "International Term Structure And Real Economic Growth", *Monetary Econom*, 1994(33) .

③ 纪志宏：《货币政策与国债收益率曲线》，《中国社会科学院研究生院学报》2003 年第3 期。

④ 刘海东：《货币政策对国债利率期限结构的影响分析》，《山西财经大学学报》2006 年第3 期。

⑤ 何运信：《货币政策的利率期限结构效应的理论解释及其经验证据》，《财经论丛》2008年第5 期。

其结果是使长短期即期利率之差变小，基准收益率曲线变得平坦。[1]

本章从政策反馈的角度出发分析国债长短期利差预测未来经济活动的能力，即货币政策与国债长短期利差之间存在双向反馈。由此首先将分析的问题界定为：货币政策信息及其变动是否影响国债长短期利差预测未来经济活动的能力？并将研究指向具体到：中国货币政策冲击是否影响国债长短期利差预测未来经济活动的能力？本章结构如下：第二节通过线性回归模型评估国债收益率曲线的长短期利差是否对未来宏观经济增长具有预测能力；第三节运用涉及四个内生变量的 VAR 模型获取货币政策冲击的具体信息；第四节将长短期利差分解为货币政策冲击因素和其他（非政策冲击）因素，并考察货币政策冲击因素在预测未来宏观经济增长中的作用；第五节讨论实证结果对货币政策预期管理的启示；第六节为结论和政策建议。

第二节　长短期利差对宏观经济增长的预测

本节采用线性回归模型检验长短期利差对宏观经济增长是否有显著预测能力。为了考察长短期利差对宏观经济增长的预测能力，我们选取了 2006 年 3 月至 2014 年 10 月的月度数据作为样本。其中，长短期利差用中央国债登记结算有限责任公司发布的银行间市场 10 年期国债的即期利率与 3 个月期国债的即期利率之差的月度算术平均值表示；宏观经济增长变量（预期值）用宏观经济景气指数中的一致合成指数表示。国债即期利率和宏观经济景气指数的数据分别来源于 wind 数据库和国家统计局。

---

[1]　杜金岷、郭红兵：《我国货币政策对基准收益率曲线影响的实证研究》，《理论月刊》2008 年第 9 期。

借鉴埃斯特雷亚和哈多维利斯（Estrella 和 Hardouvelis，1991）的关于检验长短期利差对宏观经济增长的方法[①]，建立如下模型：

$$\Delta y_t^k = \alpha_0 + \alpha_1 spreads_t + e_t \tag{7.3}$$

$$\Delta y_t^k = y_t^k - y_{t-1}^k$$

$$spreads_t = i_t^{10} - i_t^{1/4}$$

其中：y_t^k 表示 $(t+k)$ 期的宏观经济景气指数，$k=1，2，3，\cdots$ 表示预测范围；Δy_t^k 表示 $(t+k)$ 期的宏观经济景气指数变动值，若该值为正数则表示 $(t+k)$ 期的宏观经济增长处于上升趋势，若该值为负数则表示 $(t+k)$ 期的宏观经济增长处于下降趋势。

$spreads_t$ 表示 t 期的长短期利差；i_t^{10} 表示 t 期的 10 年期固定利率国债即期利率月度均值；$i_t^{1/4}$ 表示 t 期的 3 个月固定利率国债即期利率月度均值；

α_0 和 α_1 是回归方程的待估系数；e_t 是随机误差项。

通过设定模型的预测范围 k，分别取 $k=1，2，\cdots$，考察长短期利差对未来 k 期宏观经济增长的预测能力。利用 OLS 方法对模型（7.3）的参数进行估计，并用 Newey-West 异方差和自相关一致标准误进行显著性检验，模型的估计和检验结果如表 7-1 所示：

表 7-1　模型估计结果

预测范围 k（月）	α_0	SE	p 值	α_1	SE	p 值	R^2
1	-0.5690	0.2215	0.0116	0.3942	0.1519	0.0109	0.1883
2	-0.6060	0.2278	0.0091	0.4174	0.1558	0.0086	0.2093

[①]　Estrella A., Hardouvelis G.A., "The Term Structure as A Predictor of Real Economic Activity", *Journal of Finance*, 1991(46).

续表

预测范围 k（月）	α_0	SE	p 值	α_1	SE	p 值	R^2
3	-0.5943	0.2124	0.0062	0.4056	0.1528	0.0093	0.1964
4	-0.4885	0.1976	0.0151	0.3251	0.1550	0.0386	0.1257
5	-0.4083	0.1947	0.0386	0.2659	0.1543	0.0880	0.0840
6	-0.3623	0.1982	0.0707	0.2325	0.1576	0.1434	0.0642
7	-0.3387	0.1977	0.0900	0.2161	0.1529	0.1610	0.0555
8	-0.3065	0.1984	0.1257	0.1914	0.1496	0.2039	0.0435
9	-0.2757	0.1926	0.1556	0.1685	0.1387	0.2273	0.0338
10	-0.2326	0.1878	0.2186	0.1300	0.1263	0.3058	0.0201
11	-0.1573	0.1771	0.3767	0.0715	0.1076	0.5080	0.0058
12	-0.0549	0.1681	0.7448	-0.0054	0.0952	0.9546	0.0000
13	0.0939	0.1873	0.6174	-0.1121	0.1112	0.3161	0.0136
14	0.2200	0.2112	0.3006	-0.2021	0.1356	0.1398	0.0431
15	0.3022	0.2151	0.1636	-0.2604	0.1499	0.0858	0.0697
16	0.3135	0.2060	0.1317	-0.2662	0.1512	0.0819	0.0690
17	0.3028	0.2113	0.1556	-0.2572	0.1523	0.0949	0.0596
18	0.1955	0.1976	0.3254	-0.1838	0.1325	0.1689	0.0301

注：①当 $p \leqslant 0.01$ 时，表明模型的估计系数在 1% 的水平下显著异于 0；当 $0.01 < p \leqslant 0.05$ 时，表明模型的估计系数在 5% 的水平下显著异于 0；当 $0.05 < p \leqslant 0.10$ 时，表明模型的估计系数在 10% 的水平下显著异于 0；②由于 $k > 18$ 时，系数 α_1 在统计上不显著异于 0，因此省略后面的估计结果；③SE 和 p 值是经过 Newey-West 异方差自相关一致标准误方法修正后的结果。

通过观察模型估计结果中估计系数对应的 p 值，我们发现当 $k \in [1, 5]$ 和 $k \in [15, 17]$ 时，变量 $spreads_t$ 前面的系数 α_1 在统计上显著异于 0；而当 k 取其他值时，系数 α_1 不能拒绝异于零的原假设。计量结果表明，长短期利差对未来1—5个月和未来15—17个月的宏观经济增长变动具有显著预测能力，① 揭示出长

---

① 对 18 个月以上的预测期，系数无法通过显著性检验，因此没有列出 18 个月以上的估计结果。这里将超过 1 年作为"中期"。

短期利差对未来的宏观经济增长具有显著的短期和中期预测能力。此外，我们也发现对于 $k \in [1, 5]$ 时，系数 α_1 全部为正值，这表明长短期利差与未来的短期宏观经济增长趋势成正向关系。而当 $k \in [15, 17]$ 时，系数 α_1 全部为负值，表明长短期利差与未来的中期宏观经济增长变动趋势成负向关系。

第三节　货币政策对长短期利差预测能力的冲击

为了研究货币政策冲击因素对长短期利差预测能力的贡献程度，首先需要估计出货币政策冲击。我们通过对货币政策相关的多个经济变量建立 VAR 模型获取货币政策冲击因素。

由于债券回购与同业拆借市场对央行利率和基础货币调节所表征的货币政策意图反应最为敏感，允许我们选取银行间同业拆借加权平均利率（r）表示传导货币政策的间接变量，并将其与广义货币供应量（M_2）、宏观经济景气指数的一致合成指数（y）和居民消费价格指数（CPI）环比增长率（ΔCPI）等变量共同纳入 VAR 模型中，从而估计出货币政策冲击。计量分析以 2006 年 3 月至 2014 年 10 月的月度数据为样本，数据来源于中经网数据库。

在设定变量和模型的具体形式之前对模型所涉及的所有内生变量进行单位根检验，检验结果见表 7-2。

表 7-2　ADF 单位根检验

变量	检验类型（c, t, p）	ADF 统计	P 值
r	(c, 0, 0)	-3.9792	0.0022

续表

变量	检验类型（c, t, p）	ADF 统计	P 值
ln（M_2）	（c, 0, 5）	-1.8369	0.3608
y	（c, 0, 3）	-2.1594	0.2224
ΔCPI	（c, 0, 0）	-7.9277	0.0000
Δln（M_2）	（c, 0, 4）	-5.0606	0.0000
Δy	（c, 0, 2）	-4.5704	0.0003

注：检验形式（c, t, p）中的 c, y, p 分别表示检验方程中的常数项、时间趋势项和滞后阶数，检验形式标准以各形式回归方程的 AIC 和 SIC 准则确定；滞后阶数的选择根据修正的 SIC 准则确定；各变量名前"Δ"代表一阶差分序列。

单位根检验的结果表明，变量 r 和 ΔCPI 在 1% 的显著性水平下是平稳序列。而变量 ln（M_2）和 y 则是非平稳序列，但这两个变量的一阶差分序列在 1% 的显著性水平下是平稳的。因此，可以利用平稳的时间序列建立如下的 VAR（p）模型：.

$$\begin{pmatrix} \Delta y_t \\ \Delta CPI_t \\ \Delta \ln(M_2)_t \\ r_t \end{pmatrix} = \Phi_1 \begin{pmatrix} \Delta y_{t-1} \\ \Delta CPI_{t-1} \\ \Delta \ln(M_2)_{t-1} \\ r_{t-1} \end{pmatrix} + \Phi_2 \begin{pmatrix} \Delta y_{t-2} \\ \Delta CPI_{t-2} \\ \Delta \ln(M_2)_{t-2} \\ r_{t-2} \end{pmatrix} \cdots +$$

$$\Phi_p \begin{pmatrix} \Delta y_{t-p} \\ \Delta CPI_{t-p} \\ \Delta \ln(M_2)_{t-p} \\ r_{t-p} \end{pmatrix} + \begin{pmatrix} \varepsilon_{1t} \\ \varepsilon_{2t} \\ \varepsilon_{3t} \\ \varepsilon_{4t} \end{pmatrix} \tag{7.4}$$

其中，Δy_t 是变量 y 的一阶差分形式，表示 t 期的宏观经济增长状况；ΔCPI_t 表示 t 期居民消费价格指数环比增长率；$\Delta \ln(M_2)_t$ 是广义货币供应量（M_2）取自然对数后的一阶差分形式，表示广义货币供应量增长率；r_t 表示 t

期银行间同业拆借加权平均利率；Φ_i 表示系数矩阵，ε_{it} 表示 VAR 模型中的新息，$i = 1，2，3，4，5$；t 表示时期数，$t = 1，2，3，\cdots，T$。

由于各内生变量都是平稳的时间序列，可以直接用 OLS 法来估计方程 (7.4)，并根据 AIC 准则选取了最优的向量自回归滞后阶数为 4 阶，从而得到 VAR (4) 模型的参数估计结果及各变量的残差估计值。由于我们主要关注的是货币政策冲击 ε_{4t}，即影响短期利率的不可观测的部分，因此，用模型估计的残差 ε_{4t} 来表示货币政策冲击 ε_{4t}。

第四节　货币政策冲击对长短期利差预测能力的影响

（一）将长短期利差分解为货币政策冲击因素和其他因素

为了考察货币政策冲击是否影响长短期利差预测能力的主要因素，必须先从长短期利差中分离出表示货币政策冲击的变量。为此，首先用 OLS 法将当期的长短期利差对当期和滞后期的货币政策冲击进行回归，回归模型如下：

$$spreads_t = \beta_0 + \beta_1 \varepsilon_{4t} + \beta_2 \varepsilon_{4t-1} + \beta_3 \varepsilon_{4t-2} + \cdots + \beta_{p+1} \varepsilon_{4t-p} + \eta_t \qquad (7.5)$$

其中，β_i 表示回归系数；η_t 表示误差项；p 表示滞后阶数。

为了确定准确的模型滞后阶数，我们对上述模型中的 p 分别取 1，2，3，$\cdots$，然后利用 AIC 准则并结合模型估计系数的显著性，最终确定最优的滞后阶数为 7（模型回归结果省略），AIC 统计量的结果见表 7-3。

表 7-3　AIC 统计量结果

滞后阶数 p	1	2	3	4	5	6	7	8	9
AIC 统计值	1.7449	1.6176	1.5173	1.4051	1.3141	1.2374	1.2080	1.2099	1.2197

在确定了模型的具体形式之后，可以将长短期利差分解为两个部分：一是货币政策冲击因素，用 $\widehat{spreads}_t = \beta_0 + \beta_1 \, \varepsilon_{4t} + \beta_2 \, \varepsilon_{4t-1} + \cdots + \beta_8 \, \varepsilon_{4t-7}$ 表示，即 $spreads_t$ 的拟合值；二是货币政策冲击之外的其他因素，用 η_t 表示，即回归方程的残差。

（二）货币政策冲击因素对长短期利差预测能力的作用

在将长短期利差分解成货币政策冲击因素和其他因素之后，可以利用第二节中的线性回归模型估计货币政策冲击因素和其他因素对宏观经济增长的预测效果，从而得到货币政策冲击是否影响长短期利差预测能力的信息。

将表示宏观经济增长的变量 Δy_t^k 对货币冲击因素变量 $\widehat{spreads}_t$ 和其他因素变量 η_t 进行 OLS 回归，从而获得长短期利差预测能力的影响因素信息，模型形式见表7-4：

$$\Delta y_t^k = \gamma_0 + \gamma_1 \, \widehat{spreads}_t + \gamma_2 \, \eta_t + \nu_t \qquad (7.6)$$

其中，ν_t 表示回归方程的误差项。

通过设定模型的预测范围 k，分别取 $k = 1$，2，$\cdots$，考察长短期利差中的货币冲击因素和其他因素对未来宏观经济增长变动的预测能力。利用 OLS 方法对模型（7.6）的参数进行估计，并用 Newey-West 异方差和自相关一致标准误进行显著性检验，模型的估计和检验结果见表7-4：

表 7-4 模型估计结果

预测范围 k（月）	α_0	SE	p 值	α_1	SE	p 值	R^2
1	−0.4529	0.0423	0.2930	0.0634	0.5900	0.0129	0.2226
2	−0.5499	0.0128	0.3649	0.0203	0.5343	0.0217	0.2275
3	−0.6217	0.0037	0.4196	0.0088	0.3925	0.0599	0.2044
4	−0.6077	0.0042	0.4123	0.0147	0.1653	0.3841	0.1465

预测范围 k（月）	α_0	SE	p 值	α_1	SE	p 值	R^2
5	-0.5520	0.0111	0.3733	0.0406	0.0542	0.7770	0.1108
6	-0.5110	0.0166	0.3425	0.0642	0.0095	0.9614	0.0912
7	-0.4637	0.0235	0.3032	0.0892	0.0362	0.8745	0.0724
8	-0.4418	0.0337	0.2847	0.1104	0.0017	0.9944	0.0630
9	-0.4055	0.0663	0.2548	0.1625	-0.0049	0.9846	0.0504
10	-0.3648	0.1109	0.2214	0.2302	-0.0435	0.8643	0.0376
11	-0.3121	0.1503	0.1869	0.2682	-0.1542	0.5065	0.0332
12	-0.2248	0.2103	0.1306	0.3155	-0.2838	0.2212	0.0406
13	-0.1661	0.3707	0.0980	0.4014	-0.5316	0.0526	0.1087
14	-0.0382	0.8397	0.0050	0.9660	-0.6003	0.0473	0.1324
15	0.0196	0.9180	-0.0442	0.7319	-0.6293	0.0450	0.1500
16	0.1495	0.3936	-0.1451	0.2696	-0.4573	0.0800	0.0932
17	0.1735	0.3570	-0.1633	0.2591	-0.3914	0.1034	0.0725
18	0.1290	0.5102	-0.1301	0.3524	-0.2707	0.2291	0.0367

注：①当 $p \leqslant 0.01$ 时，表明模型的估计系数在 1% 的水平下显著异于 0；当 $0.01 < p \leqslant 0.05$ 时，表明模型的估计系数在 5% 的水平下显著异于 0；当 $0.05 < p \leqslant 0.10$ 时，表明模型的估计系数在 10% 的水平下显著异于 0；②由于 $k > 18$ 时，系数 α_1 在统计上不显著异于 0，因此省略后面的估计结果；③p 值是经过 Newey-West 异方差自相关一致标准误差方法修正后的结果。

通过观察模型估计结果中估计系数对应的 p 值，我们发现当 $k \in [1, 7]$ 时，变量 $\widehat{spreads}_t$ 前面的系数 γ_1 在统计上显著异于 0；而当 k 取其他值时，系数 γ_1 不能拒绝异于零的原假设。这一结果表明长短期利差中包含的货币政策冲击因素对未来的短期宏观经济增长变动具有显著的预测能力，但是不具备中长期的预测能力。此外，当 $k \in [1, 7]$ 时，变量 $\widehat{spreads}_t$ 前面的系数 $\gamma_1 > 0$，表明货币政策冲击因素与未来的短期宏观经济增长变动成正向关系。当 $k \in [1, 3]$ 和 $k \in [13, 16]$ 时，变量 η_t 前面的系数 γ_2 在统计上显著异于

0；而当 k 取其他值时，系数 γ_2 不能拒绝异于零的原假设。该结果表明，长短期利差中包含的其他因素对未来的短期和中期宏观经济增长变动具有显著的预测能力，但是不具备长期的预测能力。此外，当 $k \in [1，3]$ 时，变量 η_t 前面的系数 $\gamma_2 > 0$，而当 $k \in [13，16]$ 时，系数 $\gamma_2 < 0$，这一结果表明其他因素与未来的短期宏观经济增长变动成正向关系，而与未来的中期宏观经济增长变动成负向关系。

以上实证分析揭示出长短期利差的短期预测能力是受货币政策冲击因素和其他因素共同作用的结果，其中，货币政策冲击因素可以预测未来 1—7 个月的宏观经济增长变动，而其他因素仅能预测未来 1—3 个月的宏观经济增长变动，因此长短期利差的短期预测能力主要受货币政策冲击因素的影响。非货币政策冲击因素可以预测未来 13—16 个月的宏观经济增长变动，而货币政策冲击因素对未来 8 个月以上的宏观经济增长变动没有预测能力，因此长短期利差的中期预测能力主要受非货币政策冲击因因素的影响。

第五节 结论与启示

1. 本章计量结果证实，在价格具有黏性的前提下，长短期利差中包含的货币政策信息与未来经济增长具有关联性。其原因在于，短期内价格无法迅速调整，通胀预期稳定，货币政策对名义利率调控会影响实际利率变化，进而引起社会投资和经济增长率变化；当期限延长，价格会调整至供求平衡水平，会改变通胀预期，货币政策对名义利率调控将完全反映在通胀预期中，无法影响实际利率。这一作用过程反映在收益率曲线中，表现为由货币政策变动引起的长短期利差变化与短期经济增长关联性大，与长期经济增长无关联性。

2. 利用线性回归分析发现，国债收益率曲线的长短期利差对未来 1—5 个月和未来 15—17 个月的宏观经济增长具有显著的预测能力。将预期期限划分为短期（12 个月以内）、中期（12 个月至 36 个月）和长期（36 个月以上），实证结果表明长短期利差对未来的宏观经济增长变动具有显著的短期预测能力，当时间尺度超过 18 个月（含 18 个月）时预测能力未能通过检验。此外，也发现长短期利差与未来的短期宏观经济增长变动趋势成正向关系，而长短期利差与未来的中期宏观经济增长变动趋势成负向关系。

3. 用银行间同业拆借加权平均利率变动表示货币政策意向（或行动），并将其与广义货币供应量、宏观经济景气指数的一致合成指数和居民消费价格指数（CPI）环比增长率等变量共同纳入 VAR 模型中，从而估计出货币政策冲击。货币政策冲击因素与未来的短期宏观经济增长变动成正向关系。长短期利差中包含的非货币政策冲击因素对未来短期和中期宏观经济增长变动具有显著预测能力，但是不具备长期预测能力。非货币政策冲击因素与未来短期宏观经济增长变动成正向关系，而与未来中期宏观经济增长变动成负向关系。

长短期利差的短期预测能力是受货币政策冲击因素和非货币政策冲击因素共同作用的结果。其中，货币政策冲击因素可以预测未来 1—7 个月的宏观经济增长变动，非货币政策冲击因素仅能预测未来 1—3 个月的宏观经济增长变动。因此可以判断，长短期利差的短期预测能力主要受货币政策冲击因素影响；非货币政策冲击因素可以预测未来 13—16 个月的宏观经济增长变动，而货币政策冲击因素对未来 8 个月以上的宏观经济增长变动没有预测能力，因此长短期利差的中期预测能力主要受非货币政策冲击因素影响。

4. 本章实证结果能够为货币当局制定前瞻性货币政策以及为金融市场主体预测未来经济增长提供有价值信息。对货币当局而论，通过制定影响国债长短期利差的有针对性的货币政策可以对短期宏观经济增长产生影响。金融市场主体可以通过观察短期货币政策变动对国债长短期利差的影响预测短期经济增长趋势。

5. 货币当局可以将收益率曲线作为预期管理工具，利用货币政策影响收益率曲线，引导市场预期，实现稳定经济的政策目标。通胀预期的稳定程度会影响收益率曲线预测能力的稳定性及其作为货币政策预期管理工具的可行性。因此，货币当局应该重视管理通胀预期，从增强政策可信度、稳定货币供应量增速，加强市场沟通与前瞻性引导等方面着手完善通胀预期管理，在条件成熟时，可将"通货膨胀目标制"引入货币政策框架。

第八章　实际利率行为与长期期限结构

中国宏观经济运行于 1997 年 10 月出现历史上第一次通货紧缩，新的经济特点导致在 1998 年政府将经济政策的方向调整为积极的财政政策和稳健的货币政策，放弃此前实施的适度从紧的货币与财政政策。但交织着国内与国际经济、制度变革与体制转轨，企业与银行微观机制重塑，家庭、居民预期增强等各种因素，国民经济运行的机制显得愈益纷繁复杂和难以捉摸，遂引起人们对货币政策操作及其效果的争论。自 1996 年 6 月 1 日到 2002 年我国先后 8 次下调存贷款利率，并提高利息税，两次下调法定准备金比率，放弃对商业银行的贷款规模控制，增加对农村的小额信用贷款，鼓励对中小企业贷款，增加消费信贷和助学贷款，这一系列货币政策手段对投资、消费、经济增长和就业的效果是其时理论争论的焦点之一。本章试就这一问题加以分析，提出相对于宏观经济学基本理论思维定式的一种"反论"，以资作为金融宏观调控政策的借鉴。

第一节　名义利率、实际利率与通货膨胀位势变化

将 20 世纪 80 年代到 2003 年这一期间分为全期、前期、后期三个时间

段，比较不同时期存款和贷款的名义、实际利率水平，发现后期名义、实际利率呈现出相反方向变化，名义利率下降、实际利率上升导致改革以后几种重要经济变量的相位关系发生反转，即由通货膨胀率>名义利率>实际利率转变为通货膨胀率<名义利率<实际利率。引起以上变动的因素主要是价格变化，即1997年10月之后出现通货紧缩。

一、改革时期名义、实际存贷款利率变动轨迹

(一) 存款利率变动

我们主要以一年期名义利率、一年期实际利率为例说明存款利率变动趋势并分析其与 GDP 增长率、通货膨胀率的关系。

1. 改革后名义利率变动在1978—2003年经历了两次上升和下降的波动过程，第一次是1979—1992年，第二次是1993—2003年。两次名义利率波动的幅度分别为7.88%和9%。名义利率的波动大体反映了价格水平的变动，但并未与价格水平、经济增长、投资增长呈现出近似的周期性特点。名义利率的调整在价格水平出现大的波动时的迟滞效应更为明显（见图8-1、图8-2）。

2. 一年期实际存款利率波动呈现出周期性特征，在1990年以前与经济增长周期存在滞后关系，如图8-1所示，实际利率的高点和低点分别超前于经济增长波动的峰值和谷值1年。但这种迹象并非必然表明实际利率对经济周期有制约作用，由图8-1可以看出，实际利率的波动是通货膨胀率波动和名义利率调节落后于通货膨胀率的结果。名义利率相对通货膨胀率具有水平化特征，通货膨胀率与实际利率近似于围绕某一轴线向上下方向凸出的、对称的两条曲线。当名义利率达最高点时，实际利率达最低点，原因是名义利率高点对应更高的通货膨胀率，但其与通货膨胀比较有颇为显著的落

差，这在改革以后两次通货膨胀高峰时期（1988 年、1994 年）非常明显，实际利率分别下降到 -10.83% 和 -10.72% 的水平。实际利率的波动幅度 1988—1990 年达 18.64%，1991—1998 年达 18.36%，远远超出名义利率的波动范围。其他长期存款的名义利率、实际利率变动的特征与一年期利率相似。

（单位：%）

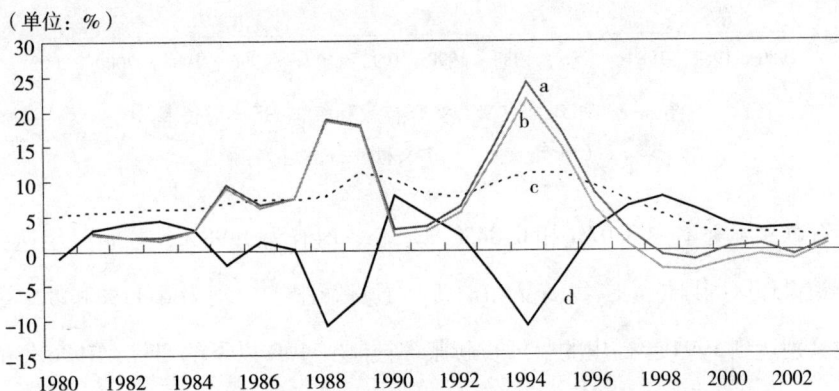

图 8-1　一年期名义、实际存款利率及商品零售和居民消费通胀率

a. 名义利率；b. 商品零售通胀率；c. 实际利率；d. 居民消费通胀率

3. 1997 年以后由于低、负通货膨胀率（通货紧缩），名义利率持续高于通货膨胀率，也从而使实际利率高出名义利率，这在利率运行轨迹的以前时期从未发生。

4. 实际利率以 1994 年为分水岭明确改变了与经济增长率的相对运行关系。在 1994 年以前，实际利率尽管与经济增长率存在 1 年滞后关系，但总体上是顺经济周期的，1995 年以后实际利率呈现出逆经济周期运行特点（见图 8-2）。

按国内有关实际利率目标区的讨论，认为应将一年存款实际利率维持在 2% 左右，而 1996 年分别由名义利率扣减零售物价和消费物价上涨率后的一

（单位：%）

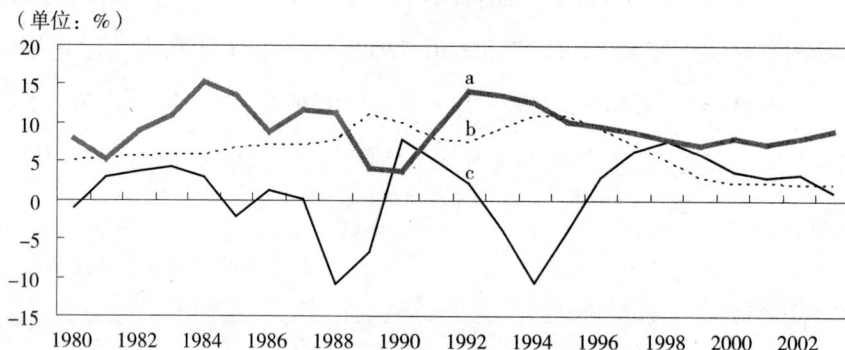

图 8-2　一年期名义、实际存款利率与 GDP 增长率

a. GDP 增长率；b. 名义利率；c. 实际利率

年存款实际利率为 3.07% 和 0.88%，算术平均值为 1.98%，分明已经达到政策操作区间以内。零售商品和消费品通货膨胀率分别为 6.11% 和 8.3%，也分别达到 1994 年提出的将通货膨胀率控制到 10% 以下的目标。1996 年的投资增长率为 14.4%，是 1981—1996 年期间的第三个低点，当年经济增长率达到 9.6%。尽管通货膨胀率与经济增长率两种指标似乎都有向下调整的余地，但综合其他经济变量水平并考虑到前几年紧缩政策的滞后效果，1997 年应该采取怎样的货币政策与财政政策？这是值得我们思考和以后要借鉴的一个问题。①

（二）贷款利率变动分析

1. 各种期限贷款的实际利率和存款实际利率的变化节奏几乎完全相同，实际利率波动的高点与低点出现在同样年份。其原因在于中央银行对各类别存贷款名义利率统升统降，而实际利率是名义利率扣减同一通货膨胀率的结

---

① 据笔者判断，1997 年初即应放弃"双紧"政策，至少可以采取"中性"的货币政策与财政政策。

果（见图8-3）。

（单位：%）

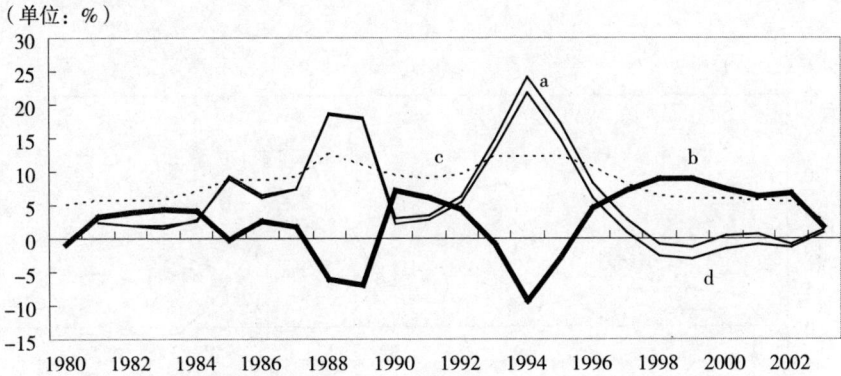

图8-3　1—3年期名义、实际贷款利率和商品零售及居民消费通胀率

a. 商品零售通胀率；b. 居民消费通胀率；c. 名义利率；d. 实际利率

2. 在1990年以前投资与实际利率循环方向近似一致，1991—2003年却呈现出相反倾向。这说明1990年前后企业对实际利率变动的反应方式发生了变化，1991年以后实际利率成为约束企业生产的条件之一（见图8-4）。

（单位：%）

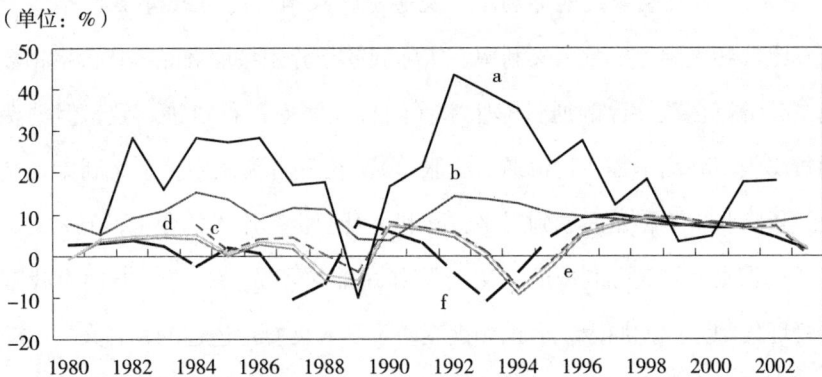

图8-4　各期限贷款实际利率与GDP增长率及投资增长率

a. GDP增长率；b. 投资增长率；c. 5—10年实际利率；d. 3—5年实际利率；e. 1—3年实际利率

3. 以 3—5 年期贷款利率为例，说明名义贷款利率、实际贷款利率与通货膨胀率之间的关系和对存款利率的分析结果相同（见图 8-5）。

（单位：%）

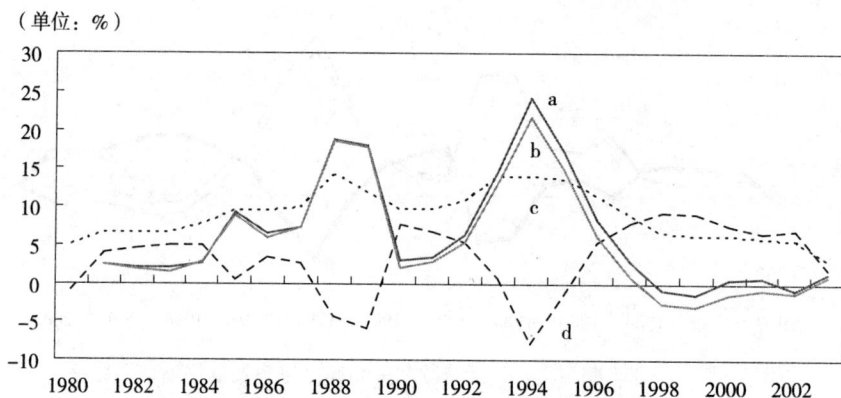

图 8-5　3—5 年期名义、实际贷款利率和商品零售及居民消费通胀率
a. 商品零售通胀率；b. 居民消费通胀率；c. 名义利率；d. 实际利率

二、利率总水平变动趋势分析

（一）名义利率、实际利率以及通货膨胀率之间的结构性变化

比较各类别存贷款名义利率、实际利率与分别按照商品零售价格指数和消费品价格指数计算的通货膨胀率（两种通胀率运行轨迹一致，但消费品通货膨胀率略高于零售物价通货膨胀率）。在三者关系中，名义利率是当出现通货膨胀率不稳定后起到慰平实际利率及通货膨胀率的变量，但名义利率对通货膨胀率和实际利率的"黏合"作用非常不充分，这一方面有我国利率管理体制方面的原因，但正如魏克塞尔等人反复论述过的，名义利率即使在自由浮动利率体系中相对于价格水平的调整也是迟缓和不充分的。原因至少有以下两方面：

第一，名义利率不能为零。事实上，我国名义存款利率虽然达 20 世纪

80 年代以来最低点，但一年期与三年期名义存款利率仍分别维持在 1.98%和 2.52%，扣减税率以后为 1.584% 和 2.016%；各期限名义贷款利率一直维持在 5% 以上。这一因素导致了通货膨胀率下降到接近零甚至转为通货紧缩之后，名义利率与实际利率、通货膨胀率的相对关系发生变化，使实际利率>名义利率>通货膨胀率。名义利率对银行比对消费者更为现实，因为对消费者和企业而论，即使存款利率为零，还可以享受银行提供的安全服务，甚至可以接受实际负存款利率以免购买未来商品和生产投入品的库存费用。贷款实际利率为负并不直接影响银行利润，因为银行利润是以名义利息差决定的，银行自身并不买卖、经营商品，仅经营货币。消费者、生产者同时涉足商品与货币市场，实际利率对他们更为重要。

第二，名义利率的调整落后于价格水平的原因还在于通货膨胀的不确定性。假如通货膨胀率上升很高，比如由上年的 5% 上升到今年的 20%，上升幅度为 300%，贷款利率似乎也有可能上升 300%。不过，因为贷款利率是由合同保证的，但通货膨胀到下年可能突然显著下降或者在今后某年（仍在贷款期限以内）转为负值，而贷款经营厂商的商品却不是以对应的期限事先完全按合同出售的。所以，与通货膨胀率以同一比例上升的名义利率难以被生产者接受，高通货膨胀率可能被认为是昙花一现。这也说明了为什么短期借贷利率有时高过长期。借出方虽然面临通货膨胀加剧从而使实际利率下降的风险，但银行中介由于不介入商品市场，在很大程度上不受实际利率变动的影响。这也是银行中介比那些生产者之间的借贷能提供更为稳定名义利率的重要原因。部分学者提出将名义利率控制在高于通货膨胀率的水平上，这在高通货膨胀和通货膨胀率不稳定的情况下很难做到。要稳定实际利率水平，同时避免负实际利率或过高实际利率，仅靠调节名义利率不行，还要通过其他途径影响价格水平，消除通货膨胀率的极度不确定性。事实上，货币当局是同时通过调节资金价格（利率）和数量（货币供给）手段影响价格水平，从而实现对通货膨胀与实际利率变量的最优控制。

（二）对 1979—2003 年各期限存贷款利率水平的一般趋势分析

评价我国利率政策调节效果的前提是首先明确由政策主导的利率水平变化的方向是上升还是下降，为此不仅要观察由政策直接调节的名义利率，还要关注由名义利率和通货膨胀率一同决定的实际利率水平的变动。如果说名义利率尚可作为外生变量，那么实际利率在很大程度上受市场机制决定的通货膨胀率的影响，主要是一种内生变量，中央银行对其施加的作用受到限制。①

以 3—5 年期名义和实际贷款利率、商品零售物价及消费物价上涨率为例（见图 8-5），可以观察到自 20 世纪 80 年代以来名义利率、实际利率、通货膨胀率三者有各种形式的高低排序，1998 年以后的情况最为特殊，即存在前文提及的实际利率>名义利率>通货膨胀率的情况，但这一情况的形成是从 1996 年开始的。1996 年通货膨胀率下降，尽管央行下调名义利率，实际利率却显著上升，由于价格水平相对、绝对下降的惯性很大（超出 1998 年通货紧缩以后的下降趋势），结果导致低名义利率和高实际利率以及通货紧缩的格局。

据上应该重点分析人们颇有争议的 1996 年以后的利率问题。为此，我们将 20 世纪 80 年代到 2003 年这一期间分为三个时间段，分别比较存款和贷款的名义、实际利率水平。分析表 8-1 和表 8-2 可以得出，由于 1996—

---

① 对实际利率内生问题的研究是货币经济学领域中货币内生与外生争论的一个分支。如果中央银行货币政策决策与行动迟缓，会强化货币内生与实际利率内生机制；相反，货币政策反应机敏则会遏制实际利率内生趋势。背景因素是通货膨胀或者通货紧缩达到一定水平会由于市场预期产生累积效果。所以，实际利率内生机制即使存在，却不是经济体系中的先验预设或"命定"，而是在特定中央银行体制与货币政策条件下具有伸缩性的一种特殊的内生机制。

2002 年 8 次降息，名义利率 1996—2003 年的均值相对于 1980—1995 年下降，如一年期存款利率均值从 7.768% 下降到 4.0975%，下降了 47.25%，一年期贷款利率从 1981—1995 年的 7.9898% 下降到 1996—2003 年的 7.0446%，下降了 11.83%。但一年期存款的实际利率却由 −0.5503% 上升到 4.2775%，一年期贷款的实际利率由 −0.4848% 上升到 7.2246%。其他各种期限存贷款利率的变动趋势与一年期相同。

所以，1996—2003 年与 1995 年以前相比各种类别名义利率下降，实际利率显著上升，原因在于通货膨胀率低，1998 年后转入通货紧缩。按商品零售价格指数观察，1998—2003 年连续 5 年出现了通货紧缩。

表 8-1　中国分时期平均存款利率变动（1980—2003） 　（单位:%）

存款期限	1980—2003		1980—1995		1996—2003	
	名义利率	实际利率	名义利率	实际利率	名义利率	实际利率
1 年	6.5448	1.0590	7.7684	−0.5503	4.0975	4.2775
3 年	7.4520	1.9661	8.8287	0.5100	4.6984	4.8784
5 年	8.3454	2.8595	9.9583	1.6396	5.1194	5.2994

数据来源：相关年度《中国金融年鉴》《中国统计年鉴》，对利率数据作了处理。

表 8-2　中国分时期平均贷款利率变动（1981—2003） 　（单位:%）

贷款期限	1981—2003		1981—1995		1996—2003	
	名义利率	实际利率	名义利率	实际利率	名义利率	实际利率
1 年	7.6610	2.1967	7.9898	−0.4848	7.0446	7.2246
1—3 年	8.3237	2.8593	8.7669	0.2922	7.4927	7.6727
3—5 年	9.0300	3.5656	9.6287	1.1540	7.9073	8.0873
5—10 年	10.4820	4.3204	12.1226	1.3490	8.2262	8.4062

数据来源：相关年度的《中国金融年鉴》《中国统计年鉴》，表中利率数据均作了加权平均处理。

第二节 紧缩时期是否进入"流动性陷阱"

一、狭义与广义"流动性陷阱"

凯恩斯本人在《就业、利息和货币通论》（在后文中简称《通论》）中没有将"流动性陷阱"作为一个严密的经济分析术语，只因希克斯结合凯恩斯有关论述提出"流动性陷阱"问题，这种说法才在宏观经济学领域广为流传。既然如此，就有可能因为对《通论》不同部分的解读而对所谓"流动性陷阱"概念产生理解上的分歧。我们可以将"流动性陷阱"区分为狭义和广义两种。两种"流动性陷阱"除包含货币数量、利率之间关系外还牵涉两者变动所产生的货币政策效果。

狭义"流动性陷阱"隐含着有一种临界利率水平，在这一利率水平上人们普遍预期利率会上升，从而以货币形式持有全部资产并放弃持有债券。换句话说，当利率水平下降到某一点时货币需求的弹性无限大，货币供给的增加不能进一步降低利率。在图 8-6 中，利率下降到临界值 r_0 时，货币需求弹性无限大，在这种条件下当货币收入下降或价格水平下降导致交易性货币需求减少，货币需求曲线由 m_{d1} 向左方移动到 m_{d2}，但由货币需求和货币供给 m_{s1} 决定的利率仍是 r_0。相应地，当货币需求不变（即或改变也有相同结果），货币供给由 m_{s1} 增加到 m_{s2}，利率水平依然不变。[①] 这种情况既破坏了价格与利率影响商品市场上的投资扩张与收缩、总需求变动从而恢复充分就业均衡的机制，也削弱了货币政策的效果。

---

① 劳伦斯·哈里斯：《货币理论》，中国金融出版社 1989 年版，第 216—218、236—237、266—267 页。

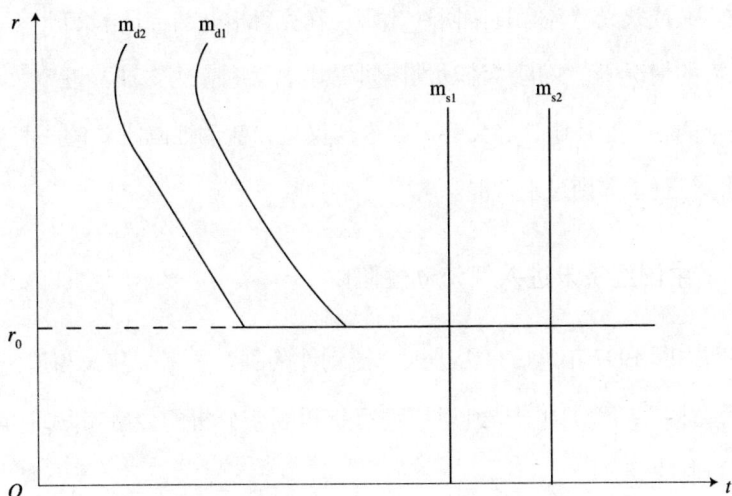

图 8-6　达到临界利率 r_0 时出现流动性陷阱

　　广义"流动性陷阱"指仍可通过增加货币数量降低利率，但现有名义利率水平到零之间落差有限，不足以抵消资本边际效率的下降，阻碍货币政策的扩张效果。广义"流动性陷阱"包含一个利率区间而不是某一特定的临界利率。凯恩斯认为资本边际效率可以变动很大，而利率可能变化范围甚小，恐难以完全抵消前者的变动。[①]

　　凯恩斯开出了通过货币数量调整降低利率、增加就业、扩张产出的一系列条件：第一，货币数量增加快于公众灵活偏好增加，从而取得降低利率的效果；第二，利率下降快于资本边际效率下降，是利率下降引致投资增加的因素；第三，避免消费倾向下降是投资增加引起就业量增加的重要条件；第四，为了持续维持低利率以使经济达到充分就业状况，就必须再增加货币供给。因为最初的就业增加会推动价格上涨，进一步导致利率增加，从而有可能中断向充分就业调整的过程。更宽泛地讲，上述任一条件不满足，均可

　　① 凯恩斯：《就业、利息和货币通论》，商务印书馆 1993 年版，第 140 页。

以导致广义或狭义"流动性陷阱"出现。在克鲁格曼结合日本20世纪90年代初以后的情况所定义的"流动性陷阱"中名义利率为零或接近零①②。但在凯恩斯的相关论述中，名义利率为零仅仅是"流动性陷阱"的一种特例，名义利率接近于零则过于含混。

二、中国经济未进入"流动性陷阱"

判断中国1997年之后是否进入"流动性陷阱"要考虑狭义与广义两种"流动性陷阱"，区分中国与凯恩斯进行货币利率分析的金融市场环境、利率决定机制的差异。

（一）中国未进入狭义"流动性陷阱"

凯恩斯分析利率问题时明确两点：其一，利率是放弃对货币的控制权换取债票（debt）的报酬。他指出原则上货币就是银行存款，根据他在同一场合更为明确的解释，货币包括定期存款，债票应该是指债券等待清偿的非存款票据，可以延伸到商业票据。③ 这表明凯恩斯所论利率并非货币存款利率，也不是银行借贷利率，而是债券利率；其二，货币数量与灵活偏好是决定利率的两大因素，④ 即货币供给与货币需求决定利率，货币需求代表了放弃对债券的持有。凯恩斯这种分析的背景是其师马歇尔曾提到的、在英国曾经以发行企业债券方式为筹资的主要形式。

在我国，银行存款和贷款利率对社会投资、企业部门以及公众的资产选

---

① 保罗·克鲁格曼：《萧条经济学的回归》，中国人民大学出版社1999年版，第98—110页。

② 李扬、王国刚、何德旭：《中国金融理论前沿》，社会科学文献出版社2003年版，第84—85、146页。

③ 凯恩斯：《就业、利息和货币通论》，商务印书馆1993年版，第142—143页。

④ 凯恩斯：《就业、利息和货币通论》，商务印书馆1993年版，第143页。

择行为的影响远大于债券利率，且银行利率由货币管理当局严格控制而并非通过市场机制决定。就利率水平而论，一年期存款名义利率由 1997 年的 7.135% 渐次下降到 2000 年的 1.98%，而克鲁格曼发表有关"日本陷阱"一文时，日本一年期存款利率已经由 1997 年的 2.14% 下降到 1998 年的 0.27%（但经济仍未复苏）。综合论之，中国不存在狭义"流动性陷阱"，以存款利率替代债券利率进行分析，这一判断仍然成立。

（二）中国亦未进入广义"流动性陷阱"

即使抛开严格的理论逻辑，不考虑利率决定机制问题，中国也没有出现广义流动性陷阱。因为第一，自 20 世纪 80 年代以来，中国仅在 1989 年出现过负投资增长率（指固定资产投资，为 -7.22%，见图 8-3、图 8-4），1997—2003 年均有正的投资增长率，1999 年投资增长率达到低点但也处在 5.1% 的水平。第二，假如选择 1997 年为利率调整以刺激投资的起点（即不考虑恢复性调整情况），一年期存款名义利率由 7.135% 降低到 2003 年的 1.98%，一年期贷款利率由 9.804% 降低到 2003 年的 5.31%，两种利率分别下降了 5.155 和 4.49 个百分点，下降比例分别为 72.93% 和 45.84%，落差不可谓不大。

狭义"流动性陷阱"仅仅涉及利率能否因货币供给增加而下降，广义"流动性陷阱"则涉及利率下降对投资、产出和经济增长等实际变量的影响效果问题。所以，有必要进一步分析降低利率对经济的总体效果。

第三节　紧缩时期利率政策的传导机制

一、1997 年以来利率发挥调节功能的传导机制

无论从我国自 1997 年以后利率调整的幅度还是具体的经济表现观察，

很难否定利率政策的调节效果。这一时期利率调节作用的发挥主要通过下述 4 种渠道：

（一）利率降低为发行国债提供了低成本机会

如果不考虑政府支出与净出口，在总需求构成中消费相对稳定，引起总需求波动的主要是投资的不稳定，总需求波动进而影响经济增长率波动。政府支出的主要职能是在一定范围平衡投资波动引起的总需求波动从而稳定宏观经济。尤其在经济出现衰退迹象，企业部门与公众出现悲观预期，资本边际效率显著下降的情况下，政府可以通过增加财政支出兴办公共工程以及从事部分生产性项目承担投资风险。政府投资的目的不是商业利益，所以不受资本边际效率的约束，也不要求投资的预期收益率至少等于现行利率。但是，利率水平高低决定了政府融资的利息成本，对政府投资的规模具有决定性影响。[①] 当政府支出的较大比例由政府债务支持，利率决定的债务成本必然影响到财政的稳定性。

我国自 1998 年以来通过发行长期国债投资于基础设施、西部大开发、生态环境建设、国有企业技术改造等项目，在很大程度上避免了投资大幅度下降，有效地增加了总需求，在出现通货紧缩以后保持了较快经济增长。大规模发行国债的条件是银行存款显著增加，但贷款增长不足，银行系统出现了数量可观的"存差"，物资供给充裕而物价持续走低，利率水平也明显下降。将 2002 年 7 月 1 日与 1995 年 7 月 1 日比较，法定一年期贷款利率累计下降 6. 75 个百分点，降幅为 56%。1998—2003 年共发行 7800 亿元国债，若全部按 3 年期计算，国债发行利率平均下降 5 个百分点，由于下调利率而减少的国债利息负担为 1170 亿元。

---

① 凯恩斯：《就业、利息和货币通论》，商务印书馆 1993 年版，第 140 页。

（二）降低利率显著地增加了企业的利润空间

我国法定流动资金贷款利率经过 8 次下调由 1995 年 7 月 1 日的 12.06%下降到 2002 年 2 月 21 日的 5.31%（见表 8-3），累计下降 6.75%。如果以一年期流动资金贷款利率作为企业债务成本指标，再假定国有企业负债占总资产比率为 65%，则由于降息给企业形成的利润空间为 4.39%。据张平、张晓晶测算，中国国有企业平均利润率在 20 世纪末低于 5%。[1] 如此说来，若不是 1996 年以后连续 8 次降息，全国国有企业平均将接近零利润水平甚至亏损（因为利润率下降意味着更加依赖较高利率贷款以维持企业生存）。民营企业的经营状况也将非常困难。我们是否可以做以下判断：降息在显著水平上维持了企业部门的正常生产，是通货紧缩环境下增加企业投资的重要条件。

（三）利率逐步下调减轻了人民币升值的压力，有利于增加外贸出口

20 世纪 90 年代中期以后全球面临通货紧缩风险，日本、美国等西方发达国家和一些新兴工业化国家都先后调低利率，在这一背景下我国也顺势而动，一再降低利率水平，比较有效地避免了短期资本流入导致外汇市场上本币升值的压力，对于促进外贸出口创造了良好的货币金融环境。尽管对资本项目实行严格管制，但有迹象表明，国际游资通过外商投资、外贸出口等渠道可以绕过外汇管制流入我国。

表 8-3　中国金融机构法定流动资金贷款利率

降息次序	降息日期	利率（%）	变动（%）
1	1996.5.1	10.98	-1.08
2	1996.8.23	10.08	-0.90

[1]　张平、张晓晶：《直面符号经济》，社会科学文献出版社 2003 年版，第 42 页。

续表

降息次序	降息日期	利率（%）	变动（%）
3	1997. 10. 23	8.64	-1.44
4	1998. 3. 25	7.92	-0.72
5	1998. 7. 1	6.93	-0.99
6	1998. 12. 7	6.39	-0.54
7	1999. 6. 10	5.83	-0.54
8	2002. 2. 21	5.31	-0.54

数据来源：中国人民银行网站，www.pbc.gov.cn。

（四）降低利率有利于改变人们对市场的预期

当宏观经济出现衰退迹象，从松的货币政策与财政政策的持久性有利于坚定市场信心，改变人们的悲观预期。我国自 1996 年至 2002 年 7 年中连续 8 次降低利息，加征利息税，两次下调存款准备金比率，1998 年之后保持了积极的财政政策和稳健的货币政策的连续性，坚定了企业和公众对景气繁荣和保持较快经济增长的信心。至 2003 年经济形势出现明显转机，表明人们对市场的信心已经基本恢复。

我国在 1994 年出现高通货膨胀以后，政府实行从紧的货币与财政政策，到 1997 年通货膨胀率由 2.17% 下降到 0.8%，这一过程混合其他因素成为形成通货紧缩预期的条件，尽管 1996 年以后央行对名义利率进行恢复性下调，但产业部门仍然估计到存在较高水平的事前实际利率，所以抑制了企业借款投资的积极性，从而形成通货紧缩预期的自我实现机制。假如在市场机制中，货币当局不施加任何影响，市场资金供求决定的名义利率面临通货紧缩也会下降，从而具有自发调节的作用，但这种调整是缓慢和滞后的。中央银行货币政策发挥作用的条件或相对于市场的优势是利率下调的节奏与幅度超前于通货紧缩水平，适时改变、扭转人们的预期。我国经过二十多年的市场取向的改革之后，企业与居民预期行为得到了强化，这一倾向必然影响到市场运行的内部机理，货币理论与政策分析必须重视人们心理预期的变化。①尽管对连续 8 次降低利率在节奏、幅度的把握上可以讨论，但持续的利率调整对改变人们的悲观预期的影响仍不可忽视。

二、通货紧缩与通货膨胀中的利率期限结构变动

为了更为清晰地揭示利率与价格水平变动的关系及其大致规律，我们引入利率期限结构方法进行观察。与一般的利率期限结构方法不同的是，以下分析将金融市场中的短期利率期限结构方法延伸到较长时期分析，分别勾画出改革以后的全期、前期、后期三种利率期限结构，1988 年、1992 年两个高峰年份和 1990 年、1999 年两个低谷年份的利率期限结构，并由此进行比照分析。

（一）长期的平均利率期限结构分析

非专业人士甚至也有经济学者习惯于观察名义利率，但在通货紧缩中名义利率与实际利率逆向变动，名义利率下降，实际利率上升。为了说明这一问题，我们将存款、贷款利率作一定分期以比较不同区间的平均利率期限结构（见图 8-7、图 8-8），按 1981—2003 年、1981—1995 年和 1996—2003 年的分期，1996—2003 年的名义贷款和存款利率最低，但实际贷款利率最高。

（二）高峰年份和低谷年份的利率期限结构变化

选择处于经济周期的两个高峰年份（1988 年、1992 年）和两个低谷年份（1990 年、1999 年）进行比较，可见在高峰年份名义利率很高实际利率

---

① 刘明：《对大萧条成因的争论及其启示》，《人文杂志》1997 年第 5 期。

（单位：%）

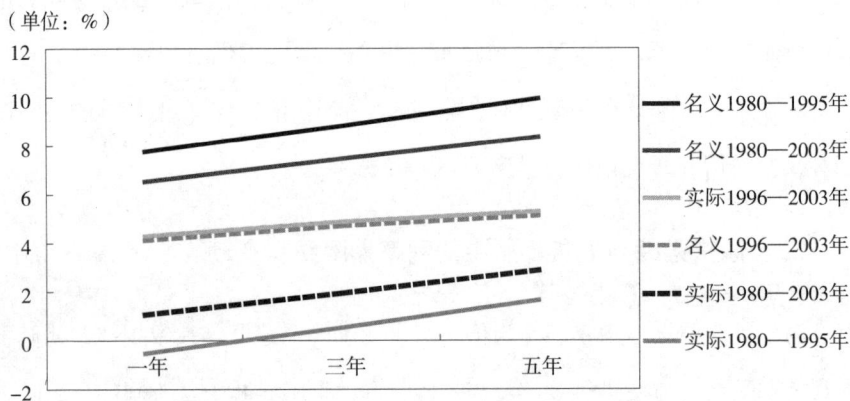

图 8-7　平均存款利率期限结构

a. 名义 1980—1995；b. 名义 1980—2003；c. 实际 1996—2003；d. 名义 1996—2003；e. 实际 1980—2003；f. 实际 1980—1995

（单位：%）

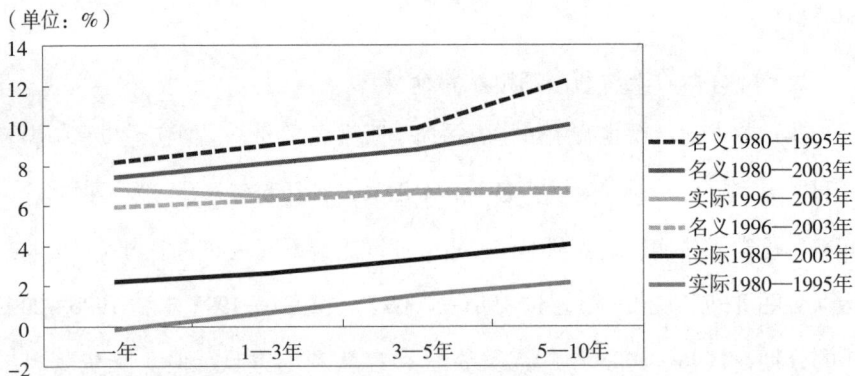

图 8-8　平均贷款利率期限结构

a. 名义 1980—1995；b. 名义 1980—2003；c. 实际 1996—2003；d. 名义 1996—2003；e. 实际 1980—2003；f. 实际 1980—1995

却很低，低谷年份正好相反，1999 年名义利率最低，但实际利率最高。其中的决定因素是通货膨胀或通货紧缩水平（见图 8-9）。中国 1997 年以后实际上存在着"向上的金融抑制"。

上述分析对利率政策的借鉴意义可能在于：中央银行一旦觉察到通货紧缩趋势，在开始即应果断采取增加调息频次和加大下调幅度的措施，比如能否每季度调一次，每次下调一个多百分点？1997—1998 年利率下调两个百分点对遏制通货紧缩而论力度显然还不够，因为 1995—1996 年一年期存款利率在 10% 左右，调节的基数较大，这对于强化利率调节手段提供了基础。问题是央行和政府对通货紧缩既无前瞻的经验和心理准备，也就无从采取事前的、加大力度的利率调节措施。

（单位：%）

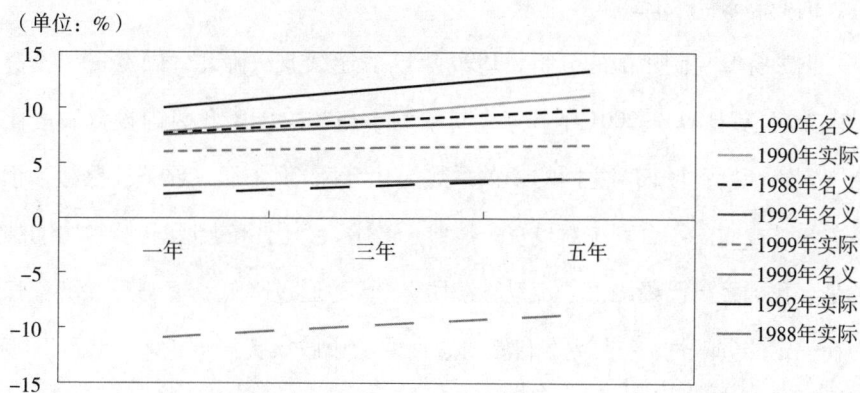

图 8-9　1999 年（低谷）、1992 年（高峰）、1988 年、1990 年存款利率期限结构
a. 名义 1990；b. 实际 1990；c. 名义 1988；d. 名义 1992；e. 实际 1999；f. 名义 1999；g. 实际 1992；h. 实际 1988

第四节　利率机制演进与计量方法困难

一、有关利率效果的计量分析

根据武剑利用递推模型做出的估计，中国 1979—1998 年资本对经济增

长的贡献度平均为 53.3%，1999—2010 年和 2011—2020 年还将分别上升到 60.1%和64.4%。[1] 这说明无论改革前 20 年还是后转轨时期资本要素对中国经济的持续增长都是最重要的，也符合发展中国家的基本特征。投资是资本形成的最终手段，检验利率调节宏观经济效果的主要途径是通过检验利率与投资的关系来考察利率对资本使用的刺激作用。大体说来，在经济周期的上升过程，利率水平上升从而有利于增加储蓄并提高资本积累，而在经济周期性衰退过程降低利率则有利于充分利用生产过程析出的过剩资本，填补投资、消费需求的缺口。

据彭晓峰与阴永晟的分析，1996 年以后连续 8 次降息，固定资产投资仍未见起色，1993—2001 年一年期贷款利率与扣除国家预算内投资后全社会固定资产投资增长率之间的相关系数为 0.565，但未通过显著性检验，相关关系不成立。综合利率对投资、消费、产出、净出口的计量检验得出的结论是，我国经济已经陷入"流动性陷阱"，认为通过降低利率刺激经济增长存在一定的局限性。[2] 曾宪久肯定凯恩斯的货币政策传导理论，即货币政策经由利率渠道可以影响产出，通过线性回归分析发现 1978—1998 年间名义利率每上升 1%，GDP 下降 0.7%，实际利率每上升 1%，GDP 增长 0.22%，说明利率作为货币政策传递渠道具有可行性。货币需求与投资需求在大多数年份有明显负利率弹性，但平均的弹性却很小，利率对投资需求的刺激作用未充分凸现出来，货币需求的资产弹性很小的原因是货币需求结构中投机性

---

① 武剑：《货币政策与经济增长——中国货币政策取向研究》，上海三联书店、上海人民出版社 2000 年版，第 37 页。
② 彭晓峰、阴永晟：《人民币利率调整与 GDP 增长的相关性研究》，《经济科学》2002 年第 5 期。

需求相对很小。①

　　我国经济转型期的特征之一是由制度创新、管理体制、金融市场和企业行为结构变化引致经济变量各自变动特点以及相互间关系均处于非稳定状态。王召通过邹氏转折点检验发现 1989 年是改革以来利率与投资关系变动的显著分界点，1978—1988 年实际投资对实际利率几乎没有弹性，实际投资主要受收入影响，1989—2000 年实际投资的利率弹性为负，说明利率对投资的作用向着市场化方向演进。② 实际上，从 1999—2003 年实际利率与投资的相对变动关系可以很直观地看出两者成负相关的情况，所以 1999 年可以被视为新的最佳临界点（见图 8-4）。沈坤荣将改革以后分为 1978—1989 年和 1990—1999 两个时期，指出前期较高的经济增长速度在很大程度上得到高实际利率的支撑，1990 年以后由于市场类型发生变化，实际利率对经济增长速度的作用即使有也是反向作用，这在 1999 年以后表现得更为明显③。对利率变动的效应区分国有企业和非国有企业两个子集进行计量分析后发现，非国有企业的投资利率弹性较强，系数显著为负，这说明非国有企业投资符合经济理性。④

　　季焰用 1978—1998 年的数据分别检验储蓄对名义利率和实际利率的反应，结果表明名义利率对储蓄不存在确定的影响关系，实际利率对城镇居民储蓄率影响系数为 0.249，且显著性很高，T 值为 2.098。⑤ 汪小亚等人根据

---

　　① 曾宪久：《凯恩斯的货币政策传导理论考察——兼论我国货币政策传导的利率效应》，《经济体制改革》2000 年第 3 期。

　　② 王召：《对中国货币政策利率传导机制的探讨》，《经济科学》2001 年第 5 期。

　　③ 沈坤荣、汪建：《实际利率水平与中国经济增长》，《金融研究》2000 年第 8 期。

　　④ 李扬、王国刚、何德旭：《中国金融理论前沿》，社会科学文献出版社 2003 年版，第 84—85、146 页。

　　⑤ 季焰：《关于利率与我国居民储蓄关系的探讨》，《经济研究》1999 年第 11 期。

1995—1999 年数据所做的分析证实储蓄对名义和实际利率变动均无弹性，但表明利率调节对贷款结构有明显影响，有利于增加中长期贷款和基建贷款，从而与同一时期宏观经济政策目标一致。此外，降低利率对货币供给中 M_2 影响不显著，但却通过影响 M1 而提高了货币流动性比率（M1/M2）。

二、转型期利率作用机制演进及计量方法的局限

1. 对利率政策的计量分析表明，利率效应主要体现为结构化效应并进而影响经济总量

有关利率对货币供给、贷款、消费、储蓄、投资的计量检验均说明了这一问题，可以推测至少部分结构化效应随后将引致总量变动，例如对贷款结构中中长期贷款的刺激作用，其续发效应是固定资产投资总量的增加以及产出的增加。[①] 其中，对城乡消费以及对国有、非国有部门投资不同的刺激效果，反映了我国城乡二元经济结构和产权多元化趋势的转型经济特点。如果降低利率相对明显地刺激了非国有经济投资，这无疑符合宏观经济调控的目标。

2. 前改革时期利率调节呈现出一种不断转化和演进的机制

将我国经济体制演化分为前改革时期和后改革时期，1978—2002 年为前改革时期，其中又可约略以 20 世纪 90 年代为界分为两个阶段。在前一阶段实际投资主要受收入水平影响而对利率缺乏弹性，在后一阶段实际投资体现出利率弹性，其原因主要在于：第一，改革初期，社会消费倾向较高，由收入水平决定的资本积累规模有限，实际投资主要受积累规模制约；第二，改革前期投资高度集中于政府和国有企业部门，政府和国有企业投资总体上

---

① 2003 年出乎预料的高增长率即是明证。至于怎样认识 2003 年信贷扩张与固定资产投资超高速增长则另当别论。

对利率反应不敏感；第三，在前改革时期的第二个阶段，随着社会消费倾向（或储蓄倾向）变化，资本积累加快，投资主体多元化趋势愈渐明显，社会储蓄向投资转化的渠道也由财政筹融资转向以金融中介为主。这些因素在一定程度上提高了社会经济体系对利率的敏感度。

3. 前改革时期两个阶段的过渡分别体现"麦金农效应"和中国企业部门"货币幻觉"的消失

在第一阶段，较高经济增长速度受到高实际利率（尽管 1995 年前后实际利率呈现出由低到高的变化）的支持，第二阶段实际利率上升则起到相反作用。说明前改革时期的十年投资增长与实际利率水平上升之间具有麦金农所称"互补效应"，即使经济增长主要受到政府意向以及对企业部门"放权让利"改革模式的推动，提高实际利率的"互补效应"也至少部分地成立。之后互补效应消失，与之对应除了存在名义资产与实物资产和货币资产与实物投资的替代效应之外，可以认为投资主体在预期增强情况下"货币幻觉"消失，即由仅重视名义变量转为重视实际变量。尤其当出现通货紧缩以后，名义利率虽然降低，但金融资产的实际利率显著上升，实物资产投资的收益下降，相应地增加了企业的债务成本和产出成本。

4. 中国在 1997 年通货紧缩之后货币政策存在着国家信用传导渠道

对中国货币政策在这一时期的传导机制分析既不能简单套用以成熟市场经济为背景的货币理论观点，但也不能断然否定西方货币理论对货币政策传导渠道的概括和归纳。在利率、银行信贷和汇率三种渠道中，自 1998 年中央银行取消贷款规模控制以后，随着商业银行自主性增强，银行信贷渠道似乎更具有市场经济中货币传导的角色特征，但利率渠道、汇率渠道却仍以不同方式对货币政策的实施效果产生影响。有管理的浮动汇率机制虽然被认为有固定汇率之嫌，但几乎不变的汇率事实上受到了利率水平持续下降以及外汇储备大幅度增加的支持，稳定的人民币汇率水平在加入 WTO 以后支持外贸出口快速增长，避免了部分人士所担心的入世后外贸出口陡然下降的局面。这一时期货币政策传导的更为重要的特征是存在国家信用渠道，政府通过债券形式融资的规模之巨、持续时间之长前所未有，对拉动投资、促进经济持续较快增长的作用怎样估计也不会过高。如前所述，这一举措的主要背景条件之一是名义利率下降。① 概括而论，国债连接着财政政策和货币政策两个方面，很好地体现了财政政策与货币政策组合、搭配的结合点，不能孤立地将国债仅当作一种财政手段看待。

5. 计量方法的困难与局限

国内学者对利率调节效果的计量分析存有分歧，关于产出和投资的利率弹性尤其如此。通过计量分析考察利率效应面临着以下困难：第一，计量方法对样本数据有一定要求，例如弗里德曼与施瓦茨关于美、英两国货币与经济的统计分析，数据样本期间涵盖约 100 年，而中国的利率与投资、产出等数据则局限于 1978 年以后，个别学者甚至使用 5 年数据做统计分析。第二，即使认可 1978 以后样本期间能满足计量分析在技术方面的要求，由于转型期利率作用机制不稳定，作长期分析得出的结果就既不能以统计规律揭示未来经济变量间的因果关系，也不能发现利率作用机制在不同"短期"演进的特点和规律。如此看来，作短期和小样本分析在计量技术上即使不允许，但在实际可能更具有价值。第三，在经济转型期影响投资、储蓄、产出的因素很多，但多数学者在验证利率效果时采取了单变量回归方法，这就有可能将其他遗漏的解释变量对投资和产出的影响效果归结为利率因素。

凯恩斯认为资本边际效率与利率共同决定投资，但资本边际效率在很大

---

① 笔者认为，政府债券与银行信贷同样主要重视名义利率，因为政府本质上不是生产者。

程度上取决于预期因素。目前尚无人将预期、资本边际效率与利率均作为解释变量来检验各个因素对投资、产出的影响。[①] 但即使能这样做，在据其做出因果解释时仍要慎重，因为计量经济学的统计相关性与经济事实的逻辑具有本质上的不同。任何一对经济变量（甚至其他变量）之间都可能具有统计相关性，却未必有事实上的因果关系；任何一组变量可能统计上不相关，却可能存在某种事实上的因果关系。

我们从相反的方向提出问题：中国 1997 年以后不连续下调利率会怎么样？对于发生通货紧缩以后的政策变量与经济活动我们有理由做出以下猜测：第一，如果市场预期没有改变，连续下调利率可能导致投资增长 40%；第二，如果市场预期改变（实际已经发生），利率没有下降，投资可能下降30%；第三，预期实际上改变，利率也实际下调，投资增长 10%（1998—2002 年实际投资增长率均值 12.4%）。

投资没有下降 30%，而是上升 12.4%，这就是利率抑或货币政策的调节效果。如果承认这种猜测在逻辑上成立，即说明利率调节等一系列货币政策对投资、产出与就业具有积极的甚至是非常显著的效果。

1993 年诺贝尔经济学奖得主福格尔教授在某种意义上说已经做了类似的工作，他利用演绎方法——"反事实度量"和"间接度量"向人们证明美国 19 世纪 90 年代以兴建运河替代历史上修筑铁路会取得更好经济绩效，从而否定了经济史学界热衷于对美国修筑太平洋铁路的赞美。笔者相信，如果对我国在通货紧缩期间的货币政策做出"反事实度量"的话，投资、产出、就业对利率下降仍然体现不出某种学者们希望有的弹性，但相应的投资

---

① 武剑引入预期收入不确定性、居民收入、利率对储蓄作广义最小二乘法估计。参见武剑：《货币政策与经济增长——中国货币政策发展取向研究》，上海三联书店、上海人民出版社2000 年版，第 37 页。

与产出绝对不是事实上已经呈现出的数量。利率变动对经济变量的效果具有非对称性。我们有充分的理由相信：在没有发生的"事实"中，倘若不连续下调利率，亦未做扩张性的其他货币政策操作，投资必将大幅度下降，失业也将大幅度上升。

第五节　结　语

国内学者认为紧缩期间利率降低对促进经济增长无效的观点在某种程度上是对凯恩斯宏观经济学的先入为主的误见。尽管认为公共工程开支是充分就业政策的一个重要组成部分，但凯恩斯无论在《通论》还是在《货币论》中都一直重视低利率在上述政策执行过程中的重要作用。在 1937 年出版的《如何避免衰退》一书中，凯恩斯甚至呼吁"我们必须像避开地狱之火一样地避开它（指高息贷款——笔者注）"。有关学者注意到凯恩斯在《通论》中鼓吹增加政府开支以增加投资、扩大需求，但对这一问题却很少展开论述，其原因在于《通论》的目的是提供一种能说明各种政策的理论。[1] 笔者认为，凯恩斯的政策思想是，在萧条期间同时使用扩张的货币与财政政策，包括持续地降低利率和增加货币数量。

如前所述，利率降低所产生的投资扩张效果取决于利率水平与资本边际效率下降的相对大小。当由于各种限制使利率下降低于资本边际效率下降的程度时，凯恩斯主张通过各种政策组合以促使温和的物价水平上涨，从而改变企业的利润预期，提高资本边际效率。这被认为是凯恩斯在《货币改革

---

① 邓·帕廷金·凯恩斯、约翰·梅纳德：《新帕尔格雷夫经济学大辞典》，经济科学出版社 1992 年版，第 26、41 页。

论》《货币论》和《通论》中的一贯思想。① 无论如何，凯恩斯没有否认降低利率对经济复苏的积极效果。换言之，仅仅靠降低利率还不够，但若不降低利率，局面将甚为糟糕。

我们应该对一些教科书中所谓凯恩斯认为在萧条时期货币政策"无效"的论点提出质疑，果若如此，凯恩斯为何仍然不厌其烦地指出在萧条时期要采取扩张性的货币政策？教科书中宣示的"经济衰退期间货币政策无效"，是起因于误解凯恩斯导致的"宏观经济学教条"，应该予以摒弃。应该强调的是，凯恩斯曾经明确表示他本人从来没有经历过"流动性陷阱"。最后，即使凯恩斯在特定场合讲过萧条时期货币政策无效，那么凯恩斯本人假如在特定场合将这一结论推广到一般意义的经济紧缩或者衰退，我们就有理由认为凯恩斯错了。

---

① 参见刘济源为货币论所撰中译本序言，载凯恩斯：《货币论》，商务印书馆 1986 年版，第 21 页。

第九章 改革时期货币流通速度分析

直接以可观测货币存量或流量分析货币需求，将统计量直接视为货币需求量，并进而以各种计量方法归纳货币需求的解释变量，其潜在前提是货币供给完全内生，但这并不符合事实。货币流通速度是研究和分析货币需求变动趋势与特点的重要尺度，或许，货币内生的重要因素是通过货币流通速度体现的，后凯恩斯主义学者根据美国 20 世纪 50 年代以后的情况对此已经做过较为详尽的分析，指出紧缩性货币政策导致货币流通速度抵消性的提高。[①] 1978 年改革以后我国处在体制变迁过程中，货币流通速度渐次出现一系列不同于原有体制的特点，所以，货币当局在金融宏观调控中理应关注货币流通速度这一重要变量。但问题是在短期内货币流通速度对经济事件反应未必敏感，从而不易观察，尤其是广义货币。所以在本章分析中除货币收入流通速度之外引入货币流通速度变化率，将其作为对货币需求（也是对货币供给）作出敏感反应的一阶替代变量。[②] 具体分析得出有关货币流通速度

---

① ［美］斯蒂芬·罗西斯：《后凯恩斯主义货币经济学》，中国社会科学出版社 1991 年版，第 96—102 页。

② 用货币流通速度变化率分析货币流通类似于用通货膨胀率分析价格水平。分析价格水平可以分别用价格指数、通货膨胀率。通货膨胀率可以表述为 $\frac{1}{p} \cdot \frac{dp}{dt}$，货币流通速度变化率则可以表述为 $\frac{1}{V} \cdot \frac{dp}{dt}$。

及其变化率与宏观经济运行、投资增长、利率、通货膨胀率和经济增长间关系的一系列结论。有关分析在一定程度上否定了认为中国货币需求函数不稳定的一般看法。值得注意的是，在本章分析中通过比较中、美两国特定历史时期的货币化水平，对麦金农以及国内一些学者指称的所谓"中国之谜"命题是一种否定。

第一节　概念框架与分析路径

一、货币收入流通速度和货币存量、货币流量

分析货币的收入流通速度问题是出于研究货币数量如何影响价格和收入水平的目的，由于货币数量变动是在货币流通速度变化的基础上对价格与收入水平产生影响，孤立地研究货币数量与经济变量间的关系不能充分说明货币与实际经济运行的联系。货币流通速度实际上有两重含义：第一，单位货币在一定时期平均的周转次数，也即货币在完成各类交易中的转手率；第二，货币数量相对于收入量（或交易量）的比例关系。在具体应用时人们是按第二种意义处理的，因为交易资料难以收集。实际上，货币流通速度加快（减慢）更可能反映的是贮藏货币向现实流通货币——作为媒介手段的货币——的转化（或相反），未必就是现实流通货币本身周转率的变化，尽管后一种因素也存在。

我们参照塞尔登的方法分析我国处于转型期的货币流通速度问题。按照塞尔登的定义，"货币流通速度（ V ）是一个时期中货币的流量与该时期中货币平均存量的比率"。塞尔登所使用的货币的"收入流通速度"是一定时期中总货币收入与平均总货币存量之比，但除此之外还有货币的"交易流

通速度", 指一定时期中总的货币交易量决定的货币流量与平均总货币存量的比率, 即 $V_t = PT/M$, 其中 P 是一般物价水平, T 是所有货币交易的实际价值。[①] 若如此, 货币流量在数量上有两种外延范围, 既可能是流通领域中由货币完成的交易总量的名义货币价值, 也可能是经济体系中的货币收入总量, 取决于所使用的流通速度类别。但这里对流量与存量的区分, 无论选取货币收入流通速度还是交易流通速度, 货币流量均不同于劳伦斯·哈里斯所定义的由货币存量变动导致的货币流量范畴。[②] 现实中的货币存量实际上即货币供给, 货币存量变动 (流量) 即为货币供给变动。而流通速度中的货币流量并不代表货币供给变动, 而是反映一定时期与生产流通环节联系的全部货币交易 (在交易流通速度中) 或部分货币交易 (在收入流通速度中)。

二、指标选取和分析路径

(一) 选择 GDP 作为收入的替代指标

仍然循着塞尔登的分析思路, 由于总体货币交易数据不易获取, 加之收入流通速度直接将货币数量与收入水平联系起来, 这正是经济学所关心的问题, 所以选择货币收入流通速度作为分析对象。与塞尔登所不同的是, 我们选取国内生产总值作为收入指标而放弃国民收入或净国民生产。由于国外直接投资既是国内按交易或者货币收入计量的重要影响因素, 又是对国民收入增长不可忽视的贡献因子, 选择包含国外直接投资生产的国内生产总值对国民收入指标是一种很好的替代。

---

① ［美］理查德·T. 塞尔登:《美国的货币流通速度》, 密尔顿·弗里德曼:《货币数量论研究》, 中国社会科学出版社 2001 年版, 第 191—192 页。
② ［美］劳伦斯·哈里斯:《货币理论》, 中国金融出版社 1986 年版, 第 25 页。

（二）对流通中现金（M_0）、狭义货币（M_1）、广义货币（M_2）的流通速度（分别记作 V_{y0}、V_{y1}、V_{y2}）作个别和比较分析

塞尔登考虑到他所分析的一定历史时期或由于缺乏活期存款的统计数据，或由于存款分类很不可靠，以及活期存款与定期存款相互转移，加之对于货币流通速度的长期趋势分析，认为选择 M_2 作为货币存量指标较为合适。[①] 但就中国的货币统计而论，塞尔登所述各种因素还不足以造成显著影响。塞尔登、弗里德曼与施瓦茨等人分析货币问题的长期趋势所涉及的样本区间一般达 100 多年，比较而论，我们选择中国改革以后作为分析的时间区间，即使发现 M_2 流通速度的一些特征，也并不代表更长时期趋势。我们认为，鉴于分析中国货币问题客观上的限制以及转型期货币流通速度的不确定性和不稳定性，短期分析可能更有意义，塞尔登本人也注意到了"过渡"期货币流通速度的不稳定，而过渡期无疑属于短期。我国的现实情况是 M_0、M_1 比 M_2 的流通速度更为灵敏，其内在原因能在于 M_2 中的定期存款有更多的价值贮藏功能，转换成本高，限制条件相对严格，M_0、M_1 主要执行交易媒介职能，具有"飞翔"货币的性质。据以上，有必要对 M_0、M_1、M_2 分别分析，并尽可能加以比较。

（三）引入对货币流通速度变化率（ZV_y）的分析

货币流通速度变化率可近似地被看作是货币流通速度沿时间维度变动的一种放大了的形式（见图 9-1，图 9-2）。物体运动的速度和加速度都被用以反映物体位移相对于时间的关系，货币流通速度与货币流通速度变化率具有类似的意义。我们引入货币流通速度变化率是因为对其观察更为清晰，但前提是影响货币流通速度变化和影响货币流通速度变化率的因素基本一致。

----

① ［美］理查德·T. 塞尔登：《美国的货币流通速度》，密尔顿·弗里德曼：《货币数量论研究》，中国社会科学出版社 2001 年版，第 259—260 页。

当然，二者的变化方向也可能不同，比如货币流通速度是上升的，但比之上一年上升的幅度下降了，则货币流通速度变化率是下降的（如 V_{y0} 和 ZV_{y0} 的变化），这表明影响货币流通速度上升或下降的主导因素出现此消彼长，或者解释变量自身变动出现反转。

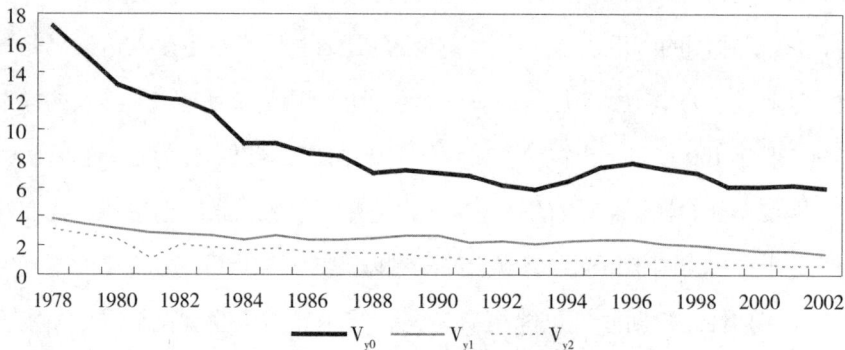

图 9-1 M_0、M_1、M_2 的收入流通速度

（四）选择利率（名义、实际）和通货膨胀率作为影响持有货币的机会成本变量

我国货币市场利率数据（同业拆借、债券回购）只是在 20 世纪 90 年代初以后才出现，加之相对于中央银行公布的存贷款基准利率，后者对货币流通速度的影响可能更为显著，我们选择一年期存、贷款利率作为利率变量取值。由于我国各类存、贷款利率走势基本一致，因而究竟选择何种期限和同期限何种利率不影响分析。通货膨胀指标主要选择以零售物价指数计算的通货膨胀率。

三、货币流通速度及变化率变动与货币均衡的关系

塞尔登认为对 V_y 的分析涉及与交易量有关的货币需求。但由于交易量

（单位：%）

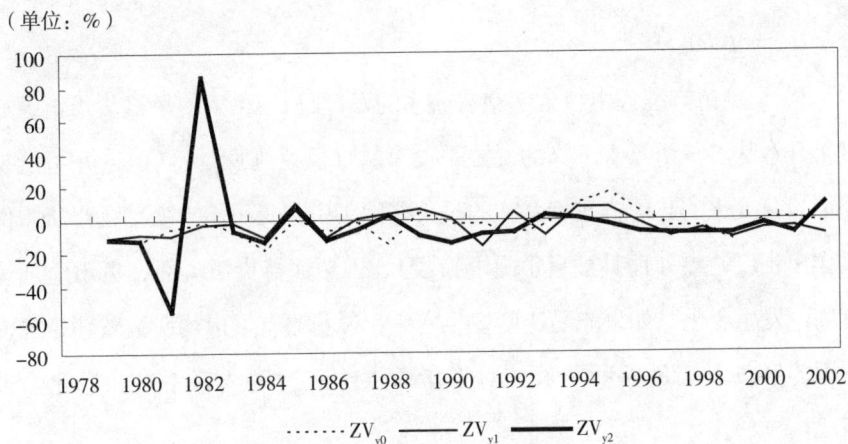

图 9-2　各层次货币收流通速度变化率

也与总货币收入发生联系，由于货币收入决定的货币需求至少包括了交易总量的一部分（或者子集），所以，V_y 的上升或下降既可以反映收入和支出的频率，也在一定程度上反映与交易有关的货币需求变动。更重要地，我们可以将 V_y 上升或下降看作决定于收入的对贮藏货币的需求与决定于交易总量的对作为媒介手段的货币需求之间的转移。尤其当交易性货币需求没有被货币供给适当地予以满足，贮藏货币会从交易者的"钱袋"或金融机构转向市场交易等流通领域。

　　怎样理解货币流通速度变化与货币均衡的关系？对此塞尔登并没有给出答案，他根本没有涉及货币供给、货币均衡问题，甚至在提到货币流通速度与货币需求的关系时无意认真澄清两者的关系，只是说"人们经常遇到一个在货币流通速度下降时期出现的货币需求上升的说法"①。按照塞尔登对

---

　　① ［美］理查德·T. 塞尔登：《美国的货币流通速度》，密尔顿·弗里德曼：《货币数量论研究》，中国社会科学出版社 2001 年版，第 191 页。

货币需求的定义：

$$D_m = M/PT \qquad\qquad (9.1)$$

D_m 是剑桥方程式中与全部交易联系的 k ，而 $k = 1/V$ 。所以货币流通速度上升意味着货币需求下降的说法并没有错（反之则反是）。但这并不能说明 V 自身变化的起因，我们关注的是某些因素引起货币需求变动，当货币供给作出相应调整（而且被货币需求吸收），仍然保持货币均衡，货币流通速度则不发生变化，如果流通速度发生变化，说明原有货币均衡被破坏，失衡状况的形成因素是货币需求相对于货币供给有过剩或者不足。为此借助下式：

$$M_s V = M_d \text{ 或 } M_s = M_d/V \qquad\qquad (9.2)$$

M_d 和 M_s 分别表示货币需求和货币供给，等式表明处于货币均衡状态。当由于其他有关 M_d 的解释变量（利率、价格等）变动使 M_d 出现上升或下降趋势时，向均衡的调整有三种途径：M_s 变动或 V 发生变动，或二者同时变动。我们假定 M_d 的解释变量是外生的，为了方便暂不考虑第三种调节，那么很容易得出结论：

如果 M_d 上升，当 M_s 不变，V 上升，从而形成对超额货币需求的补足，V 是系统内部的一个调节变量（犹如天平的游标）。相反的情形也同样成立，即当货币供给过量，V 下降从而使一部分货币退出流通。M_d 上升或下降的动机是在 M_s 稳定的约束条件下货币流通速度变动的直接原因。塞尔登提到的通常说法并没有错，但我们在分析货币流通速度时却不能简单认为由于货币需求上升，货币流通速度下降，也不能说由于货币需求下降，货币流通速度上升。

据上述分析，在观察货币流通速度变化时除联系货币需求的机会成本、规模变量外，还需同时注意货币供给变化。

第二节　货币流通速度与经济运行

比较中国 M_0、M_1、M_2 的收入流通速度在 1978—2002 年间的变化（见图 9-1），发现三种流通速度沿时间历程对各相关因素反应的敏感度是依次减弱的，但仍然存在一些相似的特征。

一、货币流通速度在 25 年间呈现出下降的趋势，但在短期内表现出上升或下降的特点，在经济扩张期上升（或者下降的节奏减缓），在经济收缩期下降

这与塞尔登所分析的美国 20 世纪的情况相似。广义货币流通速度的变化趋势虽然平缓，但在 1985、1988、1993—1994 年都表现为上升。在经济增长达到繁荣的顶峰时货币当局因为判断经济"过热"而紧缩银根，但因为货币交易和收入增加（通货膨胀率较高，实际利率水平很低），货币需求增加，超额货币需求由于货币流通速度上升而得以满足（至少是部分地满足）。

二、各层次货币收入流通速度变化与经济运行中的扩展、收缩期虽然大体一致，但其转折点被货币供给增长率的异常波动打乱

在 1992 年开始的新一轮高速经济增长中，M_0 的流通速度被推迟到 1994 年由下降转为上升，是由于 1992、1993 年 M_0 增长率分别达到 36% 和 35.7%，而 1994 年下降为 24.28%。同样，V_{y0} 在经济高速增长的 1988 年仍然下降，是因为当年 M_0 的增长率高达 46.72%，1989 年 M_0 增长率陡降至 9.84%，但经济仍然维持一定增长，加之通货膨胀率较高，V_{y0} 从而上升。三种流通速度中只有 V_{y1} 超前于 1992 年上升，是由于 1992 年唯独 M_1 增长率显

著下降，由 1991 年的 38.59%下降到 1992 年 17.48%。[1]

三、为了判断货币流通速度变化与经济周期的关系，对 M_0 的分析最为清晰

以 1981 年作起点，M_0 的收入流通速度已经呈现出 4 个周期（见图 9-2），即 1981—1984 年，1985—1988 年，1989—1993 年，1994—1999 年。大体领先宏观经济周期 1—2 年。对这种情况的解释是：经济增长周期的复苏以市场需求活跃为起点和诱发因素，而市场需求活跃必然反应在 M_0（在我国仍然是重要交易媒介）的流通速度上。说明 M_0 流通速度可以作为经济景气的领先指标。V_{y0} 在 1984 年、1985 年和 1988 年、1989 年均上升但变化很小，在 1993—1996 年却上升了 30.46%。比较 1993—1996 年 M_0 增长率，各年度分别为 35.70%、24.28%、8.19%、11.63%，4 年间 M_0 增长率锐减，远低于 1979—2002 年 20.66%的平均（算术平均）增长率。相应的经济运行状况是高经济增长率，高通货膨胀率，低实际利率，这意味着用于交易的备用货币的需求应该增加。面临紧缩的货币政策，货币流通速度提高的潜在机制是货币市场交易趋于活跃。1994 年以后 M_0、M_1 流通速度均有所提高。1993 年 12 月 31 日上海证券交易所推出债券回购业务，1993 年下半年中国人民银行牵头成立 35 个大中城市融资中心，1996 年 1 月全国统一的银行间拆借市场正式成立。1996 年 10 月以后同业拆借市场有所萎缩，1997 年 12 月比上年同期下降了 75.63%。[2] 金融创新机制影响着 V_{y0} 的变动。

---

[1]　本节所引用及计量检验使用相关数据分别来源于相关年份中国统计年鉴、中国金融年鉴、中国物价年鉴、中国统计摘要。

[2]　钱小安：《中国货币政策的形成与发展》，上海三联书店、上海人民出版社 2000 年版，第 53—57、64 页。

四、从流通速度变化率与 GDP 增长率的轨迹观察（见图 9-3），M₂ 流通速度变化率与经济增长率变动的拟合最好

M_0、M_1 流通速度变化率的趋势在 1987 年以前与 M_2 大体一致，但 1988—1992 年两者相互之间以及与 M_2 流通速度均呈交错状（见图 9-2、图 9-3）。其中的影响因素包括 1988 年 M_0 超常增长以及在 1988 年高通货膨胀率和 1990 年经济收缩期各自有不同表现。M_2 收入流通速度 V_{y2} 的上升与经济扩展的时间比较一致。这些似乎表明 M_2 以及与之相关的 V_{y2}、ZV_{y2} 比 M_0、M_1 的相关指标具有更显著的内生化和稳定性特征。

（单位：%）

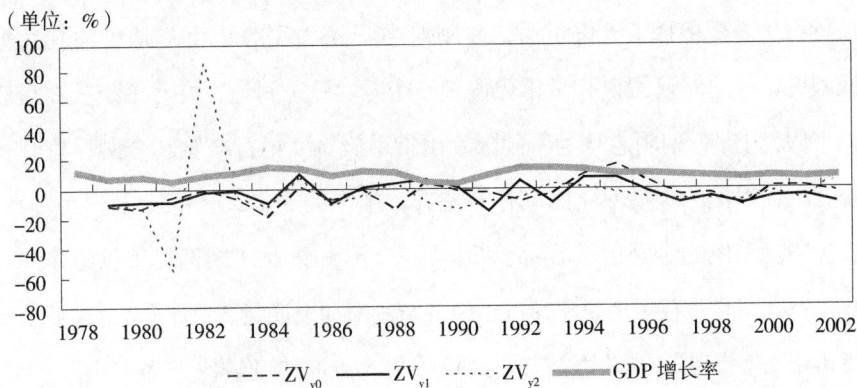

图 9-3　GDP 增长率与 M_0、M_1、M_2 流通速度变化率

五、对导致货币收入流通速度长期下降的因素分析表明不存在所谓"中国之谜"

由于选择 GDP/M 作为货币收入流通速度，V_{y2} 就恰好是货币化比率（M_2/GDP）的倒数，图 9-3 中 V_{y2} 的下降趋势同时表明货币化比率在改革以

来的上升趋势。V_{y2} 从 1978 年的 3.07 下降到 2003 年的 0.53，货币化比率则从 1978 年的 0.33 上升到 2003 年的 1.89。V_{y2} 平均每年下降日 6.53%，货币化比率则每年上升 6.53%。

我们所使用 M_2 的收入流通速度与货币化比率的倒数关系是目前所分析问题的一个重要基础。麦金农曾经将中国在财政迅速下降同时快速的货币供给没有导致爆发式的通货膨胀称为"中国之谜"。他本人解释这是一种多要素的合力作用，包括国有银行体制对政府的融资功能、国有企业剩余在银行账户中可以随时冻结、政府实行的价格双轨制、农业部门实际上成为政府的贷款者、非国有部门对高经济增长的贡献、高储蓄率以及他一贯主张的正实际利率在中国产生的互补效应等。① 国内学者对这一问题的主要解释是，由于货币化进程稀释了大量货币，易刚对中国式"失踪货币"从价格指数偏低假说、被迫储蓄假说和货币化假说三个方面做了讨论，并将重点放在最后一个假说上。② 刘明志认为不同国家由货币概览、银行概览和金融概览几种统计口径得出的金融深化比率存有差异，中国的 M_2/GDP 的比率相对较高，表明银行系统的金融创新落后于发达国家。③ 如果对"超额货币供给"的理解停留在"货币存量增长率超过了经济增长率加上通货膨胀率"，这实质上与货币化比率提高是同义语，与广义货币收入流通速度较快下降有相同意义。对广义货币收入流通速度下降的解释也就同时解释了"超额货币供给"和货币化比率提高的问题。塞尔登在总结使交易流通速度（V_t）与收入流通速度（V_y）离散的原因时所谈到的几点已经解释了货币化比率上升的原因，即：

---

① ［美］罗纳德·I. 麦金农：《经济市场化的次序——向市场经济过渡时期的金融控制》，上海三联书店、上海人民出版社 1999 年版，第 271—285 页。

② 易刚：《中国的货币化进程》，商务印书馆 2003 年版，第 57—64 页。

③ 刘明志：《中国的 M_2/GDP（1980—2000）：趋势、水平和影响因素》，《经济研究》2001 年第 2 期。

（1）金融交易相对于收入上升；（2）非金融交易相对于收入是上升的（由于纵向分工深化）；（3）非货币收入的实物交易向货币经济转移（即国内学者所指货币化进程）；（4）持有货币的机会成本下降（如利率水平下降）；（5）个人实际收入增加。[①] 当人们的财富存量增加，一部分财富以货币资产方式持有（货币价值贮藏功能的体现），而货币化比率的分母中没有计入非当期收入和财富。此外，随着资本有机构成的提高，产业部门用于周转的常备货币量的调节范围虽然扩大了，但常备货币量相对于生产规模可能是上升的。联系到塞尔登提到的第二点，由于中国是从计划体制向市场经济转轨，原先在一个企业部门生产的产品可能被不断地拆分到不同的作为独立交易单位的企业，所以相对一定收入水平的交易规模是扩大的，交易性货币需求也扩大了，但收入流通速度未包括全部交易。两种流通速度离散的潜在含义是收入流通速度下降更甚于交易流通速度，甚至，在一定时期交易流通速度可能与收入流通速度呈现出相反运动趋势。[②]

假如不考虑财政支持下降因素，麦金农所谓"中国之谜"潜在地指中国货币化比率迅速上升（或 M_2 收入流通速度快速下降）。我们试择一参照系，比较中国货币化比率的变化是否达到常人难以想象的水平。为此再回到塞尔登的分析，塞尔登对在他以前有关美国货币（M_2）收入流通速度的研究作了

[①] ［美］理查德·T. 塞尔登：《美国的货币流通速度》，密尔顿·弗里德曼：《货币数量论研究》，中国社会科学出版社 2001 年版，第 237—238 页。

[②] 近期对交易流通速度的分析见 Siqib. J. & Adran, M., "Output, Prices, and the Velocity of Money in Search Equilibrium." *Journal of Money, Credit, and Banking*, 2003, 35(6), pp.871-888.作者从广义技术角度并通过仿真模拟讨论交易流通速度。其主要结论为：生产技术改进使产出增加、价格下降，但对货币流通速度的影响不显著；媒介买卖双方交易的匹配技术（matching technology）改进时价格下降不显著，货币流通速度系统性地增加；交易技术（transactions technologies）改进——降低交易成本系统性地影响货币流通速度，因为降低交易成本导致一定时期交易总量不变而交易频次增加，从而使货币需求减少，货币流通速度上升。这在某些方面看来对分析收入流通速度也是有意义的。

详尽的比较，其中对沃伯顿较为推崇，认为其研究结果较少有人质疑。沃伯顿对美国 1839—1939 年货币流通速度的回归斜率估计为-0.0628，即货币流通速度每年下降 6.28%，这与沃内特以及沃伯顿本人对可比时期用其他方法计算的斜率-0.0586 和-0.0594 相当接近。[1] 也即美国在 100 年中货币化比率每年提高 6.28%，这与中国在 26 年间每年年均提高 6.53%没有实质性的差别。我国与日本在 20 世纪 90 年代广义货币对 GDP 的比率也较为接近。[2] 在收入流通速度中是使用国民收入还是国内生产总值不会产生实质影响。

鉴于上述分析，笔者认为所谓"中国之谜"实际上不存在。

第三节 对货币流通速度的分因素分析

一、货币流通速度对投资增长的反应

M_2 流通速度变化率与名义、实际投资增长率的相对变动关系参见图 9-4。投资的名义、实际增长率的变动基本上一致，原因在于名义增长率上升、下降时通货膨胀率也上升或下降，投资的名义增长率与实际增长率未完全亦步亦趋是由于各年度间名义投资增长率与通货膨胀率变动幅度的差异。ZV_{y2} 与投资增长率的高点与低点吻合很好，与名义投资增长率尤其如此，因为名义投资增长率反映了交易性货币需求。[3] 其中 1991—1998 年 ZV_{y2} 波动

① 理查德·T. 塞尔登：《美国的货币流通速度》，密尔顿·弗里德曼：《货币数量论研究》，中国社会科学出版社 2001 年版，第 196—202 页。

② 刘明志：《中国的 M_2/GDP（1980—2000）：趋势、水平和影响因素》，《经济研究》2001年第 2 期。

③ 当然，投资增长产生的货币需求不仅涉及 M_2，例如 1993 年名义投资增长达到改革以来最高水平，M_1 增长率同时达到最高（43.85%），M_0 增长率也很高（35.7%）。

的幅度明显低于投资增长率的波动幅度，名义投资增长率在上升和下降过程中平均波动幅度为 62.76%，而 ZV_{y2} 平均波动幅度为 14.15%。造成这种差别的主要因素是货币供给增长率的波动，M_2 增长率在 1978—1990 年期间均值为 24.57%，而 1991—1993 年均值达 28.95%。此外，可能意味着在投资增长率上升和下降期间存在货币需求的规模节约和规模不经济倾向。

（单位：%）

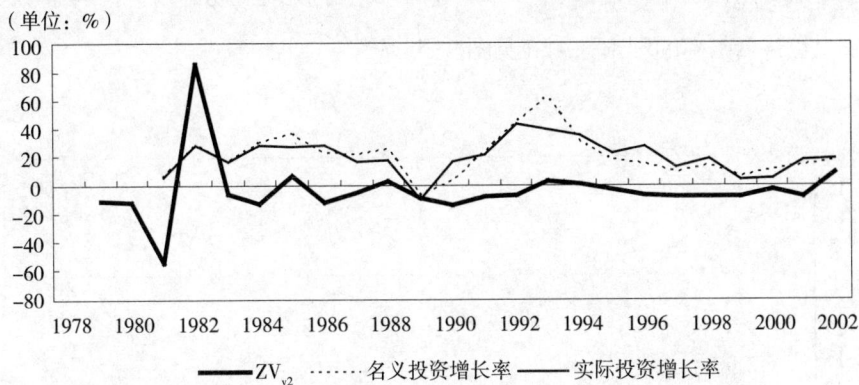

图 9-4　M_2 流通速度变化率与名义、实际投资增长率

二、货币流通速度对利率的反应

国内有关利率政策在 1998 年之后的经济效果存在很大争议，部分学者在对利率调节效果进行分析时应用的计量模型存在某些缺陷，这是因为对货币流通速度与利率的相关分析如果采用计量模型，由于其他不确定因素（如预期）变化引起个别年份样本值产生异常变化，在样本数量有限时无疑会影响到分析的可靠性。

（一）M_0 流通速度变化率与一年期实际存款利率

ZV_{y0} 与一年期存款利率在 1992 年以前有同向变化的迹象，但对不同年份作具体分析，有其他一些因素影响着 ZV_{y0} 变化，1984 年、1988 年和 1992

年 ZV_{y0} 没有因为实际利率下降而上升（反映对 M_0 需求增加），是由于各年度有超额的货币供给，ZV_{y0} 下降吸收了超额供给；1989 年则由于相反的原因，即 ZV_{y0} 因为实际利率上升而下降是因为当年 M_0 供给增长率由上年的 46.72% 急速下降到 9.84%（还应考虑到较高通货膨胀率以及收入增长率情况）。1993 年 ZV_{y0} 的变动主要反映了通货膨胀率的上升。1994 年以后基本没有出现超额现金供给，ZV_{y0} 与实际利率维持了反向变动的趋势，从而在现象上也符合基本的理论预测（见图 9-5）。

（单位：%）

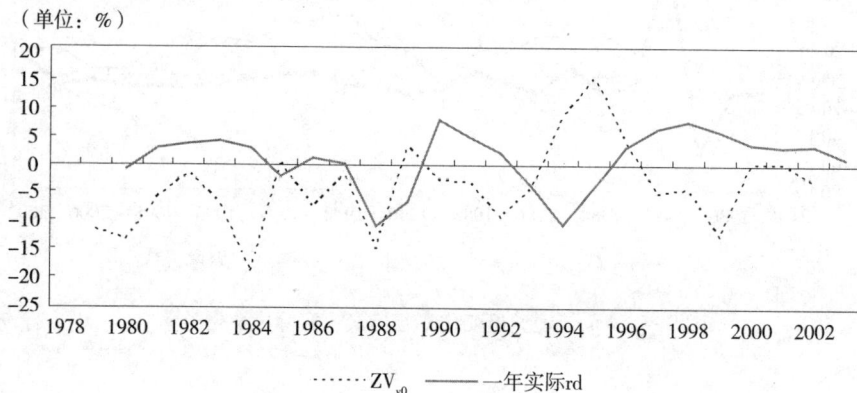

图 9-5　M_0 流通速度变化率与一年期实际存款利率

M_0 流通速度变化率与一年期名义存款利率 1988—1999 年的变动呈现出一致。但这并不必然反映两者之间在事实逻辑上的因果关系，而是反映了 ZV_{y0} 与通货膨胀率之间的关系（见图 9-6）。伯南克（Bernanke）和米豪（Mihov）使用结构化 VAR 技术对美国的货币与经济数据进行计量分析，所得出结论是货币政策和货币流通速度创新对利率没有影响，也从而不影响实际经济。[1] 帕

---

① Bernanke, B.& Mihov, I., "Measuring Monetary Policy", *Quarterly Journal of Economics*, 1998 (113), pp.869-902.

椎尼（Padrini）利用卢卡斯（Lucas）等人发展的货币一般均衡模型并改变变量集，结果发现货币政策创新与货币流通速度创新对金融市场和商品市场的影响是分别增加了贷款的供给和需求，相应的效果是降低和提高利率。[①]从因果与逻辑关系看，帕椎尼实际上将货币流通速度作为利率的先导变量。

（单位：%）

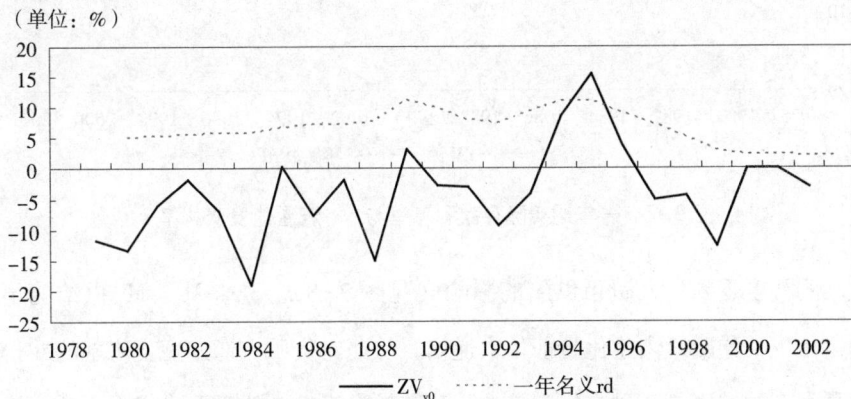

图 9-6 M_0 流通速度变化率与一年期名义存款利率

（二）M_1 流通速度变化率与一年期实际存款利率

如同对 ZV_{y0} 的分析，M_1 流通速度变化率在 1980—1984 年以及 1991 年、1993 年均由于 M_1 供给增长率变化而改变了与实际利率的关系，但 1985—2002 年两种变量基本上呈反向变动（见图 9-7）。对个别年份（如 1994 年）的解释除了货币供给与实际利率之外仍要参考通货膨胀率。

（三）M_2 流通速度变化率与一年期实际存款利率（rd）

1980—1984 年的情况类似于 ZV_{y1} 的变动，1985—2002 年 ZV_{y2} 与实际利率较 ZV_{y1} 更好地呈现出反向变动趋势，尽管 ZV_{y2} 1984 年、1986 年、1990 年

---

① Flavio, P., "Velocity Innovation, Financial Markets, and the Real Economy", *Journal of Monetary Economics*, 2002(49), pp.521–532.

（单位：%）

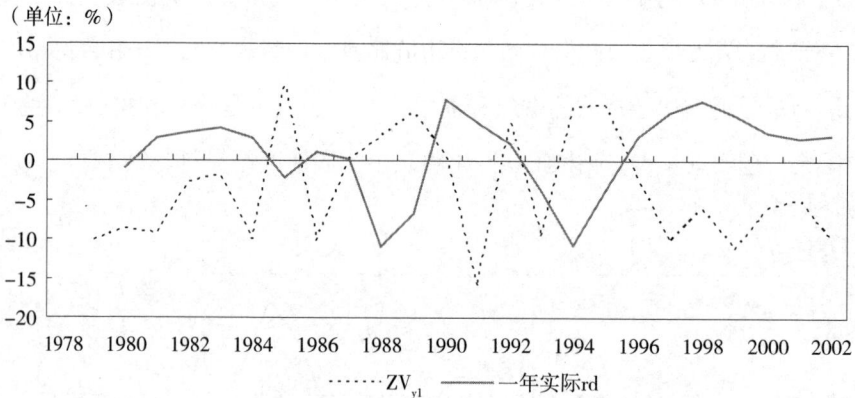

图 9-7   一年期实际存款利息率与 M_1 流通速度变化率

波动的强度受到广义货币供给的影响（见图9-8）。M_0、M_1、M_2 供给的不稳定性依次递减，内生化特征依次递增，从而对货币流通速度变化率的冲击效果强度的差别是 3 种变化率与实际利率关系稳定性的重要决定因素。

货币流通速度变化率间接但更加清晰地反映了货币流通速度以及货币需求与实际利率间的相对运动（尽管时滞不同）。货币供给在中国是改变货币流通速

度与实际利率关系（可观察的）的重要变量。引入通货膨胀率并不改变流通速度及其变化率与实际利率的关系，原因在于通货膨胀率上升时实际利率一般是下降的，但前者上升（下降）与后者下降（上升）均导致货币流通速度加快（减慢）。

三、货币流通速度对价格水平的反应

（一）M_0 流通速度变化率与零售物价上涨率的关系

ZV_{y0} 与零售物价上涨率自 1985 年以后保持了大体上一致的上升和下降

（单位：%）

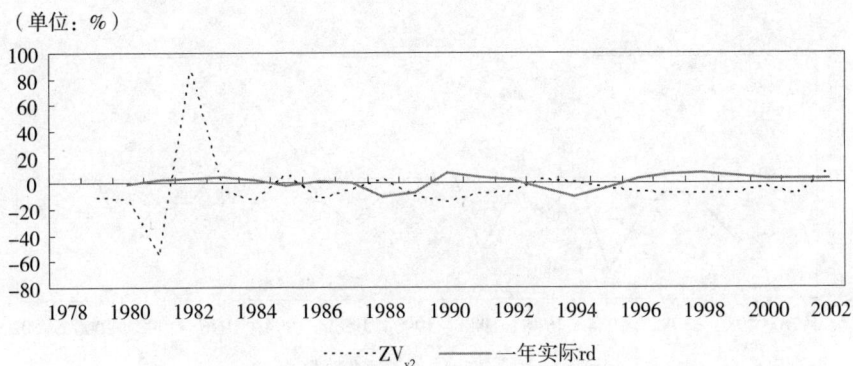

图 9-8　M_2 流通速度变化率与一年期实际存款利息率

趋势，说明通货膨胀率是解释 ZV_{y0} 的原因。短期的异常变动包括 1984 年、1988 年、1992 年、1995 年和 1999 年，这仍然是 M_0 增长率的异常波动的冲击效果。其中 1999 年 M_0 增长率为 20.09%，与改革初期比较并不算高，但从 1995 年以后的趋势判断仍然很高，尤其是与 1998 年相比，1999 年 M_0 增长率提高了约 1 倍（1998 年为 10.09%）。1995 年 ZV_{y0} 也没有伴随通货膨胀率下降而下降，是由于当年 M_0 增长率由上年的 24.28% 骤降至 8.19%（见图 9-9）。

（二）M_1 流通速度对价格水平变动的反应

与对 M_0 的分析相似，ZV_{y1} 与零售通货膨胀率 1985 年以后大体保持一致，通货膨胀率可以解释 ZV_{y1} 的变化。特殊的年份是 1984 年、1989 年、1991 年和 1993 年，其中 1989 年是 M_1 增长率锐减，其他年份 M_1 增长率大幅上升，分别改变了当年 ZV_{y1} 与通货膨胀率的相对关系（见图 9-10）。

为了同时比较 ZV_{y1} 与通货膨胀率、实际利率的相对变动关系，在图 9-10 绘制了一年期实际存款利率曲线。零售物价上涨率与一年期实际存款利率呈现出显著的逆向运动关系，由于价格水平基本上顺着经济周期波动变

（单位：%）

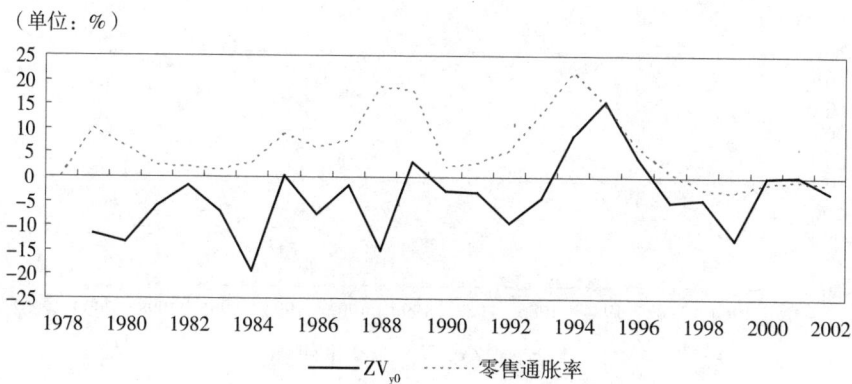

图 9-9　M_0 流通速度变化率与零售通胀率

（单位：%）

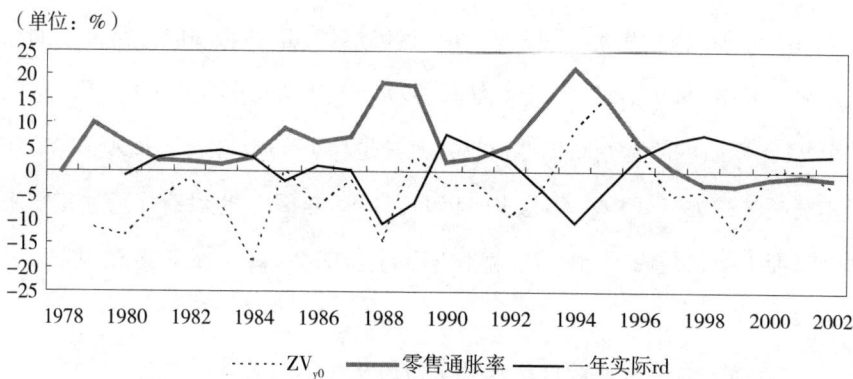

图 9-10　M_1 流通速度变化率与通胀率、一年实际存款利息率

化，名义利率调整虽然由中央银行掌握，但也是根据经济景气状况和物价水平变动做出的判断，具有顺经济周期特点，因此可以认为实际利率变动的直接原因是通货膨胀率变动。据以上分析，货币流通速度变化率（以及货币流通速度）与通货膨胀率的关系已实际蕴含了对货币流通速度变化率与实际利率关系的分析，只不过在得出结果后将两种相对变动的方向加一年实际存款利息率以倒置。从现象看，有关货币流通速度变化与实际利率的分析在

一定程度上是对分析通货膨胀率如何影响货币流通速度变动的一种替代。

第四节　解释性结论

选择货币流通速度以及货币流通速度变化率实际上是对中国货币需求问题的一种间接但有效的分析方法。现将有关分析结论归纳如下：

一、货币流通速度及其变化率若干特点

结论1：货币流通速度变化率是对货币流通速度

本身变动在方向和速率两个维度上的综合反映，能更好地反映流通速度与货币需求、货币供给、利率、通货膨胀率以及实际经济变量的相对运动。

结论2：中国各货币层次结构比率已发生了变化，M_0/M_2 从 1979 年的 18.08% 下降到 2002 年的 9.34%，M_1/M_0 从 1978 年的 80.41% 下降到 2002 年的 38.3%，分别下降了 48.34% 和 53.37%。这表明随着货币存量增长，货币的贮藏功能愈益明显，从而形成货币流通速度长期下降但短期波动的重要基础。

结论3：货币流通速度以及货币流通速度变化率是对货币需求或货币供给变动从而产生货币失衡的一种内在调节。尤其当货币供给异常波动时，货币流通速度及其变化率总是改变自身与实际利率、通货膨胀率以及投资增长率的相对运动方向。

二、货币流通速度及其变化率与宏观经济运行的关系

结论4：货币流通速度在 25 年（1978—2002 年）中与经济景气状况的关系是在经济扩展（收缩）期上升（下降）。但货币供给冲击会改变其方

向，流通中现金与狭义货币表现得尤为突出。

结论 5：M_0 的流通速度与经济周期的关系较为清晰，大约超前于经济周期 1—2 年。原因在于市场需求活跃是经济周期复苏的起点，而需求变化必然首先反映在现金流通速度上。

结论 6：发生于货币市场的金融创新机制是现金流通速度在 1993—1996 年提高 30.46% 的重要解释变量。这预示着货币流通速度在长期下降趋势中在今后某一时期由于经济环境变化还会显著上升，从而至少部分地抵消央行紧缩银根的政策效果。

结论 7：广义货币流通速度变化率与经济增长较好地保持一致。这既说明 M_2 具有较强内生化特征，也说明 M_2 在影响实际变量方面可能更为有效。

结论 8：对货币收入流通速度下降趋势的解释同时解释了货币化比率上升或超额货币供给问题。与美国 1839—1939 年、日本 20 世纪 90 年代的情况比较，并参考塞尔登对交易流通速度与收入流通速度离散的五点解释，中国货币化比率上升的速度并非难以理解。麦金农所谓的"中国之谜"事实上不存在。

结论 9：M_2 流通速度变化率可以较好地适应名义、实际投资增长率变动所产生的货币需求变化。相关分析还说明在投资增长率周期性上升阶段存在货币需求的规模节约，在投资周期性下降时存在货币需求的规模不经济。

三、货币流通速度变化率对实际利率和通货膨胀的反应

结论 10：央行现金供给在 1992 年后向"规则"化发展。根据是 M_0 的流通速度变化率在 1992 年以前具有与实际利率同向变动迹象，1992 年以后转趋反向变动，1992 年以前 M_0 供给异常波动是主要影响因素。

结论 11：M_1、M_2 流通速度变化率均于 1985 年后和实际利率呈现出反

向变动，结合对 M_2 流通速度与 GDP 增长率的分析，说明 M_0、M_1、M_2 的稳定性和内生化特征依次递增。

结论 12：通货膨胀率是货币流通速度变化率的解释变量之一。通货膨胀率与实际利率相对于货币流通速度变化率的变动可以很好地从反面加以相互印证，因为通货膨胀率上升或下降是实际利率下降或上升的直接原因。

第五节　计量检验

前述对货币流通速度的分析结论以数据、图表为基础做出，事实上，本章最后陈述的政策含义也并未依赖计量检验得出。但其后我们通过一般回归分析、Chow Breakpoint 检验或者 Granger 因果检验等计量方法，都在不同程度上证实了文中的主要结论。在做回归分析时对利率与通货膨胀率之间存在的多重共线性进行消除。部分计量结果如下：①

一、邹氏转折点检验

通过邹氏转折点检验发现结论 10 基本成立，同时结合对 M_1、M_2 的相似检验间接证明了结论 11 和结论 4。各种检验结果是对转型期货币流通速度变化特征的客观地说明。检验的方法是首先区分 1979—1990 年、1991—2002 年、1980—2002 年三个时期，② 将模型所使用的时间序列简单描述为前期、后期和全期，分别以 ZP（通货膨胀率）、ZM_0（M_0 增长率）作为解释变量，以 ZV_{y0}（M_0 流通速度变化率）作为被解释变量，由回归结果知前期、后期模型无论在截距项还是斜率均不一致，全期模型在截距项和斜率均

---

① 由于篇幅所限未列出全部计量检验及相关数据。
② 1979—1990 年、1991—2002 年、1980—2002 年分别为前期、后期和全期。

处于两者之间，初步判断在有关 ZV_{y0} 的回归模型中可能存在结构不稳定问题。然后对 1979—2002 年的回归模型进行 Chow Breakpoint 检验，得出在 1991 年和 1993 年存在较为显著的结构不稳定问题，即在 1991 年和 1993 年前后函数不相同，也就是说存在转折点（检验结果见表 9-1）。

检验结果表明 F 统计值均在 10% 显著水平，但相比较而言，1991 年和 1993 年显著性水平略高一些。然而对有关 ZV_{y1} 和 ZV_{y2} 的模型进行邹氏转折点检验，结果是没有转折点，从而其结构是稳定的。比较分析 ZV_{y0}、ZV_{y1}、ZV_{y2} 回归模型的拟合优度可以发现，ZV_{y0} 的拟合优良，ZV_{y1} 次之，ZV_{y2} 最差，说明 ZP 机会成本变量和货币供给量的变化率对其解释程度递减，即还有其他因素影响着 ZV_{y2}。也可以说 ZV_{y0}、ZV_{y1} 对通货膨胀率和货币供给变化率反应较敏感。

表 9-1 Chow Breakpoint Test

年份	F 统计量	概率	对数似然比	概率
1990	2.766875	0.066307	12.71070	0.012779
1991	2.926301	0.056676	13.26659	0.010044
1992	2.531704	0.083979	11.86537	0.018381
1993	3.054761	0.050039	13.70493	0.008299

如果加入经济增长率变量，所作邹氏转折点检验（Chow Breakpoint）检验结果有所改观。当加入经济增长率变量时，ZV_{y0} 的转折点的显著性发生变化，1990 年前后函数形式显著不同，沿时间历程该显著性减弱。加入经济增长率变量后，ZV_{y1} 也有所变化，1990 年为转折点的显著性提高，但相对来说还是比较弱，只能达到 10% 的显著水平。比较而论，ZV_{y2} 仍然是结构稳定的。

尽管加入经济增长率变量对模型的回归有所改善，但通过比较可以发现，ZV_{y2} 的拟合优度仍然较差，说明影响 ZV_{y2} 的因素还有其他，比如金融创新机制的影响。这也证实了结论 11。同样的计量分析证明结论 4 成立，即货币流通速度变化率与经济增长率变动方向相同，货币供给冲击会改变流通速度的变化方向。

对 V_{y0} 进行邹氏转折点检验，结果表明有关 V_{y0} 的函数形式是稳定的。而 V_{y1} 的函数形式在 1989 年和 1990 年前后转折点较为明显，V_{y2} 的函数形式在 1990 年前后有较为明显的不同。

二、由相关性矩阵分析货币流通速度变化率与经济增长率

由相关性矩阵（见表 9-2）可以看出，M_0、M_1、M_2 货币流通速度的变化率与经济增长率（ZY）的相关性依次递增。也即 M_2 货币流通速度的变化率与经济增长率变动的拟合最好。

表 9-2　货币流通速度变化率与经济增长率相关性矩阵

	ZV_{y0}	ZV_{y1}	ZV_{y2}	ZY
ZV_{y0}	1	0.509314759999	0.296103394869	−0.112237809789
ZV_{y1}	0.509314759999	1	0.338920189852	0.225685399502
ZV_{y2}	0.296103394869	0.338920189852	1	0.431901341211
ZY	−0.112237809789	0.225685399502	0.431901341211	1

三、由相关性矩阵分析货币流通速度变化率与名义、实际投资增长率

由货币流通速度变化率与名义、实际投资增长率（MZI、SZI）的相关

性矩阵（见表9-3）可以看出，M_2货币流通速度变化率与名义、实际投资增长率的相关性最高，尤其是与名义投资增长率的相关性达到0.46388。

表9-3 货币流通速度变化率与名义、实际投资增长率相关性矩阵

	ZV_{y0}	ZV_{y1}	ZV_{y2}	MZI	SZI
ZV_{y0}	1	0.4677	0.21965	-0.139264	-0.00789
ZV_{y1}	0.4677	1	0.29026	0.06427	0.117166
ZV_{y2}	0.21965	0.29026	1	0.46387	0.25154
MZI	-0.13926	0.06427	0.46388	1	0.86213
SZI	-0.00789	0.11717	0.25154	0.86213	1

检验结果也在一般意义上说明了货币流通速度变化率与通货膨胀率和投资增长率同方向变动，与货币供给的变动方向正相反。证实结论3成立。

第六节 政策含义

由本章分析可以引申出很多政策结论，择其要者陈述如下：

第一，央行货币政策须考虑货币供给在货币流通速度基础上发挥作用，货币流通速度变化率与利率、通货膨胀率以及货币供给的关系沿时间流程的一致性削弱了理论界认为中国货币需求函数不稳定的相关结论。解释变量不稳定并不意味着被解释变量与解释变量间的关系不稳定。

第二，各层次货币供给中与宏观经济目标相关性较强的是 M_2。在货币供给外生条件下，可以将数量控制的中介指标选择为广义货币增长率；但在 M_2 内生化特征不断增强条件下，不妨选择利率中介并控制通货膨胀率，通过对实际利率施加影响从而影响货币需求以实现货币均衡和经济均衡。

第三，我国金融市场的规模与结构、金融机构等行为主体的特征仍会发生变化，必将影响货币流通速度变化。皮特森（Peterson）等人通过实证与计量分析预测中国大陆股票市场规模将超过香港市场，但由于国际化倾向提升将使得市场变得更不稳定，在中国大陆渐次放松对国际资本流动的限制条件下尤其如此。① 这将最终影响到中央银行的货币控制。但资本市场结构变化以及资产价格如何影响货币流通与货币需求仍然是理论与政策有待研究的课题。这一点涉及货币主义与凯恩斯主义的论争，特敏（Temin）否定弗里德曼所谓大萧条期间美国联储货币供给不足的结论，费尔德（Feierde）则指出美国在 20 世纪 20 年代晚期证券市场交易增加的货币需求没有被货币供给扩张予以补足引起通货紧缩。②

对本章所指贮藏货币与交易货币需求的转换实际上也可以看作广义的货币替代问题，对跨国货币替代引起的货币流通速度、货币需求变动 20 世纪 70 年代以后已经有大量研究，并融入了改进的货币需求函数、资产选择模型。③④ 人们关注这一问题的重要背景是货币替代可能削弱一国货币政策独立性。国内学者对人民币成为国际货币、人民币完全可兑换均持有乐观的期待，但是，人民币境外流通和国际游资潜入国内金融市场对货币流通与货币均衡产生的复杂影响目前而论已经不容忽视。

---

① Dauvinj, P., Scott, P.& Phanindar, V.W., "Relative Develoment in Stock markets: Empirical Evidence from Mainland China and Hong Kong", *Applied Financial Economics*, 2003(13) , pp.309-316.

② Charles, W.C., "Financial Factors in the Great Depression", *Journal of Economic perspectives*, Spring, 1993(2) , pp.61-85.

③ Bruce, B., "Internation Currency and the A Parent Instability of Velocity in Some Western European Economies and in the United States", *Journal of Money, Credi, and Banking*, 1981(2) , pp.135-155.

④ Michael, D.B.& Ehsan, U.C., "Currency Substitution and the Demand for Money", *Journal of Money, Credit, and Banking*, 1982(1) , pp.48-57.

第十章　黄金价格与经济活动 [*]

　　黄金 20 世纪 70 年代初退出官方货币体系，但黄金的货币与金融属性决定了各国将其作为主要储备资产。黄金现货、期货以及与黄金关联的多种交易也被作为金融机构与一般民众惯常使用的保值投资和投机的重要金融工具。在宏观视野中可能更为重要的是：黄金价格走势与通货膨胀、汇率、利率等经济运行观测指标之间具有何种内在关联，我国在黄金市场开放条件下央行黄金储备应否做出调整，黄金是否具有货币数量调节功能，黄金在经济宏观调控中是否能够作为预测通货膨胀的先行指标？黄金具有多重属性与特点，同一笔黄金是作为金融资产还是商品具有不确定性，作为可耗竭资源其生产的伸缩性非常有限，其价格分析很难循着某一固定的框架模式。无论布雷顿森林体系时期，还是 1973 年国际货币体系解体之后，黄金与美元之间都存在千丝万缕的联系，所以分析黄金价格离不开对美元汇率的关注。本章开始部分以美元汇率和黄金生产与交易活动作为分析黄金价格的重要视角，以说明全球范围中黄金价格主要受美元汇率波动影响，此后对中国黄金市场结合汇率、通货膨胀、利率、资本市场等解释变量做计量分析，揭示市场条

---

　　* 本章内容曾经应邀在中央财经大学、清华大学、莫纳什大学联合举办的"第二届亚洲经济金融论坛"会议宣读（北京，2008 年 11 月）。

件下黄金价格决定机制与黄金市场开放的货币政策含义。

第一节 美元汇率、黄金生产与黄金价格

一、美元汇率对黄金价格的影响

黄金作为一种商品在现代纸币制度与金本位条件下价格决定有许多相似，原因在于人们对美元的膜拜。对布雷顿森林体系的金汇兑本位有过两次著名的批评：（1）金汇兑本位制是一个骗局，"金融中心"从外界购买商品、劳务和资产，却用对他们的、而且他们不愿偿还的债权去支付（鲁埃福和赫什，1965）；[1]（2）金汇兑本位制是一种"荒唐"的货币制度，因为某些国家为这个制度提供新的储备而增加赤字，结果在这些国家需要纠正其国际收支时造成清偿力短缺（特里芬，1958）。[2] 特里芬在《黄金与美元危机》中所痛责的问题是否已经不存在了？答案是否定的。二战以后以美元为中心的国际货币体系尽管终结，但是由于美国的经济实力，大多数经济体仍以美元作为主要储备资产（中国也未能例外）。这就使美国在 20 世纪 90 年代以后的长时期中一再成为全球主要的赤字国家，也实际上是持有美元净储备的国家的债务国。美元贬值能够同时调减美国债务与抑制赤字不断膨胀，但是同时也主导了黄金价格的上升趋势。黄金是美元的最佳替代资产，80 年代金价达到每盎司 800 美元以上的历史高位，此后金价虽然回落，但是反观美国次贷问题诱发的金融危机，预期美元可能受到重创，黄金价格将

---

[1] 转引自金德尔伯格：《西欧金融史》，中国金融出版社 1991 年版，第 455 页。"金融中心"指美国。

[2] 转引自金德尔伯格：《西欧金融史》，中国金融出版社 1991 年版，第 455 页。"金融中心"指美国。

迎来新一轮上升趋势。总之，在其他货币盯住美元，美元与黄金比价固定条件下是官方定价与黄金市场价格的背离，这种背离导致官方定价机制的崩溃；在"双挂钩"的国际金汇兑本位制终结以后，由于美元的世界货币地位，全球黄金价格波动的主要根源是美元流量波动引起的美元汇率变动，包括世界对美元汇率的预期变动。美元贬值或者美元与其他货币汇率剧烈波动引起都会黄金价格上升。

二、黄金生产与交易活动对金价的影响

在金本位条件下黄金新发现与黄金开采技术的进步导致黄金供给增加，但未必直接表现为金价下降，而是通货膨胀，即金价变化由产成品价格反映。由于生产扩张速度超越黄金供给增加，会出现通货紧缩即金价上升趋势。在金本位制的长期历史中，尽管黄金储存与流通变化对物价具有自动调节机能，仍然存在价格不稳定问题，且更具有经济影响的不是通货膨胀而是通货紧缩，对经济有毁灭性打击的是 20 世纪二三十年代两次大的通货紧缩。[①] 在脱离黄金的信用货币条件下，全球性经济萧条似乎未曾出现，这是新的货币机制以及中央银行"货币艺术"成功的标志。[②] 金价波动直接以信用货币的尺度表现出来。但更多的是信用货币膨胀（与收缩）影响黄金需求，从而引起金价波动，黄金供给变动（例如黄金产量增加）影响金价变动则属于偶尔情况。因为比起黄金发现和采金技术变化，信用货币创造甚为容易。

---

① 对金本位制下的通货膨胀与通货紧缩的周期性变动详见蒙代尔：《蒙代尔经济学文集：宏观经济学与国际货币史》，向松祚译，中国金融出版社 2003 年版，第 63—101 页。

② 指最近美国金融危机出现骨牌效应以后，人们对美国以至全球经济的不祥预期。笔者以为美元地位以及美国经济无疑将被削弱，全球经济会进入一个下降通道。但是类似 20 世纪 30 年代的大萧条不会出现，至少对中国是如此。

根据庇古的论证，黄金价格的国际传导途径为：第一，外国官方抛售黄金或者冻结其储备，甚至设置"黄金壁垒"使黄金只进不出，分别引起该国金价下降或者上升。英国 1999 年 5 月 7 日宣布将陆续出售 415 吨黄金，之后国际金价在很短时间内下跌 30 美元；① 第二，国外信贷扩张或收缩引起货币量变化从而黄金需求变化导致黄金价格变化；第三，其他影响黄金价格的因素，诸如对私人采金取消限制，调整黄金交易税等。在允许黄金跨国自由流动条件下，上述变化均会引起其他国家黄金价格波动。

黄金与一般商品的价格决定机制的差异，既在于黄金生产与供给的特殊性，也在于黄金的"奢侈品"特征。表现为黄金价格基本不具备其他商品的价格自我修正功能，即通过供给—需求对价格信号做出反应，从而抑制价格波动在原有路径上不断加剧。

首先，黄金作为可耗竭资源其开采量和价格在短期负相关。因为短期内矿石处理能力固定不变，金价上涨诱使黄金企业对低品位矿石的开采，从而产量下降，黄金价格进一步上涨。这种负相关关系被马什用 20 世纪 30 年代和 70 年代的数据证实（Marsh，1983）。

其次，在成熟黄金市场上，黄金每年新的供求只占当期存量很小部分，约为 1%，所以对黄金未来一定时点限价的预期对当前黄金价格有重要影响（Fama 和 French，1988）。例如 1988—1997 年十年间，黄金需求从 2746 吨增加到 4254 吨，但黄金供给基本与需求同步增加。② 换句话说，黄金价格在很大程度上受预期行为影响，预期的显著变化相对目前供求变动

① 刘颖琦、宋健坤、周学军：《黄金市场动态趋势研究》，《数量经济技术经济研究》2003 年第 3 期。

② 张宏颖、马艳华、于萍：《世界黄金价格变化趋势及影响因素》，《工业技术经济》1999 年第 3 期。

是一无穷大量。①

从长期看黄金生产活动会对黄金价格产生影响。不过，由于黄金生产落后于一般商品生产，以及即使缓慢的通货膨胀水平，黄金价格在长期中也呈稳定上升趋势。随着公众财富的增长，也有更多家庭、机构以黄金形式保有财富，以致长期中黄金需求增长。

世界经济形势以及石油价格会左右黄金市场，但是有理由认为，由于美国经济的规模、美国与全球经济的广泛联系以及美元汇率和石油价格的紧密关系，世界经济形势与石油价格不是独立于美元汇率的影响黄金价格的因素。

第二节　通货膨胀、利率、股票市场波动与黄金价格

一、黄金价格与通货膨胀同步变化

黄金价格与通货膨胀虽然并非亦步亦趋，但是无论历史或理论分析都证实黄金价格与通货膨胀的正向因果关系成立，即通货膨胀上升导致黄金价格上涨。可以想象这种机制的前提是至少有一部分人将收入分割为消费和储蓄。设想全体公民收入仅能勉强维持购买必需消费品，即使发生通货膨胀谁还有意增加对黄金的持有？所以黄金价格与通货膨胀的联系不是因为人们在消费商品与黄金之间的替代，而是反映黄金对其他金融资产——如存款、债券、股票的替代。当然持有黄金也可以被看作是对未来消费品购买力的储

---

① 由于预期的复杂结构以及预期的不确定性，对黄金市场预期影响金价的情形被称作"市场玄学"。

备，在这一点与存款等金融资产相同，但由于黄金价格与通货膨胀同步变化，从而免于为未来储备的消费品遭受贬损。根据对美国 1973—2000 年的数据做实证研究，结果表明以消费者物价指数表示的美国通货膨胀率上升或者下降一个百分点，每盎司黄金价格上涨或下降 5.75 美元。[①] Levin 和 Wright 也证实黄金价格与美国物价水平存在长期固定的正相关关系，美国消费物价指数每上升一个百分点，黄金价格上涨 1%。[②]

二、利率对黄金价格的多重影响

有证据表明黄金价格与利率变动呈负相关关系，而且可以正确地理解为利率是黄金持有的机会成本。但是事实上利率与黄金价格之间的关系却不如黄金价格与美元汇率、通货膨胀关系那样相对稳定。可以认为通货膨胀、黄金价格更多地共同反映市场行为，而利率无疑较多受到货币当局操控。可以区别三种情况：

第一，计量分析依据名义利率，当费雪效应完全成立，与名义利率对应的金融资产的实际利率不变，也即金融资产不因通货膨胀使实际收益受损，这时黄金未必取代金融资产，黄金价格可能维持不变。

第二，如果名义利率变动落后于通货膨胀变化，黄金与金融资产的交替运动发生。可能有两种情况：当名义利率上升落后于通货膨胀率上升，资产选择向黄金转移，黄金价格上升；当名义利率下降落后于通货膨胀率下降（或者落后于通货紧缩趋势），资产选择向非黄金工具转移，黄金价格下跌。

[①]　杨柳勇、史震涛：《黄金价格的长期决定因素分析》，《统计研究》2004 年第 6 期。

[②]　Eroc, J.L.& Robert, E.W., "Short-run and Long-run Determination of the Price of Gold", *World Gold Council Research Study*, 2006(32).尽管同 Wright 一样有许多类似证明，对不同环境下和各个时期的黄金价格与通货膨胀的联系还是慎用"固定关系"加以猜测。因为两种因素作用仍有一定前提，其间也要经过若干环节。

无论市场利率还是中央银行利率，惯常情况是利率变动落后于通货膨胀变动，中国改革以后情况即说明这种机制。当经济波动上行时，名义利率上升落后于通货膨胀上升，黄金价格上涨；当宏观经济处于衰退时，名义利率下降落后于通货膨胀率下降，黄金价格下跌。

第三，在低而比较稳定的通货膨胀情况下，货币市场利率变化对黄金价格仍可产生影响，且可以认为这种因素导致的短期黄金价格变动基本独立于通货膨胀。如果一个经济体的货币市场较为发达，不同金融市场资金流动没有障碍，黄金价格将对利率应该更为敏感。这时黄金价格波动主要是一种流动性效应，相似于股票市场分析的小"湍流"或者"微波"（ripple）。对黄金凭证及其他非实金交易、黄金衍生工具交易而论，由利率频繁变化引致黄金价格反复波动更为现实，因为这些交易的成本较低，交易便利，容易对利率的微小变动做出反应。

在美国金融市场人心恐慌的背景下，2008 年 9 月 30 日当市场获知美国众议院否决政府 7000 亿美元救市方案，纽约乃至全球股市应声下跌，黄金价格明显上涨。这是市场普遍失望，预期美国经济减速甚至面临严重衰退情况下的应有反应，交易者悲观预期的触角往往以局部事件作为起点，逐渐波及整体金融市场，在向实体经济蔓延，最终又重新回到金融市场，形成资产价格下跌的螺旋。每一次往复都会调减交易者手中的证券——也包括存款资产，增持黄金，资产组合调整的结果是证券市场加剧下跌，黄金市场价格上升。因为一旦出现系统风险，黄金是几乎所有金融资产的最佳替代。基于同一理由，对证券市场预期翻转，由悲观转向乐观，即使是短期变化，也会导致资产价格上涨，黄金价格下跌。美、欧近期的救市行动即引起股市的"红色星期一"，股市平均上涨 11%，但黄金价格下跌。

股票价格指数集中地反映证券市场变动趋势。由于美国黄金市场与股票市场均具有世界市场地位，全球各地两种市场波动在一定程度上导源于美国黄金与股票市场，所以，黄金价格与股票价格指数的联系在美国两种市场上能够较为清晰地观察。根据对 2001—2002 年道琼斯工业平均指数和黄金价格的分析，两者相关系数为−0.7475，说明有强负相关关系。①

　　黄金是资产组合中的优质资产，可以与其马科维茨有效集中的一个子集形成新的有效组合，分散、降低风险，提高收益。② 此外，黄金即使已经被所有国家"剥离"了货币的外衣，但全球任何市场中黄金都可以与现实货币换位，黄金的流动性或可接受性实际凌驾于美元等硬货币之上。所以与股票比较，黄金具有"非货币收益"，每当股票市场不确定性增加，这种外在收益增加，黄金价格也上升。在大的金融市场动荡与危机中，债券等流动资产与黄金价格的联系类似于股票与黄金市场间的联系。

　　由于长期持有黄金等待升值是一个缓慢过程，不符合投机性交易逐利的目标，所以当经济形势乐观，物价上升，股票市场处于上升周期时，交易者资产组合中会减少黄金权重，短期而论，黄金价格相对下降。

第三节　黄金价格变动计量验证

　　中国黄金市场开放初期主要体现商品市场功能，2007 年外资金融机构介入国内黄金交易，2008 年 1 月 9 日黄金期货市场开业，标志黄金市场金融属性日益突现出来。2007 年上海黄金交易所年度均价创历史新高，国际金价也于 2007 年 12 月接近历史最高价（843.5 美元/盎司）。2008 年 1—4

---

　　① 杨柳勇、史震涛：《黄金价格的长期决定因素分析》，《统计研究》2004 年第 6 期。
　　② 黄金与股票比较的特性是永远不存在清算风险。在马科维茨初期的资产组合模型中组合资产包括黄金。

月中国黄金市场个人交易者由 2007 年底的 67011 户增加到 237300 户，增加
252.63%，企业客户也增加 17.15%。交易总额是 628.55 亿元，比 2007 年同
期增加 200.97%。① 无论黄金企业、金融机构还是个人将愈益热衷参与黄金
交易，关注黄金市场价格走势。这些因素驱使金融调控和监管部门需要密切
关注黄金市场运行问题。

一、黄金场价格变动的新特点

我国 1993 年对原有黄金统购配售体制进行改革，但是黄金价格仍然受
到严格控制，1993—1999 年间央行共进行 11 次黄金价格调整，金价变化明
显落后于国际市场，黄金价格未能反映黄金价值和国际市场价格变动，1999
年 5 月到 2002 年初国内金价基本徘徊在 75 元人民币上下（每克 Au99.95），
原有黄金体制下黄金资源配置机制扭曲的情况并未得到改观（见图 10-1）。
与官方限价对应的是个人投机性藏金、黄金走私和黄金产业收益流失。② 根
据国家黄金管理局分析，我国 1993 年以前黄金产量的 10%—20% 进入隐形
市场，每年有大约 20 吨黄金流向香港黄金冶炼场。另据国务院发展研究中
心估计，1993—1997 年我国个体采金的产品中，国家收购不足三分之一，
仅 1997 年境内外走私者利用国内外价差获取暴利达 17 亿元人民币。

2002 年 10 月黄金市场开放以后黄金价格运动呈现出新的特点：

第一，从价格水平看，国内金价能较好反映国际市场价格变动。以
2007 年以来金价走势为例，上海黄金交易所与伦敦黄金市场的价格都经过

---

① 根据中国黄金协会网站数据计算。
② 萨伦特和亨得森分析了官方对黄金限价或固定价格投机者对黄金市场的狙击。见
Stephen, W.S. & Sale, W.H., "Market Anticipations of Government Policies and the Price of Gold", *The
Journal of Political Economy*, 1978, 86(4), pp.627-648. 国家黄金管理局与黄金价格发展研究中心：
《黄金市场的现状及改革方向》，《中国工业经济研究》1993 年第 6 期。

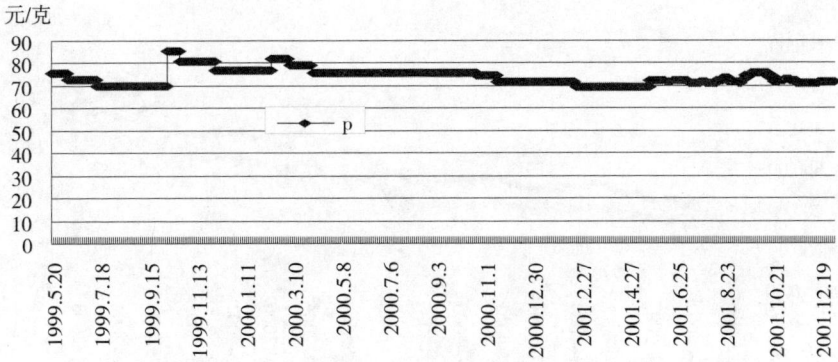

图 10-1　中国黄金价格变动（1999. 5. 20—2002. 1. 6，Au99. 95）

了先扬后抑的轨迹（见图 10-2）。黄金价格由市场供求决定出现短期波动，而不是在几年之间几乎只是沿水平方向变动。市场的不确定性加大，这也正是黄金期货市场存在的依据。

第二，黄金价格开始反映美元汇率、通货膨胀与国际石油价格等一系列经济指标变动。由此，黄金市场波动更多地具备货币金融以及宏观经济内涵。2003 年以来国内与伦敦等国际主要黄金市场金价持续走高，反映同一时期美元贬值、人民币自 2005 年 7 月 21 日持续升值、通货膨胀攀升以及油价上涨的趋势。2008 年 6—7 月以后金价向下调整则是由于通货膨胀得到遏制，国际油价回落。

二、对黄金价格变动趋势的计量验证

（一）变量、数据选取与计量框架

运用 OLS、协整、脉冲响应函数方法，并根据理论分析构造黄金价格决定模型。考虑如下因素：美元兑人民币汇率（EX），消费者物价指数（CPI），上证综合指数（SI），全国银行间同业拆借市场 7 天加权平均利率

美元/盎司 元/克

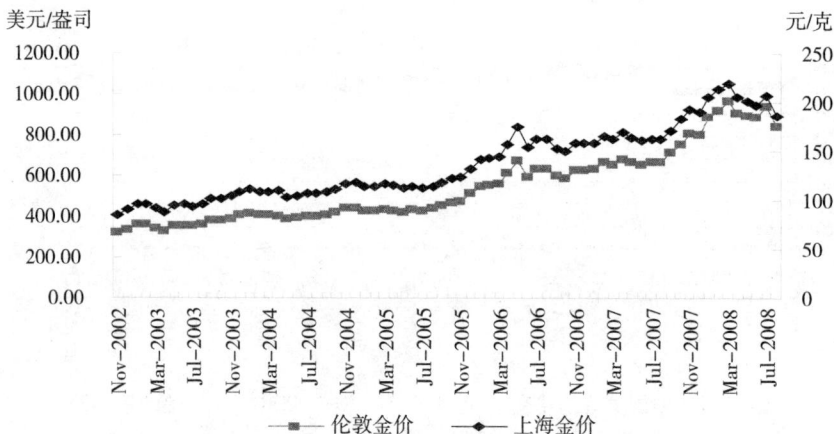

图 10-2　上海与伦敦黄金价格变动趋势（2002.11—2008.8）

（R）。将上述因素作为解释变量分析各因素对黄金价格的影响。因为做回归模型的数据必须为平稳序列，所以先对数据做平稳性检验。

黄金价格采用的是 Au99.95（元/克）的月度加权平均值，由于 2002 年上海黄金交易所开业以前国内黄金价格实际上由央行"官定"，并不反映汇率等经济变量，所以计量检验限于 2002 年 11 月到 2008 年 8 月的月度数据。数据来源于上海黄金交易所、中国人民银行和国家统计局相关网站。

（二）数据平稳性检验

为了避免伪回归，需对各经济变量的平稳性进行检验。对五种变量取对数后数据分别用 LnP、LnEX、LnCPI、LnR、LnSI 表示，取一阶差分之后分别用 D（LnP）、D（LnEX）、D（LnCPI）、D（LnSI）、D（LnR）表示。本章采用 ADF 检验，检验形式为（c，t，d），如果所检验序列的均值不为 0，则在检验回归中含有常数项 c；如果所检验序列具有时间趋势，则在检验回归中含线性趋势项；d 表示滞后阶数。根据各自的曲线图，决定是否含常数项和时间趋势项，根据 AIC 准则确定滞后阶数。取对数目的是降低变量间的异方差。

ADF 检验显示各数据对数序列均不平稳，但其一阶差分序列均是平稳的，均为一阶单整序列，即 I（1）（结果见表 10-1）。

（三）协整检验

以上检验说明不能直接做线性回归检验，但是可以检验变量之间是否具有长期稳定的均衡关系，即协整关系。协整检验有两种方法，其一为基于回归系数的协整检验，如 Johansen 协整检验；其二为基于回归残差的协整检验，如 ADF 检验。本章采用 Johansen 协整检验。

选择含常数项而不含趋势项的 Johansen 协整检验进行检验，由表 10-1 检验结果可知，零假设 $r \leqslant 0$ 被拒绝，而零假设 $r \leqslant 1$ 不能被拒绝，说明美元汇率、消费者价格指数、同业拆借利率以及股票价格指数和黄金价格之间存在均衡关系，说明短期内某个变量可能偏离均衡状态，但长期中四个解释变量和黄金价格之间存在长期均衡关系。

表 10-1　数据平稳性检验

变量	检验形式	ADF 检验统计量	1%水平	5%水平	P 值	结论
LnP	（c，0，7）	-0.22	-3.54	-2.91	0.93	非平稳
LnEX	（c，0，1）	2.61	-3.53	-2.90	1.00	非平稳
LnCPI	（c，t，0）	-1.54	-4.10	-3.48	0.81	非平稳
LnR	（c，t，6）	-1.33	-4.11	-3.48	0.87	非平稳
LnSI	（c，t，7）	-2.61	-4.11	-3.48	0.28	非平稳
D（LnP）	（c，0，6）	-4.09	-3.54	-2.91	0.00	平稳
D（LnEX）	（c，0，0）	-3.81	-3.53	-2.90	0.00	平稳
D（LnCPI）	（c，0，0）	-7.15	-4.10	-3.48	0.00	平稳
D（LnR）	（c，t，5）	-3.91	-4.11	-3.48	0.00	平稳
D（LnSI）	（c，t，1）	-3.58	-4.10	-3.48	0.04	平稳

表 10-2　Johansen 协整检验

零假设	统计量		5%临界值		概率	
	迹	最大特征值	迹	最大特征值	迹	最大特征值
$r \leqslant 0$	78.50	37.05	69.82	33.87	0.008	0.02
$r \leqslant 1$	41.45	18.78	47.86	27.58	0.17	0.43
$r \leqslant 2$	22.67	10.49	29.80	21.14	0.26	0.69
$r \leqslant 3$	12.18	7.29	15.49	14.26	0.15	0.46

（四）模型估计结果与相关解释

根据理论分析和数据平稳性检验，知黄金价格（P）、美元兑人民币汇率（EX）、消费者价格指数（CPI）、上证综合指数（SI）、和利率（R）均为一阶单整序列，且通过 Johansen 协整检验。以下对金价与 4 种因素设定线性回归方程，分析各因素在长期对金价的影响，方程形式为：

$$LnP_t = \alpha_1 LnEX_t + \alpha_2 LnCPI_t + \alpha_3 LnSI_t + \alpha_4 LnR_t + \mu_t \qquad (10.1)$$

P_t 表示第 t 时期的黄金价格，α_i 为系数项，μ_t 为随机扰动项。

式（10.1）的估计结果为：

$$LnP = 13.32 - 3.78LnEX - 0.35LnCPI - 0.19LnR + 0.16LnSI$$

t-统计量（2.50）（-7.96）　　（-0.33）　　（-1.85）（2.63）

根据计量结果，消费者价格指数的系数项为-0.35，未通过 t 检验。对通货膨胀与黄金价格的估计结果与理论分析和直觉背离，原因在于：第一，与美元兑人民币汇率比较，汇率是影响黄金价格更为重要的因素，当美元对人民币贬值时，黄金价格上升，但由于汇率变动，国内通货膨胀水平受到抑制；第二，近些年居民购置不动产是家庭开支的主要部分，当不动产价格等因素驱动通货膨胀加速时，人们仍然增加支出购置不动产，宁愿减少对黄金的持有。但是，当我们将通货膨胀率与黄金价格做双变量回归时，通货膨胀率与黄金价格仍然呈现出同向变化，也通过显著性检验。这就综合的解释了在多变量模型中通货膨胀和黄金价格比较模糊的关系。

考虑到消费者价格指数与汇率等其他解释变量存在相关性，所以再次对金价做线性回归，但是不包括消费者价格指数，计量结果如下：

$$LnP = 11.58 - 3.71LnEX - 0.19LnR + 0.15LnSI \qquad (10.2)$$

t-统计量　　　(9.84)　　　(-8.74)　　　(-2.02)　　　(2.63)

综合估计结果（10.2）式中的 t 统计量和系数项可以得出结论：

第一，$\alpha_1 = -3.71$，说明汇率变动对黄金价格在长期存在负效应，汇率每上升一个百分点，即人民币贬值，美元升值，金价将降低 3.71 个百分点。

第二，利率的系数 $\alpha_3 = -0.19$，表明同业拆借利率与金价有较弱的负相关关系。利率每上升 1 个百分点，金价会下降 0.19 个百分点。

如何理解利率对黄金价格的负效应不明显？在本章前述的分析中已经涉及这一问题。在通货膨胀率显著上升或者陡然下降时，名义利率尽管相应上升或下降，但落后于通货膨胀率变化。结果当通货膨胀率低而且较稳定时，黄金价格受到货币市场利率影响，利率变动对黄金价格的负效应成立。但当通货膨胀加速时，由于利率变动不足以弥补因通货膨胀对金融资产带来的损失，黄金价格并不伴随利率上升而下跌。随着我国逐步放松利率管制以及货币市场的成熟，利率对商品市场反应趋于灵活敏感，可以预期黄金价格与利率之间的联系会进一步加强。但是很难改变在高且不确定甚至恶性通货膨胀时期名义利率落后通货膨胀变化的情况。

第三，上证综合指数的系数 $\alpha_4 = 0.15$，表明股票价格指数与金价有较弱的正相关关系。

第四，估计方程的拟合优度为 0.80，调整后的 R^2 为 0.79，拟合较好。

说明长期均衡模型对黄金价格的回归是合理的。由计量分析得到的总体结论为：中国黄金市场价格与美元兑人民币汇率、通货膨胀率、利率和股票价格指数之间均存在长期均衡关系。

（五）脉冲响应函数分析

由于 VAR 模型是一种非理论性的模型，其无须对变量作任何先验性约束，而且建立 VAR 模型后，可以分析当一个误差项发生变化或者模型受到某种冲击时对系统的动态影响，即脉冲响应函数法。

为了揭示黄金价格在时间流程中对解释变量（输入）的反应（反馈）特性，建立 5 变量的 VAR（2）模型，分别给影响金价的各因素一个正的单位冲击，得到关于黄金价格的脉冲响应函数。如图 8-3、图 8-4 所示，横轴表示冲击作用的滞后期（月度），纵轴表示黄金价格变动（元），图中标示了金价对相应影响因素冲击的反应曲线（函数）。

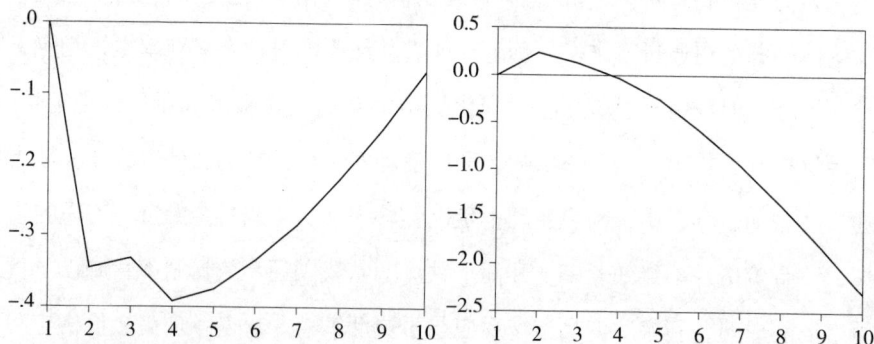

图 10-3　黄金价格对汇率冲击的响应　图 10-4　黄金价格消费者价格指数冲击的响应

图 10-3 表明，对汇率产生的一个正冲击，黄金价格在前 4 期小幅波动，第四期达到最低点（第四期金价对汇率的响应是-0.39），负向影响从第四期开始减弱。由图中还可以发现，汇率受外部条件的某一冲击后，经市场传

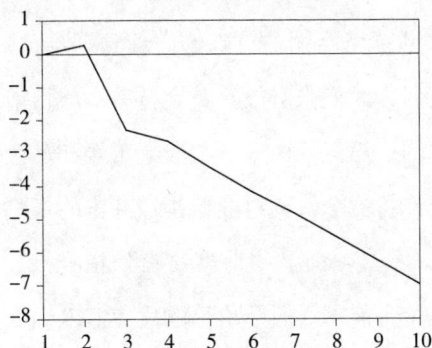

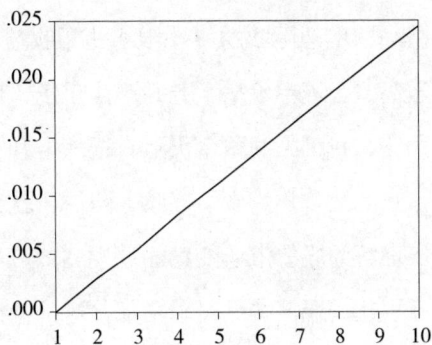

图 10-5　黄金价格对同业拆借利率冲击的响应　　图 10-6　黄金价格对股票价格指数冲击的响应

递给黄金价格，对金价施加先强后弱的负向作用。

图 10-4 表明，当本期消费者价格指数产生一个正冲击，前四期对金价有正向影响，第二期达到最大 0.23，第四期后转为负影响。结合前文对估计方程结果的解释，可能情况是随着通货膨胀上升，市场利率调整开始落后于通货膨胀，但经历一定时间后利率调整能够弥补通货膨胀损失。利率与通货膨胀的交错运动应该是黄金价格波动不确定性的一个重要根源。

图 10-5 说明，对银行间同业拆借利率一个正冲击，黄金价格在第二期为正向变动，之后转为负向变动，利率对金价的负向影响递增。黄金价格对利率的响应轨迹与前述对黄金价格——消费者价格指数的反馈过程的分析一致。

从图 10-6 可以看出，股票价格指数一个正向冲击在整个滞后期对金价为递增的正影响，但对金价的影响非常小（<0.025），几乎可以忽略。这一结果与一般理论不符，因为理论逻辑是：黄金和股票等证券资产为替代关系，两者价格必然呈反向变动。以上海黄金交易所为标志的中国黄金市场处于成长初期，再加中国居民收入增长较快。所以第一，形成黄金市场需求的

很大部分源自股票市场以外的增量资金；第二，初期市场上黄金作为"消费品"的边际收益（不限于货币收益，包括黄金消费特殊的心理预期收益）较高，当证券价格上升并产生市场预期后，人们未必放弃黄金持有。就目前而论，我国民间藏金仍然有很大上升空间；第三，由于参与股票市场和黄金市场的散户均为中、高收入阶层，就允许将黄金价格对股票指数冲击的正响应理解为股票市场变动的"财富效应"，不过习惯上"财富效应"指股指上涨引起一般消费品需求增加，这里特指黄金需求对股票价格的反应。以上因素使中国黄金市场在成长初期作为一种特例，对理论做出"修正"。①

第四节　黄金价格变动的货币政策含义

黄金市场与资本市场、货币市场以及外汇市场构成金融市场总体，我国黄金市场变动已经成为经济主体关注的焦点，市场地位也不断上升，中国人民银行自2004年开始发布黄金市场运行报告，说明黄金市场交易状况以及对货币金融运行可能产生的影响已经进入中央银行的视野。黄金市场开放导致在我国经济生活中黄金的货币金融功能多年趋于沉寂之后复活，在这种背景下央行对黄金市场变动做何种反应？更确切地，中央银行能否和怎样利用黄金市场巩固本币地位、应对国际金融动荡并进行金融宏观调控，试做初步讨论。

一、央银行是否应该增持黄金储备

蒙代尔针对一些货币当局抛售黄金的情况曾经预言："在各国中央银行

---

①　也许还有更为重要的因素能够解释黄金价格与股票价格指数呈现出同向变动，就像我们上文分析中所指不动产市场的影响。还有，近几年国内出现"流动性过剩"可能是一个原因。由于其间仅有微弱而又不完全确定的正向联系，尽管可以做出解释，在实际的黄金市场分析中需要谨慎。

努力将黄金世俗化之后的十到十五年内，他们又会开始强调将黄金作为储备资产，那时它们就不会像现在这样胆小，可以公开宣扬黄金的储备资产地位，并且在各国中央银行之间流通。"[1] 审视近期全球金融危机中除黄金之外各种金融资产大幅缩水，包括中国在内的主权基金面临亏损风险。美国次贷危机以后，中投公司投资黑石集团以及美国货币市场基金遭致国人诟病。应该承认目前事件不幸被蒙代尔言中。

国内一直有学者呼吁央行增持黄金以保全储备安全。其一，从国际储备的内在要求看，黄金符合安全性、流动性以及保值增值的要求；其二，依据国别经验。美联储历来黄金储备占其国际储备比例最高，基本维持在70%左右。1997年西方七国集团除日本和加拿大外都将黄金储备维持在16%以上，日本为2%，加拿大是一个特例，仅有0.2%。中国央行1992年持金占外汇储备的17.03%，1997年降至2%，与迅速增加的外汇储备规模相较，黄金储备明显偏低。这一问题尽管在官方黄金流通体制改革报告中早已提出，但迄今并未改观。[2] 与中国外汇储备迅速增加形成反差的是黄金储备很少增加，到2008年9月末，官方黄金储备占外汇储备比例已降至0.9%。图10-7为2003年1月—2008年6月中国人民银行外汇储备和黄金储备占外汇储备比例下降情况。表10-3为中国、美国等16个国家中央银行2000年12月—2008年9月黄金储备占外汇储备比例。

一方面是美国持有大量黄金，另一方面是中国、日本等国家、地区持有大量美元储备以及美元标价资产，这在某种程度上是否布雷顿森林体系的翻

---

① 罗伯特·蒙代尔：《国际货币：过去、现在和未来，蒙代尔经济学文集》第6卷，中国金融出版社2003年版，第132页。引文为作者1997年3月于宾夕法尼亚勒托普圣文森学院的演讲，演讲题目："21世纪的国际货币体系：黄金会卷土重来吗?"

② "中国黄金市场开放"课题组：《中国黄金流通体制改革与市场开放——基本思路与方案设想》，《金融研究》2000年第2期。

版？与布雷顿森林体系类同的还有：美国主权财富由于黄金价格多倍上涨而增加，其他国家和地区由于石油价格上涨、金融市场不稳定导致美元资产实际价值下降。

无论从保全储备资产安全、调节黄金市场还是作为货币调节工具的央行黄金业务而论，我国央行均应增加黄金储备。黄金储备可以由两部分构成：第一部分为"黄金基础"，在外汇储备增加时相应增加黄金储备，黄金占储备资产一定比例，适应人民币在境外流通增加的情况，我国这一比例应高于各国平均水平。第二部分可以称为"平准黄金"或者"黄金调节基金"，是超出"黄金基础"的部分。前者起到维护国际清偿信能力、增强本币信誉以及主权财富象征的功能，后者则是央行调节、稳定黄金市场以及进行基础货币量调节的筹码。另一种确定央行最优黄金规模的方法是将黄金与外汇储备篮子中各种资产作为组合元素，在限定风险敞口条件下估计实现收益最大化的各种资产的权重，较低风险意味着要增加黄金储备的权重。①

表 10-3　中央银行黄金储备占外汇储备比例（2000—2008）

年份＼国家	2000	2001	2002	2003	2004	2005	2006	2007	2008
美国	57%	55.5%	56.7%	57.0%	59.8%	67.5%	74.3%	77.9%	77.3%
加拿大	1%	0.9%	0.6%	0.4%	0.1%	0.1%	0.2%	0.2%	0.2%
澳大利亚	4%	3.7%	4.0%	3.9%	2.9%	2.9%	3.1%	6.1%	6.1%
日本	2%	1.7%	1.7%	1.7%	1.2%	1.4%	1.7%	2.0%	2.1%

---

① 参照马科维茨均值—方差模型和资本资产定价模型（CAPM）。相关评介见刘明：《现代资产选择理论及相关检验评析》，《陕西师范大学学报》1997 年第 1 期。如果依据 CAPM 需要将国债作为无风险资产而不是黄金。David Ranson 等对黄金与国库券的最优组合做了研究，认为含黄金的投资组合优于通货膨胀指数债券。David, R. H. C., "Wainwright & Co. Economics Inflation Protection: Why Gold Works Better than 'linkers'", *World Gold Council*, 2005, 11.

续表

年份\国家	2000	2001	2002	2003	2004	2005	2006	2007	2008
法国	41%	44.5%	51.3%	55.2%	55.2%	59.3%	58.0%	56.2%	57.8%
德国	36%	36.6%	38.9%	43.2%	48.1%	52.4%	61.1%	66.2%	66.4%
意大利	45%	46.8%	50.2%	45.8%	53.6%	59.4%	65.0%	67.6%	67.0%
荷兰	45%	46.4%	47.3%	48.5%	49.6%	52.4%	56.0%	61.1%	59.9%
西班牙	13%	13.1%	14.4%	15.4%	34.4%	42.8%	43.8%	38.7%	39.0%
瑞典	10%	12.0%	11.5%	10.4%	10.7%	9.9%	12.0%	12.1%	11.7%
瑞士	42%	38.1%	35.1%	33.0%	28.2%	35.2%	40.7%	41.2%	38.1%
英国	11%	7.8%	7.4%	8.8%	9.0%	10.1%	12.8%	14.3%	15.4%
俄罗斯	13%	9.8%	8.8%	7.3%	5.7%	3.5%	2.8%	2.5%	2.1%
印度	9%	7.0%	6.0%	5.4%	3.9%	3.8%	4.1%	3.4%	3.1%
中国	2%	2%	2.0%	2.1%	1.6%	1.2%	1.2%	1.0%	0.9%
均值	22%	21.7%	22.4%	22.5%	24.3%	26.8%	29.1%	30.0%	29.8%

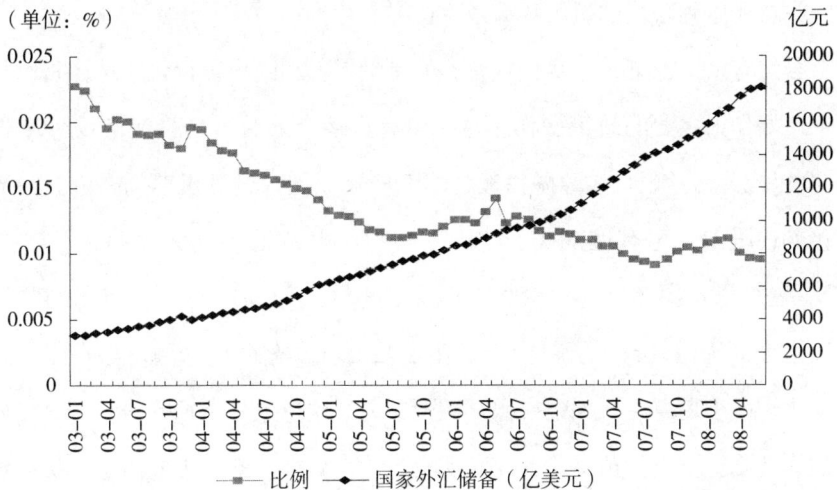

图 10-7 中国人民银行外汇储备和黄金储备占外汇储备比例

二、能否将黄金业务作为货币数量调节工具

改革开放以来我国在通货膨胀加剧时期有过投放黄金回笼货币的经历。国内也有提出将黄金业务作为货币政策工具，且合理论证了黄金与外汇公开操作两种工具的组合方式，例如指出中央银行欲避免本币升值而购买外汇，同时可以销售黄金以防止货币量变化引起利率波动（实际是抛出黄金置换外汇）。[①]

我们还可以论证：第一，央行将黄金作为货币政策手段之一可能会取得意想不到的效果。如果将黄金作为货币量调节工具并针对的是通货膨胀目标，当价格水平上升时金价上升，央行出售黄金，缩减货币量；当价格水平下降时金价下跌，央行购进黄金增加货币供给。结果是央行取得黄金价差收益；第二，可以将中央银行不同的货币政策工具看作"投资组合元素"，因为每一种工具的使用也均有风险—收益特性，很容易证明 n+1 种工具比之 n 种工具可能达到较优的货币政策效率边界。

虽然有以上论证，但我们观察到的是世界各国中央银行普遍选择货币与外汇市场作为主要的政策操作平台，少有直接介入黄金与股票市场，20 世纪 90 年代英格兰银行大肆抛售黄金，1997 年亚洲金融危机期间香港金管局直接购进股票，还有近期美、欧国家央行、财政通过向大银行注资"救市"，这些只是偶尔为之。就各个国家、地区货币当局对黄金市场的"消极"态度而论，原因在于黄金交易在金融市场占有很小份额，与一国经济活动比较微不足道。再加中央银行黄金交易规模也仅是市场的一个部分，如果勉为其难扩张央行黄金业务以实现货币调节目标，就有可能严重干扰黄金

---

① 曹勇：《论作为货币政策工具的黄金业务》，《中南财经政法大学学报》2002 年第 1 期。

价格正常运动，造成不必要的市场恐慌。所以，黄金业务充其量只能作为货币政策工具的一个补充。我国可以尝试将黄金回购、租赁以及黄金现货交易作为货币政策工具，但由于黄金市场发展的历史有限，我国黄金交易占金融市场总体份额仅 0.93%，占 GDP 的比例也只有 0.3%。[①] 因而，至少在短期内不能对黄金业务的货币调节功能有过高期待。表 10-4 为中国包括黄金在内的不同金融子市场交易总额占 GDP 比例情况。

表 10-4　中国各金融子市场交易额占 GDP 比例

金融子市场分类	交易额（亿元）	占 GDP 比例
股票交易（上海+深圳）	11808.81	0.047883
同业拆借市场	13698.28	0.055544
全国银行间市场债券质押式回购	50104.46	0.203165
国债交易（现货+回购）	2088.04	0.008467
黄金现货	736.83	0.002988
黄金期货	925.86	0.003754
总计	79362.28	0.3218

* 注：表中数据按各市场 2008 年 8 月交易额/2007 年 GDP 计算。2007 年 GDP 为 246619 亿元。

三、黄金价格能否作为观察经济波动的领先指标

蒙代尔利用三个指标观察通货膨胀，即货币供应量、利率和黄金价格。认为黄金价格暴涨是经济体系中通货膨胀预期上升的重要迹象，建议不同国家将黄金价格作为通货膨胀的信号。[②] Leopold 分析了货币政策对黄金价格

---

① 指现货市场。央行不可参与期货交易。
② 蒙代尔：《21 世纪的国际货币体系：黄金会卷土重来吗?》，载《蒙代尔经济学文集 (6) 》，中国金融出版社 2003 年版，第 132 页。

的影响，结论为 M₁（狭义货币）是黄金价格的先行指标，也强调了黄金价格是商品价格和市场利率的先行指标。① 不过对于金价领先于通货膨胀变化，蒙代尔和 Leopold 均未给出严密的计量验证。

Granger 和 Jeon 用黄金价格、美国商品研究局商品期货指数（CRB）等五种价格（指数）分别作为先行指标，结果没有发现任何指标能够预测到 CPI 的主要部分。②

在完成本章计量工作中，我们曾经做了黄金价格和通货膨胀的 Granger 因果检验，未发现两者有 Granger 因果关系，所以也不能认为目前黄金价格可以作为中国 CPI 的先行指标。当然，这并不排除做进一步观察会出现新的变化。

黄金价格是否可以作为观察通货膨胀趋势的先行指标取决于：第一，黄金市场深度与广度及市场规模，国内机构、个人对黄金市场的参与程度；第二，黄金期货市场成熟与否。相关研究表明，期货市场率先对一般商品市场信息做出反应，黄金期货市场是向现货市场传导一般商品市场信息的中介环节；第三，市场主体预期能力；第四，各种子市场之间的资金流动性；第五，货币政策透明程度，即政策可预知性；第六，政府对商品与货币市场的严密控制会弱化黄金价格的预警功能。总之，黄金价格能否作为通货膨胀的先行指标具有不确定性，因经济环境的不同而发生变化。

---

① Heinrich, L., "Monetary Policy and Gold". http://www.gold.-eagle.com. 文中用 1980—2004 年的数据直观地证明了 M₁ 与黄金价格的联系。隐含可以通过控制 M₁ 控制通货膨胀。这种情况成立的前提是黄金价格是通货膨胀的原因。

② Clive, W.J., Grangera & Yongil, J., "Comparing Forecasts of Inflation Using Time Distance", *International Journal of Forecasting*, 2003, 19, pp.339–349. 文中提出将总通货膨胀应区分为核通货膨胀与瞬时通货膨胀两个部分，前者由货币政策引起，后者是非货币事件引起的"噪声项"，检验货币政策对通货膨胀的影响效果，将 CRB 作为全部价格水平趋势的代表。CRB 包括黄金等 17 种商品。

第五节　结　论

以上海黄金交易所作为中国黄金市场代表，汇率、通货膨胀与黄金价格均具有长期均衡关系。不过在各种因素中，通货膨胀率与黄金价格的联系不如汇率与黄金价格的联系更为紧密，又考虑到近些年我国居民对不动产的需求旺盛，当出现通货膨胀之后，家庭支出中对黄金的持有可能让位于购置不动产，所以在某种程度上模糊、改变了通货膨胀率与黄金价格的逻辑关系。

利率与股票价格指数尽管与黄金价格具有均衡关系，但两者的联系并不明显，黄金价格与股票价格指数的正向关系与理论结论似乎不一致，是由于中国特殊的经济发展阶段以及黄金市场尚处于成长初期，民间藏金空间很大，导致黄金与证券资产在一定程度上成为互补品，而不是替代品。

中国外汇储备迅速增加同时没有适当增加黄金储备可能是一个失误。这不仅由于近期全球金融危机导致美元资产缩水，也缘起于中央银行资产组合的风险—收益特性与一般投资者殊异。中投公司作为主权基金尽管并不直接代表货币当局，但其资产组合选择的后果具有同样的经济社会影响。今后中央银行黄金储备可以分为"黄金基础"与"黄金平准基金"两部分，令其充当各自适当功能。

黄金储备作为货币数量调节手段功能有限。其主因在于黄金市场规模与影响力不足，中央银行可以尝试，但不能过高期待黄金业务的作用效果。

黄金价格作为通货膨胀先行指标缺乏一致的经验论据，在中国黄金市场亦是如此。但仅就货币与信贷以及市场流动性与黄金价格关系，还有黄金价格与汇率、利率等变量间已经被证实的内在联系而论，货币当局应当对黄金价格予以密切关注并施加影响。

第十一章　G20 国家货币控制效应转移分析

本章利用中介效应检验及面板平滑机制转移模型等计量工具，以 G20 成员国 1992—2012 年经济金融年度数据建立模型，对货币政策控制变量狭义货币的产出、价格效应及其传导机制非线性转移做实证分析，结果显示：货币数量的价格调节效应显著而对产出影响不敏感，货币数量调控通过利率、汇率及信贷等传导渠道发生作用，随着各渠道变量发生变化货币控制效应发生非线性机制转移。以八国集团及 11 个重要新兴工业化国家为样本分别建模，发现三种渠道变量作用大小有明显差异，这种异质性由发达国家与发展中国家利率市场化水平、金融市场健全程度、对外开放及国际资本流动水平差异等综合因素所决定。实证结论表明，货币数量的产出效果长期趋于中性，对中国的启示是慎用货币数量型调控影响经济增长。

第一节　引　言

美国经济危机之后叠加欧债危机使国际经济形势更加扑朔迷离，各国经济复苏过程步履维艰，全球经济再平衡"倒逼"发展中国家甚至发达国家对经济结构做出深度调整，伴随这一过程的是宏观经济政策发生变化。短期经济矛盾与长期结构性问题交织，一系列因素决定了世界经济仍处于后金融危机时期。反映在货币金融层面，发达国家与发展中国家政策调整的重点似乎采取了不同的路线，发达国家重新强化金融监管，压缩金融市场不断膨胀的自由裁量权，对金融"创新"设置天花板。发展中国家则加快利率与汇率市场化以及资本市场建设。深层原因在于发达国家源于资本主义"动物精神"的金融机构设计虚构出大量庞兹式"创新"机制与工具，对金融市场以及实体经济造成系统性损害。发展中国家则反思低水平的市场化导致经济体系对外部冲击与危机传染难以形成合理预判，对危机的反应机制僵硬。在这一深刻变革的背景下，各国央行控制货币的思维方式也发生改变，适应市场基础条件变动、经济全球化升级以及经济虚拟化层次提升，对货币政策的目标、效应和传导机制重新观察思考，近期出现对凯恩斯主义货币扩张政策的反思，未来货币政策走向很可能是既非凯恩斯主义的相机抉择亦非货币主义的单一规则。如我国先后提出管理通货膨胀预期、实施宏观审慎管理以及形成宏观经济目标、工具机制化的政策环境。央行调控货币价格或数量对产出和商品价格的影响往往体现出非对称效果，具体的传导机制与过程趋向复杂化。一方面，货币传导渠道受特定经济体金融市场结构和经济结构等因素约束；另一方面，由于经济联系加强以及奉行共同的国际规则，不同国家也呈现出市场"趋同"迹象，特定国家的货币传导机制对其他国家未必全无借鉴意义，一国的宏观经济调控也理应对其他国家的政策调节机制予以关注。更为重要的是，在面临产生全球冲击的经济危机时各国在一些时间节点采取了类似的货币信贷政策，这给研究具有一般意义的货币控制机制与效果提供了条件，对于从"移动的截面"——即纵向时间序列与水平样本立体式观察货币政策在"全球"空间如何发挥作用提供了良好契机。本章在厘清已有文献的基础上，使用狭义货币数量指标作为货币政策代理变量以及面板平滑转移模型，描述刻画 G20 成员国 1992—2012 年持续约 20 年货币政策的利率、汇率与信贷传导效应特征，揭示其对我国宏观货币调控的深层意义。

第二节　文献述评

一、货币政策有效性研究

"有效性"是西方各主流经济学学派研究货币政策的长期争论问题，其核心是分析货币供给调节对实际产出及价格的影响效果，从而判定能否通过货币政策达到经济增长、充分就业、稳定物价和国际收支平衡四大宏观经济目标。货币有效性理论研究始于 20 世纪 70 年代，货币主义代表人物弗里德曼根据货币传导机制研究提出"货币无效论"，即货币政策在长期内无法影响实际产出和资源分配，脱胎于货币主义的理性预期学派则认为符合公众合理预期的货币政策无效。与此相反，凯恩斯学派强调在假设货币供给外生前提下，货币政策对于产出具有实际影响。托宾利用 Q 值理论发展了凯恩斯的货币传导机制思想，认为通过适当的货币政策可以促进实体经济发展。随着计量经济学和数据采集技术进步，货币政策有效性研究重点转向计量经济分析，学界较多运用格兰杰因果检验及向量自回归（VAR）或结构向量自回归（SVAR）从宏观数据中寻找规律并加以解释，如斯托克（Stock）和沃森（Watson）利用多变量 VAR 模型对美国宏观经济数据建模，发现 M_1 能够解释产出变动;[1] 金（King）和沃顿（Waton）则得出长期条件下货币相对产出中性的结论，利用 1960—1990 年美国宏观经济数据综合研究了货币

---

[1]　Stock, James, H.& Mark, W.W., "Interpreting the Evidence on Money-Income Causality", *Journal of Economic Review*, 1992(82) .

产出及价格效应，认为利差是更有说服力的产出解释因素。① 也有研究从货币政策透明度和经济开放度等角度分析货币有效性外生影响因素。② 其他相关研究成果可见于西姆斯（Simis）、周锦林、陆军等，这些文献分别对货币政策有效性、传导机制、区域作用和通胀、通缩效应不对称性做了研究。③ 上述研究对货币有效性的探讨并未达成共识，但大多计量研究表明，货币中性和超中性短期内不存在，表明货币政策在宏观调控中能够起作用，不过在长期却不尽然。

二、传导机制确认及影响渠道

传导机制是货币政策作用于实体经济的具体途径，畅通的传导机制能够保障货币政策有效实施。西方货币政策传导机制理论主要分为货币渠道观和信贷渠道观，前者包含利率、汇率等渠道（价格渠道），后者则主要指信贷渠道（数量渠道）。利率渠道理论起点是 IS—LM 模型，认为货币供给量变化会通过流动性偏好影响利率，再由利率水平影响投资与消费，从而对产出和价格造成影响；将汇率机制引入研究领域始自 20 世纪 60 年代早期，蒙代尔将对外贸易和资本流动引入封闭经济 IS—LM 模型，考虑到加入汇率因素的开放市场条件后分析得出，货币政策在浮动汇率与固定汇率制下产出效应可能完全相反。奥布斯菲尔德（Obstfeld）和罗格夫（Rogoff）综合考虑利率与汇率，提出在完全价格弹性和利率平价条件下，货币供给量增加导致名

---

① Robert, G.K.& Mark, G.W., "Testing Long Run Neutrality", *Federal Reserve Bank of Richmond Economic Quarterly*, 1997, 83(3).

② 徐亚平：《货币政策有效性与货币政策透明制度的兴起》，《经济研究》2006 年第 8 期。裴平、熊鹏、朱永利：《经济开放度对中国货币政策有效性的影响》，《世界经济》2006 年第 5 期。

③ Sims, C., "Interpreting the Macro-economic Time Series Facts: The Effects of Monetary Policy", *European Economic Review*, 1992(36).

义利率下降，使得本国汇率贬值，从而出口产品价格优势趋强，国内产量和收入相应增加；粘性价格条件下本国货币扩张冲击使得消费与汇率发生同向变化，最终导致汇率贬值幅度和消费变动幅度都受到削弱。① 伯南克（Bernanke）和布林德（Blinder）提出考虑贷款市场影响的 IS—LM 模型，从而引入信贷作为货币政策传导渠道;② 其后伯南克（Bernanke）和布林德（Blinder）利用 VAR 模型对美国货币政策效应作计量分析，指出政策通过银行借贷间接影响实体经济。③ 其他学者着眼资产价格等其他传导方式，如卡拉斯（Karras)④。已有文献主要利用时间序列模型研究单一国家的货币传导机制问题，很少将样本扩展至面板数据形式，且未考虑货币政策作用过程中可能出现的非线性机制转移现象。

三、经济体的差异性影响

不同特征经济主体其货币政策传导机制以及政策有效性均有所不同。卡里诺（Garlino）和迪凡（Defina）通过实证结果提出经济结构和资源禀赋差异将导致货币政策作用差异。⑤ 蒙代尔的最优货币区理论本身就暗含各区之间具有相异性，各成员国特定经济结构决定货币区构成。经济学家们提出多种针对最优货币区的评判标准，如经济开放度标准，产品多样化标准及通胀率相

① Maurice, O.& Kenneth, R., "Global Implications of Self-oriented National Monetary Rules", *Quarterly Journal of Economics*, 2002(5).

② Ben, S.B.& Alan, S.B., "Is it Money or Credit, or Borh, or Either? Credit Money and Aggregate Demand", *AEA Papers and Proceedings*, 1988, 78(2).

③ Ben, S.B.& Alan, S.B., "The Federal Funds Rate and the Channels of Monetary Tranamission", *Amercian Economic Review*, 1992, 82(4).

④ Karras, "Openness and Effects of Monetary Policy", *Journal of International Money and Finance*, 1999, 18(1).

⑤ Gerald, C.& Robert, D., "The Differential Regional Effects of Monetary Policy", *The Review of Economics and Statistics*, 1998, 180(14).

似度标准等，国内学者宋旺和钟正声综合考量以上标准，并以此检验中国货币政策区域效应。[1] 更一般分类方法是将研究主体分为发展中国家及发达国家，依据是这两类国家资源禀赋、产业结构、发展模式、金融市场健全程度等各因素迥异，该领域文献见阿卜杜·阿利姆（Abdul Aleem）等的研究。[2]

　　本章选取视角是对最近 20 年期间世界主要国家货币传导机制进行研究。研究设计如下：第一，选取 G20 国家为研究样本，将经济时间序列扩展至不同截面构成面板数据，以考察各国在其特有经济结构内的货币调节效果，以弥补样本量不足问题，同时解决多重共线性的困扰；第二，引入中介效应（Mediating Effect），从计量角度确认货币政策传导机制的存在形式；第三，以面板平滑转移模型（PSTR）框架统一分析货币数量调整的线性与非线性效应，并考虑政策效应随传导渠道变量转移；第四，基于货币政策主要盯住"稳定币值"和"促进经济增长"两大目标，综合分析货币控制的价格效应和产出效应；第五，分别讨论发展中国家和发达国家，对比分析两类国家货币调控作用方式的异同。下文分别介绍数据及计量模型设计，解释计量与实证结果，最后揭示相关结论以及政策含义。

第三节　狭义货币口径面板平滑转移模型构建

一、变量筛选

　　考虑到 G20 各国货币政策实施中货币量控制仍然是其重要手段，本章

---

① 宋旺、钟正生：《我国货币政策区域效应的存在性及原因——基于最优货币区理论的分析》，《经济研究》2006 年第 3 期。

② Abdul, A., "Transmission Mechanism of Monetary Policy in India", *Journal of Asian Economics*, 2010(21).

主要研究以货币供应量作为货币政策代理变量的货币控制效应。在货币供应量各指标序列中，M_1 反映居民和企业资金松紧变化，是经济周期波动先行指标，其自身稳定性、与基础货币及名义 GDP 之间稳定性均优于 M_2，具有较强可控性，故模型中以 M_1 作为货币政策变量。[1] 因变量产出及价格水平分别取 GDP 和 CPI。传导渠道变量选取利率、汇率及信贷总量。将国际原油价格纳入模型作为控制变量，以体现外生供给冲击因素，并检验模型参数稳健性。各变量经对数化一阶差分处理转化为波动率，共包含 G20 中除欧盟之外的八国集团和 11 个重要新兴工业化国家，选取 1992—2012 年持续 20年数据，其中利率指标为 IMF 公布的年度短期利率（Short-term Interest Rates，Annual），汇率指标选取经季节调整的年度波动率，油价为布伦特原油期货价格（变量说明见表 11-1）[2]。需要提及的是，数据期间包括了两次大的具有全球意义的金融危机，即亚洲金融危机与最近的全球金融危机，两次危机在分析期间持续时间约 10 年，跨越样本期长度的 1/2。故可以认为，本章实际分析了经济危机期间 G20 国家的货币政策效应及其传导机制问题。

在建立计量模型时需注意的是，G20 各国货币政策对产出及价格影响是间接的，若直接以 LM_1（M_1 对数化一阶差分）为自变量建模，结果缺乏可解释性，不能厘清 G20 国家货币数量控制效应的逻辑环节；将传导渠道和 LM_1 共同纳入自变量也存在逻辑错误：二者在实际经济运行中是先后而非并列作用关系。这就要求我们视传导渠道为中介变量，引入中介效应分析框架以确认传导机制，并建立带有机制解释功能的模型做进一步计量分析。

---

① 耿中元、惠晓峰：《M_1 和 M_2 作为货币政策中介目标的选择》，《统计研究》2009 年第9 期。
② 数据来自国际货币基金组织（IMF）网站和国际石油网。

表 11-1　筛选变量说明

变量类型	变量名	说明
因变量	LGDP	对数化一阶差分 GDP
	LCPI	对数化一阶差分 CPI
自变量	LM_1	对数化一阶差分 M_1
	Li	对数化一阶差分名义利率
机制变量	LE	对数化一阶差分名义汇率
	LL	对数化一阶差分信贷
控制变量	LO	对数化一阶差分原油价格

二、基于中介效应的机制确认

中介效应分析源于心理学因果链研究，其具有的特殊"能力"在于帮助寻找并确认若干中介变量，以厘清复杂经济行为中不同变量间交互影响的先后关系，由之被引入计量经济学领域。参考温忠麟等 2005 年研究，含有中介变量的方程可表述如下：

$$Y = cX + E_1 \tag{11.1}$$

$$M = aX + e_2 \tag{11.2}$$

$$Y = c'M + bX + e_3 \tag{11.3}$$

其中，X 通过变量 M 来影响 Y，M 为中介变量。c、c'、a 和 b 分别表示 X 对 Y 的总效应、X 对 Y 直接效应（或其他中介变量带来的中介效应）及经过变量 M 的中介效应，满足：

$$c = c' + ab \tag{11.4}$$

即总效应等于直接效应和中介效应之和。

分析回归模型各系数，在系数 c 显著前提下，若系数 a 及系数 b 均显

著，则认为中介效应成立；在此基础上若 c′ 不显著，则认为具有完全中介效
应。具体地，以货币政策变量为自变量，产出和价格变量为因变量，以各传
导渠道变量为中介变量建立回归模型，利用各回归系数估计值和 t 值来检验
中介机制假定是否正确。

表 11-2、表 11-3 报告以利率渠道、汇率渠道及信贷渠道作为货币政策中
介变量检验情况。在对 G20 国家面板数据做中介效应检验后发现，a、b、c 系
数均显著，故该中介机制假定通过检验，可以这三种渠道为中介变量作进一
步计量分析，货币政策通过这三类渠道间接影响产出及价格水平，作用机制
具有先后关系。同时应注意此步检验中，系数 c′ 亦全部显著，代表没有任何一
个渠道变量在货币政策传导中具有完全中介效应，单一渠道无法完整解释模
型中介效应，这证实货币政策对产出和价格的影响是多渠道共同作用。

表 11-2　货币产出效应中介机制检验①

	中介变量 1（Li）		中介变量 2（LE）		中介变量 3（LL）	
a	0.10**	(2.15)	-0.29**	(-5.69)	-0.13**	(-2.21)
b	0.06**	(2.59)	0.18**	(5.53)	0.23**	(7.34)
c	0.07**	(2.94)	0.07**	(2.94)	0.07*	(2.94)
c′	0.10*	(-1.13)	-0.25**	(-5.56)	0.08*	(1.88)

表 11-3　货币价格效应中介机制检验

	中介变量 1（Li）		中介变量 2（LE）		中介变量 3（LL）	
a	0.10**	(3.15)	-0.29**	(-5.69)	-0.13**	(-2.21)
b	-0.18**	(-5.53)	-0.19**	(-6.16)	10.23**	(-7.34)

---

① 本章各表中 * 和 ** 分别表示在 5% 和 1% 显著性水平下拒绝零假设。

续表

	中介变量 1（Li）		中介变量 2（LE）		中介变量 3（LL）	
c	0.23^{**}	（7.34）	0.23^{**}	（7.34）	0.23^{**}	（7.34）
c'	-0.25^{**}	（-5.66）	0.14^{**}	（6.64）	0.08^{*}	（1.88）

三、PSTR 计量模型设计及设定检验

许多对货币政策效应分析采取的计量模型中变量间呈线性关系，但事实上非线性却是对现实经济变量关系更为真实的描述，由之货币传导机制可能呈现出机制转移特点：传导渠道变量超过某一值时，货币数量对产出和价格影响力度会发生变化。研究货币传导机制问题，合理的模型设定要求是：模型同时涵盖线性与非线性特征，能够捕捉机制转移点，且转移点两侧机制转移非线性。同时 G20 中各国可能会呈现出不同的转移特点，这也是线性模型无法刻画的。

本章选取面板平滑转移回归模型（Panel Smooth Transition Regression，PSTR）以满足上述要求。该模型由冈萨雷斯等（Gonzalez，Terasvirta，VanDijk）[1] 提出，基于研究目的和变量选择，一个具有 m+1 个机制及控制变量的货币政策 PSTR 模型表述为：

对任意 i，j，

$$\text{LGDP}_{it} = \alpha_i + \beta_0^{o1} \text{LM}_{1it} + \sum_{j=1}^{r} \beta_1^{o1} \text{LM}_{1it} g_j^o(q_{it}^o;\ \delta_j^o,\ c_{jz}^o) + \beta_3^{o1} \text{LO}_{it} + \varepsilon_{it}^o$$

$$\lim_{q^s \to +\infty} g(q^{it};\ \delta,\ c) = 1$$

---

① Andres, G., Timo, T., & Dick, V.D., "Panel Smooth Transition Regression Models", SSE/EFI *Working Paper Series in Economics and Finance*, 2005, 8(604).

$$g^j(q^{it}; \delta^j, c^{jz}) = \left[1 + \exp\left(-\delta_j \prod_{z=1}^{m} (q_{it} - c_{jz}) \right) \right]^{-1} \tag{11-5}$$

其中上标 o、p 分别代表货币的产出效应和价格效应参数，$\delta_j > 0$，$c_1 \leqslant c_2 \leqslant \cdots \leqslant c_m$，$0 \leqslant g^j(q^{it}; \delta^j, c^{jz}) \leqslant 1$。斜率参数 δ^j 及位置参数 c^{jz} 决定了转移速度和发生转移阈值。我们选择 Li、LE 和 LL 为转移变量 q^{it}，研究货币政策的利率、汇率及信贷渠道机制转移行为。极限状态下 $\lim\limits_{q^{it} \to -\infty} g(q^{it}; \delta, c) = 0$，$\lim\limits_{q^{it} \to +\infty} g(q^{it}; \delta, c) = 1$，分别代表低机制（Low Regime）及高机制（High Regime）。参数 r 和 m 设定是应用 PSTR 起点，通常从 r=1、m=3 开始做设定检验。

参考冈萨雷斯等的研究成果，本章采取检验步骤如下：第一，估计线性固定效应模型，以显著性水平 α 检验线性假设；第二，若拒绝线性假设，则表示存在非线性机制转移效应，估计含 3 个转移函数的模型，确定 m 和参数 c；第三，对已估 PSTR 模型，继续检验无"剩余"机制转移效应零假设。若拒绝零假设，则表明仍有其他必须进入模型的转移函数。最后重复上述检验步骤，直到最终确定 r。

对于非线性假设及模型参数设定，分别检验以利率、汇率及信贷为传导渠道变量的三类模型，结果如表 11-4、表 11-5 所示。可初步将各模型设定为含有一个转移函数的两机制模型。面板数据模型固定效应与随机效应检验结果见表 11-6 及表 11-7。针对所选取 G20 国家数据，三种假设检验的结果表明固定效应 PSTR 适用本研究。

表 11-4　货币产出效应模型非线性及机制转移效应检验

产出效应	检验统计量	H_0		H_{03}		H_{02}		H_{01}	
		Value	P	Value	P	Value	P	Value	P
Li	F 检验	81.73**	0.0000	79.45**	0.0000	53.44**	0.0000	55.68**	0.0001
	卡方检验	132.77**	0.0000	123.74**	0.0001	81.71**	0.0004	78.53**	0.0000

续表

产出效应	检验统计量	H_0		H_{03}		H_{02}		H_{01}	
		Value	P	Value	P	Value	P	Value	P
LE	F 检验	56.01**	0.0005	70.12**	0.0000	60.52**	0.0001	132.45*	0.0000
	卡方检验	120.12**	0.0000	137.21**	0.0001	167.39**	0.0000	119.32**	0.0002
LL	F 检验	8.73	0.1977	16.34*	0.0120	9.56*	0.0292	4.39*	0.0300
	卡方检验	11.32	0.0221	41.32*	0.0099	19.71*	0.0300	7.62*	0.0300

表 11-5 货币价格效应模型非线性及机制转移效应检验

产出效应	检验统计量	H_0		H_{03}		H_{02}		H_{01}	
		Value	P	Value	P	Value	P	Value	P
Li	F 检验	88.72**	0.0000	56.31**	0.0001	45.13**	0.0000	70.37**	0.0000
	卡方检验	131.73**	0.0000	133.99**	0.0001	88.16**	0.0003	66.54**	0.0001
LE	F 检验	45.19**	0.0003	78.01**	0.0001	78.41**	0.0001	148.13*	0.0001
	卡方检验	120.88**	0.0001	153.91**	0.0001	132.98**	0.0002	109.36**	0.0001
LL	F 检验	4.32	0.1773	13.82*	0.0203	11.25*	0.0300	4.99*	0.0240
	卡方检验	23.48	0.0331	71.44*	0.0199	19.91*	0.0100	5.50*	0.0200

表 11-6 货币产出效应 PSTR 固定效应检验

模型 1（Li）		模型 2（LE）		模型 3（LL）	
Chi-Sq（3）= 0.991		Chi-Sq（3）= 1.512		Chi-Sq（3）= 1.439	
Chi-Sq（2）	P>Chi-Sq	Chi-Sq（2）	P>Chi-Sq	Chi-Sq（2）	P>Chi-Sq
3110000	0.0000	3710000	0.0000	3770000	0.0000
Chi-Sq	P>Chi-Sq	Chi-Sq	P>Chi-Sq	Chi-Sq	P>Chi-Sq
K-BTest	K-BTest	K-BTest	K-BTest	K-BTest	K-BTest
(0.033)	(0.999)	(0.135)	(0.999)	(0.166)	(0.999)

表 11-7　货币价格效应 PSTR 固定效应检验

模型 1（Li）		模型 2（LE）		模型 3（LL）	
Chi-Sq（3）= 0.918		Chi-Sq（3）= 1.526		Chi-Sq（3）= 1.488	
Chi-Sq（2）	P>Chi-Sq	Chi-Sq（2）	P>Chi-Sq	Chi-Sq（2）	P>Chi-Sq
3710000	0.0000	3770000	0.0000	3710000	0.0000
Chi-Sq	P>Chi-Sq	Chi-Sq	P>Chi-Sq	Chi-Sq	P>Chi-Sq
K-BTest	K-BTest	K-BTest	K-BTest	K-BTest	K-BTest
(0.021)	(0.999)	(0.154)	(1.000)	(0.154)	(1.000)

四、模型估计步骤

对 G20 国家数据做结果估计的重点在于选择初始值。本章采用格点搜索（Grid Search）确定初始参数，以三种货币政策渠道为转移变量，三类模型中参数 c（阈值）分别从 Li、LE 及 LL 中搜索产生。去掉样本观测值中最大和最小各 4 个观测值后，以其余观测值区间 1/100 为步长，等距选取 100 个备选阈值。δ（斜率）搜索范围则设为区间 [1，20]，按照 0.25 为步长等距选取备选值。所有计量工作均利用计量软件 WinRATS 8.0 完成。

第四节　G20 国家货币传导非线性机制转移

一、不同机制条件下货币产出和价格效应估计

表 11-8、表 11-9 给出了以 G20 数据资料所构建 PSTR 模型参数估计结果。先关注货币政策产出和价格效应，这种效应被 PSTR 模型分解为高机制与低机制形式，低机制方程描述在利率等三个渠道变量变动趋向于零时，货

币供给量的产出及价格效应大小，而高机制则代表当货币供给量完全通过渠道作用时其产出及价格效应大小。由于我们选取的阈值变量利率、汇率及银行信贷能够在任一时间和截面维度被唯一确定，因此在确认时间和截面单元前提下，模型估计参数也将被确定。另一方面，在转移函数 g^1 给定时，若将货币供给变量及转移函数乘数项 $g^1 \cdot LM_1$ 视为解释因素，该模型也可以被看成回归系数固定非线性模型。模型拟合结果及相对应高低机制形式由表 11-10 给出。

表 11-8　货币产出效应模型拟合结果

指标	模型 1（Li）		模型 2（LE）		模型 3（LL）	
LM_1	0.026*	(2.13)	0.072*	(2.71)	0.079*	(2.63)
$g^1 \cdot LM_1$	-0.019*	(-2.17)	-0.068*	(-2.16)	-0.057*	(-1.48)
δ	3.400*	(3.19)	6.200**	(4.21)	7.500*	(3.55)
c	2.510**	(34.36)	4.530**	(46.01)	0.780*	(41.26)
LO	-0.340**	(-2.03)	-0.370**	(-3.11)	-0.190**	(-2.14)
R^2	0.41		0.42		0.59	

表 11-9　货币价格效应模型拟合结果

指标	模型 1（Li）		模型 2（LE）		模型 3（LL）	
LM_1	0.150**	(4.33)	0.42**	(6.23)	1.12**	(3.71)
$g_1^p \cdot LM_1$	-0.069**	(-2.33)	0.30**	(3.60)	1.35**	(5.71)
δ	5.050*	(2.11)	2.09**	(2.71)	0.49*	(2.45)
c	4.550**	(38.99)	3.51**	(42.97)	2.41**	(32.01)
LO	0.470**	(5.51)	0.30**	(3.10)	0.49**	(2.88)
R^2	0.67		0.62		0.68	

表 11-10　高低机制模型形式表述

模型类别	产出效应	价格效应
模型 1（Li）	$g_1^o = 0,$	$g_1^p = 0,$
	低机制 LGDP = 0.26LM$_1$ − 0.34LO	高机制 LCPI = 0.081LM$_1$ + 0.47LO
	$g_1^o = 1,$	$g_1^p = 1,$
	高机制 LGDP = 0.007LM$_1$ − 0.34LO	高机制 LCPI = 0.081LM$_1$ + 0.47LO
模型 2（LE）	$g_2^o = 0,$	$g_2^p = 0,$
	低机制 LGDP = 0.072LM$_1$ − 0.37LO	低机制 LCPI = 0.42LM$_1$ + 0.30LO
	$g_2^o = 1,$	$g_2^p = 1,$
	高机制 LGDP = 0.004LM$_1$ − 0.37LO	高机制 LCPI = 0.72LM$_1$ + 0.30LO
模型 3（LL）	$g_3^o = 0,$	$g_3^p = 0,$
	低机制 LGDP = 0.079LM$_1$ − 0.19LO	低机制 LCPI = 1.12LM$_1$ + 0.49LO
	$g_3^o = 1,$	$g_3^p = 1,$
	高机制 LGDP = 0.022LM$_1$ − 0.19LO	高机制 LCPI = 2.47LM$_1$ + 0.49LO

　　首先对高低机制方程加以分析。该方程不含渠道变量参数估计结果（g 被假定为 0 或 1），只体现核心自变量 LM$_1$ 及控制变量 LO 对因变量影响，以此为分析起点比较直观。从表 11-10 信息可知，代表外生供给冲击的控制变量油价的系数较为稳定，表明控制变量在多个模型中的估计系数无显著差别，所建立模型稳健；产出、供给冲击系数为负，统计意义为油价上涨对产出增长有抑制作用，油价对价格变动则有正向影响，即油价上涨将推动 CPI 上涨，该结果符合宏观经济理论一般逻辑：经济运行中重要生产要素成本上升使得企业在同等产量条件下抬高物价水平，或者在价格水平不变时压缩产量。分析自变量 LM$_1$ 回归系数，发现在 1992—2012 年期间 G20 国家以 M$_1$ 供给为代表的

货币政策价格效应显著高于产出效应。在产出方程中以及高、低两种机制下 M_1 供给量每增长1%带来GDP的增长几乎均未超过0.1%，大多数回归系数在 0.01水平下无法通过显著性检验，表明在以全部G20国家为分析总体时，长期内通过货币供应代理变量 M_1 控制调节产出效应其政策效果甚微。而 M_1 引起价格变动较为显著，显示稳健或适度紧缩货币政策可以起到稳定币值作用，表明在长期内以货币发行量为控制手段的货币政策主要发挥价格调节作用。

从低机制过渡至高机制是三种传导渠道影响力平滑提升的过程，高、低机制模型系数变化则反映了传导渠道作用强弱，分析该变化过程可以揭示货币供应量控制会产生哪些不同政策效果。将利率影响引入高机制时明显冲销扩张性货币政策的产出效应，这是由于高利率带来更大投资成本和更高储蓄意愿，使得投资和消费增长受阻，具体表现为 LM_1 的影响系数从0.026降低至0.007，即高利率条件下货币供给每增加1%，刺激产出增加不足0.007%。在宏观经济理论视域中汇率对产出的影响效应复杂而多元，目前研究结果表明，汇率高机制对货币政策产出效应有抑制作用，在以G20各国为对象的统一分析框架内高汇率显示为降低本国出口商品及劳务在国际市场中竞争力的负面作用，随着低机制向高机制转移，LM_1 解释力从0.072降至0.04。信贷对扩张性货币政策亦呈现出明显抑制效应：在信贷充足条件下扩张性货币政策对投资的刺激作用将非常有限，较高信贷意味着经济运行处于投资过热阶段，此时经济出现产能过剩、上游原料涨价、销售迟滞及通胀预期带来的劳动力成本上涨等矛盾。产能有可能很快达到极限，但其续发效果将是产出萎缩，且往往伴有经济结构失调，这时若继续采取增发货币的扩张策略刺激经济将很难奏效。[1] 计量结果显示，从低机制到高机制，LM_1

---

① 此处分析也印证了2013年以来中国新一届政府应对经济问题所采取的宏观经济政策。

的产出影响系数从 0. 079 降低至 0. 022。①

在价格层面上，高利率渠道冲销货币控制的价格调控作用，而汇率及信贷渠道则对该作用有所增强。第一，在高利率条件下，货币供给量变动引起投资及消费变动较小，货币回笼策略对利率抬升空间十分有限，居民已体现出较高储蓄意愿和较低消费意愿，由于 CPI 可能接近触底，紧缩的货币政策亦无法进一步影响价格。所以当利率超过一定阈值时，货币政策通过利率调节价格的功能将失效。换言之，这表明在既定高利率条件下央行仍不厌其烦通过控制货币投放升高利率影响价格的边际效应递减；第二，在汇率低机制条件下，本国商品国际竞争力将上升，带来对国外供给增加及国内市场供给减少，创造高位 CPI，在高档位上，CPI 下调空间较大，下调预期较高，此时紧缩货币政策（例如投放外汇收回本币）更易通过汇率调节渠道影响价格，带来本币升值，出口减少及国内市场供给量调升，最终促使价格水平下降；第三，模型结果显示，LM_1 的影响系数从低机制下的 1. 12 升至高机制下的 2. 47，所谓信贷量的高机制往往意味着经济处于以高信贷量为代表的投资过热区间，流动性过剩、通胀预期较高，面对该情况采取货币数量控制来调控物价，将有较好的调控空间，经济对于调控行为的反应也更为敏锐，从而使货币政策获得明显的价格调节效应。

由模型估计得出结论：在 G20 框架内，长期中货币数量调控的产出效应不明显，价格调控作用明显。货币数量调控可通过三种具体渠道影响产出及价格，其作用形式并非稳定的线性关系而是可变。具体表现为从低机制到

①　央行一般不会在这种局势出现时采取扩张货币政策，但在中国 20 世纪 80 年代中期这种情况仍有发生。此外，当国内伴随信贷扩张而经济高速增长、出口强劲和经常项目出现顺差时，央行如果维持汇率稳定则有可能释放基础货币增持外汇，必然会加剧价格水平上涨，这时产出即使增长却已经超乎央行力量。

高机制的平滑转移过程：在各传导渠道变量阈值两侧，货币政策作用的强弱也将增强或受到抑制，货币数量调控的产出和价格效应在各渠道变量下、各高低机制下也均有不同。本章采用 PSTR 模型的目的在于既能综合分析总效应，又能分解说明各传导机制，并体现真实经济运行的变化过程。

需要注意的是，各传导渠道在传导货币数量调控的作用时无论对产出抑或价格其强弱关系不明显，可能是由于将不同货币区（G20 成员国由于经济发展水平差异处于不同货币区）置于样本集，导致无法辨认各货币区传导机制特点。故有必要将 G20 国家按照发达国家和发展中国家分组，依据机制转移过程的差别分析两类国家货币政策非线性机制转移的特点。

二、发达国家与发展中国家货币传导转移异质分析

以上分析基于转移函数取极限值（g = 1 或 g = 0）情况，我们进而关注各转移函数取区间值（0 < g < 1）时所体现的传导渠道异质特征，即斜率参数 δ 及位置参数 c 是否会包含不同信息，以反映货币数量调控在不同渠道下的相异表现。不妨按照各国经济发展水平对 G20 做合理分组：八国集团（美国、英国、法国、德国、意大利、加拿大、日本及俄罗斯）为第一组；11个重要新兴工业化国家（中国、阿根廷、澳大利亚、巴西、印度、印度尼西亚、墨西哥、沙特阿拉伯、南非、韩国和土耳其）为第二组。这种分类考虑了不同国家经济发达程度、经济发展阶段及市场经济健全程度等异质性（不意味着是对货币区的划分）。仍利用 PSTR 模型分别对两类国家数据做检验估计，发现模型通过非线性机制设定检验，参数估计结果显著（检验结果从略），与上节结论类似，针对两组国家的分析结果均表现为货币政策产出效应相对价格效应不显著。

图 11-1 以发达国家与发展中国家、产出与价格效应分别呈现渠道变量

在不同分组情况下的转移机制（阈值及斜率分别反映位置及速度）。横轴为渠道变量 q，标识非线性转移将在何处发生；纵轴为转移函数 g 具体值。由图 11-1 知发达国家和发展中国家货币政策传导机制异质性特征为：在货币政策影响产出效应的机制中，发达国家以利率渠道为主进行调节，而信贷调节渠道发挥作用较弱；发展中国家则以信贷调节为主导（利率渠道较早发生机制转移，但斜率参数信贷渠道最大，表明其作用最敏感，调节效果最佳），汇率渠道作用最弱。其原因在于：第一，发达国家金融市场较为健全，融资渠道丰富，企业对信贷依赖程度低，能够在信贷紧缩时寻找其他融资渠道，面对投资过热时消化、转移市场剩余流动资本能力较强，故货币政策信贷调控能力有限；第二，发达国家利率市场化程度较高，使得利率能准确反映市场资金供求状况，利率体系结构合理，形成了中央银行基准利率（如美国联邦基金利率）、货币市场利率、资本市场利率合理分布的结构，在央行透过利率渠道刺激产出时，各市场主体反应较为敏感，调控有效。发展中国家则与之相反，利率市场化程度不高，市场主体对利率反应不如信贷敏感，利率渠道调控能力较低，这尤其体现在价格调控过程中；第三，发展中国家相对发达国家经济开放程度低，国际资本流动、国际贸易占比平均水平不高（不排除有例外），汇率作用空间很小。货币政策的价格效应分析结论与上述类似，所不同的是发展中国家通过利率渠道进行价格调节时表现为敏感性进一步下降。

第五节 结 论

与弗里德曼、施瓦茨对美国、英国货币趋势的分析以及库兹涅茨对多国经济增长长时段分析比较，本章受到数据可得性限制尚未触及更为久远的历

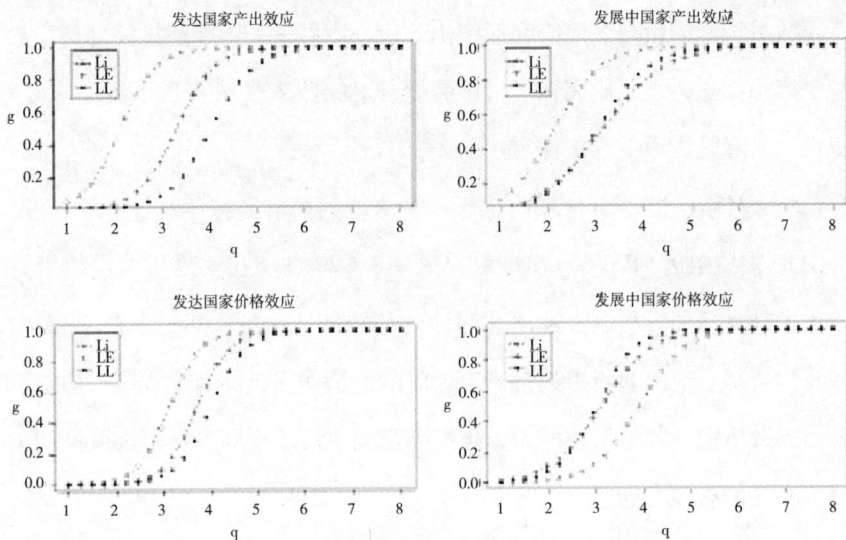

图 11-1　传导渠道的非线性机制转移

史尺度，但是由于所涵括 G20 国家占全球产出约 90%，时间窗口包含两次全球危机，再加使用计量模型的非线性特点，计量检验及理论推演所得出结论仍有重要意义。对相关结论以及货币政策涵义分述如下：

（一）货币数量（M_1）控制调节价格效应显著，调节产出效应不明显

以 G20 国家组为研究对象发现，货币供给对物价水平在长期内具有显著的解释力，以稳定币值、调节物价为目标，各国货币政策可能会取得较好效果。相对而言产出效应并不明显，这可能与我们选取数据时间跨度及频率有关。但如果选择月度数据证实货币数量调节影响产出，则说明货币数量在影响短期的产出波动而不具有长期效果，符合弗里德曼为代表的现代货币数量论预期，即长期内货币数量对经济刺激作用极为有限。模型证据表明，M_1 增加 1% 带来 GDP 增长低于 0.1%，即产出层面近似呈现货币中性特征。

这一结果与西方发达国家 20 世纪 70 年代末到 80 年代初期的情况较为相似，即货币数量控制的价格效应明显而产出效应不明显——不能通过控制货币数量稳定产出增长，表层原因在于货币数量与名义收入（或者货币流通速度）不稳定，实际是货币需求不稳定。[①]

（二）利率、汇率及信贷均为货币数量控制的有效传导渠道

中介效应检验（PSTR）模型结果表明，G20 各国在实施货币供给量控制政策中其具体传导机制表现出非线性转移特征。在总体回归模型中利率、汇率及信贷都表现出对货币数量产出效应的冲销作用，高利率背景下抑制了货币当局数量型调节价格的能力，高汇率及高信贷规模则为货币数量控制创造调节 CPI 的有效空间。

（三）发展中国家与发达国家货币传导渠道的作用机制不同

对 G20 各国可以分为发展中国家与发达国家两组。受利率市场化水平、金融市场健全程度及资本市场对外开放程度等诸多因素影响，发达国家在货币调控中，无论是产出抑或价格效应，均呈现出利率渠道最为有效、信贷渠道效应最弱的特点；而发展中国家则主要由信贷渠道发挥货币调控作用，汇率渠道和利率渠道敏感性较弱。原因在于发展中国家金融市场发育水平较低，无论货币市场或者资本市场其交易的活跃程度、市场流动性、市场向实体经济的辐射渗透力以及不同市场之间的连通度均远逊于发达国家金融市场，导致中央银行通过向金融市场释放货币数量型（或者价格型）信号影响实体变量力量不足，所以均不同程度采取较为直接的信贷约束调节经济金融运行就成为必然。对于中国，这一点可能更为明显。

---

① 对这一时期货币问题的历史归纳见查尔斯·古德哈特：《货币经济学文集：货币分析、政策与控制机制》（上卷），康亦同等译，中国金融出版社 2010 年版，第 107—118 页。

（四）相关结论对中国货币控制的启示

本章研究结论的借鉴意义在于：

第一，无论我国改革以来习惯使用货币数量调节影响经济增长，或者近期危机中美国推出量化宽松货币政策刺激经济，可能会"拯救"经济危局于一时，但就本章分析货币数量型调节的实际效果观察，货币数量型调节对于价格影响敏感，其产出效应则趋于中性。表明要慎用数量型调控影响产出，因为很可能当货币数量变动时产出未予反应但却干扰价格水平波动。

第二，对于发展中国家，由于利率市场化水平与资本市场开放度较低，信贷传导成为主要货币政策作用渠道，但是也很有可能发展中国家经济结构性失衡内生于总信贷规模波动。我国经济在走出 1998—2002 年亚洲金融危机带来的通货紧缩以后以及最近应对金融经济危机推出大规模刺激计划，均以信贷大规模增长为显著特征，其后均对经济结构产生扭曲性的负面影响。所以，进一步开放资本市场和推动利率市场化，渐次转向以利率、汇率为主要货币传导渠道，是宏观审慎管理以及完善货币政策环境的重要举措。

第三，中央银行控制货币数量并借以促进经济增长的作用机制在于稳定价格水平，从而为经济持续稳定增长提供相对价格稳定的市场环境与条件（价格不稳定的实际后果主要是改变相对价格水平），而不是通过改变货币数量这样的"虚拟"变量增长水平直接影响经济活动。

第十二章　美联储量化宽松货币政策金融稳定效果

　　20 世纪初以来，全球波及范围较大、颇具代表性的金融危机主要涉及三大金融危机：1929—1933 年的世界经济大危机，1997 年爆发的东南亚金融危机，以及近期由美国次贷危机诱发并迅速传导的全球金融危机。各次金融危机演化过程中对于实体经济的影响不尽相同。与前两次金融危机比较，2008 年全球金融危机影响范围最广，危机重创美国金融体系和全球经济，与之相关的私人部门受到严重影响。美国经济增长进入低谷，失业率居高不下，金融市场流动性风险骤升以及功能运作效率失效。

　　美国次贷危机对宏观金融规管的重要警示之一是央行维护金融稳定的职责不容忽视。在央行与金融监管部门分离情况下，即使央行更加侧重制定实施货币政策，但是并不意味着央行就摆脱了防范宏观金融风险和维护金融体系稳定的责任。此外，金融稳定与货币政策也有着密切的联系，尤其在经济危机期间，金融稳定是货币政策有效实施的基础性条件，健全货币政策的实施也同时对于维护金融稳定产生积极效应。因此，次贷危机发生后无论国际金融组织和国家层面尤为重视金融宏观审慎管理，世界各国中央银行对货币政策目标与工具的选择与政策操作出现一系列特点。

　　次贷危机爆发前金融和私人部门债台高筑，危机爆发使得资产迅速缩水，金融机构信贷机制遭受破坏，一些传统货币政策工具失效。因此，美联储使用了量化宽松货币政策，创新货币政策工具，扩展央行最后贷款人职能以改善金融机构资产质量，维护金融市场稳定。为了防止虚拟经济的过度膨胀，美联储通过杠杆转移，降低金融机构未清偿债务，提升家庭净资产水平，推进金融机构和私人部门去杠杆化，使得金融向实体回归，从而促进经济增长。当经济出现好转，私人部门重启再杠杆化，消费和投资将重新成为引擎，美联储也将退出量化宽松政策。

　　本章以美联储应对金融危机的货币政策工具为例，以货币当局资产负债表为参照，运用资产负债表方法研究在金融危机前后金融等部门的资产负债表变化，评估美联储货币政策的金融稳定效果，由此对我国在应对金融复杂化背景下制定货币政策框架提供借鉴。

第一节　文献综述

　　国内外学者对金融危机期间中央银行货币政策的金融稳定效果研究，主要集中在以下方面：中央银行实施货币政策进行危机管理的理论研究；危机期间中央银行实施货币政策效果分析；对货币政策与金融稳定一致性进行探讨。

一、国外研究综述

（一）金融危机有关理论

　　20 世纪 30 年代大萧条（Great Depression）暴露了自由放任经济理论的弱点和缺陷，经济危机深重的现实对原有经济理论提出挑战，反映出国民经济运行仅仅依靠市场调节的局限性。伴随着人们对经济危机的解读，大萧条催生了费雪的债务—通货紧缩理论、凯恩斯的有效需求不足理论以及与凯恩斯宏观经济学相抗衡的货币主义学说。随着货币主义在所谓主流经济学圈中的影响日盛，凯恩斯主义、货币主义学者和理性预期学派对大萧条以及一般意义的宏观经济波动竞相作出解释。米什金（Mishkin，1978）分析股市高幅震荡的直接后果是美国家庭资产负债表先后经历膨胀和严重缩水，从而成为美国经济陷入大萧条的直接诱因[1]。伯南克（Bernanke，1983）根据银行部门资产负债表分析了20世纪30年代美国经济持续萧条的原因[2]。总体来看，金融系统的内在脆弱性易导致金融不稳定和金融危机发生，并极有可能诱发全面经济危机。尤为值得关注的是，金融不稳定必然反映为家庭、公司和金融机构资产负债表"波动"。危机发生后经济主体的负债具有"刚性"，资产则具有伸缩性，完全取决于由一系列外部条件决定的资产价格，以及资产的保全程度（如银行资产中的贷款，在危机条件下违约概率增大，利息难以如数收回，贷款本金也将缩水）。

大萧条之后金融危机模型应运而生。Krugman（1979）等推出的第一代货币危机模型强调一国经济基础决定该国货币币值是否稳定，也因此决定金融投机势力是否会冲击本国货币，从而爆发货币危机[3]。第二代模型以澳博斯特菲尔德（Obstfeld，1994、1996）等为代表，认为经济基础的恶化可以

---

① Mishkin, F. S., "The Household Balance Sheet and the Great Depression", *The Journal of Economic History*, 1978(4), pp.918–937.

② Bernanke, B. S., "Irreversibility, Uncertainty, and Cyclical Investment", *General Information*, 1983, 98(1), pp.85–106.

③ Krugman, P., "A model of Balance of Payments Crises", *Journal of Money, Credit and Banking*, 1979(4), pp.311–325.

由投机者的行为促成，使得原本安全的固定汇率制崩溃[1][2]。随着研究的深入融合，第三代金融危机模型纳入了微观和宏观范式研究。在该模型框架下，艾伦、盖尔斯（Allen 和 Gale，2000）分析了通过信贷和信息渠道，银行之间流动性危机传染的运行机制[3]。克鲁格曼（Krugman，1999）分析了金融和非金融企业的资产负债表恶化所带来的风险以及道德风险的危害。对于近期所发生的美国次贷危机的成因，伯南克和哲特勒（Bernanke 和 Gertler，2000）分析了金融市场的金融加速器效应，其对于实体经济周期的影响具有以乘数形式放大的效果[4]。泰勒和约翰（Taylor 和 John，2007）分析美联储长期执行低利率政策的经济后果，低利率导致巨额流动性释放到市场，酿成资产价格泡沫，泡沫最终破裂从而引发金融市场剧烈动荡[5]。

（二）货币政策效果研究

货币政策有效性问题一直是西方货币经济学讨论的焦点。围绕货币政策有效性问题，凯恩斯主义、货币主义、理性预期学派以及新凯恩斯学派各执一词，不同理论观点之间争论激烈，迄今仍无定论。伯南克（Bernanke，1986）使用向量自回归模型实证分析，发现美国货币政策通过信贷渠道对总需求有显著影响[6]。进一步地，伯南克和博莱尔（Bernanke 和 Bliner，

----

① Obstfeld, M., "The Logic of Currency CrisMishkin, F.S. The Household Balance Sheet and the Great Depression", *The Journal of Economic History*, 1978(4), pp.918-937.es[J]. European and Transatlantic Studies, 1994.

② Obstfeld, M., "Models of Currency Crises with Self-Fulfilling Feature", *European Economic Review*, 1996, 40, pp.1037-1047.

③ Allen, F.& Gale D., "Bubbles and Crises", *Bank of England*, 2000, 110(460), pp.236-255.

④ Bernanke, B.S.& Gertler M., "Monetary Policy and Asset Price Volatility", *General Information*, 2000(9).

⑤ Taylor, J.B., "Housing and Monetary Policy", *Social Science Electronic Publishing*, 2007.

⑥ Bernanke, B.S., "Alternative Explanations of the Money-income Correlation", *Carnegie-Rochester Conference Series on Public Policy*, 1986(1), pp.49-99.

1992) 对美国联邦基准利率实证研究显示，当美国联邦基准利率上升后银行存款会减少，对于实体经济变化有着重要意义①。米什金（Mishkin，2009）通过分析比较发现，剧烈的扩张性货币政策具有抑制循环反馈的效果。危机期间货币政策效果会比正常时期更为显著，在应对金融危机过程中货币政策承担了更重要的角色②。也有学者认为使用货币政策不能显著地引起实体经济变化。金和沃森（King 和 Watson，1992）根据不同前提假设做实证检验，结果支持了长期条件下货币中性论假说③。考沃（Koivu，2008）使用向量误差修正模型分析发现，实体经济不受利率调整的影响④。

（三）中央银行最后贷款人理论

关于央行最后贷款人理论的研究，主要是从理论的延伸以及是否应该实施最后贷款人的视角来展开研究。自 1797 年弗朗西斯提出的央行 "最后贷款" 概念以来，桑顿（Thornton，1802）、拜耳赫特（Bagehot，1873）、熊彼特（Humphrey，1984）分别总结前人的观点并进一步做思想归纳。颇具代表性的是关于最后贷款人的四大原则：首先，中央银行应事先承诺会对满足条件的银行提供贷款，降低公众预期的不确定性；其次，最后贷款应以惩罚性利率为主要手段；再次，关于抵押资产种类设置一定的接受范围；最后，对于无清偿力的银行不应提供贷款⑤。拜耳赫特（Bagehot，1984）总结出最后贷款人责任在于防止恐慌造成货币储备减少。在对具备良好资产抵押的银

①　Bernanke, B.S.& Blinder, A.S., "The Federal Funds Rate and the Channels of Monetary Transmission", *American Economic Review*, 1992, 82(4), pp.901-921.

②　Mishkin, F., "Globalization, Macroeconomic Performance, and Monetary Policy", *Journal of Money, Credit and Banking*, 2009(41), pp.187-196.

③　King, R.G.& Watson, M.W., "Testing Long Run Neutrality", *NBER Working Paper*, 1992, (6).

④　Koivu, T., "Has the Chinese Economy Become More Sensitive to Interest Rates? Studying Credit Demand in China", *China Economic Review*, 2008, 20(3), pp.455-470.

⑤　Bagehot, W., *Lombard Street: A Description of the Money Market*, London: William Clowes and Sons, 1873.

行提供贷款时，履行最后贷款人职能的中央银行应通过价格机制分配其所提供的便利资源①。而针对最后贷款人提供贷款的对象，可以从传统的金融机构扩展到不同经济主体，包德和米切尔（Bordo and Micheal，1990）指出，最后贷款人应该把资金投向整个市场，资金投放应与通过利率渠道实施货币政策提供货币供应量的作用相一致。

也有学者对最后贷款人职能持否定或者保守态度②。赛尔根（Selgin，1989）否定最后贷款人职能，认为当银行业稳定时，应取消法律限制并排除对最后贷款人的需要③。考夫曼（Kaufman，1990）和米什金（Mishkin，2006）对最后贷款人所带来的道德风险表示担忧，认为最后贷款人对银行的援助有较大的负面影响④⑤。鉴于最后贷款人的政策实践，有学者提出可引入"建设性模糊"理念作为一种折中，卡瑞干（Corrigan，1990）分析在银行运营时可以通过引入中央银行有意识采取的不确定方式（模糊政策），使得银行不清楚出现资金呆滞情况下能否受到最后贷款人的救助，从而趋向选择谨慎管理⑥。

（四）对货币政策与金融稳定一致性的探讨

部分学者认为货币政策有助于金融稳定。施瓦塔（Schwarta，1995）指

①　Thomas, M.H., "The Lender of Lasr Resort: A Historical Perspective; Lender of Last Resort: The Concept in History", *Federal Reserve Bank of Richmond Economic Review*, 1989(3), pp.8-16.

②　Bordo, M.D., "The Lender of Last Resort: Alternative Views and Historical Experience", *Economic Review*(00946893), 1990, pp.18-29.

③　Selgin, G.A., "Legal Restrictions, Financial Weakending, and the Lender of Last Resort", *Catojoural*, 1989(9), pp.429-459

④　Kaufman, G.G., "Lender of Last Resort: A Contemporary Perspective", *General Information*, 1990, 5(2), pp.95-110.

⑤　Mishkin, F.S., "How Big a Problem is Too Big to Fail?", *Social Science Electronic Publishing*, 2006.

⑥　Corrigan, G., *Testimony before the Senate Committee on Banking, Housing and Urban Affairs*, Washington DC: Brookings Institution, 1990.

出货币政策通过维护币值稳定而使得利率可以预测，利率错配风险降低，从而维护金融稳定性①。斯捷帕（Schioppa，2002）也得出了类似结论，认为经济维持正常增长与保持较低的通胀形成的经济稳定预期具有相关性。因此，货币稳定是实现金融稳定的前提条件②。斯钦赛（Schinasi，2003）分析了金融稳定对于央行实现货币政策目标的重要性，在货币政策传导过程中银行信贷实际上是重要角色，当金融机构处于困境，作为提供紧急流动性的中央银行就具有维持金融稳定的动机和责任③。

一些研究者认为对货币政策与金融稳定两者的选择可能处于两难甚至冲突的境地。米什金（Mishkin，1997）分析认为央行对于控制通货膨胀责无旁贷，但是较高的利率水平使金融机构资产负债表恶化，企业净财富也会下降④。伊休（Issuing，2003）持较谨慎的态度，认为货币稳定未必带来金融稳定，较低且比较稳定的通胀水平可能会催生资产价格泡沫，加速金融体系的脆弱性。因此，中央银行不能紧盯价格水平，还应关注金融不平衡问题，避免风险堆积⑤。艾德里安和申（Adrian 和 Shin，2008）的研究表明，商业银行等金融机构由于其业务特征通常是采用杠杆化方式进行运营（即负债经营），此时央行通过利率的局部调整，可以促进机构降低杠杆水平⑥。

---

① Schwartz, A., "Systemic risk and the macroeconomy", *Banking, Financial Markets and Systemic Risk, Research in Financial Services, Private and Public Policy*, 1995, 7.

② Schioppa, T., "Central Banks and Financial Stability: Exploring a land in between", *Policy PanelIntroductory Paper, Second ECB Central Banking Conference*, 2002(10), pp.87–96.

③ Schinasi, G.J., "Responsibility of Central Banks for Stability in Financial Market", *IMF Working Paper*, 2003(3), pp.121–132.

④ Mishkin, F.S., "The Causes and Propagation of Financial Instability: Lessons for Policymakers", *Maintaining Financial Stability in a Global Economy*, 1997, pp.55–96.

⑤ Issuing, O., "Monetary and Financial Stability: Is There a Trade-off", EUROPEAN CENTRAL BANK 2003(4), pp.142–163.

⑥ Adrian, T.& Shin, H.S., "Liquidity and Leverage", *Journal of Financial Intermediation*, 2010, 19(3), pp.418–437.

二、国内研究综述

（一）探析国际金融危机原因及对我国的启示

刘明（1997）对不同学派关于大萧条原因的争论做了探讨。尽管凯恩斯主义、货币主义等学派观点殊异，但是显著的通货紧缩与通货膨胀均会成为宏观经济正常运行的阻力，在这一点不同学者可达成一致；此外，预期行为在不同经济系统以及同一经济体不同时期有重要的差异。对于我国，应充分关注金融市场传导机制变化以及居民、企业部门对宏观政策效果的预期①。梁灏（1997）、项卫星（1998）对东南亚金融危机成因进行了分析，认为宏观经济政策失误、僵硬的固定汇率制度、开放资本市场过早和金融体制不健全导致了严重后果，其对我国中央银行间接调控体系、防范金融风险等有着重要的启示②③。邱兆祥（2008）认为次级贷款证券化所诱发的道德风险以及自动核贷系统降低了贷款成本，构成了次贷爆发的初始原因④。吴晓求（2009）认为次贷危机是对国际经济金融体系中实体经济与虚拟经济之间结构性失衡的一次重大调整⑤。李翀、焦志文（2009）认为在美国在次贷危机以及全球金融危机中企业遭受重创，信贷条件恶化与股票价格下跌导致消费和投资需求不足乃至总需求收缩，并波及中国实体经济⑥。刘明（2009）指出危机深层原因是以美元为主导的国际货币体系存在缺陷，这同时成为美国式危机与东亚金融危机的重要原因，因此对于后

---

① 刘明：《对大萧条成因的争论及其启示》，《人文杂志》1997年第5期。
② 梁灏：《东南亚金融危机的成因及启示》，《经济体制改革》1997年，第103—107页。
③ 项卫星：《东南亚国家金融危机的成因分析》，《吉林大学社会科学学报》1998年第2期。
④ 邱兆祥：《美国次贷危机初始原因的剖析及其实》，《经济学动态》2008年第8期。
⑤ 吴晓求：《关于金融危机的十个问题》，《经济理论与经济管理》2009年第1期。
⑥ 李翀、焦志文：《外国学者关于美国次级抵押贷款危机的讨论》，《经济学动态》2009年第1期。

危机时代的国际货币体系调整，理应包括世界货币格局变动和适应区域贸易自由化的区域货币合作①。蒯正明（2013）分析了资本主义金融危机蔓延的主要原因，指出金融全球化带来的世界联动性，"中心—外围"的世界经济结构和以美元为中心的国际货币金融体系成为金融危机发生并向全球蔓延的主要因素，认为中国的应对之策应是致力于将社会资本注入到实体经济中②。

（二）关于中央银行最后贷款人的探讨

魏加宁（2004）指出除直接进行流动性救助以外，中央银行还可以提供包括担保、组织并购等六种形式的治理措施，并进而从反向的视角说明中央银行"建设性模糊"的重要性，即中央银行对金融机构进行救助并非必须③。周厉（2006）分析了最后贷款人理论的发展，认为当代最后贷款人理论在研究视角、手段、方法和效果等方面均呈现出进步和创新，并受到国家干预与自由放任两大宏观经济思潮的影响，最终聚焦于作为公共部门的中央银行是否应该对市场进行干预以及怎样进行干预④。任康钰（2010）分析了在开放经济中中央银行最后贷款人职能越发凸显的机制，并以银行资产负债为例，认为当存在期限错配、缺乏流动性、杠杆化过高时，中央银行可以有效防止风险传递，提供紧急流动性，最终维护金融稳定⑤。

---

① 刘明：《论后危机时代的国际货币体系—解读"美国式危机"》，《陕西师范大学学报》2009 年第 3 期。

② 蒯正明：《当代资本主义金融危机全球蔓延的原因分析》，《四川师范大学学报》（社会科版）2013 年第 2 期。

③ 魏加宁（2004）：《中国地方政府债务风险与金融危机》，《商务周刊》2004 年第 5 期。

④ 周厉：《西方最后贷款人理论的发展与评价》，《经济评论》2006 年第 3 期。

⑤ 任康钰：《全球化背景下中央银行的最后贷款人角色探讨》，《国际金融研究》2010 年第 8 期。

（三）货币政策效果研究

徐龙炳（2001）使用 VAR 和脉冲响应，对中国 1978 年到 1999 年的数据进行了实证分析，发现经济受到货币供应量 M_1 和 M_2 冲击的影响不尽相同①。蒋瑛琨、刘艳武和赵振全（2005）选取我国 1992 年一季度到 2004 年二季度期间的数据，分析了货币政策传导机制，得出贷款规模对物价和产出影响显著，M_2、M_1 的影响不显著，但是从稳定性来看，M_1 更持久，其次是 M_2、贷款，所以选择 M_1 作为货币政策中介指标比较合理②。刘胜会（2009）从央行资产负债表角度分析美联储定量宽松货币政策的效果，发现政策顺利退出也事关金融稳定等货币政策效果③。黄志刚、颜晖、黄叶苨（2010）通过研究经济走势，发现非危机期间，美国货币政策基本是有效的，但是在 2008 金融危机爆发前期货币政策严重衰减至失效，随后至 2009 年中期，美国经济对美联储所采取的货币政策不敏感④。吴培新（2014）分析美联储非常规货币政策工具和零利率前瞻预期，引导公众预期，货币政策有效性的提高实现了美国经济的缓慢复苏，而该框架也充实了货币政策理论内涵⑤。

（四）货币政策与金融稳定关系

宋清华（2002）通过研究货币政策与股市之间的关系，指出央行需关注资产价格变化，提高股市货币传导效率，将金融稳定作为货币政策目

① 徐龙炳、符戈：《货币供给与 GDP 关系实证分析》，《预测》2001 年第 2 期。
② 蒋瑛琨、刘艳武、赵振全：《货币渠道与信贷渠道传导机制有效性的实证分析——兼论货币政策中介目标的选择》，《金融研究》2005 年第 5 期。
③ 刘胜会：《危机中美国定量宽松货币政策的实施效果——央行资产负债表的视角》，《财经科学》2009 年第 10 期。
④ 黄志刚、颜晖、黄叶苨：《基于货币政策效应的经济走势判据的有效性检验——以次贷危机中的美国经济为例》，《数量经济技术经济研究》2010 年第 11 期。
⑤ 吴培新：《美联储非常规货币政策框架》，《国际金融研究》2014 年第 9 期。

标①。陆磊（2005）通过将央行、金融机构、居民部门置于一个非均衡博弈框架分析，并对转轨金融体制下最优货币政策给予重新设计②。马勇（2013）将金融稳定纳入货币政策规则并进行理论和实证分析，得出央行货币政策的取向将影响包括金融机构在内的市场主体的风险承担意愿，货币政策应当对上述风险承担做出反应③。曲凤杰（2014）通过对于危机前后政府部门、居民部门和金融机构的杠杆变化，发现美联储在此期间实施的货币政策成功实现了杠杆转移战略，去杠杆化使得金融业务趋于稳健，为美国金融监管改革创造了条件④。

总的来看，在基于传统理论研究基础上，相关研究主要集中于金融危机期间货币政策有效性分析，对央行实施货币政策的金融稳定效果存在争论。从研究方法上看，实证研究主要运用向量自回归（VAR）、动态随机一般均衡模型，以及泰勒规则与其拓展形式。而从实践来看，金融危机期间中央银行的货币政策在化解危机带来的风险、维护金融稳定方面发挥了不可替代的重要作用。米什金（Mishkin，2009）认为，当金融市场经历了严重的崩塌，凸显的系统性风险需要货币当局快速应对金融市场变动所产生的宏观经济影响，亟须通过政策操作降低逆向反馈循环的可能性。由此，央行货币政策需要展现出一定灵活性，并毋庸置疑地减少金融不稳定带来的经济下行风险，采取有力措施恢复金融市场稳定⑤。

---

① 宋清华：《论提高股市的货币政策传导效率》，《经济学家》2002 年第 6 期。
② 陆磊：《非均衡博弈、央行的微观独立性与最优金融稳定政策》，《经济研究》2005 年第 8 期。
③ 马勇：《基于金融稳定的货币政策框架：理论与实证分析》，《国际金融研究》2013 年第 11 期。
④ 曲凤杰：《危机后美国经济的去杠杆化：成效及影响》，《国际贸易》2014 年第 3 期。
⑤ Mishkin, F., "Globalization, Macroeconomic Performance, and Monetary Policy", *Journal of Money, Credit and Banking*, 2009(41), pp.187-196.

本章以美联储为例，对危机期间货币政策实施对于维护金融稳定的效果做实证分析，寄望于相关结论对货币政策具有一般性意义。笔者更为期待的是，相关研究对我国央行面临金融复杂化的挑战，完善央行救助机制，建立一套灵活、完善、前瞻性的货币政策框架具有借鉴意义。

三、研究内容与方法

本章后文对金融稳定的内涵加以探讨，分析金融危机发生理论、货币政策有效性理论以及中央银行最后贷款人的实施机制。进而以次贷危机为例分析美联储货币政策的金融稳定效果，梳理危机发生原因和美国货币政策的决策框架，重点分析美联储、金融部门以及居民、非金融部门的资产负债表在量化宽松政策实施前后的变化，关注金融部门和居民、非金融部门的杠杆水平动态，以及市场流动性风险及资产价格等因素，最终归纳、概括美联储应对金融危机实施量化宽松货币政策经验及其对金融稳定的影响效果。

相关计量检验选取美国 2007—2014 年的月度经济金融数据，建立反映美联储量化宽松政策与金融、居民、非金融三部门杠杆率及其他金融稳定指标的向量自回归（VAR）模型。同时观照美国在相应时间流程中的经济增长、物价水平、就业状况、国际市场等经济表现，通过考察货币政策多目标的实现情况完善货币政策效果分析。根据对美联储货币政策金融稳定效果的研究结论，对当前中国完善央行救助机制、优化货币政策操作体系和维护金融稳定、建立配套政策体系等方面提出建议。

研究货币政策问题的计量方法主要集中于向量自回归模型（VAR）与动态随机一般均衡分析（DSGE）。本章选择 VAR 模型，重点运用脉冲响应函数分析货币政策对于冲销主要部门杠杆水平、降低杠杆率以及提升金融稳定的效果。

次贷危机前期，美国金融部门和私人部门呈现过度负债模式及高杠杆水平，而美联储的量化宽松战略，向市场注入流动性，提升资产价格，削减私人部门债务，实现了私人部门的去杠杆化。因此，通过分析美联储、金融机构和私人部门的资产负债表，能够较为清晰地判断美联储货币政策实施前后的金融稳定效果。进而，次贷危机即次级债危机，由次级债泛滥到市场崩溃，美联储采取量化宽松货币政策出手救助之后复而转向"去杠杆"化，以图引导恢复市场信心，均无不反映为相关部门的资产负债表变化。所以，运用资产负债表观察分析危机期间的货币政策效果，无疑是一种便捷而符合客观事实的研究方法。

第二节　货币政策与金融稳定理论

一、金融稳定内涵及其相关理论

（一）金融稳定概念释义

对金融稳定的定义没有一致的结论，各国央行和学者都从不同角度给予归纳。目前对金融稳定主要从两个方面界定：其一，根据金融稳定特征直接加以概括，如从金融体系运行、资源合理分配、币值稳定、宏观经济等诸因素进行描述，代表人物有 Duisenberg、Wellink 等。最早设立金融稳定目标的瑞典中央银行将金融稳定归纳为支付体系有效运行。即在宏观经济运行中，通过金融体系运作可以保持经济活动的合理性以及资源有效分配。金融体系存在对金融风险的评估和管理防范机制，拥有一套自我纠错机制，从而能够应对一定范围的金融失衡或者外部冲击，保证金融体系稳健运行；其二，从金融稳定的反面金融不稳定定义金融稳定，诸如从金融机构倒闭、资产损失、环境恶化、出现大量流动性风险等方面刻画金融体系失序和金融市场动荡，代表人物有 Mishkin 等。

因此，金融稳定不仅表现为金融机构有效运行以及充分有效地配置资源，也应保证金融市场、金融机构基础设施稳定有效运作。金融稳定的关键因素是银行稳定，实现金融稳定的目的是对实体经济提供良好金融服务，要着力防止金融运行游离出实体经济。

（二）金融稳定理论

1. 货币与金融稳定

弗里德曼强调，在金融危机形成过程中货币存量上升和变化有着重要乃至决定性作用。通过对美国近百年的数据研究，发现货币快速增长之后产出会增加并超越前期增长水平；而当货币增长放缓，产出相应地下降。货币存量的快速增长及其易变性导致实际经济波动，对银行危机具有致命的影响。此时若央行政策采取收紧银根，将导致货币极大萎缩，银行为了维持准备金规模而出售资产，这将使得利率上升，银行偿付能力下降，迅速降低的流动性和偿付能力的衰减将进一步减少货币供应，最终大部分银行倒闭而引发金融危机，从而导致经济灾难①。

2. 金融不稳定假说

海曼·明斯基的金融不稳定假说对解释金融动荡具有重要意义。根据明斯基的分析，对冲性融资、投机性融资、庞氏融资是三种典型的融资模式。对冲性融资风险较小，属于最为安全的融资模式，其特征是根据当期现金流收入确定期初融资规模。投机性融资是通过短期举债为长期融资服务。庞氏融资的融资成本大，风险高，使得企业不论长期还是短期的支付承诺无法被

---

① 米尔顿·弗里德曼、安娜·雅各布森·施瓦茨：《美国货币史》，巴曙松、王劲松等译，北京大学出版社 2009 年版。

覆盖。当经济运行处于正常区间，对冲性融资占据主要比例。但是当经济处于快速上行时期，由于利润增加的驱使，经济主体向偏好风险融资模式转换，投机与庞氏融资逐渐占据主要社会融资比例，经济的不确定性由之被放大。随后的研究分析发现，金融危机后必将经历资产价格下跌，但随后由于人们对未来经济预期尚没有发生根本转变，各种储备资金会填补资产价格"缺口"，上涨趋势会继续，新的获利预期使投资者忘记过去危机的痛苦，由此诱致融资进一步扩张。金融危机的周期性正在于市场主体行为在一定条件下被"扭曲"而失去理性，这种扭曲不会由于一次危机而消失。

3. 金融稳定与经济增长

金融稳定与经济发展相辅相成。米什金（Mishkin，1999）认为经济发展量和质的变化对金融稳定将会产生影响[1]。经济发展速度过快，会引致金融体系快速发展，这时若金融体系不健全，金融风险势将增加。相反，经济增长严重减速将降低企业效率，随之加剧金融业经营困难，也会成为金融不稳定因素。最终，金融不稳定将极大程度破坏经济增长。持续的金融创新使金融产品种类增加，伴随金融机构效率增强，但与此同时金融风险来源扩大，金融不稳定性被推高，随之而来的是要求监管范围扩大。所以就金融发展与经济增长的关系而论，无论金融发展落后于还是超前经济发展，金融不稳定性都会影响到经济增长。

4. 银行挤兑理论

戴蒙德和迪博威格（Diamond 和 Dybvig，1983）提出银行挤兑理论，试图从微观角度阐述金融稳定，相关结论在银行危机与一般的金融危机分析领域得到广泛应用。当出现金融恐慌时存款人集中提现，可能使得银行陷入流

---

[1]　Mishkin, F., "Global Financial Instability: Framework Events Issues", *Journal of Economic Perspectives*, 1999, 13(4), pp.3–20.

动性危机而破产倒闭，引发金融市场动荡。在银行挤兑模型中，由于银行本身的借短贷长的金融中介功能，使得活期存款合约容易遭受挤兑，即使银行本身健全，也可能因为挤兑破产，从而使得贷款撤销和生产性投资中断。因此，这种流动性的不确定性使得银行系统存在不稳定。一旦发生多米诺效应，则整个银行体系会产生系统性危机。

（三）金融不稳定与金融危机

金融不稳定持续恶化最终将演变成金融危机。当发生金融危机，资产价格急剧下降，人们对未来经济形势持悲观预期，大量企业倒闭，失业不可避免地增加，全社会产出下降，由此产生的社会恐慌，甚至可能扰乱国家政治秩序。伴随衍生金融产品大量出现，金融危机的发生具有更多不确定性。经济全球化步伐不断加快，一国金融市场严重动荡不仅对本国经济形成破坏力，其输出效应很可能演变成灾难性的全球金融危机。加强对金融危机的理论研究，对实现金融稳定、保证金融市场健康运行具有重要意义。

1. 金融危机理论模型

在 20 世纪 70 年代开始形成的金融危机理论中货币危机理论体系比较成熟。以克鲁格曼为代表并发展的第一代金融危机理论，也称为理性冲击模型。该理论认为，扩张的经济政策引起货币供应量增加，货币当局为了维护固定汇率体制而减少外汇储备，但扩张性政策与维系固定汇率存在冲突，投机者会寻机对该国货币实施"狙击"，使得固定汇率制度瓦解，金融危机爆发。第一代危机理论从基本经济层面出发，认为经济基础恶化是货币危机的主因，揭示了金融危机的内在逻辑，尤其对于拉美国家货币危机做了很好的解释。但是，随后欧洲国家发生的货币危机说明良好运行的宏观经济也有可能发生危机。第一代危机模型忽略了经济金融环境的复杂性，也忽视了主导货币当局政策选择以及在成本收益之间的抉择安排具有

"多元"特征①。唯如此，第二代货币危机模型才应运而生。公众和政府双方会根据所掌握的对方信息调整行为，且政府根据成本和收益选择决定是否维护固定汇率机制。公众和政府预期差距较大时，放弃固定汇率比维持成本低，因此固定汇率制度崩塌，危机发生。第二代模型对于固定汇率制不稳定及其缺陷进行了解释。但是当 1997 年爆发东南亚金融危机时，前两代危机理论模型均缺乏令人信服的解释力。建立在微观基础上的第三代金融危机理论着眼于金融机构分析，诱发危机因素主要涉及道德风险、投资者恐慌、企业融资和金融部门流动性困难。随后出现的第四代危机模型着重分析企业负债水平升高加剧资产负债表的负向效应，外国投资者的悲观预期将加速本币贬值，两重因素共同作用使投资规模下降，经济衰退，危机随之发生。

2. 债务通缩理论

费雪是最早对金融脆弱性机制进行较深入研究的经济学家。他提出的债务——通货紧缩理论最初被用以分析大萧条的成因。所分析具体机制为：在经济上行时企业扩大生产而债务水平上升，利润水平也相应上升；相反，当经济衰退时企业面临净值减少和盈利下降甚至亏损，为了优化资产负债表结构，企业将变卖资产偿还贷款，存款减少带来货币流通速度降低，推动价格水平下跌，通货紧缩发生。银行部门预期企业经营困难、违约或概率增加，减少贷款而增加准备金以求自保，从而使得货币乘数降低，经济进一步衰退；如果过

---

① 即就政策决策而论什么都可能发生。在政策选择机会集中，央行依据对政策效果的成本收益判断做出抉择，但对于不同政策目标（以及与对政策反应有关的其他相关指标变化）赋权重不同，则成本收益"计算"结果亦不同。对政策目标所赋权重在事前做出，但是在事后判断时未必不发生变化。更为重要的是，决策者很难说是一个利益完全"中立的"个人，其决策却具有广泛的社会性。此外，决策过程往往会假设市场反应，但市场主体反应也可能具有不确定性，尤其当市场非理性占据主导地位时是如此。

度负债带来更多债务清偿，银行越发紧缩银根，债务关系中出现逆向选择和道德风险可能性加大。同一时期公众普遍持悲观态度，选择缩小开支、增加储蓄，货币流通速度进一步减缓，实体经济陷入恶性循环①。费雪的债务通缩理论对于近年来兴起的用资产负债表分析解读金融危机奠定了理论基础。

3. 金融加速器理论

金融系统中普遍存在的借贷信息不对称会诱致道德风险于逆向选择，造成金融资源配置低效率状况。而借贷者之间的委托代理问题会使得外部融资具有很高代理成本，代理成本越高，资金配置效率越低。因此，企业内源、外源融资和企业的资产净值相关，具体表现在企业的资产负债表中。② 当企业资产净值较高，一方面满足了内源融资的要求（可以长期持有债券权或股权），一方面企业抵押品升值也使得外源融资成本降低。当面临负向冲击时，企业将会出现资产价值减少、负债增加、财务杠杆率提升，企业融资能力下降，资产负债表恶化并进一步影响信贷可得性，结果导致企业部门生产经营状况恶化，通过连锁作用加剧宏观经济下滑，使得经济动荡。一旦企业部门过度依赖外部融资，通过"金融加速器效应"，局部的冲击将会被放大③。

（四）金融稳定影响因素及评估

诱发金融危机的宏观因素包括突发事件或者极端事件、宏观政策冲击、经济环境的恶化引发金融风险。极端事件包括大规模金融公司破产等，如次

---

① Fisher, I., "The Debt-deflation Theory of Great Depressions", *Econometrica: Journal of the Econometric Society*, 1933, pp.337-357.

② 按照格利和肖，内源融资指企业对内部人员（包括所有人、管理层以及一般员工）发行债务凭证、所有权证书融资，向与企业具有长期借贷关系的银行申请贷款；外源融资指向内源融资所涉对象以外"陌生人"以及基本不相往来银行发行金融工具融资。比较而论，外源融资比之内源融资具有较高成本。

③ Bernanke, B.& M.Gertler, "Agency Costs, Net Worth and Business Fluctuations", *American Economic Review*, 1986(1), pp.14-31.

贷危机中美国重要金融机构倒闭或者申请破产保护，由此引发金融动荡。宏观政策冲击包括财政政策、货币政策，政策失误或者事先难以预判的政策产生的负向效果导致金融不稳定。当政策对实体经济产生不利冲击，私人部门利润减少，资产负债表恶化，使与企业部门具有债权债务关系的金融机构受到牵连，伴生不良贷款率升高、银行盈余减少、可贷资金被压缩、信贷规模紧缩等经济后果。经济环境恶化主要源自区域、国家层面的经济结构变化。

从微观角度观察，金融体系内在的脆弱性是金融不稳定的内在因素。金融机构与一般企业在追求利润最大化方面没有不同，但其特点是负债经营，依靠大量举债实现自有资本盈利。银行是典型的依附社会资本生存的机构，即以少量自有资本撬动社会资本，经营社会资本为自己赚钱。尽管商业银行管理发展出"资产负债管理"模式，但是从根本上讲，其资产管理更为灵活，负债管理由于存款人预期不确定而带有很大不确定性，即资产与负债管理不在一个界面，其间存在"不对称"，在经济不景气期间容易失衡。尤其在经济上行时期，容易造成银行由于信贷投放过多而凸显其风险管理能力之不足。进一步地，市场信息不对称使得银行信用关系存在不确定性，当发生信用风险，就有可能对金融机构带来严重负面影响。

危机之后各国相继推出各自的金融稳定评估和量化标准方法，不外乎从金融机构本身或者从宏观经济角度评估金融稳定状况，如采用金融稳定指标、压力测试、金融脆弱性等具体方法。欧洲央行的金融稳定性评估工作组、美国的 CAMEL 评级法，均是对以银行业为主进行的指标预警机制。①

---

① "CAMEL"即骆驼评级法。"骆驼"评价体系是美国金融管理当局对商业银行及其他金融机构的业务经营、信用状况等进行的综合等级评定制度。因其五项考核指标，即资本充足性（Capital Adequacy）、资产质量（Asset Quality）、管理水平（Management）、盈利状况（Earnings）和流动性（Liquidity），其英文第一个字母组合在一起为"CAMEL"，正好与"骆驼"的英文名字相同而得名。"骆驼"评价方法已被世界上大多数国家所采用。

进一步的发展是在上述基础上探讨构造金融稳定性指数对金融稳定状况加以量化。其中，国际货币基金组织出版的《金融稳健指标编制指南》是主要参考，该指标从宏观与微观两个角度建立反映金融运行稳健的指标体系。指标分两大类，第一类为核心指标集，主要是存款机构的资本充足率、资产质量、流动性、对市场风险的敏感性等，评估主要商业银行的经营情况；第二类为鼓励指标集，不仅包括存款机构各类金融业务相关比率，也包括非银行金融机构、企业部门、家庭等资产负债相关比率，以及相关证券的市场风险等资本市场指标，用以反映实体经济隐含的风险程度。

总之，金融稳定会受到来自内生因素和外在条件的冲击，对金融稳定评估不仅需要关注金融机构运行的稳健性及风险可控性，金融市场的流动性及能否承受外部冲击，也应关注资产价格的相应变化。

二、关于货币政策效果的理论分歧

（一）货币政策有效性理论

对于货币政策效果的研究较为关注货币政策能否使用恰当的工具，通过不同传导渠道提高资源配置效率，引导经济正常运行，促使社会资金合理流动，并最终实现预定政策目标[①]。国外学者主要从货币是否中性（或非中性）、货币政策是否对经济产生实际影响等视角展开研究。在倡导自由主义和倡导政府干预的学者之间，对货币政策有效性的认同也大相径庭。

1. 古典学派的货币政策无效论

亚当·斯密的"看不见的手"成为自由主义学派经济学家的旗帜。早期古典自由主义学派认为在市场经济自我调节的作用下，货币量变动不会影

---

① 巴曙松：《中国货币政策有效性的经济学分析》，经济科学出版社 2000 年版。

响实际经济。由此可推出货币政策无效，萨伊声称"供给创造需求"——即"萨伊定律"，该定律意味着产品自身会创造需求，国民经济部门不会出现生产过剩，货币仅作为交换媒介进行流通，经济可以自动达到均衡，不需要政府过多干预经济。大卫·休谟提出货币数量不对相对价格产生影响，李嘉图则认为货币也是一种商品，对于实体经济不产生影响。

2. 维克塞尔与货币中性研究

在现代西方货币理论历史中，维克塞尔的货币理论占有重要地位，也是凯恩斯货币理论来源之一。维克赛尔的研究否定了萨伊定律，并提出其利率政策设想与货币均衡概念，其中蕴含对货币中性问题的分析。① 维克塞尔认为在资本转移过程中货币发挥着重要作用，对货币合理使用可以影响实体经济活动。② 就货币利率和自然利率的关系看，当货币利率与自然利率一致，价格水平不变，商品和生产要素的价格和产量将由实物领域相关因素决定③。此时货币只是被作为一种计价单位和流通的媒介，此时即存在货币中性。但若货币利率和自然利率不一致，货币因素将对市场利率作用进而影响到产品的生产价格，此时货币就是非中性的。在两者不一致的情况下，当货币利率比自然利率低时，货币利率将会使得投资和收入增加，消费品需求增加而价格上涨，进一步使投资增加而推动货币利率升高。

3. 凯恩斯"拯救"经济萧条的政策主张

20 世纪 30 年代大萧条使人们对古典经济学推崇的市场自我调节功能产生怀疑。凯恩斯指出，古典二分法——即古典经济学认为实际经济与货币无涉——是错误的。凯恩斯认为货币政策作用取决于货币需求的利率弹性、投

---

① 维克赛尔实际是"有条件的"货币中性论者。

② 货币利率可以看作市场实际发生的借贷利率，米尔达尔将自然利率解释为企业预期的投资利润率。见米尔达尔：《货币均衡论》，商务印书馆 1995 年版，第 50 页。

③ 维克塞尔：《利息与价格》，蔡受百等译，商务印书馆 1982 年版，第 85 页。

资支出的利率弹性以及投资乘数。通过流动偏好理论，分析公众持币动机主要有交易、预防和投机动机，其中利率与投机动机产生的货币需求负相关①。货币通过利率对社会产生实质影响。但是，当经济处于严重衰退或者萧条时期，由于对未来普遍持悲观态度，此时无论如何降低利率，公众都将持有货币，从而不能刺激消费和投资的上升。经济因此陷入流动性陷阱，货币政策传导机制被阻断。此外，若资本边际效率降低速度比中央银行通过扩张货币政策降低利率的下降速度更快，则政策基本无效；消费倾向的下降快于投资时，亦会导致刺激总需求为目的的货币政策无效。上述因素阻碍了中央银行实施货币政策应对危机的效果。凯恩斯论证市场缺乏自我调整机制，当处于非充分就业条件时，经济均衡状态可能低于潜在产出，此时可以增加总需求以刺激产出。因此，扩张性财政和货币政策可以刺激经济，降低失业率，扩张性财政政策的优势更为明显。货币政策仍然有效，但其作用有限。

4. 货币学派的货币中性观

弗里德曼为代表的货币学派否定名义利率和产出之间具有紧密联系，综合芝加哥学派的分析方法提出现代货币数量理论，明确反对用财政政策干预经济，对凯恩斯理论提出挑战。货币学派认为货币最重要，通过调节货币量既可以影响价格，亦可以影响产出，实现经济增长。在短期内当局调节货币存量变动可以影响名义收入和实际收入。但是从长远看，经济在实现充分就业时达到均衡，此时货币政策的影响将仅限于价格水平。因此，政府干预会引起经济波动。货币学派认为长期内货币流通速度稳定，因此只需稳定货币供给量，建立一个保持在固定水平的货币供应量增长率，该固定水平若与经济增长率保持一致，即可避免由于调节货币量对经济的扰动，即建立"单

---

① 约翰·梅纳德·凯恩斯：《就业、利息和货币通论》，徐毓丹译，商务印书馆 1997 年版。

一货币规则"。

5. 理性预期的货币政策无效论

20 世纪 70 年代西方主要资本主义国家经济出现滞胀，凯恩斯宏观经济学在理论和实践层面均受到冲击。随之涌现的新古典学派主要代表人物有卢卡斯、华莱士等。该学派的核心概念即"理性预期"，指人们对经济政策会形成无偏预期，由之采取措施抵消政策影响，此时政策对经济不产生作用。此即货币政策无效。理性预期学派也承认，若公众未预期到政策制定实施，货币政策则会影响产出。政府欲使货币政策有效，就必须出其不意，从而通过发挥政策作用影响产出。但这样可能会造成经济不稳定。

6. 新凯恩斯主义货币政策有效性理论

新凯恩斯主义出现于 20 世纪 80 年代。继承凯恩斯基本观点和货币非中性论，并吸收理性预期假设的若干观点，新凯恩斯主义建立了具有微观基础的新凯恩斯宏观经济学，其代表人物有阿克洛夫、布兰查德、斯蒂格利茨和曼昆等。该学派坚持非市场出清假设，继承凯恩斯的有效需求理念以及宏观政策有效理论，与凯恩斯主义的重要一致点即认为政府干预具有积极作用。新凯恩斯主义指出价格和工资具有黏性，总供给或者需求受到冲击时不能通过价格与工资变动及时调整。此时当货币供应量减少，总需求降低导致市场不会出清，产品积压使企业减产，对劳动力的需求减少推高失业率。反之，货币供应量增加会降低失业率，带来经济增长。货币显然是非中性的，货币供给变动可以影响产出变动，货币政策因而有效，政府应适度干预经济。

尽管存在理论分歧，但是从经验观察，不同国家依然运用货币政策实现经济预调目标。近期金融危机使得货币政策对产出的影响受到更多复杂因素的干扰，重新引起理论界对货币政策效果的质疑。在此背景下，从实证角度分析危机期间美联储实施的货币政策效果问题，无疑是审视货币理论以及货币政策的重要路向之一。

（二）央行最后贷款人实施机制

弗朗西斯在 1797 年的《英格兰银行成立之研究》中提出"最后贷款"概念，意指英格兰银行向其他银行提供应对危机的流动性贷款。随后桑顿和巴杰特扩展最后贷款概念分析相关问题。充当最后贷款人是央行的重要职能，当市场出现流动性短缺时，金融机构具有脆弱性和传染性，其他市场渠道不能维持货币流通总量需求，此时需要央行增加货币发行向银行等金融机构提供救助，从而消除市场恐慌，稳定金融市场，其最终目标是维护社会总体经济利益。这种最后贷款机制与央行作为货币发行者和维护经济运行的职责分不开。在某些特定条件下，并不需要实际发行"最后贷款"，而只要央行通过宣告、暗示的方式，诱导公众意识到央行将执行维持金融稳定的举措，由此降低存款人的不确定预期，即可以实现保证一定流动性总量的目标。当然，在充当最后贷款人提供紧急流动性时，央行还必须兼顾稳定货币发行总规模的增长态势，以避免发生通货膨胀。

维护市场流动性使得央行在减轻危机带来的流动性冲击中发挥着重要作用。一方面，中央银行可以对金融机构提供全方位支持，以应对挤兑导致的支付链中断，避免银行业崩溃；另一方面，增加了银行资金头寸调剂渠道，并传递央行提供金融救助、实施金融调控的政策导向。

但是对于最后贷款人的救助，随着金融复杂化以及金融危机的冲击频发，使得研究者对最后贷款人机制的绩效判断出现分歧。一方面，危机带来的灾难性后果使大多数国家考虑央行安全网的建立，主张中央银行对商业银行提供流动性支持。另一方面，如果市场提前预知会得到最后贷款人支持，就会诱致其在金融交易中对相关风险的有意无意的"忽略"，反而会加剧金融脆弱性，极易发生道德风险。各种不断细分的学派均主要导源于自由市场学派和干预学派。前者承认最后贷款人的合理性，但是必须对此行为加以限定，防止道德风险对市场资源破坏，强调市场的重要性；后者则强调了央行的公共职责，认为其必须对金融市场进行直接干预。事实上两种学派都有一定片面性，自由市场学派忽视了市场失灵；干预学派又低估了道德风险。对最后贷款人的争论将继续存在，相关机制究竟有益于维护金融稳定还是徒增市场风险，有待实践进一步检验①。不过，随着金融危机发生频仍，西方主要国家央行更多是依据干预学派的观点行事。

三、货币政策有效性与金融稳定的关系

对货币政策和金融稳定的关系的讨论主要从两者一致性或者冲突展开。一致性在于货币政策通过稳定物价和利率有助于实现金融稳定，金融稳定转而有利于货币政策执行更有效率，对实现货币政策最终目标具有助益。否定两者一致性的根据在于，以低通胀为货币政策主要目标的国家，由于货币和金融稳定之间的冲突会使得金融机构流动性降低，诱发金融不稳定。此外，当出现经济危机，货币当局虽然注入流动性有益于金融机构脱离困境，但是若流动性配置存在扭曲将可能使经济出现滞涨。虽然对于货币政策目标是否应该囊括进金融稳定存在争论，但这并不意味着货币政策的实施会成为金融不稳定的原因。金融稳定受到负向冲击的机制在于金融体系自身信用扩张过度使得内部风险暴露，当外生宏观经济因素发生变化时就可能使得这一内因得以诱发，从而造成金融不稳定。在上述基础之上，当外生因素发生变化时——如货币政策变化，就有可能加剧金融不稳定②。

---

① 黄良谋、黄革、向志容：《我国中央银行最后贷款人救助机制的探讨》，《海南金融》2006 年第 12 期。

② 王自力：《金融稳定与货币稳定关系论》，《金融研究》2005 年第 5 期。

　　货币政策与实现金融稳定一致性体现在正反两个方面。错误的货币政策不仅会偏离原定目标，并且会带来金融失衡，比如美国在危机前的长期低利率政策推动了资产价格泡沫膨胀，最终由于泡沫破裂而引发金融不稳定。中央银行实施货币政策对来自金融体系内部的冲击直接控制，通过实施货币政策，切断金融机构和实体经济双向影响导致恶性循环的内在连接，才能恢复和保证金融体系正常发挥作用，促使经济较快复苏。

　　在次贷危机当中，美国所使用的量化宽松政策避免了美国经济再次陷入大萧条的泥潭。在危机开始时期，美国使用的传统货币政策，如降低美国联邦基金利率，未能使个人融资成本下降，反而由于风险溢价上升带来了贷款利率上升，这正是由于金融危机的冲击使得金融加速器效果更加明显。此外，资产负债表变动对金融加速器是否产生影响，影响机制以及影响强弱，对金融系统是否能够正常运转均有重要作用。因此，美国量化宽松政策的实施，即通过向市场注入流动性，使用非常规手段保持信贷市场正常运转以维护金融稳定，就是灵活运用货币政策缩小金融加速器效应、积极应对金融稳定冲击因素的实际体验。相关分析无疑具有很好借鉴意义。

第三节　美联储货币政策金融稳定效果分析

一、诱发金融危机的因素

（一）次贷危机发生背景

　　房地产市场膨胀和信贷泡沫崩溃是造成美国金融危机发生的直接原因。危机前 20 多年时间里，新自由主义推波助澜与监管缺失，加之 2001 年"9·11"恐怖袭击事件后，美国政府长期采取低利率政策，使得超前消费和投机日盛。在低利率和房价一路走高的背景下，美国房贷市场发展迅猛，由此推动衍生金融产品发展，信贷泡沫膨胀，金融机构杠杆率不断提高，风险资产增大。

但是自 2005 年起，美联储为了防止市场过热，开始新一轮加息周期，随后带来房地产价格下跌，次级贷款违约风险上涨，并使得由次级贷款市场所引申出的金融衍生品价值短期内大幅度缩水。金融机构转入流动性严重缺乏并面临亏损的境界。2007 年 4 月 14 日，新世界金融公司破产成为标志性事件，随后一系列金融机构亦出现大量损失。金融产品风险陡增，导致一些投资者撤离资金，金融机构被迫出售资产偿还债务，金融资产价格进一步下跌。商业银行普遍出现惜贷现象以应对风险，信贷严重萎缩，金融加速器效应累积性增大。房地美、房利美陷入困境，雷曼兄弟破产，大批金融机构亏损倒闭。金融市场风险溢价一路走高，LIBOR-OIS 利差自雷曼兄弟倒闭升至新高①。公众陷入恐慌，美国不同经济部门经济萎缩。在资产价格下跌与信贷紧缩的双重作用下最终导致美国经济全面下滑。自 2008 年第三季度起，美国 GDP 开始进入负增长阶段，失业率极大上升，道琼斯工业指数暴跌，起源于次级抵押债风险的金融危机迅速蔓延，随后通过投资与贸易渠道引发全球金融市场震荡，演变为全球性金融危机。

（二）危机前部门资产负债表恶化

每个国家不同部门经济活动均可以体现在资产负债表上，一旦出现风险，就会在部门间传递，若不加以控制，将会威胁到国家整体稳定。在危机发生前期，由于低息刺激以及金融衍生品不断推出，金融部门和私人部门都出现较高杠杆率，负债水平提升，风险加大。纵观美国次贷危机发生前后，

---

① LIBOR-OIS 利差指三个月期美元 Libor 利率与隔夜指数掉期利率（OIS）之间的利差。

实际表现出一场资产负债表的扩张和快速衰退。

1. 金融部门资产负债表情况

金融部门作为现代经济运行的核心，其结构变化以及运营状况影响生产体系的借贷成本和资本运动。透过金融部门资产负债表构成及变化能够直接观察金融危机在经济部门间传染以及向国外扩散的途径与机制。以美国银行业为例审视危机发生前金融机构资产负债表，尽管资产负债均有所增长，但却呈现出负债经营模式被强化的迹象。危机爆发后，资产价格严重缩水，金融机构从高杠杆水平向去杠杆化快速转变，市场上流动性风险加剧，进而阻碍实体经济发展。

观察美国银行业资产，危机发生以前持有现金水平持续下降，配置结构不合理，金融衍生品增加使银行业资产潜伏较大风险。现金是流动性最强的资产，拥有足够的现金可以提高金融业的流动性和偿债能力，提升应对挤兑能力。参照图 12-1 所示，在次贷危机发生前的十多年时间里，以现金占总资产之比标示的美国银行现金持有比率显著下滑，加速了流动性紧缩。当存款人出现恐慌心理以及债权人撤资等事件时，容易出现大规模挤兑，势将加剧、引发金融机构的脆弱性。

在同一时期，美国银行业持有资产分类中由于房地产市场繁荣所引起的投资于抵押贷款的比例不断上升，从 14% 上升至超过 30%。相反，生产性贷款比例则有所下降。

上述结构性变化意味着银行业持有高风险金融产品增加，资产定价出现更多不确定性。一旦危机爆发，由于对衍生品难以给予正确的评估，[①] 因此被大量抛售造成资产价格下跌，资产缩水。从贷款方和最终用途来看，次级

———————————

① 事实上由于原生资产价格下跌，对基于原生产品的衍生品价格必然出现调减。

图 12-1 美国商业银行现金持有比率变动趋势（1995.1—2007.11）

数据来源：http://www.federalreserve.gov。

贷款者的还款能力以及房价泡沫破裂也加剧了经济下行所带来的违约风险，导致银行严重亏损。危机爆发后，商业银行呆账率最高达到 10% 左右，消费贷款也成为坏账率最高的贷款类别。

从美国金融机构负债来看，由于货币市场共同基金加快了商业票据的发展，一些投资银行等金融机构发行更多短期商业票据获得资金，转而购买较高收益长期资产和抵押贷款证券。至 2008 年，金融部门债务占 GDP 比重一度超过 100%。这种借短贷长不但促进了金融机构的期限转换，也加剧其期限错配。当危机爆发，由于流动性普遍紧缩，商业票据的短期融资方式难以维持，同业拆借也变得更加困难。金融体系流动性减少，银行通过货币市场获得短期融资变得困难。此时若政府不提供流动性，银行资本的进一步流失将造成流动性极度短缺，从而使金融机构亏损甚至破产。

综合资产方和负债方，说明金融机构的杠杆率在危机前期比重不断增加，这是崇尚经济自由的背景下所滋生的必然结果。危机前经济相对稳健，公众对经济尚充满信心，金融机构通过放大杠杆获取高额收益。美国主要投资银行的杠杆率呈现很大跨度，如雷曼兄弟从2004年的22%上升至2007年的28%，美林公司则直接从18%跃升至2007年的30%以上。高杠杆背后是风险累积，一旦危机爆发，资产价格缩水，金融机构无力偿还债务而不得不收紧资产负债表，启动去杠杆化过程，信贷紧缩导致企业和居民难以获得贷款，对实体经济带来严重影响，经济陷入萧条。

2. 居民部门资产负债表情况

从居民资产看，自20世纪50年代以来，美国家庭资产及其可支配收入比例呈现上升趋势。到2007年，美国家庭净资产达到67990亿美元。在居民总资产中，有形资产和金融资产上升比重较快，其中金融资产占整个可支配收入比例达到443%。资产构成中，2007年有形资产和金融资产占比已分别上升至258.9%和442.8%。而从负债来看，次贷危机发生前大宽松的环境催生了美国居民的超前消费，至危机前期消费支出占据美国GDP总量的70%左右。以消费主导经济增长的模式刺激居民部门债务上升，从1997年至2007年十年间美国家庭总债务占可支配收入的比重增加近40%。居民部门杠杆率上升至20%以上。

随着次贷危机的爆发，美国家庭资产总价值自2007年末开始的一年里就蒸发掉11.3万亿美元，可支配收入也迅速下降。美国家庭净资产占个人可支配收入比例从2007年年初的6.3倍，下降到2008年末的4.8倍。其中，金融资产占比下降近50%。为了偿还债务，美国居民不得不改变消费习惯，削减开支，增加储蓄，修复个人资产负债表。个人储蓄率从危机前近乎零的水平急剧上升至2009年的4.6%左右，创下15年来新高。

在次贷危机之后，商业银行惜贷加剧了居民融资困难，居民耐用品消费由之出现罕见的负增长。居民总消费衰减和净资产减少产生负向财富效应必然对实体经济产生影响，一味通过增加消费推动经济发展的格局凸显其内在缺陷。

3. 非金融部门资产负债表情况

对企业融资模式可分为内部积累和外源融资。由于美国长期的低利率政策，使得美国货币市场票据利率一度保持着1%左右的水平，融资成本下降使美国企业更倾向于通过货币市场或者债务回购方式融资。2006年前的10年中，美国企业资产负债表中以商业票据为主的信贷工具年增长率接近5%。企业总体债务融资规模快速扩张，其资产负债表膨胀并呈现非对称变化。企业净利息支出不断上升，2008年企业债务占GDP比重上升至80%左右。随后美联储的加息政策使得美国票据市场融资成本上升，伴随银行惜贷、股市震荡，借款变得异常艰难，为了偿还到期债务，企业只能廉价出售资产，引发资产价格明显下跌。

危机以前美国资产负债表扩张和收缩带来一系列传染效果，也同时印证着金融加速器理论的预期。危机前各部门负债比率在低利率背景下上升，尤其居民部门和金融机构债务占比出现大幅上涨。当资产泡沫破裂，出现流动性危机，银行资本金下降，信贷收缩，高杠杆的压力驱使私人部门也因为偿还债务而收缩资产负债表，储蓄和投融资的下降进一步影响金融机构资产负债表，不同部门间出现流动性严重短缺的恶性循环。此外，金融机构、居民部门、非金融部门的资产负债表危机分别带来信贷、消费、投资下降，严重影响了实体经济，部门净资产减少，经济下滑，失业率上升。美国经济体陷于乱局。

二、危机期间美联储货币政策决策框架

(一) 货币政策目标转变

由上可知, 2007 年美国次贷危机引发全球危机的直接原因是房价急剧下跌, 金融体系的严重缺陷促使危机的进一步演变。危机使金融体系稳定重新走向美联储货币政策决策视野。

充分就业、经济增长、物价稳定和国际收支平衡是央行货币政策的传统目标。而美联储建立的初衷即是为了维护金融稳定。早在 100 多年前, 为了应对周期性银行与金融危机, 美国进行经济改革的核心内容之一就是创建中央银行作为最后贷款人, 向金融体系注入紧急流动性以纾缓金融风险, 实现金融稳定。① 20 世纪 70 年代末, 由于设立有专事金融监管的机构以维护金融稳定, 美联储货币政策目标逐渐转向稳定物价和经济稳定。本次次贷危机中金融市场出现严重动荡并引发经济衰退, 使美联储政策目标又重新回到 100 多年前维护金融市场稳定、避免金融恐慌的框架当中, 所采取量化宽松货币政策不仅履行最后贷款人职能, 也扩大了救助力度, 通过一系列改变缓解市场恐慌情绪, 恢复金融活力, 增强金融体系防范风险的能力。

(二) 货币政策的"非常规"运用

美联储的量化宽松货币政策充分体现了政府对市场的积极干预, 货币政策"非常规"的合理运用有利于促进市场正常运作, 引导美国经济复苏, 同时使传统货币政策框架得以延伸。

1. 传统货币政策失效

危机起始阶段美联储采取货币政策有以下:

---

① 美国联邦储备系统 (The Federal Reserve System) 简称美联储 (Federal Reserve), 根据美国《联邦储备法》(Federal Reserve Act) 于 1913 年 12 月 23 日成立。

第一，自2007年危机爆发的一年内，美联储就动用利率政策，先后十次下调联邦基准利率以刺激经济。2007年9月，美联储将联邦利率下调50个基点，随后至2008年12月的一年多时间里，联邦基金利率11次下调，水平降至0%—0.25%水平，接近零下限。

第二，美联储下调贴现率以缩小其与联邦基金利率水平的差距。2008年10月至12月连续三个月内，贴现利率三次下调累积下调175个基点，进一步缩减与基准利率的差距，以降低融资成本。

第三，自2007年8月美联储积极进行公开市场操作的一年多时间里，多次使用回购交易。2007年8月向市场注资1102.5亿美元，2008年3月再次注资1000亿美元。

第四，2008年10月，美联储启动存款准备金工具，对存款准备金支付利息，并与同期联邦基金平均利率水平维持75个基点利差。随着利率水平的进一步调整，超额存款准备金利率与基准利率水平差额进一步缩小。同年年底，美联储上调了准备金支付利息水平，给予法定和超额准备金相同的支付利息。

美联储在较短时间里频繁操作传统货币政策应对危机，但作用却有限，金融危机并未被有效遏制。由于美国经济持续处于低谷中，经济形势急剧恶化使公众宁愿持有流动性较高的货币，经济陷入流动性陷阱，美联储已经无法通过调整利率实现政策目标。此外，投资者信心不足，信贷市场等金融市场遭受重大创伤，金融机构不良贷款比率升高，金融机构纷纷收缩信贷，控制信用风险，使货币政策传导的信贷渠道失效。宏观经济恶化，失业率上升，通缩压力明显。所以在危机初期，美国传统的货币政策三大工具使用效果远没有达到预期目标。

2. 量化宽松货币政策实施框架

由于实施传统货币政策面临流动性陷阱以及货币传导的信贷渠道受阻，

　　美联储开始实施量化宽松货币政策以扩展其最后贷款人职能，即通过零利率预期承诺和注入流动性的方式进行危机救助，维持金融体系正常运转，避免危机进一步传染。危机后商业银行坏账率达到 6.6%，美联储希望通过量化宽松政策收购有毒资产，为金融市场提供宽松的货币环境，保障金融机构安全并疏通信贷渠道。只有信贷渠道顺畅才有可能通过注入贷款等方式刺激消费与投资。得益于美国利率市场化、健全的金融机构体系和国家资产负债表的完善，使得美联储金融宏观调控业易于操作。因此，美联储开始多次使用非传统货币政策工具，修复银行资产负债表，向私人部门提供信贷支持，最终降低金融风险，实现金融稳定。

　　在实施量化宽松货币政策时，货币政策主要渠道包括：

　　其一，利率承诺渠道。即声明在较长时间内维持接近零利率水平，由此影响公众预期，使得通缩预期改善。最终目的是降低实际利率水平，刺激总需求。同时，低利率预期可以降低远期利率变化的不确定性，减少长期利率的风险溢价，从而降低长期利率，修复信贷合约的利率条款以有利于实现金融稳定。

　　其二，资产负债表传导渠道。这一渠道也是美联储量化宽松货币政策的主渠道，主要通过扩张资产负债表规模和改变资产负债表结构恢复金融市场功能。一方面，扩张资产负债表规模，提高货币供应量，向金融机构和实体部门提供流动性，使得金融机构抗风险能力增强，资产质量提高，私人部门资产负债表得以修复，资产价格上升。另一方面，改善资产负债表结构，通过购买国债及其他抵押债券，改变投资者的投资组合，充分运用资产组合效应，使金融条件整体放松，以此刺激经济增长。

　　参照上述思路，美联储自 2008 年 12 月将联邦基金目标利率水平下调至 0.25%（已接近零利率）。为了引导公众预期，美联储通过多次声明承诺等手段，维持利率水平在 0.25% 以下，诱导对经济形势预期向好转变，提高公众信心。如图 12-2 所示，自 2008 年降低利率以来，美联储实施零利率政策长达 6 年多，在此期间不断向公众传导信号，显示美联储救市的信心，修复经济主体的利益预期。通过预期宣告的方式降低长期利率，提升物价预期和资产价格水平，降低金融机构对资产负债表收缩的担忧，从而达到修复信贷渠道的效果。

（单位：%）

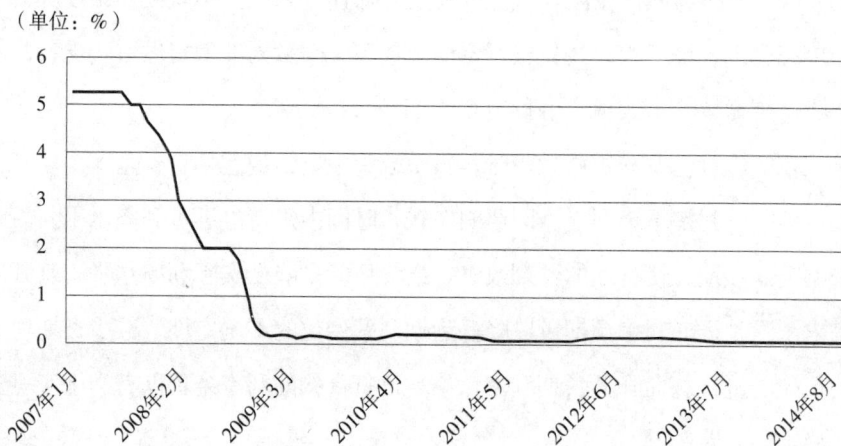

图 12-2　美国联邦基金利率走势（2007.1—2014.8）

数据来源：http://research.stlouisfed.org。

美联储也同时创新使用多种货币政策工具稳定金融市场。2007 年 12 月，美联储引入了定期拍卖机制（TAF），向经营状况正常运转的金融机构每月两次提供抵押贷款，提供长期广泛的流动性支持，扩大贷款抵押担保品范围。为了缓解一级交易商的资金压力，2008 年 3 月推出一级交易商信贷机制（PDCF），将视野扩至投资银行。2008 年 3 月引入定期证券借贷机制（TSLF），向市场增加高流动性优质资产国债等的供应。

由于金融机构的借款能力对于货币政策银行信贷传导渠道影响非常重

要，因此，美联储自 2008 年 9 月以来选择出台一系列支持金融机构流动性的机制，如通过资产支持商业票据（ABCP）以保证该市场的流动性，设立货币市场共同基金融资机制（AMLF）、商业票据融资便利（CPFF）等工具来向贷款人和借款者提供帮助，向市场不同参与者释放强有力信心信号，增强银行信贷能力。

除此之外，美联储先后给予贝尔斯登、房地美、房利美、AIG 等具有重要地位的金融机构提供信贷支持。如自 2008 年 9 月至 2009 年 3 月，给予 AIG1150 亿美元的贷款和资金援助，帮助其度过险境。

在世界范围内，自 2007 年 12 月开始，美联储先后与欧洲央行、瑞士央行、日本银行、英格兰银行等 14 国央行签署货币互换安排，增加对美国以外其他国家的美元供应。随后，英国、欧洲、日本、瑞士央行与美联储在 2009 年签署协议，该四家央行为美国提供相应货币，满足美国金融机构对其他国家货币需求。

在本轮量化宽松政策实施中，美联储向市场注入大量流动性，促使资产负债表扩张，维持金融体系流动性，保障银行信贷能力，并提供直接资金支持，减少房贷、企业等的重点负债区域。由于金融机构抛售金融资产导致资产价格下跌加剧了金融加速器效应，因此美联储通过购买不良资产增加银行资本金，防止价格下跌引发的恶性循环。在危机时刻，美联储在救助金融机构以维持金融市场稳定以及缓解金融市场系统性风险方面起到了积极的作用。

（三）量化宽松的资产负债表效果

观察美联储的资产负债表，危机前国债是其资产方主要因素，而负债方主要构成为现钞。虽然现钞呈现一定规模增长，但主要是依据公众对于现钞的需求，通过买入国债而被动供应，并非根据美联储货币政策使得资产负债表规模发生变化①。危机之前，美国传统货币政策的操作主要体现在资产负债表中的回购和存款机构存款两项的变动，对于整体的资产负债规模影响较小。危机前期，美联储并没有扮演主动为社会提供流动性的角色，货币政策偏好使用传统工具进行微调。

然而，美联储采取量化宽松政策使其资产负债表出现较大改变。截至2014 年 11 月，美联储资产规模达 44859. 31 亿美元，负债规模为 44293. 46亿美元，分别是 2007 年的 5. 1 倍和 5. 3 倍。证券类和存款类成为央行资产、负债扩张的主要项目，两者规模均大幅增加。如表 12-1 所示，国债、联邦机构债券、抵押贷款支持证券（MBS）等规模自 2008 年 6 月的 4787. 96 亿美元扩大为 2014 年 6 月的 40627. 88 亿美元；存款机构存款、财政部一般账户存款和补充融资存款等规模，从 2008 年 6 月的 173. 87 亿美元扩大为 2014年 6 月的 27420. 18 亿美元。上述因素总体上呈现了金融危机期间美联储资产负债表规模的极速扩张。在这一过程中，推动量化宽松货币政策的 "四轮" 运用，对应对金融危机、维持金融稳定奠定了重要基础。

1. 资产方变化

美联储资产账户中，黄金证书账户、特别提款权、铸币规模相对较小，而持有债券组合的变化直接影响了存款金融机构的存款账户。此外，金融市场恐慌及流动性风险，使得美联储资产方的流动性便利贷款总额极速上升，至 2008 年底已有 1500 亿美元。随着流动性的缓解，流动性便利贷款余额下降。美联储进而大量购买各种金融资产，以此刺激经济复苏。

首先，联储持有国库券大幅减少，政府中长期国债增加明显。根据政策导向，2007 年 8 月开始减持国库券，至 2009 年减少了 184 亿美元，通过回

---

　　①　Stella P., "The Federal Reserve System Balance Sheet-What Happened and Why it Matters", *IMF Working Papers*, 2009.

笼资金给予特定机构专项援助贷款。资产内部的调整也避免了过多增加基础货币所带来的消极影响。但是，自 2009 年 3 月，美联储为了降低私人部门信贷成本，避免经济萧条，开始购买联邦机构债券、抵押贷款债券及国债，按揭贷款利率开始降低，反映出刺激信贷计划具有积极作用。

其次，贴现信贷经历了上升至下降的趋势。美联储的传统政策自 2007 年 8 月将贴现率从 6.25% 降至 5.75%，到 2008 年 8 月底，先后十余次降低贴现率，年底降至 0.5% 水平，使得贴现贷款余额大幅上升，2008 年末达到 937.91 亿美元。但进入 2009 年下半年，随着提供紧急流动性资产支持上升，使得贴现信贷大幅减少。

再次，大规模资产购买及推出创新性货币政策工具是美联储危机期间提供流动性的主要手段。包括向金融机构提供定期拍卖机制（TAF）、货币市场共同基金融资机制（AMLF）、短期证券放贷便利（TSLF）等，直接向市场参与者放贷，包括有商业票据融资便利（CPFF）、短期资产支持证券贷款便利（TALF），以及向特定机构、重要机构发行贷款。创新性增设的货币政策工具如定期拍卖机制（TAF）、商业票据融资便利（CPFF）等增强了商业银行的流动性，使其在美联储的存款储备增加，同时拉动存款机构存款增加，也影响了特定行业、企业的资金供给，资金主要来源于减少短期国债持有。2007 年到 2009 年，创新性货币政策工具的规模进一步大幅扩张，2009 年 6 月，定期拍卖机制（TAF）规模达到 2828.08 亿美元、短期资产支持证券贷款便利（TALF）规模则急速上升至 154.76 亿美元。

2. 负债方变化

负债方中流通现钞占据最大部分。根据美联储报告显示，2009 年 11 月，流通中货币为 9211.7 亿美元，2014 年 6 月为 12817.92 美元。其中占据 90% 以上的联邦储备券稳定增长，体现出金融体系信任仍未崩塌。

金融危机发生以来，存款机构存款在美联储负债方中呈现上涨趋势，美联储负债中这一因素对实体经济影响最大，其规模大幅扩张，2014 年 6 月达到 27048.73 亿美元。反映出美联储希望通过量化宽松数量政策提供大量流动性，力求改善信贷活动，使商业银行松动银根，购买资产或者发放贷款，最终促使资产价格提高，进一步推动私人部门支出需求上升。

值得注意的是，2008 年 9 月开设的财政部补充融资计划账户，主要为了应对危机恶化中美联储带来的大量流动性，通过帮助其冲销，维持联邦基金利率保持在目标利率水平上。2008 年 9 月 24 日，该账户进入 1598 亿美元的巨额资金，并在同年 10 月达到 6000 多亿美元的峰值。此外，财政部通过该融资计划发行的短期债券获得的收入也流入该账户。随着危机缓解，该类账户资金随之下降，随后在 2010 年 6 月减少为 1999.63 亿美元。

表 12-1　美联储资产负债表概况（2008—2014 年）单位：百万美元

资产方	2008 年 6 月	2009 年 6 月	2010 年 6 月	2011 年 6 月	2012 年 6 月	2013 年 6 月	2014 年 6 月
1. 黄金证书账户、特别提款权、铸币	14570	15016	18229	18351	18372	18217	18101
2. 证券、回购协议、短期拍卖信贷、贷款	773949	1632511	2139620	2655462	2617851	3409037	4254380
2.1 证券持有	478796	1217044	2071244	2642617	2612993	3207189	4062788
2.1.1 财政部证券	478796	653193	776970	1617060	1666530	1928416	2370724
2.1.2 联邦机构债券	0	96626	165614	116704	91484	70658	44082

续表

资产方	2008 年 6 月	2009 年 6 月	2010 年 6 月	2011 年 6 月	2012 年 6 月	2013 年 6 月	2014 年 6 月
2.1.3MBS 票面价值	0	467226	1128661	908853	854979	1208116	1647982
2.2 回购协议	129750	0	0	0	0	0	0
2.3 定期拍卖便利	150000	282808	0		0	0	
2.4 其他贷款	15402	132659	68376	12845	4858	384	137
2.4.1 贴现窗口	13713	49266	361	75	84	126	58
2.4.2PDCF	1690	0	0	0	0	0	0
2.4.3AMLF	0	15476	0	0	0	0	0
2.4.4TALF	0	25176	25147	12769	4773	258	79
2.4.5 给 AIG 提供贷款	0	42741	42868	0	0	0	0
3. 持有 LLC 的 CPFF/ TALF 净额	0	124032	507	757	845	281	91
4. 持有 Maiden Lane（1，2，3）LLC 资产净值	0	62005	67321	60631	15031	1504	1741
5. 中央银行流动性互换	0	119430	1245	0	27059	1480	174
6. 其他资产及杂项	105692	74334	121016	133966	186540	48154	48167
总资产	894212	2027327	2347938	2869167	2865698	3478672	4322654
负债方	2008 年 6 月	2009 年 6 月	2010 年 6 月	2011 年 6 月	2012 年 6 月	2013 年 6 月	2014 年 6 月
1. 联邦储备券	787963	867273	899735	985788	1067917	1150335	1237978

续表

资产方	2008 年 6 月	2009 年 6 月	2010 年 6 月	2011 年 6 月	2012 年 6 月	2013 年 6 月	2014 年 6 月
2. 反向回购协议	42049	71941	60306	66607	83737	88693	278205
3. 存款	17387	1031267	1314448	1741700	1639014	2177554	2742018
3.1 存款机构存款（定期和其他）	12833	745173	1063500	1627482	1491988	2017729	2704873
3.2 一般性账户	4208	78847	46350	105582	117923	94271	22950
3.3 财政部补充融资账户	0	199939	199963	5000	0	0	0
3.4 外国及其他	346	7308	4632	3637	29104	65554	14194
4 延迟入账、其他负债及应付股息	6425	8952	17552	22097	20361	7114	8113
总负债	853824	1979431	2292041	2816193	2811029	3423696	4266313
资本项目	40387	47896	55897	52974	54669	54977	56342

资料来源：http://www.federalreserve.gov。

三、货币政策实施对金融稳定的影响效果

量化宽松货币政策的实施对维护金融稳定有着重要作用。美联储果断采取一系列非常规手段，缓解了金融市场流动性枯竭的境地，避免了金融机构倒闭所发生的多米诺效应。通过注资收购有毒资产，创新货币政策工具，降低了金融机构债务水平，修复了信贷渠道，并改善金融资产质量和状况。随着资产价格上涨，私人部门财富水平上升，使得居民部门和非金融部门的负债恢复到较理想水平。尤为重要的是，实施量化宽松政策阻止了金融体系动

荡和实体经济衰退的恶性循环。

(一) 流动性风险降低

危机背景下的"金融加速器效应"会在金融和经济之间产生恶性循环。美联储创新货币政策工具，发挥、放大最后贷款人职能，由此修复了金融市场运行机制。通过一系列货币政策的实施，美国基础货币供应量自 2007 年年初的 8000 多亿美元增加到 2013 年的 3 万多亿美元，扩张了 3.7 倍。金融市场流动性短缺现象逐渐缓解，金融机构没有像大萧条时期出现大规模倒闭现象。三个月美国国债利率和美元伦敦银行同业拆借利率之差，即 TED 息差能够反映市场风险变化，该指标在正常时期很小，因此一旦发生不确定性就会被明显察觉。息差越小，反映市场整体违约风险水平较低，金融机构趋于稳定。如图 12-3 所示，2008 年雷曼兄弟破产后，该指标一度达到历史最高点，飙升至 3.35%，信贷市场风险大，运营不畅。

对此，美联储实施四轮量化宽松货币政策，创新一系列工具降低市场风险，增加流动性，使得息差逐渐下降，2012 年 6 月已降至危机前水平。随着息差不断减小，信贷萎缩情况得到缓解，一些票据和债券市场开始正常运行。美联储所采用非传统货币政策有效降低了金融市场风险，引导信贷市场开始回暖，维护了金融体系的稳定。

(二) 部门去杠杆化成效显著

去杠杆化不仅是降低债务，也代表着资产价格提高而使财富上升。自次贷危机以来，部门（泛指非政府经济部门）资产严重缩水，金融机构和私人部门都经历了以降低债务为主的去杠杆化的痛苦历程，资产负债表状况不容乐观。因此，从美联储的救市方案来看，通过收购金融机构有毒债务，并提供更多流动性，金融机构流动性风险以及债务规模降低，信贷规模逐步调整，至 2014 年出现一定好转。进一步地，居民部门和非金融部门的负债比

单位：%

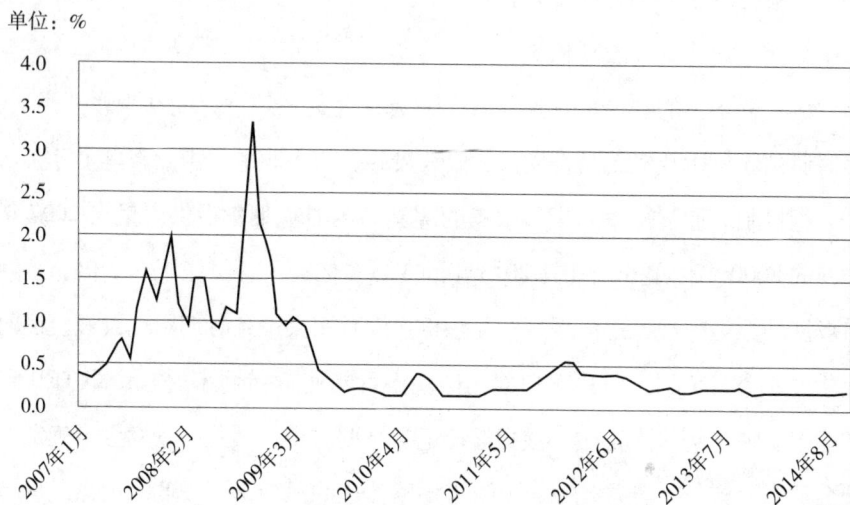

图 12-3　美国 TED 息差走势（2007—2014）

数据来源：http://research.stlouisfed.org。

例也降低，资产价格上升，资产负债表风险减小，质量改善，对于金融稳定和实体经济的改善奠定了良好基础。

1. 金融部门资产负债表变化

从资产方来看，图 12-4 显示美国商业银行流动性持续出现好转，流动性风险降低。由于量化宽松的货币政策实施，从 2008 年 1 月商业银行现金持有比率从 2.89% 上升至 2014 年 10 月份接近 20% 的水平。流动性风险降低进一步刺激金融机构的放贷意愿。商业银行投资于工商业贷款在危机期间经历明显下降后，2008 年末更是进入负增长阶段。虽然短期内工商业贷款没有明显增加，但是随着美联储货币政策的不断实施，从 2009 年第二季度后开始回暖，2010 年末恢复正向增长，到 2014 年 10 月基本回归至 2007 年水平。说明商业银行也不断调整自身放贷结构，实际支持了实体经济。

另外，危机前资产中风险较大的金融产品增加了银行风险，银行不良资

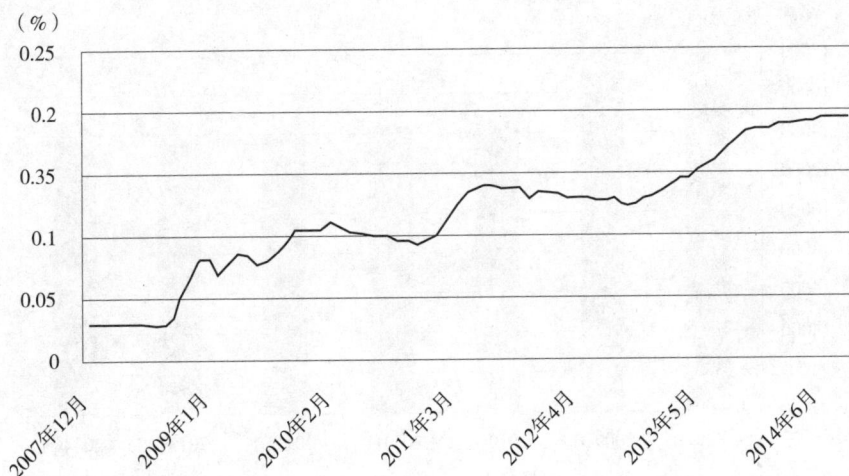

图 12-4　美国商业银行现金持有比率趋势（2007.12—2014.6）

数据来源：http://www.federalreserve.gov。

产比例上升。世界银行数据显示，美国金融部门不良贷款比率占资产总额
2007 年为 1.4% 水平，到 2008 年飙升至 2.96%，显著高于前十年的平均水
平，2009 年曾一度达到 5%。为此，美联储开启对金融机构的贷款机制和收
购不良资产，提升金融部门抗风险能力。自 2010 年不良贷款率水平开始下
降，至 2014 年下降到 2.29%。

从负债方看，金融机构负债占 GDP 比重下降。图 12-5 显示，未偿还债
务从 2009 年第一季度的 17.1 万亿美元持续下跌到 2014 年第一季度的 13.86
万亿美元。金融机构的负债结构自危机以来也出现较大变化。自 2009 年以
来，市场票据自 6800 亿美元降至 2013 年的不到 400 亿美元，机构支持抵押
资产池比重和公司债券也有不同下降。但是政府担保工具比例却上升近
27%，从原有 2 万多亿美元的规模扩大至 6.1 万亿美元。可以看出美联储以
及联合财政部对于金融机构的救助和担保，提供了强有力的信贷支持。

（单位：十亿美元）

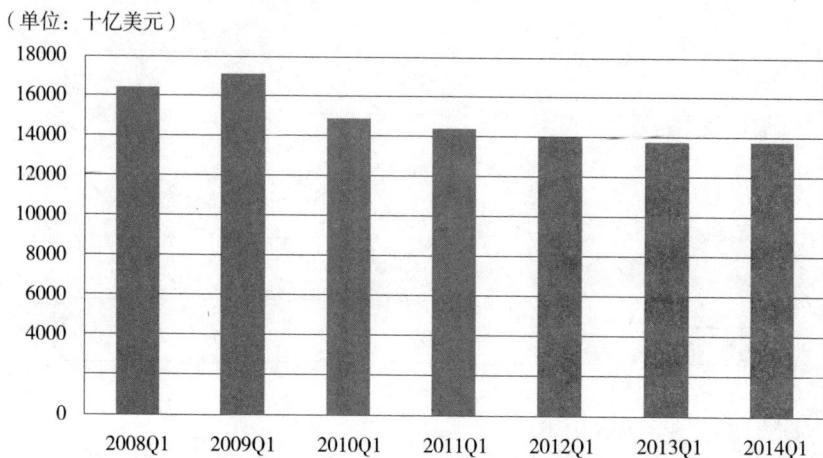

图 12-5　美国金融部门 2008—2014 年季度未偿还债务

数据来源：http://research.stlouisfed.org。

通过坏账减计、政府资产注入，金融部门资产负债表改善，金融机构较金融危机前期趋于稳定，商业银行一级资本比总资产的比率在 2008 年第三季度降到谷底后开始回升，到 2014 年第三季度达到 9.1% 的水平。金融机构债务明显下降，资产负债比率从 42% 降至 2013 年下半年的 35%。图 12-6 显示，金融机构杠杆率自 2009 年缓慢下降，债务减小，净资产上升，资产负债表明显改善。金融部门平稳实现去杠杆化过程对金融稳定起到了重要作用。

在美联储政策刺激下银行业信贷渠道明显复苏。根据美联储数据显示（见图 12-7），美国存款增长率在危机期间明显上涨，2007 年第三季度以来达到 12%。贷款增长率在危机期间显著下降，自 2011 年 3 月起，存贷款同时出现明显复苏迹象，但是存款增长率依然大于贷款增长率，直到 2014 年第一季度后出现逆转。美联储注入流动性使基础货币增加，一定程度上维护了金融稳定，但是短期内仍未能明显提升银行贷款。一方面，银行放贷意愿

（单位：%）

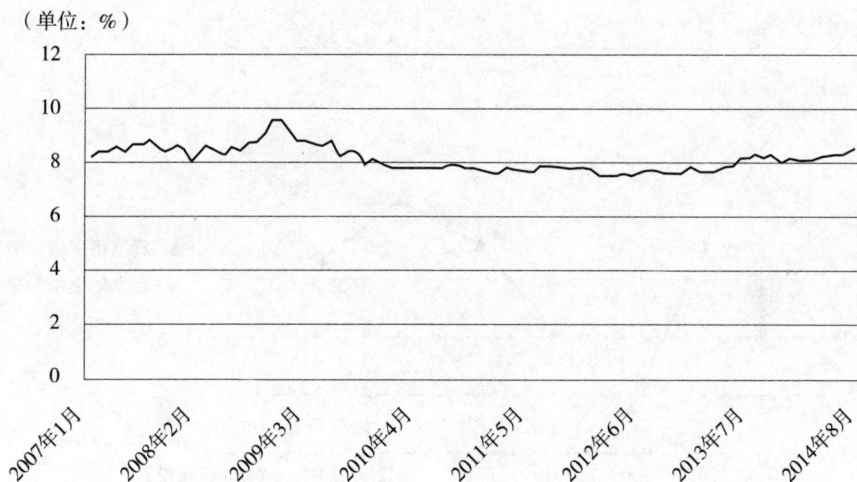

图 12-6　美国商业银行 2007—2014 年杠杆率变动

数据来源：http://www.federalreserve.gov。

不强，主要是由于处理前期遗留的不良资产，且还受到来自对宏观环境、市场风险等多重因素的顾忌；另一方面，消费疲弱，社会储蓄率增加，信贷市场恢复较慢。不过从长期看，随着宏观经济形势向好，银行存贷差口减小，信贷渠道恢复仍有可能。

2. 居民部门和非金融部门资产负债表变化

从 2009 年开始，居民部门未偿还债务在前两个季度显著下降，负债增长比率降低，从危机前 10 年超过 10% 降至 2008 年 0.1% 的水平。说明居民部门不断削减债务以降低风险。居民净资产在危机期间经历了严重缩水，2008 年同期比上一年度下降 16%。随着资产价格上升，居民家庭财产开始增加，2014 年居民部门净资产第三季度达 81 万亿美元。随着经济形势转好，信贷渠道畅通，家庭净资产增加，居民部门贷款也有所增加，去杠杆化周期基本结束。

（单位：%）

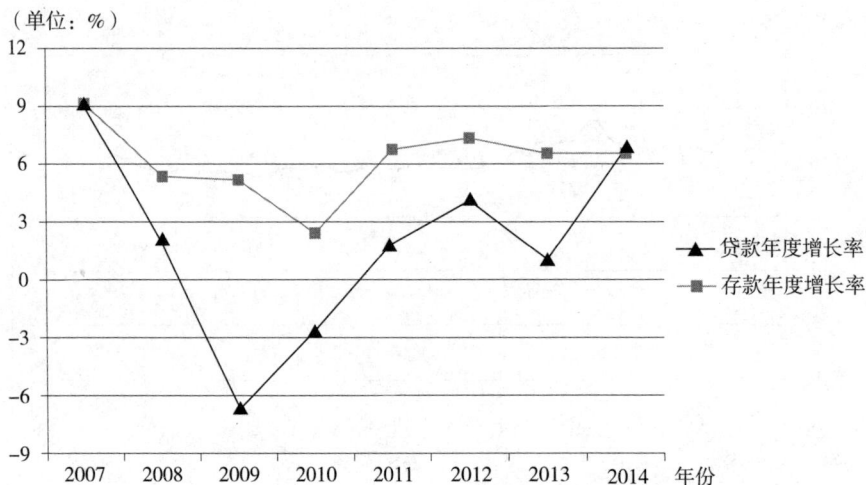

图 12-7　美国商业银行存贷款年度增长率变化（2007—2014）

数据来源：http://www.federalreserve.gov。

资产价格净值回升使企业债务比率渐次下降。以美国商业票据利率观察，次贷危机导致包括 AA 级资产支持商业票据利差扩大，短期融资成本上升使企业融资陷入困境。而自美国实施量化宽松政策以来，利差逐渐缩小，2010 年底至 2014 年基本恢复到危机之前水平。企业内部现金流也逐渐恢复正常，现金债务比例恢复，偿债能力提高。资产负债比率从 2009 年的 48% 降至 2013 年的 44%。以负债与净资产之比得出的杠杆率表示（见图 12-8），居民与企业两部门自 2009 年都进入去杠杆化阶段。非金融部门较之居民部门杠杆率变动更加稳定①。

不过值得注意的是，美国家庭储蓄率自金融危机以来持续走高，2012年 6 月达到顶峰后开始下降，并已经趋于稳定，2014 年基本在 5%左右的水

① 黄海洲、李志勇、王慧：《全球经济复苏之路：艰难前行?》，《国际经济评论》2011 年第 4 期。

平浮动。但是，人均可支配收入月均增加率在 2008—2013 年期间维持在不到 0.5%的水平。储蓄率一定程度增加和人均可支配收入增速较缓，使得消费增速受到一定影响。

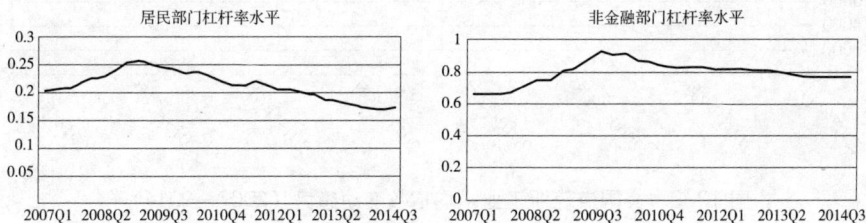

居民部门杠杆率水平　　　　　　　　非金融部门杠杆率水平

图 12-8　美国居民部门和非金融部门杠杆率变动（2007 年 1 季度—2014 年 3 季度）
数据来源：http://www.federalreserve.gov。

（三）资产价格上涨

金融危机爆发后，随着市场对经济前景的担忧，资产价格泡沫崩裂，持续下降，美国主要股票指数持续暴跌，市场恐慌情绪蔓延。如图 12-9 显示，美国道琼斯工业平均指数作为反映美国金融市场以及国民经济的晴雨表，自 2007 年的 12512.89 点一路下跌，至 2009 年 3 月跌入谷底。由于实施货币量化宽松政策，金融市场流动性风险改善提升了投资者信心。自 2009 年下半年道琼斯工业平均价格指数上涨，2009 年 10 月已达到 10227.55 点，至 2012 年初不到 3 年时间上涨幅度已接近危机爆发前的平均水平线。2013 年 5 月冲破 15000 点关口，显示资本市场恢复的活力和投资者对美联储货币政策的认同。

在美联储实施量化宽松货币政策期间，资产规模从 2007 年的 8612 亿美元增至 2014 年的 4.5 万亿美元，扩张 5 倍之多。分析可以发现，通过采取"非常规"和鞭策，促进商业银行流动性好转，债务水平下降，资产负债结构得以优化。居民部门和非金融部门未偿还债务均显著下降。不过，银行信贷渠道还需进一步改善，消费增速也较危机前有所减缓。

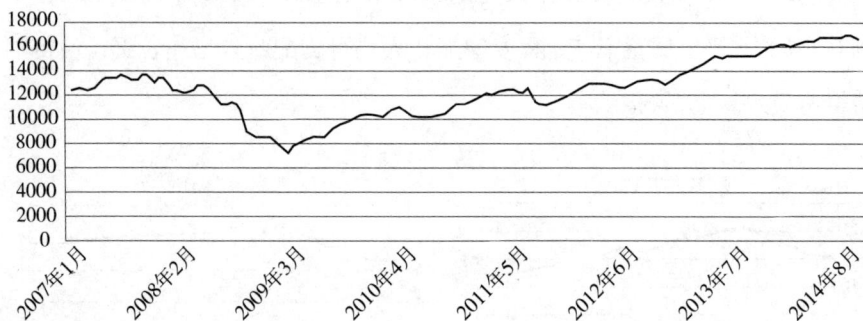

图 12-9　美国道琼斯工业平均指数变动趋势（2007—2014）

数据来源：http://research.stlouisfed.org。

　　总体而论，美联储实施的杠杆转移战略冲销了金融部门、居民部门、非金融部门的高杠杆水平，危机后主要部门进入去杠杆化过程。杠杆率下降一方面意味着债务水平下降，一方面也引起资产价格上升所带来的财富效应增加。金融市场信贷风险缩小并趋于稳定，投资者恢复信心，实体经济有所好转。随着信贷渠道的恢复和预期消费投资增加，部门杠杆化重新启动明显，美联储自 2014 下半年也宣布结束资产购买计划，并维持零利率承诺，为平衡美国经济长期发展奠定一定基础。

第四节　计量检验

　　为了更清晰分析美联储量化宽松货币政策的金融稳定效果，辅以计量方法对相关数量关系及其内在因果联系作进一步探讨。

一、模型构建

　　美联储的量化宽松货币政策对于缓解金融危机、改善金融环境起到了重要作用。一系列的货币政策，不但改变了中央银行的资产负债表，扩大了央行资产负债规模，并改善了其他主要部门资产负债表结构，从高杠杆化水平进入去杠杆化阶段，成效显著，使得金融市场风险进一步降低，避免了经济严重衰退。为进一步研究美联储货币政策对于维护金融稳定带来的影响，采用研究货币政策效应较多的向量自回归模型（VAR）予以分析。由于该模型的变量都是内生变量，每一个变量都将作为系统全部内生变量滞后值的函数，这种丰富的结构也更容易抓住数据特点，并有利于进行预测和冲击效应分析。基于此，我们选用向量自回归模型（VAR）实证分析危机期间美联储实施货币政策维护金融稳定效果。

二、变量说明和数据选取

样本区间选择的时间窗口为 2007 年 1 月至 2014 年 9 月。美国金融危机前期主要部门的高负债加剧了资产泡沫和市场风险，造成金融市场动荡。在此期间，美联储传统货币政策失灵，量化宽松货币政策作为维护金融市场稳定的主要工具包括：第一，通过利率渠道，即降低联邦基金利率，公告承诺接近零利率预期的措施，缓解金融危机对经济的冲击；第二，通过大量资产收购和创新型金融工具使用改变央行资产负债表规模，缓解金融市场流动性危机。

非常规货币政策使用受到以下效果：其一，降低商业银行等金融机构的偿债能力；其二，整体金融市场流动性改善；其三，降低居民和非金融部门债务水平，改善其资产负债结构。结合前文分析选取变量如下：

1. 采用美国联邦基金利率（FER）和央行资产负债表的资产规模（FRAS）作为美联储量化宽松货币政策指标变量。危机期间美联储不仅降低利率至零利率承诺，而且通过扩大资产购买规模释放基础货币以达到修复货币传导机制、向金融机构提供信贷支持、增加市场流动性和稳定金融市场目的。

2. 采用金融部门杠杆率（CBLR）、居民部门杠杆率（HHLR）和非金融部门杠杆率（NCLR）反映主要部门的债务水平改善情况，根据数据获得性，采用资产负债表中一般核算的负债/净资产对以上指标进行量化描述。当金融部门负债比例降低，资产结构改善，居民部门、非金融部门债务水平下降，家庭净资产和资产价格净值回升，杠杆率下降，意味着上述部门抗风险能力增强，资产负债表得以改善，去杠杆化效果显著。因此，通过分析货币政策对于三部门杠杆率的脉冲效应，有助于分析美国经济部门去杠杆化和资产负债表改善的效果。这也是维护金融稳定、避免金融动荡的重要途径。

3. 采用 TED 息差即三个月美国国库券利率与三个月美元伦敦银行同业拆借利率之差，作为反映金融市场风险水平的重要指标。当息差变大表明银行间融资成本变高，市场流动性缺乏，信用状况紧缩，投资者预期风险提高。此外，企业融资成本也可以从 TED 息差体现出来，息差增加同时会间接使得长期市场利率提高从而使融资成本上升。息差越大表明资产价格变化波动率越快，金融市场就越不稳定。因此，运用息差指标有助于检验美联储量化宽松政策改善部门资产负债表降低金融市场风险、改善流动性的效果。

4. 采用道琼斯平均工业指数（The Dow Jones Industrial Average，DJJA）作为反映美国金融市场的晴雨表。作为衡量美国股市指数之一，该指数即使在全球金融市场也具有重要指标意义，对判断美国金融市场"风向"的意义更不言自明。从变化趋势看，道琼斯指数连续下跌表明资产价格下降，市场风险加大，投资者对市场持悲观态度。而指数持续回升，不仅意味着资本市场好转、投资者恢复信心，对于金融市场恢复正常运转、重新恢复活力和宏观经济改善也有着重要的引导、改变预期的意义。

在数据处理上采用取变量自然对数以避免数据出现异方差。此外，由于居民部门和非金融部门的数据为季度数据，因此进行频率转换使其成为月度数据。表 12-2 是处理数据后的统计性描述。所有数据来源于美国联邦储备体系网（http://www.federalreserve.gov）和美国圣路易斯联邦储备银行网站（http://research.stlouisfed.org）。

表 12-2　选取变量的统计性描述

	LNFRAS	LNFER	LNCBLR	LNHHLR	LNNCLR	LNTED	LNDJJA
平均值	14.58132	-1.294205	2.095671	-1.552428	-0.232317	-0.984565	9.409378
中位数	14.66458	-1.832581	2.093440	-1.545484	-0.209796	-1.272966	9.436529
最大值	15.30536	1.660131	2.262841	-1.358554	-0.074432	1.208960	9.746724
最小值	13.66615	-2.659260	2.022882	-1.766280	-0.420847	-2.120264	8.886751
标准差	0.526750	1.463398	0.054876	0.119784	0.092072	0.808417	0.195923

三、计量检验

（一）样本数据检验

文中所使用为时间序列数据，因此用 VAR 模型进行计量分析之前，必须首先对各时间序列数据的平稳性进行检验，以避免"伪回归"。

由检验结果发现（见表 12-3），原序列一阶差分后通过 ADF 检验，检验结果通过 5% 显著水平下的平稳性需求，该序列符合一阶单整 I（1）要求。进一步对所得到的单位根的检验式进行相关分析，能够判断出所选用的一阶差分序列满足随机游走过程的条件，其变化具有随机性特征。

表 12-3　变量序列 ADF 检验结果

变量	检测类型	ADF 值	1%临界值	5%临界值	10%临界值	平稳性
LNFRAS	(C, 0, 2)	-1.2068	-3.5047	-2.8940	-2.5841	不平稳
DLNFRAS	(C, 0, 1)	-6.5836	-3.5047	-2.8939	-2.5841	平稳
LNFER	(C, 0, 1)	-1.9981	-3.5038	-2.8936	-2.5839	不平稳
DLNFER	(C, 0, 0)	-6.2736	-3.5039	-2.8936	-2.5839	平稳
LNTED	(C, 0, 0)	-1.4029	-3.5047	-2.8940	-2.5841	不平稳
DLNTED	(C, 0, 1)	-7.3663	-3.5047	-2.8940	-2.5841	平稳
LNCBLR	(C, 0, 0)	-1.6036	-3.5030	-2.8940	-2.5837	不平稳
DLNCBLR	(C, 0, 0)	-10.7753	-3.5039	-2.8936	-2.5839	平稳
LNHHLR	(C, 0, 7)	-1.3815	-3.5093	-2.8959	-2.5852	不平稳
DLNHHLR	(C, 0, 6)	-2.1779	-2.5916	-1.9445	-1.6143	平稳
LNNCLR	(0, 0, 7)	-1.2983	-2.5925	-1.9447	-1.6143	不平稳
DLNNCLR	(0, 0, 5)	-2.2679	-2.5922	-1.9447	-1.6143	平稳
LNDJJA	(C, 0, 6)	-0.8528	-3.5083	-2.8955	-2.5850	不平稳
DLNDJJA	(C, 0, 5)	-3.6205	-3.5083	-2.8955	-2.58450	平稳

注：检验类型（c，t，k）分别代表着常数项、趋势项和根据准则确定的滞后阶数。D 代表一阶
差分，LN 代表取对数。

（二）模型估计

我们主要检验量化宽松货币政策对维护金融稳定的影响效果，因此分别
建立金融部门杠杆率、居民部门和非金融部门杠杆率、TED 息差、道琼斯
平均工业指数受到美联储资产规模冲击、利率预期冲击的 VAR 模型。

1. 金融部门杠杆率受到美联储资产规模冲击、利率冲击的 VAR 模型（1）

$$
\begin{Bmatrix} LNCBLR \\ LNFRAS \\ LNFER \end{Bmatrix} = \begin{Bmatrix} C_1 \\ C_2 \\ C_3 \end{Bmatrix} + \alpha_1 \begin{Bmatrix} LNCBLR_{t-1} \\ LNFRAS_{t-1} \\ LNFER_{t-1} \end{Bmatrix} + \cdots + \alpha_w \begin{Bmatrix} LNCBLR_{t-w} \\ LNFRAS_{t-w} \\ LNFER_{t-w} \end{Bmatrix} + \begin{Bmatrix} \varepsilon_1 \\ \varepsilon_2 \\ \varepsilon_3 \end{Bmatrix}
$$

$$(12.1)$$

首先，采用基于回归系数的 Johansen 协整检验法对序列进行检验。协整检验结果表明，对数序列在 5% 显著水平下存在长期稳定协整关系（见表12-4）。

表 12-4 模型（1）Johansen 协整检验

特征向量个数	特征值	迹统计量	5%临界值	P 值**
None*	0. 215245	29. 94572	29. 79707	0. 0481
At most 1	0. 081758	8. 131194	15. 49471	0. 4515
At most 2	0. 005040	0. 454725	3. 841466	0. 5001

注：* 表示在 5% 的显著性水平下拒绝原假设。

随后对模型（1）进行格兰杰（Granger）因果检验。模型重点分析货币政策是否是金融部门杠杆率的格兰杰原因。从表 12-5 可以看出，LNFER 和 LNFRAS 是 LNCBLR 的格兰杰原因，其中 LNFRAS 更是通过了 1% 显著性水平。

表 12-5 模型（1）格兰杰因果检验

原假设	F 统计量	伴随概率
LNFRAS does not Granger Cause LNFER	14. 8040	8. E-08
LNFER does not Granger Cause LNFRAS	0. 41997	0. 7392
LNCBLR does not Granger CauseLNFER	2. 49684	0. 0654
LNFER does not Granger Cause LNCBLR	2. 36007	0. 0774
LNCBLR does not Granger Cause LNFRAS	1. 23235	0. 3032
LNFRAS does not Granger Cause LNCBLR	7. 19900	0. 0002

根据 AIC、SC 和 LR 法则，最终确定建立 VAR（3）阶模型，进一步地，通过单位根检验，保证所有单位根处于单位圆内，确立可以建立向量自

回归模型。由于此处主要检验货币政策对于金融机构杠杆率的脉冲相应，因此分别给予 LNFER、LNFRAS 一个冲击，可以得到 LNCBLR 的不同反应。如图 12-10 显示，给予利率水平一个正向冲击，金融机构杠杆率开始为负向效应，随后到第 3 期为正向效应。给予美联储资产规模 LNFRAS 一个正向冲击，LNCBLR 迅速上升至第 3 期然后开始逐渐递减。因此，脉冲响应表明联邦基金利率下降至零利率承诺有助于金融机构从高杠杆化转向去杠杆；而美联储资产规模的迅速扩张，一方面使得金融机构债务降低，杠杆率水平下降，一方面向市场提供流动性，避免金融机构过度去杠杆化。

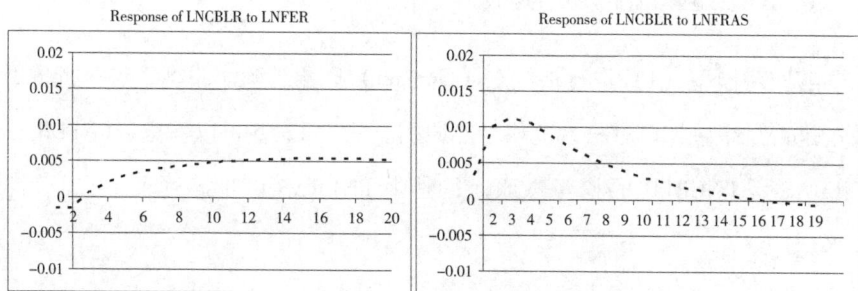

图 12-10　金融部门杠杆率受到量化宽松货币政策冲击的脉冲响应函数

2. 居民部门杠杆率受美联储资产规模冲击、利率冲击的 VAR 模型（2）

$$
\begin{Bmatrix} \text{LNHHLR} \\ \text{LNFER} \\ \text{LNFRAS} \end{Bmatrix} = \begin{Bmatrix} C_1 \\ C_2 \\ C_3 \end{Bmatrix} + \beta_1 \begin{Bmatrix} \text{LNHHLR}_{t-1} \\ \text{LNFER}_{t-1} \\ \text{LNFRAS}_{t-1} \end{Bmatrix} + \cdots + \beta_w \begin{Bmatrix} \text{LNHHLR}_{t-w} \\ \text{LNFER}_{t-w} \\ \text{LNFRAS}_{t-w} \end{Bmatrix} + \begin{Bmatrix} \varepsilon_1 \\ \varepsilon_2 \\ \varepsilon_3 \end{Bmatrix}
$$

$$(12.2)$$

首先对数据进行 Johansen 协整检验，发现在 5% 的显著性水平下拒绝没有协整的假设，表示数据之间至少存在一个协整水平关系。

表 12-6　模型（2）Johansen 协整检验

特征向量个数	特征值	迹统计量	5%临界值	P 值**
None*	0.197001	32.79095	29.79707	0.0219
At most 1	0.120226	12.82541	15.49471	0.1214
At most 2	0.012766	1.169177	3.841466	0.2796

注：* 表示在5%的显著性水平下拒绝原假设。

其次对模型（2）进行 Granger 因果检验，重点分析货币政策是否是居民部门杠杆率的格兰杰原因。可以看出，LNFER、LNFRAS 是 LNHHLR 的格兰杰原因，其中，LNFRAS 通过了 1%的显著性水平（见表 12-7）。

表 12-7　模型（2）格兰杰因果检验

原假设	F 统计量	伴随概率
LNFRAS does not Granger Cause LNFER	20.3438	6.E—08
LNFER does not Granger Cause LNFRAS	2.82630	0.0647
LNHHLR does not Granger Cause LNFER	1.01037	0.3684
LNFER does not Granger Cause LNHHLR	4.24995	0.0174
LNHHLR does not Granger Cause LNFRAS	0.05121	0.9501
LNFRAS does not Granger Cause LNHHLR	5.22391	0.0072

再次，根据筛选原则比较建立 VAR（3）模型，且进行单位根检验保证模型稳定。进一步建立货币政策对居民部门杠杆率的脉冲响应函数。分别给予美联储资产规模、利率水平一个冲击，观察居民部门杠杆率对于此次冲击的反应。根据图 12-11 显示，可以看出给予利率水平一个正向冲击，LNHHLR 开始为负向效应，随后到第 9 期为正向效应。给予美联储资产规模 LNFRAS 一个正向冲击，LNCBLR 下降至第 4 期转向为负向效应，较之零利

率承诺效应冲击影响更为快速。因此，相比联邦基金利率降低至零利率承诺对居民部门高杠杆水平的改善，美联储资产规模对提升居民部门净资产、降低其债务水平有更为显著作用。

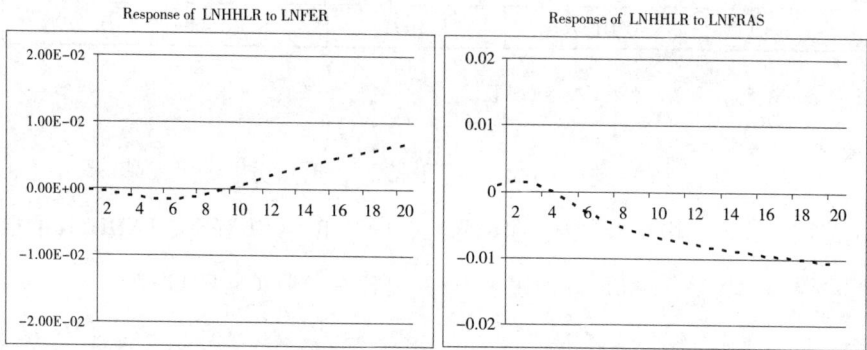

图 12-11　居民部门杠杆率受量化宽松货币政策冲击的脉冲响应函数

3. 非金融部门杠杆率受到美联储资产规模冲击、利率冲击的 VAR 模型（3）

$$\begin{Bmatrix} LNNCLR \\ LNFER \\ LNFRAS \end{Bmatrix} = \begin{Bmatrix} C_1 \\ C_2 \\ C_3 \end{Bmatrix} + \phi_1 \begin{Bmatrix} LNNCLR_{t-1} \\ LNFER_{t-1} \\ LNFRAS_{t-1} \end{Bmatrix} + \cdots + \phi_w \begin{Bmatrix} LNNCLR_{t-w} \\ LNFER_{t-w} \\ LNFRAS_{t-w} \end{Bmatrix} + \begin{Bmatrix} \varepsilon_1 \\ \varepsilon_2 \\ \varepsilon_3 \end{Bmatrix}$$

(12. 3)

首先，对于数据进行 Johansen 协整检验，表 12-8 可以看出在 5% 显著水平下，拒绝无协整假设，说明变量之间存在长期协整关系。

表 12-8　模型（3）Johansen 协整检验

特征向量个数	特征值	迹统计量	5%临界值	P 值[**]
None[*]	0. 217631	28. 25407	24. 27596	0. 0149

续表

特征向量个数	特征值	迹统计量	5%临界值	P 值**
At most 1	0.057030	7.392581	12.32090	0.2877
At most 2	0.027855	2.401269	4.129906	0.1432

注:* 表示在5%的显著性水平下拒绝原假设。

随后进行 Granger 检验，分析货币政策是否是非金融部门杠杆率的格兰杰原因。观察表 12-9 得出，模型（3）中 LNFER 和 LNFRAS 都是 LNNCLR 的格兰杰原因，且都通过了 1%的显著性水平。

表 12-9　模型（3）格兰杰因果检验

原假设	F 统计量	伴随概率
LNFRAS does not Granger Cause LNFER	1.82607	0.1800
LNFER does not Granger Cause LNFRAS	0.20743	0.6499
LNNCLR does not Granger Cause LNFER	1.11987	0.2928
LNFER does not Granger Cause LNNCLR	7.59210	0.0071
LNNCLR does not Granger Cause LNFRAS	0.12950	0.7198
LNFRAS does not Granger Cause LNNCLR	10.8197	0.0014

进一步地，通过 AIC 和 SC 准则确定，得出滞后阶数为 4，建立 VAR（4）模型，并通过模型的平稳性检验，单位根落在单位圆内，说明模型稳定。分别给予美联储资产规模、利率一个冲击，观察非金融部门杠杆率对冲击的反应。图 12-12 显示，给予利率水平 LNFER 一个正向冲击，企业部门杠杆率 LNNCLR 一开始即为负向效应，随后自第 9 期开始有所上升。说明零利率预期使得长期利率下降，有助于提升企业借贷水平。给予美联储资产规模 LNFRAS 一个正向冲击，LNNCLR 下降至第 5 期转向为负向效应，表明非

金融部门进入去杠杆化过程。由于非金融部门杠杆率水平较其他部门整体财务结构良好，在资产规模和零利率水平冲击下整体杠杆率水平较稳定。

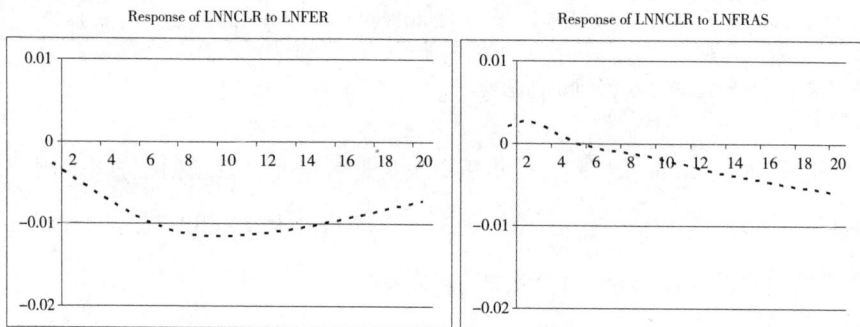

图 12-12　非金融部门杠杆率受量化宽松货币政策冲击的脉冲响应函数

4. 建立 TED 息差和道琼斯平均工业指数受美联储资产规模冲击、利率冲击的 VAR 模型。

为了观察各部门修复的资产负债表所揭示的金融稳定情况，将金融、居民部门和非金融部门的杠杆率均加入模型，建立如下 VAR 模型（4）。

$$
\begin{Bmatrix} LNTED \\ LNDJJA \\ LNFER \\ LNFRAS \\ LNCBLR \\ LNHHLR \\ LNNCLR \end{Bmatrix} = \begin{Bmatrix} C_1 \\ C_2 \\ C_3 \\ C_4 \\ C_5 \\ C_6 \\ C_7 \end{Bmatrix} + \varphi_1 \begin{Bmatrix} LNTED_{t-1} \\ LNDJJA_{t-1} \\ LNFER_{t-1} \\ LNFRAS_{t-1} \\ LNCBLR_{t-1} \\ LNHHLR_{t-1} \\ LNNCLR_{t-1} \end{Bmatrix} + \cdots + \varphi_w \begin{Bmatrix} LNTED_{t-w} \\ LNDJJA_{t-w} \\ LNFER_{t-w} \\ LNFRAS_{t-w} \\ LNCBLR_{t-w} \\ LNHHLR_{t-w} \\ LNNCLR_{t-w} \end{Bmatrix} + \begin{Bmatrix} \varepsilon_1 \\ \varepsilon_2 \\ \varepsilon_3 \\ \varepsilon_4 \\ \varepsilon_5 \\ \varepsilon_6 \\ \varepsilon_7 \end{Bmatrix}
$$

$$(12.4)$$

首先，对所有序列进行 Johansen 协整检验，在 5% 显著性水平下拒绝了至多有 5 个协整关系的原假设，因此序列间存在很强的长期协整关系。

表 12-10　模型（4）Johansen 协整检验

特征向量个数	特征值	迹统计量	5%临界值	P 值**
None*	0.696067	302.5784	125.6154	0.0000
At most 1*	0.589881	200.1567	95.75366	0.0000
At most 2*	0.488824	123.5042	69.81889	0.0000
At most 3*	0.279743	65.79460	47.85613	0.0005
At most 4*	0.208809	37.57393	29.79707	0.0052
At most 5*	0.155337	17.43134	15.49471	0.0252
At most6	0.033305	2.913028	3.841466	0.0879

注：* 表示在 5%的显著性水平下拒绝原假设。

其次，进行主要变量间 Granger 检验。由于主要关注货币政策对金融稳定宏观影响，因此主要关注了 LNFER、LNFRAS 和 LNTED、LNDJJA 之间的关系。表 12-11 说明，在 1%显著性水平下，LNFER 和 LNFRAS 是 LNTED 的格兰杰原因，LNFRAS 是 LNDJJA 的格兰杰原因，LNFER 没有通过显著性水平检验。此外，观察多变量 Granger 检验，可以发现反映量化宽松货币政策和各部门杠杆率水平的数据指标是 LNTED、LNDJJA 的格兰杰原因（见表 12-12）。

表 12-11　模型（4）格兰杰因果检验

原假设	F 统计量	伴随概率
LNFRAS does not Granger Cause LNFER	7.85923	5.E-07
LNFER does not Granger Cause LNFRAS	0.18205	0.9883
LNDJJA does not Granger Cause LNFER	3.61305	0.0022
LNFER does not Granger Cause LNDJJA	1.42715	0.2081

续表

原假设	F 统计量	伴随概率
LNTED does not Granger Cause LNFER	1.07531	0.3883
LNFER does not Granger Cause LNTED	3.01418	0.0079
LNDJJA does not Granger Cause LNFRAS	0.69897	0.6727
LNFRAS does not Granger Cause LNDJJA	3.01808	0.0078
LNTED does not Granger Cause LNFRAS	2.01218	0.0653
LNFRAS does not Granger Cause LNTED	2.81366	0.0121
LNTED does not Granger Cause LNDJJA	2.00956	0.0657
LNDJJA does not Granger Cause LNTED	1.19138	0.3189

表 12-12　模型（4）多变量格兰杰因果检验

被解释变量	拒绝	Chi—统计量	伴随概率
LNTED	所有变量	275.8886	0.0000
LNDJJA	所有变量	168.6647	0.0000

　　最后，根据 AIC、SC 和 LR 原则综合判断，建立 VAR（4）模型，所有单位根均在单位圆内，因此模型成立。进一步地，分别给予美联储资产规模、利率、部门杠杆率一个正向冲击，观察反映金融市场的 LNTED 息差对于冲击的反应。由图 12-13 可以看出给予利率水平一个正向冲击，LNTED 从第 8 期开始转为正向效应。给予美联储资产规模 LNFRAS 一个正向冲击，息差 LNTED 第 4 期开始转为负向效应。由此说明，量化宽松政策使金融市场流动性增强，LNTED 息差缩小。而金融部门杠杆率和居民部门杠杆率的正向冲击使得 LNTED 息差从正向效应向负向效应转换，非金融部门杠杆率的冲击对于息差 LNTED 是负向效应，说明去杠杆化过程中债务降低和净资产的提升使得部门抵抗风险能力提高，有助于降低市场风险。但是过度的去

杠杆化可能会使流动性减弱，基于此美联储进行了四轮量化宽松政策以更多释放市场流动性。

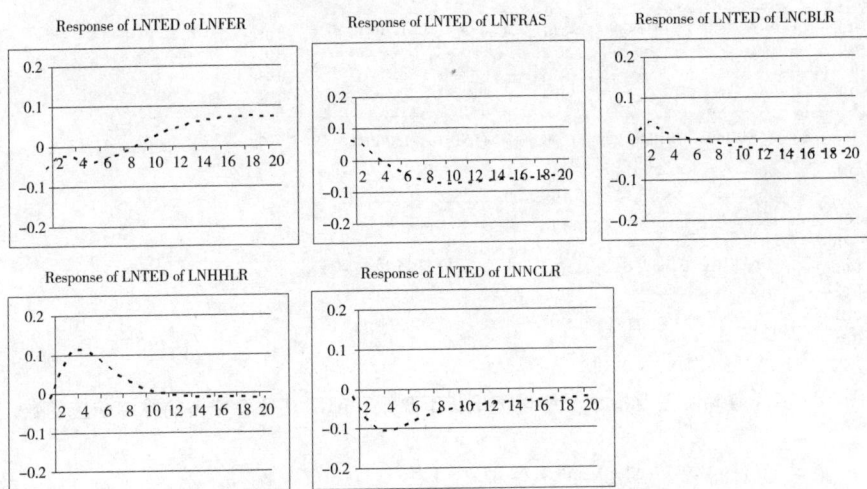

图 12-13　TED 息差受量化宽松货币政策和部门杠杆率冲击的脉冲响应函数

　　分别给予美联储资产规模、利率、部门杠杆率一个正向冲击，观察道琼斯工业指数对冲击的反应。由图 12-14 观察，给予利率水平一个正向冲击，LNDJJA 自第 4 期转向正向效应，随后到 15 期转向负向效应。给予美联储资产规模 LNFRAS 一个正向冲击，LNDJJA 从第 10 期开始转向为正向效应。因此，扩张央行资产规模、释放大量流动性对于稳定股市、恢复市场稳定有着重要作用，而零利率预期承诺随着向市场不断释放信号，长期对于道琼斯工业指数提高也有着改善作用。而金融部门、居民部门、非金融部门杠杆率的正向冲击使得 LNDJJA 为负向效应，说明去杠杆化过程减轻了各部门偿债压力，提升净资产，带来道琼斯工业指数上升，对于稳定市场、提升公众信心有一定作用。

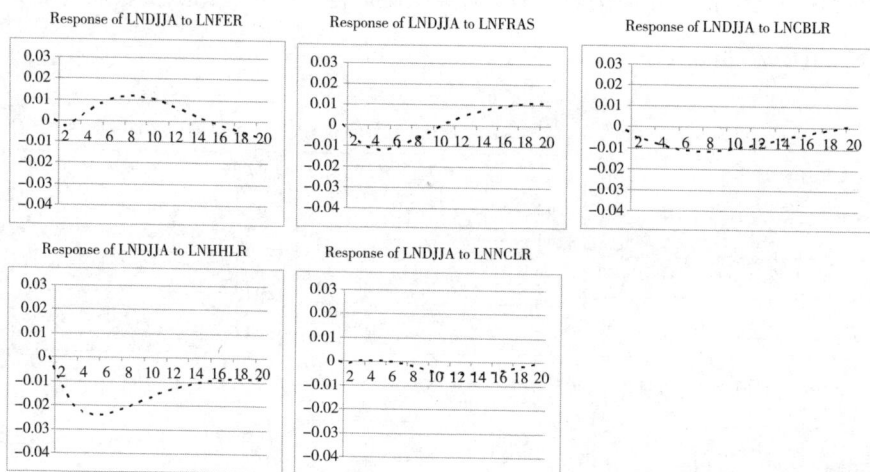

图 12-14 道琼斯工业指数受量化宽松货币政策和部门杠杆率冲击的脉冲响应函数

（三）对计量结果进一步分析

美联储采取量化宽松政策使用非常规方式冲销了金融机构、居民部门和非金融业部门危机前高杠杆水平。从脉冲响应函数可以看出：首先，低利率至零利率预期帮助金融机构去杠杆，并降低整个实体经济的利息支出，而量化宽松政策在为市场注入流动性的同时调整金融机构产品和负债规模，避免去杠杆化过度导致经济出现动荡；其次，自金融危机期间美联储货币政策实施以来，家庭部门去杠杆化实现较好，负债水平降低，家庭财产也较金融危机前有所上升；再次，从对非金融部门去杠杆化的观察，脉冲响应函数反映零利率预期承诺降低企业融资成本，促进企业信贷，而量化宽松政策也显著降低企业未偿还债务水平，两者相互作用使得企业杠杆率保持稳定；最后，总体而论美联储量化宽松货币政策有助于提高金融市场流动性，对提升股票价格指数、恢复投资者信心有着重要作用。

计量分析印证了美联储零利率预期承诺和资产负债表扩张组合效果对于

维持金融稳定的作用。美联储通过杠杆转移策略收购有毒资产，向实体经济注资，创新使用多种工具并密切观察金融市场结构变化，进一步降低了金融和私人部门未偿还债务并提高其净资产，市场风险溢价降低，促进了金融市场的正常运转。

四、对政策多目标的扩展观察

美联储量化宽松的货币政策提高了市场流动性，维护了金融稳定。伴随金融风险降低，金融机构有效运行，信贷渠道恢复正常运转，对恢复经济增长具有重要意义。此外，量化宽松货币政策所带来的基础货币增加对全球经济的溢出效应也不容忽视。

1. 从经济增长情况来看，金融危机导致美国经济呈现负增长，世界银行数据显示，2007 年、2008 年美国 GDP 增长率分别为 1.8%、-0.3%，2009 年则为-2.8%。在美联储实施的量化宽松政策刺激下，第一轮政策即带来经济回暖迹象。数据表明，2009 年第一季度、第二季度美国 GDP 增长率分别为-6.4%、-0.7%，自第三季度开始出现正增长。在一年时间内，美国经济增长已恢复到 2.5%，增幅达 5.3%。随后美联储根据经济表现又进一步实行三轮量化宽松货币政策，经济总量规模自 2009 年也持续升高。因此可以判断，美联储货币政策也成功地使宏观经济趋向复苏，避免出现大幅震荡。

2. 从物价稳定情况看，美国金融市场发生的一系列动荡致使物价指数剧烈波动，消费品物价指数（CPI）自 2008 的 3.8% 急剧降至 2009 年的-0.4%，通缩迹象较为严重，并由此引起经济下行。物价严重下跌对消费、信贷和投资均带来消极影响。为了避免经济严重衰退，通过一系列货币政策工具的使用，物价指数开始好转，通缩问题得以改善。2011 年 CPI 已升至

3.2%，随后缓慢下降，2014 年以后通胀水平保持稳定，核心通胀率基本维持在 3%以下，通胀压力也较为温和。说明美联储量化宽松货币政策显著减轻了通缩压力水平。

3. 从就业市场恢复情况看，金融危机前期美国失业率基本维持 5%以下，而金融危机爆发使失业率迅速上升，2008 年底失业率上升至 7.8%，2009 年达到近 10%的高失业率。第一轮量化宽松货币政策退出后，失业率未能降低且居高不下。第二轮和第三轮量化宽松货币政策尽管使失业率缓慢下降，但是仍然维持在 8%的水平。随着第四轮刺激性货币政策实施，2013 年 10 月失业率降至 6.6%，到 2014 年 10 月降至 5.8%，与危机期间高失业率相比有所改善（但与危机发生前比较失业率仍然较高）。

4. 从对全球经济的影响来看，美联储实施非传统货币政策助推美元大幅贬值，资金流入大宗商品市场，使得大宗商品价格持续上升，并进一步强化美元贬值压力，从而形成美元循环贬值。此外，美元贬值将使得其他国家货币面临升值压力，易形成全球性的通货膨胀预期。而随着美国退出量化宽松政策，美联储修复自身资产负债表降低美国货币供给的同时，可能再次带来美元升值，一方面会使得国际资本回流，另一方面对缓解全球性通胀压力有一定效果，但也有可能会加剧其他经济体的宏观调控压力。美联储货币政策的退出对于全球经济的影响有待时间进一步检验。

第五节 结论与政策含义

一、主要结论

第一，在危机期间货币政策作为履行中央银行目标的主要工具，对于维持金融稳定有着十分重要的意义。首先，央行作为紧急流动性的提供方，有必要维持整个支付功能的正常发挥；其次，金融体系动荡将阻碍货币政策传导机制正常发挥，货币当局有责任通过传统以及非传统货币政策疏通货币信贷传导机制；最后，金融加速器的存在将使得金融不稳定传导至实体经济，导致经济形势持续恶化，并最终放大危机的影响。因此，央行发挥一套具有前瞻性、灵活性、创新性的货币政策工具，稳定金融市场，顺畅金融体系和实体经济间的良性循环，是遏制危机、实现经济复苏的关键。

第二，美联储量化宽松货币政策使最后贷款人职能得以丰富。美联储救助范围不断加大，不仅包括存款机构，也包括证券交易商、投资银行等非存款金融机构，从而稳定金融市场。政策透明度同时得以增强，信息披露制度也更加完善。美联储积极与其他国家央行密切合作，共同协调应对机制，对全球金融危机的国际治理是一次有意义的尝试。

第三，量化宽松货币政策有效缩小了金融市场的金融加速器效应，避免金融和实体经济之间的恶性循环。随着政策作用使金融风险降低，美国经济出现明显复苏迹象。通过美国量化宽松政策的使用引起物价指数恢复性上升，避免了严重通货紧缩，通胀压力也较为温和，未造成物价快速反弹带来的过度通胀压力。

二、政策含义

总体上看，本次危机中所采取的一系列救助政策起到了关键作用，美联储从传统型转向创新型货币政策的使用，期间使用了四轮量化宽松政策，对于稳定金融市场、提升经济活动水平起到重要支持作用。美联储在危机中运用货币政策的灵活性和创新性，将维护金融体系稳定性纳入货币政策目标视野，通过向市场提供大量流动性稳定金融体系的政策操作值得肯定。此外，管理公众预期对于经济的持续性发展也是经济危机管理的重要环节。

美联储量化宽松货币政策对现代中央银行以及中国货币政策的启示有以下方面：

（一）完善央行救助机制

美联储某种程度替代金融机构为市场提供融资支持，通过不同沟通渠道，创新货币政策工具，扩展货币政策的空间，拓展了中央银行管理危机的能力和方法，在极端市场条件下除了扮演"最终贷款人"，还承担了"第一贷款人"和"唯一贷款人"的角色。作为银行的银行，中央银行对金融市场环境的改善将起到推动作用，对新金融工具的使用使央行的职能得以充分发挥。

类似地，中国人民银行在维护金融体系稳定性方面也需要进一步探索。中国人民银行在国有银行业转型中积极处置、化解金融风险，积累了很好的实践经验。但其最后贷款人救助机制尚未充分发挥。目前应健全相关法律制度，关注资产价格水平，健全反馈信息机制，并通过贷款主体多元化和救助成本市场化，加强最后贷款人机制实施效率。

（二）构建和完善国家资产负债表

完善的国家资产负债表是防范金融危机和货币危机的良好举措。通过对不同部门间的资产负债关系进行汇总、梳理，了解不同部门的债务资产情况及可能蕴藏的风险，有助于分析风险传递动态，进行前瞻性预测，防范金融风险，对宏观金融管理提供应对基础，为一国防御金融危机和货币危机提供保障机制。

中国目前尚未构建完整的国家资产负债表，需要尽快加紧编制。运用一套完整的资产负债表可以了解经济运行周期，分析宏观经济走势，全面掌握国民总体以及各部门的资产债务动态变化。通过观察公共部门和私人部门的资产负债结构，可以密切监测、评估经济体系的债务风险水平以及资产总量和资产配置结构，考察杠杆率变化，有助于分析经济转型及发展时期所面临的一系列问题，前瞻性地识别金融风险，从而制定、实施相应的化解风险对策。

针对资产负债表的控制和使用，美联储在危机期间采取杠杆转移战略以提高经济金融系统的风险抵御能力。即通过扩张美联储资产负债规模实现去杠杆化，核心是降低负债水平，注入资本。中国经济体中部门债务水平与美国不尽相同，经济环境也显然有别，经济安全的保障机制不同，因此针对地方债务水平的提高和融资成本上升，如何建立一套符合中国国情的去杠杆化机制，提高资本运行效率，需要深入研究。

（三）优化货币政策操作体系

货币政策应主动关注金融稳定，审时度势权衡金融稳定与其他政策目标之间的关系。金融加速器作用将会使金融不稳定与实体经济出现恶性循环，金融市场的失灵也会使得货币政策信贷渠道失效。因此，货币政策应时刻关注金融市场结构变化，对金融市场流动性进行全面检测，观测资产价格走势。尤其在目前，中国面临金融环境复杂化，且伴随着金融创新和民间资本大量进入金融市场，影子银行对金融格局和机制的影响不容忽视。所以需要提前识别金融风险，不仅监控存款类金融机构，也应包括其他金融机构，并加强对影子银行的监测。

创新货币政策工具，注重政策具有灵活性和前瞻性。美联储针对不同经济部门及时采取货币政策，保证金融稳定并维护、复苏经济增长。美联储政策的使用和退出战略都加强了与市场的沟通，避免出现危机反复爆发，引导金融市场保持稳健。鉴于此，中国应依据金融市场、金融结构变化设计不同类型货币政策工具，针对不同结构调整使用不同工具，同时应考虑相应的政策退出机制。

（四）加强宏观审慎监管

监管疏漏和执行不力是导致美国金融危机发生的深层原因。中国正面临金融创新日新月异，金融混业趋势加剧的态势。在内外因素共同作用的后危机时代，需要借鉴美国的经验和教训，建立一套完整的金融监管法律体系，积极监管和防范危机后全球资本流动对国内金融市场的潜在影响。在实施宏观审慎监管时协调宏观审慎和微观审慎目标，对金融创新的可能风险加强动态监督管理，避免风险积聚。设计覆盖面广、可获性强、易于侦测的金融稳定指标体系，以便于进行风险预警和甄别，有助于提前化解风险。应协调央行和其他监管部门的职能配合，加强与国际金融监管主体之间的交流，采取一系列措施完善宏观审慎监管体系。

（五）构筑配套政策体系

危机期间美联储量化宽松货币政策对维护金融稳定有着重要作用，但是短期内对于改善就业市场和刺激消费并未有较明显的改观。因此，从长期发展来看，经济社会可持续发展需要配套政策体系的支撑，寻求发现、支持新的经济增长机会。

后 记

每一位学者都有自己"情有独钟"的研究领域，在我看来这既出自学科训练历史，也更加可能是出自个人早期养成的思辨方式与思维活动惯常的领域范围，即"少成若天性，习惯如自然"。笔者从教前后对《资本论》与《剩余价值理论》用功至诚，在中国科技大学读书期间又精读徐毓枬的《通论》译本，以后潜心披阅《货币论》。寻觅马克思、凯恩斯的思想轨迹无疑使我经历了弥久珍贵的洗礼与熏陶。由于斯，笔者涉入货币金融领域最初的兴趣是货币经济学问题，开始准备的硕士学位论文题目是"中西方货币政策比较研究"并完成初稿，其间发生转换，最终学位论文为《经济发展中的利率理论与政策》，① 仍未离开对货币金融问题宏观层面的研究。

倘若换一角度，在特定的社会背景与学术环境下，一位学者在特殊时空选择的研究方向又未必任性随意。马克思指出，"神也给人指定了共同的目

---

① 硕士论文核心观点是"平均利率由一般利润率决定与调节，利率围绕利润率波动，在长期趋势中平均利率等于一般利润率"，部分内容修订后以《论利率运动规律——对马克思利率理论的重新探讨》为题发表于《陕西师大学报》1995 年第 4 期，人大复印资料《理论经济学》1996 年第 2 期转载。1998 年获陕西省第五届哲学社会科学优秀成果二等奖。"中西方货币政策比较研究"硕士论文初稿中的基本观点得到原陕西师范大学经济贸易系主任强天雷教授肯定，最终完成硕士学位论文也曾经与强天雷教授有许多讨论。在此对强老师表示由衷感谢。

标——使人类和他自己趋于高尚，但是，神要人自己去寻找可以达到这个目标的手段；神让人在社会上选择一个最适合于他、最能使他和社会都得到提高的地位"。我们并非时时刻意追求高尚，但是处事方式也应该会考虑社会需要、社群意见与自在条件。2007年底，笔者与赵天荣、胡秋灵、刘新华几位青年俊彦在青龙寺北侧一僻静处参加单位同仁年终餐叙，其间听取他们的建议，暂且搁置对货币理论的学术偏好，转向"攻坚"申报农村金融方向国家项目，也由此接续了陕西师范大学农村金融研究团队在西北贫困地区农村持续十余年的田野调查工作。不过，以主持教育部项目"预期、不确定性与货币政策研究"为契机，笔者对关乎宏观经济运行的货币政策的思考一直没有中断。

本书是集体合作的成果。笔者就主持教育部项目设计出研究思路与研究方法，在项目结项后相关工作仍在持续，讨论范围也有所拓展。合作、协助研究工作的有以下同学（按照参加各章顺序）：戈伟伟（第一章），黄政（第二章），马冠群（第三章），韩晶晶（第五章），朱改玲（第六章），谌亦雄（第七章），李娜、常家升（第十章），左菲（第十二章）。笔者独立撰写第八、九章。第四章与第十一章由朱建平老师（厦门大学管理学院教授，博士生导师）与他的学生刘晓葳（华侨大学数量经济研究院助理教授，厦门大学博士）合作完成，与朱建平教授、刘晓葳博士的许多讨论使我受益匪浅，引领我对统计与计量前沿及大数据科学有所了解。

为集思广益推进工作，依托陕西师范大学金融研究所，邀请胡秋灵副教授、赵天荣副教授、裴辉儒副教授参与了对农产品期货市场重要文献的讨论。宋翠玲在读期间协助收集处理第八、九章的数据资料。硕士生赵雅文负责协调后期制图等工作，在校博士生、硕士生刘莎、杜紫薇、郭晓星、金鑫、王皓宇、冯丹蕾参加了后期校对工作。对所有参与本书讨论以及后期校对修订的师生表示感谢!

对于我所关爱的学生,平素不唯和风细雨,多有训诫甚至苛责。偶或反省,但秉性使然,无可如何。不过无愧于心。所谓"苛责于人,必宽于己",谬也。常以"须臾求真"自勉,复以此倡诸学子,若遇敷衍学业,唐突学术,实难闭目不见罢了。一路走过来,与他们"谈经"论道,深究经邦济世之奥妙玄机,无疑乃人生之幸。

感谢人民出版社责任编辑曹春博士!约在四年前她从北京打来一个电话,令我与人民出版社结缘。她对出版事业的真挚热爱,对学术传播并作者的责任担当,令我铭感之。

感谢陕西师范大学西北历史环境与经济社会发展研究院王社教教授、薛滨瑞老师,本书作为教育部人文社科研究重点基地西北历史环境与经济社会发展研究院学术文库的第一本顺利出版,得益于他们的支持帮助。

相关研究受教育部基金项目资助,得到陕西师范大学优秀学术著作出版基金、陕西师范大学一流学科建设基金资助出版。借此机会一并表示谢忱!

刘　明

2016 年 12 月 21 日

责任编辑:曹　春

责任校对:吕　飞

图书在版编目(CIP)数据

农产品价格波动、通胀预期与货币政策/刘明 著. —北京:人民出版社,
　2016.12

ISBN 978－7－01－017199－9

Ⅰ.①农…　Ⅱ.①刘…　Ⅲ.①农产品价格-物价波动-中国②农产品价格-
　通货膨胀-研究-中国③农产品价格-货币政策-研究-中国　Ⅳ.①F304.2

中国版本图书馆 CIP 数据核字(2016)第 319400 号

农产品价格波动、通胀预期与货币政策

NONGCHANPIN JIAGE BODONG TONGZHANG YUQI YU HUOBI ZHENGCE

刘　明　著

人民出版社 出版发行

(100706　北京市东城区隆福寺街 99 号)

北京中科印刷有限公司印刷　新华书店经销

2016 年 12 月第 1 版　2016 年 12 月北京第 1 次印刷

开本:710 毫米×1000 毫米 1/16　印张:28

字数:351 千字

ISBN 978－7－01－017199－9　定价:86.00 元

邮购地址　100706　北京市东城区隆福寺街 99 号

人民东方图书销售中心　电话 (010)65250042　65289539